人力资源管理系列丛书

新编人力资源管理概论

主　编　王林雪

副主编　张卫莉　宁艳丽

西安电子科技大学出版社

内 容 简 介

本书从整体上对人力资源管理的理论知识和管理技术方法进行概述，内容包括人力资源管理导论、工作分析与工作设计、人力资源规划、人员招聘、员工培训与开发、职业生涯设计和管理、绩效考核与管理、薪酬管理、劳动关系、人力资源战略管理。本书收集、整理了国内外理论与实践研究成果，运用阅读资料、知识链接、案例分析、思考题等形式帮助读者学习；增加了统计、计量方法的内容，以实现人力资源管理的量化分析。全书体现了前沿性、系统性、工具性、可操作性和可读性的统一。

本书可作为高等学校管理专业学生的教材，也可作为各类管理人员培训和自学的教材。

图书在版编目(CIP)数据

新编人力资源管理概论/王林雪主编. —西安：西安电子科技大学出版社，2016.7
（人力资源管理系列丛书）

ISBN 978 - 7 - 5606 - 4118 - 8

Ⅰ. ① 新… Ⅱ. ① 王… Ⅲ. ① 人力资源管理 Ⅳ. ① F241

中国版本图书馆 CIP 数据核字 (2016) 第 150918 号

策 划 戚文艳
责任编辑 马武装 王静远
出版发行 西安电子科技大学出版社（西安市太白南路 2 号）
电 话 (029)88242885 88201467 邮 编 710071
网 址 www.xduph.com 电子邮箱 xdupfxb001@163.com
经 销 新华书店
印刷单位 陕西大江印务有限公司
版 次 2016 年 7 月第 1 版 2016 年 7 月第 1 次印刷
开 本 787 毫米×1092 毫米 1/16 印张 19
字 数 447 千字
印 数 1～3000 册
定 价 33.00 元

ISBN 978 - 7 - 5606 - 4118 - 8/F

XDUP 4410001 - 1

＊＊＊如有印装问题可调换＊＊＊

序

  人力资源管理引入我国已有二十多年的历程，对我国的改革开放、经济社会发展起到了推动作用。我国正在从人口大国向人力资源大国、人力资源强国迈进，以人为中心的管理理念已成为实施人力资源管理的基础，合理地配置、利用、开发人力资源，科学地激发人力资源的贡献，是人力资源管理的核心，也是最终的目标。我国改革开放三十多年来，经济增长方式的转变、人口结构的变化、社会的发展、农村劳动力的转移、知识型员工队伍的扩大、国际上人才竞争的加剧等，迫使企业管理和社会管理在创新中不得不面对人力资源管理提出的新的问题。尤其是我国人口结构面临老龄化趋势，无论是国家宏观层面上的人力资源管理政策，还是企业、政府、事业单位微观层面上的人力资源管理策略都面临新的挑战。

  面对新的问题与挑战，如何将人力资源管理的重心从关注个体转移到关注群体，从关注企业转移到关注政府、事业单位，从关注效率转移到关注公平；如何更好地实现人力资源与组织战略、组织成长的适应、匹配和一致，这些都是值得我们关注与研究的。彭罗斯曲线的基本原理告诉我们："企业现存的人力资源既刺激了扩张，也限制了扩张的速度。即使通过收购和兼并获得的成长也无法逃脱利用现有的管理资源的投入维持组织的一致性所带来的约束。"可见，无论组织如何变化，人力资源管理始终处于关键地位。

  人力资源管理学科兴起和发展于西方发达国家，是改革开放以来引入我国的一门新兴管理学科。如何在引进、借鉴的基础上，紧密结合中国经济发展、企业管理和社会文化背景，实现集成创新和引进消化吸收再创新，是我国人力资源管理领域所面临的一项重大课题。我们在长期的研究、教学和管理实践的基础上，通过大量的调查研究，以适应人力资源管理教育和培训的新需要为目标，组织相关人员编写了这套人力资源管理系列丛书。该系列丛书由人力资源管理六大模块、五门核心内容构成，即由五个分册组成，分别是《新编人力资源管理概论》、《工作分析与职位评价》、《招聘与人员测评》、《培训开发与职业生涯管理》、《绩效与薪酬管理》。该系列丛书的作者都是来自高等院校长期从事人力资源管理教学和研究的专业教师，在人力资源管理理论与方法上有一定的研究和积累，在人力资源管理的咨询、教学和企业培训方面有着丰富的经验，为编写这套富有特色的丛书提供了有利的条件和基础。这套丛书具有以下特色：

  一是体系的系统性和重点性相结合。本套丛书的整体策划和分册的设计基本涵盖了这门学科的整个框架，具有系统性；同时，各分册的选题和体例设计中，注重突出人力资源管理学科的核心内容，进行合理选择，力求使人力资源管理各个核心模块内容系统，原理准确，重点突出，方法和技术实用，技能性和可操作性强。

  二是原理的一般性与本土实践经验提炼的原创性相结合。人力资源管理作为一门国内外公认的管理学科，它自身基本原理的一般性、共同认可性在编写中必须准确地反映。同时，在案例编写中选择我国背景下的人力资源管理案例，能够体现本国社会和企业的人力资源管理实际，更具有现实感。

  三是知识性与实践感、趣味性相结合。本套丛书运用统计学知识、测量学知识、数理工具进行人力资源管理的量化分析，注重量化工具的运用和分析能力的培养。同时，在书中穿插人力资源模拟实训内容和管理游戏内容，提升了学习的实践感和趣味性。

四是体例设计上体现了新的风格。在编写中，我们在各章中按照问题引导、材料阅读思考、原理与方法工具介绍、思考题和案例讨论的顺序进行体例设计。在案例选择上尽可能新颖、典型，使读者在阅读中循着提出问题、分析问题、解决问题、案例讨论、总结反思的逻辑过程做到理论与实际相结合，原理与案例相结合，传授知识与培养技能相结合，讲授与讨论相结合，以达到学习目标与实践效果的统一。

本套丛书是西安电子科技大学教材立项项目。西安电子科技大学经济与管理学院教授王林雪任总主编，杜跃平教授任顾问。他们对丛书的选题和体例安排提出了总体要求与设想，在经过丛书编写委员会成员讨论通过后，由分册主编负责组织编写。初稿完成后，由总主编对各分册书稿进行审查、修改、定稿。

人力资源管理学科是一门逐渐走向成熟的学科，许多方面还处于研究和不断完善之中，尤其如何结合我国的实际创造性地应用和发展，是值得深入研究的问题。作者在对某些问题的长期思考和研究中已经形成了自己的看法和成果积累，在写作中也有选择性地在内容中有所体现，愿意也希望与读者共同分享和思考，共同促进人力资源管理的发展。

王林雪

2016 年 2 月

丛书编写委员会

顾　问　杜跃平

总主编　王林雪

编　委　杜跃平　宁艳丽　张卫莉
　　　　邵　芳　方　雯　张　霞

目　　录

第 1 章　人力资源管理导论

❖ **本章要点**

- 人力资源与人力资本
- 人力资源管理
- 人力资源管理模式
- 人力资源管理的职能
- 人力资源管理与组织结构
- 环境与人力资源管理
- 人力资源管理演变与发展趋势

　　资源是创造社会财富的源泉。世界上各种资源丰富，概括起来包括物力资源、财力资源、人力资源、信息资源、时间资源等，其中最重要的、能够创造巨大价值的资源是人力资源。对人力资源的开发、利用与管理，是任何组织管理的重要内容。正如 IBM 公司的创始人托马斯·J·沃森所言："广厦的构筑离不开资本,企业的经营需要人才"。

📖 **阅读资料**

Google 幸福式的人力资源管理制度

　　谈到数据驱动的人力资源管理制度,我们应该不会感到奇怪。Google 的多数员工都是工程师，需要数据来说服，而公司的联合创始人也是一样的心态。为了向两位联合创始人展示中层管理的重要性，People Operations 研究了管理层的表现，拿出了一系列的数据。

　　福布斯评定的全球 100 家最佳雇主中，Google 人力资源管理制度位列第一。Google 连续四年占据了该位置。在另外几家知名的科技公司中，微软位列第 75 位，而苹果、亚马逊和 Facebook 的人力资源管理制度甚至没有登上排行榜。提到 Google 的工作环境，免费午餐、创意装修、游戏娱乐室可能会立刻浮现在你的脑海，不过，这只是一些表面现象，Google 对员工幸福感的关注是数据驱动而且深入细节的。Slate 网站的一篇文章谈到了Google 人力资源管理制度的工作方式，以及他们在工作中获得的一些经验。

　　Google 式人力资源管理制度：计算出你的幸福。

　　有时候，Google 的慷慨看似有些过头，但实际上，公司花费金钱是经过精打细算的。Google 的人力资源管理部门叫作 People Operations，简称 POPS，部门主管是 Laszlo Bock，是一位修饰整洁、轻声细语的人。2007 年，Bock 对孕妇员工的福利政策进行了调整。调整之后，孕妇员工可以获得更长的假期，并且在时间选择上享有更多的自由。

对于公司来说，这同样是一件好事。员工们更愿意留在公司，而且公司全体员工的年度幸福指数也在上升。另外，新政策其实也在为公司节省支出。

这展示了POPS在公司的重要作用。POPS就像一个严格的科学实验室。部门的核心部分是一个复杂的员工数据追踪程序。通过了解员工生活的每个方面，他们能够采取相应的措施，对工作环境和福利政策进行改进。在过去的一些年里，Google甚至雇用了社会学家，对公司进行研究。通过研究，他们还将管理人员的成功要素精简为8个关键点，从而成功提升了公司的管理水平。

POPS的一个发现是，员工们对基础工资的看重超过任何奖励。2010年，由于经济衰退和竞争加剧，施密特决定给员工涨工资。为此，POPS进行了一次调查，让员工们选择不同的涨资方式。他们发现，当公司提供奖金的时候，员工们将其认定为公司的花费，而他们会给基础工资以更高的估值，因为那意味着长期的确定性。公司最终的决定是给所有员工涨资10%，这使员工们非常高兴，许多人说这是他们最兴奋的时刻。

研究会深入到微小的细节。比如，研究人员发现，员工就餐时，理想的排队时间应该是三到四分钟，这样不会浪费时间，又可以使他们和新人相遇。桌子应该足够长，让那些彼此不熟悉的员工坐在一起交谈。他们还发现，在12英寸的盘子旁边放上8英寸的盘子，可以鼓励人们控制饮食量，养成更健康的就餐习惯。

POPS的终极目标是回答与工作环境相关的各种问题。虽然他们仍然没有达到目标，但是Bock说，公司最终会搞懂其中的一些问题，"我们很奢侈地生活在一个数据驱动的公司，有一些懂数学并拥有分析才能的人。我们同样有着很大的规模，因此当我们做实验的时候，从统计上来说是可靠的。"

Google会把自己的发现与其他人力资源管理专家分享。Bock说，他希望公司在人力资源管理制度上的探索能够改善所有人的工作。

——资料来源：Google幸福式的人力资源管理制度. 时代光华. 2014-12-24.

1.1 人力资源

1.1.1 人力资源的基本界定

1. 人力资源的含义

人力资源的内涵，目前理论界并没有一致的见解。伊凡·伯格认为人力资源是人类可用于生产产品或提供各种服务的活力、技能和知识；雷西斯·列科认为人力资源是企业人力结构的生产力和顾客信誉的价值。内贝尔·埃利斯认为人力资源是企业内部成员及外部的人，即总经理、雇员及顾客可提供潜在服务及有利于企业预期经营活动的总和；也有人认为人力资源是具有智力劳动与体力劳动的人们的总和。

以上的论述从不同的角度出发来表达人力资源的含义，具有一定的代表性。人力资源是指存在于个体中的智力资源，是指人们进行生产或提供服务，推动整个经济和社会发展的劳动者各种能力的总称，体现为质量和数量的统一。这一定义包含以下几点：

（1）人力资源突出体现为智力资源。人力资源不仅是脑力和体力的综合，更是智力资源作用的充分体现。

（2）人力资源是各种能力的总称，包括知识、经验、技能等。

（3）人力资源的作用体现为创造财富及对经济社会发展的贡献。

（4）人力资源包含质与量两个方面，是质量与数量的有机结合。

2. 人力资源的数量与质量

人力资源作为社会财富形成的基本要素，具有质的规定和量的要求，无论是国家、地区、还是组织的人力资源都是数量和质量的统一。

（1）人力资源的数量。应从广义的角度理解人力资源（包括现实的人力资源和潜在的人力资源）的数量，可以根据一个国家具有劳动能力的人口数量加以统计。各国都根据本国的实际情况依劳动年龄来划分具有劳动能力的人口，可计量出包括潜在的、现实的人力资源数量。我国现行的劳动年龄规定：男性 16～60 岁；女性 16～55 岁。人力资源数量构成如图 1-1 所示。

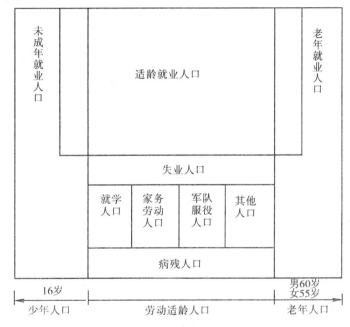

图 1-1 人力资源数量构成

潜在的人力资源数量由适龄就业人口、未成年就业人口、老年就业人口、失业人口和暂不参加就业的其他人口构成，而现实的人力资源数量则由适龄就业人口、未成年就业人口、老年就业人口数量构成，如图 1-1 所示。人力资源的数量构成受到多种因素的影响，这些因素包括：

① 人口总量。人口总量包括持续不断的人口生产和再生产过程中积累到一定时期的整个地域的人口总量。人口总量的多少决定了可供给人力资源数量的多少。人口总量的变动受到人口基数与人口自然增长率两个因素的影响。自然增长率又取决于人口的出生率和死亡率两个因素。

② 人口的年龄结构。人口的年龄结构直接决定了人力资源的数量。劳动适龄人口是人口总量的一部分。在人口总量相同的情况下，不同的年龄结构决定了可供人力资源数量的不同，劳动适龄人口所占比例越大，可供人力资源数量越多，反之就越少，并且劳动适

龄人口内部年龄构成的变化会引发人力资源内部构成的变化。

③ 人口迁移。人口迁移会使某一地域的人口数量发生改变，因而使该地区的人力资源数量发生变化。人口迁移是由多种因素引起的，如生存、工作、文化价值观、亲朋吸引、流动能力等。我国人口流动的主要趋向是从农村到城市，从不发达、欠发达地区到发达地区，其目的是实现生存和收入的最大化。

（2）人力资源的质量。人力资源的质量是劳动者综合素质的体现，由智力素质和体力素质构成，具体表现为劳动者的身体健康状况、科学文化水平、专业技能水平、工作态度。人力资源质量构成如图1-2所示。

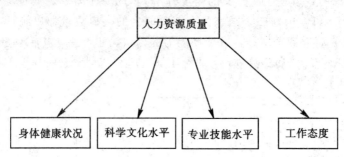

图1-2 人力资源质量构成

劳动者的身体健康状况是人力资源质量的基础，科学文化水平、专业技能水平是决定人力资源质量的关键因素，工作态度是人力资源质量体现的重要条件。现代社会发展中智力因素对经济发展越显重要，就越需要加大对人力资源的投资，尤其要加大对劳动者智力的投资，以提高人力资源的质量。

3. 人力资源的特征

人力资源与物力资源有着明显的不同，具有如下特征：

（1）社会历史性。在不同经济社会发展的不同阶段，人力资源具有不同的特征，社会生产力与生产关系对人力资源有着重要的影响。人力资源状况反映这一时期的经济社会发展水平，人力资源潜力的发挥也受到这一时期的制约。从历史的发展过程来看，人力资源状况处于上升趋势。

（2）潜在性。这是指人力资源在没有得到充分利用与发挥时，部分资源存量被搁置，具有被挖掘、被激发的可能性。这与人的能动性有关。人力资源在开发与利用的过程中，是否能调动起积极性，直接影响到对人力资源开发和利用的水平。

（3）再生性。人力资源具有生物本质特性，这表现为人力资源的再生性。人力资源都有一个生命周期，它是通过人口总体的各个个体的不断替换更新和"人力资源耗费—人力资源生产—人力资源再耗费—人力资源再生产"这一连续不断的人力资源生产、使用过程实现的。

（4）智能性。人力资源包括智力的内容，即具有智能性。这使得它具有了强大的功能，人体内潜伏着巨大的能量，通过自己的智力能创造工具和机器，利用这些手段，使自己的作用与外界的能力无限扩大，取得巨大的效益。

（5）个体差异性。人力资源是由个体组成的，但每个个体由于成长环境、家庭背景、所受教育、不同经历以及先天因素而具有很大的差异性。不同的人力资源个体在个人的知识技能、素质、劳动参与倾向、劳动供给方向、工作动力、工作行为、工作绩效等特征方面都具有一定的差异。在进行人力资源管理时要考虑到人力资源各个个体的差异，实行个性化管理，而不能"一刀切"。

（6）时效性。人力资源是体现在人身上的创造社会财富的能力，这种能力不是一成不变、永远存在的，人力资源具有时效特性。一方面，由于这种能力负载于人体之上，人由于其生物本性而具有生命周期，这就决定了人在青年时期对社会财富的创造能力要强于老年时期，健康时的能力要胜过病弱时，而人一旦失去生命，这种能力也随之消失，这是人力资源的有形损耗。另一方面，随着科学技术的发展，先进技术日新月异，人力资源如果不能持续学习，跟不上科技变化的步调，就会导致能力的作用变弱或者无用，也就是过时，人力资源价值就会贬值，这也被称为人力资源的"无形损耗"。

（7）自我增值性。人力资源价值具有时效性。人力资源的主体是人，人的主观能动性赋予了人力资源自我增值的特性。这种自我增值主要是通过个体发挥主观能动性和智能性，并通过学习机制而实现的。通过学习，人力资源可以增加其价值，人力资源经过学习还可以避免人力资源价值的无形损耗而造成人力资源价值的贬值，且经过学习，人力资源能够促进负载在其身上的社会财富的创造能力得到增强，从而可实现主体人的经济收益增加，因此人力资源主体也有动力去学习。

（8）流动性。人力资源具有流动性，这也是其主观能动性的引申特性。人力资源作为人有其自己的思想和对外界的认识，并有自己的需要。人力资源为了追求自己的需要，而主动流动到其认为能满足需要的地方。当他们对某项工作岗位、某个工作单位或生活环境感到不满或不适时，他们就会利用自己的主观能动性和智能性搜索信息，找寻并选择最满意的目标，转换工作岗位、工作单位或生活环境，甚至迁移到其他地方或国家。

4. 人口资源、劳动力资源、智力资源、人才资源概念的比较

人口资源是指一个国家或地区具有的人口数量，以生命活体为表征，它主要表明数量概念。

劳动力资源是指一个国家或地区具有的劳动力人口的总称，通常是指 18 岁～60 岁左右的有一定能力从事某种工作的人口群体。年龄是一个重要因素，能够劳动也是其中的一个重要因素。

智力资源是指从智力活动效能方面对人力资源的一种特殊规定，指经过一定的专业技能培育以后能够从事脑力劳动并带来一定经济和社会效益的个人或群体。

人才资源是一个国家或地区具有较强

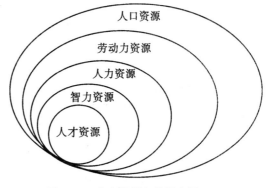

图 1-3　人力资源相关概念图

的战略能力、管理能力、研究能力、创造能力或专门技术能力的人口的总称。人才资源是人力资源中较杰出、较优秀的那一部分。人力资源、人口资源、劳动力资源、智力资源以及人才资源之间的关系见图 1-3。

1.1.2 人力资本与人力资源的区别和联系

人力资本概念属于经济学范畴，按照西奥多·舒尔茨的观点，人力资本是指体现在人身上的智力、知识和技能的总和，是对人力资源投资而形成的一种资本形态，它强调了以某种代价获得能力和技能的价值，从质上反映了劳动力的差别。以此界定，我们需要把握以下几个方面：

（1）人力资本不同于物力资本，是特殊的活的劳动力资本，是人的智力、体力在人身体内的凝结，并主要反映人的智力水平。

（2）人力资本是经过投资而形成的，没有一定的投资便不能形成人力资本。对人力资源的投资一般发生在教育、医疗、保健、迁移、培训五个方面，经过投资可变人力资源为人力资本。

（3）人力资本价值可通过生产劳动转换，实现价值增值。

通过对人力资源投资而形成的人力资本具有如下特性：

（1）依附性。人力资本是无形的，它必须依附于人体和物体，才能发挥资本的作用，这是天然的禀赋。人力资本对物的依赖性是指其价值只有在劳动过程中，通过人力资本与物力资本的结合才能得到实现。脱离载体，人力资本价值将无法实现。

（2）隐蔽性。人力资本一旦形成，便潜伏于人体中，我们不能观测到一个人所拥有的资本存量及存量的大小，只有通过对人的实际绩效的衡量，才可清楚其资本存量所带来的价值及增值。

（3）资本专用性。通过对人力投资所形成的人力资本体现为某一领域中知识、技术、和能力，若转用于其它途径，其价值就会贬值。

（4）收入的持续性。随着人力资本使用投入的增加，其收益具有持续不断增加的特性。

（5）投资回报的差异性。人力资本的投资回报因个体能力的差异而产生差异。

（6）外生性。社会平均人力资本的提高是由个人人力资本提高引发的，而平均人力资本的变化决定了社会平均的运行效率。反过来整个社会运行效率的提高又作用于个人人力资本，使个人人力资本收益进一步提高，因此人力资本具有外生性特征，与其他因素有着密切的关系。

对人力资本的界定及特征分析，我们可以看到人力资本与人力资源有着密切的联系，但又有着区别。

两者的联系表现在三个方面：一是所依附的载体都是人，不论是人力资源还是人力资本都要依附于人体，离开人体两者没有存在的意义；二是人力资本是对人力资源投资的资本形态，表现为资本价值，人力资源是资本性的资源，是对人力资源投资的结果，投资力度大小决定了人力资源质量的高低；三是理论发展联系表现为先有人力资本的概念和理论，后有人力资源的概念和理论，人力资源是对人力资本内涵的延伸，人力资本理论是人力资源理论的基础，人力资源经济活动及其收益的核算要依据人力资本理论。

两者的区别也表现为三个方面：一是两者的概念范畴不同。人力资源是一个社会范畴概念，它是从劳动能力方面反映一定时期的社会资源存量，属管理学研究的问题；人力资本则是一个经济范畴概念，它着重从价值方面反映一定时期的财富量，包括存量和流量两个方面。人力资源是一个相对泛化的概念，它泛指所有具有劳动能力的人，而人力资本是对人力资源投资的凝结，体现为与这种投资相关的人力资源增量效用的资本化价值。二是两者的影响因素不同。人力资源的影响因素是多元的，其中既有影响人力资源数量的因素，如人口总量及其再生产状况、人口年龄构成、人口迁移等，也有影响人力资源质量的因素，如遗传因素、营养因素、教育因素等。人力资本的影响因素则主要是对人力资源投资的规模和效率的影响。三是两者的目的不同。人力资源的管理目标在于实现人力资源的合理配置与有效流动，达到人尽其能、人尽其才，不追求投资回报；人力资本的管理目标则在于实现投资回报和收益递增。

1.1.3　人力资源对社会经济发展的作用

人力资本与人力资源实质上是一个事物的两个方面，可以这样认为，人力资本具有价值的特性，人力资源具有使用价值的特性，两者共同为经济增长率的提高和经济社会的发展做出重要的贡献。

1. 人力资本对社会经济发展的作用

从人力资本存量上来看，人力资本对社会经济发展的作用是通过人力资本投资实现的，具体表现在以下几个方面：

（1）人力资本投资能够提高劳动者的素质，进而提高劳动者的生产力。而劳动者生产力的提高既能够提升劳动者单位工作时间的工资收入，又能够通过个人所得税以及企业产出（数量与质量以及实物量与价值量）的增长来扩大社会财富，促进社会经济增长。

（2）人力资本具有知识效应，包括需求效应、收入效应和替代效应等。其中需求效应不仅能够促进物质资本的技术革命，提高物质资本投入的边际产出，而且能够促进社会生产从劳动密集型向技术密集型的转变，从而提高社会生产率；收入效应能够促进人力资本产权主体合理配置经济资源，提高资源配置效率，进而促进产出的增长；替代效应则能够克服或缓解经济发展中自然资源与物质资本的稀缺与不足，进而能够保持社会经济的持续增长。

（3）人力资本的外生性对经济增长的意义是多方面的。首先，人力资本投资所形成的专业化知识能够使其他要素投入产生递增收益，进而使整个社会经济的规模收益递增。其次，人力资本投资所形成的知识和能力不仅能够提升投资者自身的生产效率，而且能够影响到投资者周围的人，促使他们提高生产效率。再次，人力资本投资在加快社会技术与信息传播、提高人力资源市场运作效率、改善劳动者健康状况、提高社会和谐程度、降低社会犯罪率等方面具有积极作用。

2. 人力资源对组织与社会经济发展的作用

现代经济增长理论研究认为，自然资源、货币资本投入、劳动者技能及科学知识储备的增加是经济增长的主要动因。在知识经济时代，劳动者因素即人力资源对社会经济的发展所起的作用越来越大，是物力、财力资源所无法比拟。

（1）人力资源是组织与社会存在和发展的基本前提。人力资源是组织与社会经济活动的重要构成因素。人力资源与物力资源、财力资源在组织与社会经济活动中共同起作用，其中人力资源处于主体地位，是组织与社会经济活动中的最活跃、最根本的因素，没有人力资源无法形成组织与社会的经济活动，没有高质量的人力资源更不能创造价值，也不能实现企业发展和经济增长。人力资源成为组织与社会的第一资源。

（2）人力资源是创造社会财富的主体。社会财富的创造离不开自然资源，但只有通过人力资源的作用，才能将自然资源转化为社会财富，人力资源通过自身的经验、技能与科学知识作用于自然资源，改变原有的物质形态为人类所用，体现出了人力资源在创造社会财富过程中的资本价值。

（3）人力资源是组织与社会发展的主要推动力量。人力资源不仅是社会财富形成的主体，还是推动社会发展的主要力量。随着科学技术、知识技能的迅速发展和不断提高，人力资源对社会财富创造的贡献越来越大。社会经济的发展对人力资源的依赖程度越来越高。

1.2　人力资源管理

1.2.1　人力资源管理的概念

人力资源管理（Human Resource Management，HRM）可在宏观、微观两个方面进行，本书主要是从微观的角度，即企业的角度探讨人力资源管理的问题。

人力资源管理是企业管理的重要要素和内容，是指企业为了实现总目标，运用科学的方法和技术，对人力资源获取、开发、利用和调控的过程，也是影响员工行为、工作态度和业绩的一系列人事管理政策、实践和制度安排。

人力资源管理既包括对量的管理，也包括对质的管理。对人力资源量的管理是根据企业发展变化的需要，对人力资源的数量、结构实施调整，使人与岗位匹配，人力与物力有机结合，发挥出最佳效果。对人力资源质量的管理是指对人的心理和行为的管理，通过运用现代化的科学方法，对员工的思想、价值观、心理、行为态度进行有效的管理，充分发挥员工的主观能动性，促进员工个人目标和企业目标的实现。人力资源管理实质上就是在合适的时间，把合适的人配置到合适的岗位上。

正确地把握人力资源管理的概念，必须将人力资源管理与人事管理做一区别。人事管理先于人力资源管理，人力资源管理是在人事管理的基础上发展而来的，是在全新视角下对人进行管理。从管理的理念、目标、内容、形式、方式、体制、地位、策略等方面，两者都有着明显的不同，见表1-1。

表1-1　人事管理与人力资源管理的区别

比较项目	人事管理	人力资源管理
管理理念	"以事为中心"	"以人为中心"
管理的目标	组织短期目标的实现	组织与员工目标的共同实现
管理的内容	管理档案、人员调配、职务职称变动、工资调整等具体的事务性工作	将人作为资源进行开发、利用和管理
管理的形式	静态管理	动态管理

比较项目	人 事 管 理	人力资源管理
管理的方式	采取制度控制和物质刺激手段	采取人性化管理
管理的体制	被动反应型	主动开发型
管理部门的地位	只是上级的执行部门，很少参与决策	处于决策层，直接参与企业的计划与决策，为企业的最重要的高层决策部门之一
管理的策略	侧重于近期或当前人事工作，属于战术性管理	注重人力资源的整体开发、预测与规划，属于战术与战略相结合的管理

　　人事管理与人力资源管理的区别，并不意味着可以抹杀两者的联系。人力资源管理是人事管理发展的新阶段，人事管理的一些基本职能在人力资源管理中还要发挥作用。

1.2.2　人力资源管理的内容及模式

1. 人力资源管理的内容

人力资源管理的内容大体上有以下几个方面：

（1）工作分析。工作分析是人力资源管理的基础性、支持性工作环节，工作分析是通过工作设计来决定企业内部如何进行专业分工和任务目标分解，划定不同的工作岗位，决定不同岗位的职权、职责及职能范围。工作分析是对企业中每一个工作岗位进行描述，包括岗位特征、流程、规范、要求，以及能够胜任该岗位人员的素质、知识、技能要求等，最终形成工作说明书。工作分析的结果是企业进行招聘、培训、考核、职位评价、薪酬分配、员工调配等工作的依据。

（2）人力资源规划。人力资源规划是实施人力资源管理战略的重要步骤，它可将人力资源管理战略转化为各阶段、可实施的中长期目标、计划和政策措施。人力资源规划主要是通过对人力资源现状分析、人力资源需求供给预测，制定企业人力资源管理的各项计划方案，平衡人力资源供求关系，保证企业人力资源在数量、质量、结构上的合理安排。

（3）人员招聘。人员招聘是企业获取人力资源的重要途径，是企业人力资源管理的基本职能之一。人员招聘是以工作分析和人力资源规划为依据，通过招募、测试、选拔、录用、评估等一系列过程，获取企业所需要的人力资源。

（4）培训与开发。通过人力资源培训与开发，提高员工的综合素质、知识水平、工作技能，挖掘员工的潜力，激发员工的积极性，培养员工对企业的认同感和责任心，既实现员工的个人价值、又促进员工对企业的贡献。培训与开发活动包括培训与开发需求分析、项目制订、计划实施、选择适时的方式方法、培训与开发成果转化与评价。

（5）职业生涯管理。根据员工个人的性格特征、气质、能力、兴趣、价值观等，结合企业发展的需要，为员工制定一个事业发展的路径和计划，不断开发员工的潜能，促进员工的成长。

（6）绩效管理。企业通过对不同工作岗位设计绩效考核指标，运用不同的考核方法，对员工一定时期的工作结果进行测定，评价员工的工作业绩，并进行反馈面谈，促进员工绩效改进。绩效管理是对员工实施培训、晋升、薪酬分配等人事决策的重要依据，也是企业调控员工的重要手段。

（7）薪酬管理。企业运用薪酬设计与分配，实现对员工人力资源价值的认可，回报员工对企业的贡献。它既是对员工个人需求的满足，同时也是企业吸引留住人才、激发员工劳动积极性的有力措施。

（8）劳资关系。劳资关系是企业与员工在生产劳动过程中产生的经济关系。员工与企业可以就工资、福利及工作条件等问题进行谈判，协调劳资关系。劳资双方的关系是否融洽、健康，直接关系到企业经营活动是否能正常进行，员工是否忠实于企业，是否能正常发挥人力资源的作用。人力资源管理者通常要关注这类问题。

（9）安全与保健。企业员工在生产劳动过程中的生命安全、身心健康是企业人力资源管理中另一个要关注的问题。为员工创造良好的工作环境、提供优越的工作条件，例如减少污染、建立安全保障措施、减压活动、配备心理咨询师等，使员工的安全和健康得到保障。

（10）人力资源战略管理。企业将人力资源管理提升到战略的高度，人力资源管理在政策、方针、计划方案设计上与企业战略相适应，推动企业战略的实施，促进企业战略目标的实现。战略性的人力资源管理已成为当前人力资源管理发展中的主要趋势之一。

2. 人力资源管理模式

企业人力资源管理模式的选择与企业管理者的价值观和人事政策有着密切的关系。在企业人力资源管理实践中，随着经济社会发展、市场变化，以及企业管理者价值目标的重新定位，人力资源管理模式不断创新，企业可依据实际情况进行选择，并在实践中不断完善。

（1）"以业绩为导向"的人力资源管理模式。以业绩为导向的人力资源战略管理要求人力资源部门建立以激励为基础的业绩考评系统，以员工个人的业绩管理为基础，通过个人业绩体现企业整体经济效益。该模式的特点体现在：① 企业的经营管理活动以员工业绩为根本出发点，企业的制度、管理、运行机制、发展的战略目标和政策等都要围绕如何提高员工的业绩水平来设计、运作；② 这种管理模式要求企业员工不断更新自己的知识技能，提高业务水平，以达到最优业绩。

（2）"以能力为导向"的人力资源管理模式。以能力为导向的人力资源管理，是通过采取有效的方法，最大限度地发挥人的能力，把能力这种最重要的资源作为组织发展的推动力量，并实现组织发展的目标及组织创新。该模式的特点体现在：① 强调不拘一格选人才，把人的科学认识能力、判断能力、选择能力、创造能力、合作能力、专业工作能力、角色承担能力以及对必然事物的承受能力等作为衡量才能的主要指标；② 要求组织对每个人能力的充分发挥提供相对平等的舞台、机会和条件，并营造一个"能力型组织"，围绕有利于发挥每个人的能力来进行组织活动；③ 要求组织成员各尽其能、各尽其用，通过自觉学习和实践不断提高自己的能力，通过工作实绩确证自己的能力。

（3）以员工发展为导向的人力资源管理模式。以员工发展为导向的人力资源战略管理模式的主要特点就是把人的价值放在企业价值的首位，以个人发展作为企业发展的根本出发点，帮助员工设计制定出个人发展计划，并通过提供培训机会、岗位晋升机会、绩效考核和激励机制等方式帮助员工实现这一计划。

（4）"以顾客为导向"的人力资源管理模式。以顾客为导向的人力资源战略管理模式，就是从企业顾客的角度出发来审视人力资源管理的各项职能，要求企业对业务和市场进行深入的接触和了解，对顾客进行合理的定位，在此基础上确认自己应承担的责任和角色，做出人力资源的规划和决策。该模式突破了传统思维的限制，呈现出新的特点。例如：人力资源的职能转向以顾客为导向的管理模式；在招聘活动中雇用那些更能提高顾客满意度的人员；在培训方面，注重培训员工如何让顾客更好地使用、宣传、推介本企业的产品和服务；在绩效考核和薪酬管理方面，以顾客的评价和反馈为重点，奖励那些能够用发展长期顾客、长期业务的员工，在劳动关系方面，更注重劳资双方的合作，增强顾客对企业的信赖和忠诚。

1.2.3　人力资源管理的基本功能和任务目标

1. 人力资源管理的基本功能

人力资源管理的基本功能就是通过吸收、整合、开发、激励与调控、保护，实现人力资源管理目标。

（1）吸收功能。人力资源的吸收功能就是根据人力资源规划和工作分析，通过招聘与录用，将组织所需要的人力资源吸收到本企业。

（2）整合功能。企业是人的集合体，个体与个体、群体与群体、个体与群体、个体与企业组织都会存在差异，整合功能就是通过教育培训、企业文化传播、信息沟通、冲突与压力的调节缓和等，使员工不同的目标、价值观、态度、行为趋于一致。经过整合培养员工的认同感，规范员工的行为，提高员工工作生活质量和满意度。

（3）开发功能。通过教育培训、职业规划等开发管理活动，使员工的知识、技能、综合素质得到进一步的提高，员工的积极性和潜力最大限度地发挥出来。既为企业节省成本，又对企业做出贡献。

（4）激励功能。通过运用多种报酬分配手段，对人力资源的资本价值给予回报，满足员工对物质、精神方面的需要，激励员工努力工作，创造佳绩。

（5）调控功能。通过运用绩效考核、岗位变动、人员流动等手段，对员工的行为、态度、工作业绩等方面进行调控，提高企业管理水平和管理绩效。

（6）保护功能。企业在经营活动中保护员工的合法权益、保证员工的安全和身心健康，保障员工就业和应得的合法收入，是人力资源管理的一项不容忽视的工作内容，以此保证员工能够持续不断地正常工作。保护功能可以避免劳资纠纷，融洽企业与员工的关系，实现共同发展目标。

2. 人力资源管理的任务目标

人力资源管理的任务目标可从企业和员工两个角度分析。从企业方面看，人力资源管理的任务目标主要有以下几个方面：

（1）使企业员工的态度、行为、价值观念符合企业的需要。企业员工在个性表现、教育经历、生活背景等方面各有不同，从而形成不同的工作态度、行为和价值观念，当其符合企业需要时，则对企业的发展起促进作用，反之则阻碍企业的发展。人力资源管理活动就是寻找、培养符合企业需要的员工，即培养员工对企业的献身精神。人力资源管理的措施有以下几个方面：

- 树立"人高于一切"的价值观念；
- 实现双向沟通；
- 确保公平；
- 培养团队意识和团队精神；
- 采用"以价值观为基础的聘用"政策；
- 为员工提供就业安全保障；
- 实施"员工与企业共同体"的薪酬计划；
- 提供员工个人价值自我实现的机会。

（2）促使人力资源的使用价值最大化。人力资源具有一定的潜在性，其潜力是可以被开发和激发的。通过人力资源的培训、开发、教育，以及强有力的激励措施，把员工的创造性、积极性激发出来，不仅促使员工人力资源的使用价值最大化，而且使员工的人力资源价值得到最大的实现。据调查发现，员工在工作中只需发挥自己20%～30%的能力，就能完成岗位工作任务。但如果能充分调动其积极性和创造力，其潜力可发挥出80%～90%，从而创造出更大的价值。

（3）提高企业生产率和经营绩效。企业员工是企业生产活动的重要资源，企业劳动生产率的高低与经营绩效的水平和员工有着密切的关系。进行人力资源管理的目的就是通过规范员工行为、提高员工技能、鼓励创新、努力工作、合理配置资源来改进员工工作绩效，进而实现企业生产率和经营绩效水平的提高。

（4）获取持续不断的竞争优势。竞争优势就是一个组织能够更有效益地为消费者提供其所需要的产品或服务，从而在绩效方面超越其他组织的能力。企业有效的人力资源管理是获取竞争优势的重要源泉。斯坦福大学教授杰弗瑞·菲费提出了16种人力资源管理实践活动来提高一个公司的竞争优势：就业安全感、高工资、诱因薪金、雇员所有权、信息共享、参与和授权、团队和工作设计、培训和技能开发、交叉使用和交叉培训、象征性的平等主义、工资浓缩、内部晋升、长期观点、对实践的测量、贯穿性的哲学。

（5）实现企业的战略目标。人力资源不仅是企业的生产要素，更是企业的战略性资源。战略性人力资源管理是企业战略管理的有机组成部分，依据核心能力的人力资源建立企业的竞争优势，从而实现企业的战略目标。

从员工角度来看，人力资源管理的任务目标主要有以下几个方面：

（1）改善员工工作生活质量。要想使员工处于最佳的工作状态，企业就要创造出一种积极向上、有情感归属、心态良好的工作环境。这种环境是否形成，可用工作现场的工作、生活质量来衡量。工作、生活质量是指员工重要的个人需要能在工作中得到满足的程度，至少包括：有价值的工作、安全的工作条件、满足的薪金与福利、安全的就业保障、充分的工作指导、工作绩效反馈、成长和发展的机会、增长才干的机会、积极的社会环境、公正公平的交往。

人力资源管理者的主要职责就是设计和实施一整套制度体系，让员工在这些方面得到最大的满足。例如：用工作设计帮助员工确定所做工作是否有价值；安全与健康计划是要保障员工能够在安全无忧的环境中安心地工作等。一个有效的人力资源管理部门能够帮助企业创造一种促使员工努力工作的环境，不断提高员工的工作生活质量。

（2）员工个人的价值追求得到满足。尽管企业经营的目标是追求利润最大化，但是随着经济社会的发展和员工需求层次的变化，企业不得不将视角从重视企业逐步转向员工，员工个人的成功、价值的实现、精神需求的满足也成为人力资源管理的主要内容和目标。

（3）促进人的全面发展。企业不仅要重视员工的贡献，还要重视对员工的培养和成长。企业通过人力资源管理使员工达到完善人的意志、脑力、体力、品格，获得更为全面的自由发展，实现人与企业、社会和谐的发展，这是人力资源管理的最高境界。

1.2.4 人力资源管理者的职能

1. 直线管理人员与部门人力资源管理者

人力资源管理者的职责不仅表现在对人的管理与控制上，更重要的是把合适的人配置到合适的岗位上，寻找到人与岗位最佳的契合点。因此，企业人力资源管理不仅是人力资源管理部门的职能活动，而且是与企业经营管理活动密切相关的在战略导向下的所有管理人员的活动。基于此，我们将人力资源管理者分为两类，一类为一般的人力资源管理者，即是指企业直线管理人员，他们是企业人力资源管理实践活动的主要承担者；另一类是专业的人力资源管理者，即企业人力资源管理人员，他们是人力资源管理活动程序、方法、政策的制定者。在实际工作中，他们各有分工，职责明确，并且相互作用，见表1-2。

表 1-2 直线管理人员与人力资源管理者的职责

项目	直线管理人员	人力资源管理者
获取	·向人力资源部门提供特定工作岗位的职责要求，协助进行工作分析 ·向人力资源部门提供所空缺的职位，解释工作对未来雇员的要求以及所要雇用的人员类型，描述出工作对人员素质的要求，以便人力资源管理部门设计出适当的招募和测试方案 ·同候选人进行面谈，做出最后的甄选决策，选出符合本部门要求的候选人	·进行工作分析，构建企业的任职资格系统，为员工招聘提供依据 ·制定人力资源晋升、招募计划 ·根据直线部门所提供的所需人员类型和素质要求设计招募方案 ·开展招募活动，获取一批具有高素质的求职者 ·对候选人进行初步的面试、笔试，然后将通过测试的可用候选者推荐给直线部门主管
整合	·促进员工相互了解和沟通 ·指导员工的合作和协调 ·调节员工冲突 ·收集和反馈相关信息	·进行工作分析，构建企业的任职资格系统，为员工招聘提供依据 ·制定人力资源晋升、招募计划 ·根据直线部门所提供的所需人员类型和素质要求设计招募方案 ·开展招募活动，获取一批具有高素质的求职者 ·对候选人进行初步的面试、笔试，然后将通过测试的可用候选者推荐给直线部门主管

项目	直线管理人员	人力资源管理者
开发	·运用企业规定的评价形式对员工的工作绩效进行评价 ·总结员工工作中存在的问题,提出培训和开发的内容 ·帮助下属制定职业生涯规划,对下属的职业生涯发展情况进行跟踪评价,为下属的职业发展提供可行性建议 ·对人力资源培训和开发活动进行评价,增进培训和开发活动的有效性	·开发绩效评价工具并保存评价记录 ·根据直线部门提供的要求,企业的发展战略制定员工培训计划,为员工提供培训服务 ·帮助员工进行职业生涯规划,并为员工实现职业目标提供各种支持 ·构建企业的职位晋升系统,为员工的发展指明方向 ·对管理者进行开发,制定和执行接班人计划
激励	·向人力资源部门提供各项工作的性质和对价值的贡献程度,帮助他们确定工作水平 ·进行员工绩效评估,为人力资源部门给每位员工确定和调整报酬提供依据 ·根据奖励的性质制定支付给雇员的奖金数量 ·制定企业的福利计划和由企业提供的服务项目的总体方案 ·工资、奖惩制度及其他激励措施的实施	·制定具体的绩效评估方法和制度 ·确定每一项工作对企业的相对价值 ·进行薪资调查,确定企业薪资标准,保证企业的薪资的公平性、公正性和竞争性 ·向直线经理提供有关奖励、各种备选奖金分配和工资支付计划的建议 ·在直线经理的帮助下,制定企业福利和由企业提供的各种服务的详细计划,开发多种员工激励方案
维护	·保持企业的信息渠道的畅通,使每一个员工都能及时了解企业的发展目标和战略,以及员工在企业目标实现中的贡献 ·公平对待每一个员工 ·尊重、关心员工,与员工保持良好的沟通,及时了了员工的想法和需求 ·解决抱怨和争端	·构建和谐的企业文化,让员工体会到关爱 ·保障员工的健康和工作安全,为员工提供各项工伤和医疗保险 ·制定确保公平待遇的程序性规定,并对直线管理人员进行相关培训

2. 部门人力资源管理者类型

部门人力资源管理人员因能力不同而分工有所不同,通常可分为三类,分别是文员、人力资源管理专家、人力资源管理总监。

(1)人力资源管理文员。文员是人力资源管理部门的支持性人员,其主要工作是文书性质的,如:打字员、书记员、接待员、档案管理员等。文员所从事的工作主要有收集数据,保持有关记录,保存相关资料等,对从事文员工作的员工技能要求不高,一般只要求具有高中学历或受过相关文秘技能培训即可。

(2)人力资源管理专家。人力资源管理专家是具体从事一定领域管理活动的人力资源管理人员，包括招募专家、人力资源培训专家、绩效考评专家、薪酬激励专家等。人力资源管理专家一定要接受过正规的有关人力资源管理的大学训练，或者非人力资源管理人员经过了长期的人力资源某一领域的实践，有丰富的人力资源管理经验的累积。未来的企业人力资源管理专家还要求具备新的管理能力，能关注重要的大客户、内部客户的需要，可对人力资源产品和服务的安装和定制进行有效管理，并为改进业务流程和人力资源管理程序提供咨询。

（3）人力资源管理总监。人力资源管理总监是企业人力资源管理的最上层高级行政经理。人力资源总监要负责把握企业人力资源的总体发展方向，协调人力资源管理部门中的人事职能与其他参谋和职能部门的联系和沟通，向不同的人力资源管理职能机构分配资源。人力资源管理总监的具体职责包括制定公司的人力资源战略规划，督促公司的人力资源战略的执行，负责建立畅通的沟通渠道和激励机制，负责公司的内部组织管理等等。优秀的人力资源管理总监除了应具备深厚的文化水平和业务专长以外，还需要具有较强的组织管理能力、宏观策划能力、综合协调能力、开拓创新能力以及较强的人才观念和服务意识。湘财证券人力资源总监董凡凡认为人力资源总监应扮演三种角色：首先应该是企业内部的"环保工程师"，对营造一个公平、公正、以诚待人的工作氛围负有责任，这要求人力资源总监要襟怀坦荡、宽容、客观，不以个人好恶评价人与事；其次，应该是"信访办主任"，要善于倾听和沟通，让员工在工作中为难的、烦恼的事有地方倾诉；最后，还应该是"影子武士"，要随时随地为业务部门提供人力资源支持。

3. 人力资源经理的职能与胜任力特征

1）人力资源经理的职能

人力资源经理对员工关心的程度和对企业关心的程度不同，所扮演的角色也不同，不同角色的职能和核心内容也有所不同。根据人力资源经理对员工和企业的关心程度的不同，人力资源经理可扮演四种角色：员工顾问、行政管理专家、监督控制者、战略伙伴（见图1-4）。

行政管理专家是指人力资源经理承担一般人力资源管理者和部门应该履行的人力资源责任，要组织相应的人力资源管理活动。

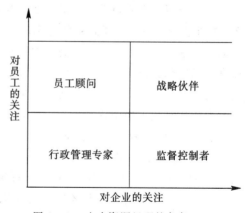

图1-4　人力资源经理的角色

人力资源经理作为行政管理专家对企业和员工的关心度都很低，主要是日常的人力资源工作。行政管理专家主要是为企业的其他职能部门服务的，其主要职能如：设计、开发人力资源管理制度程序和方法；提供良好的、节约的行政人事服务；负责人力资源的规划、招聘录用、培训以及绩效管理等；推行有效的人事管理制度，降低人力资源的运行成本和服务成本。

监督控制者是指人力资源经理更多地关注企业的发展和盈利，而对员工的关心却较少。这时期的人力资源经理是员工行为的监督和控制者、组织绩效的伙伴、组织发展变革的推动者。监督控制者主要职能涉及到制定员工行为规范，设计员工监督、管理制度，制定和实施员工惩罚制度，保证企业经营目标的顺利实现。作为组织的绩效伙伴，人力资源经理应该在组织中建立绩效伙伴关系，促进员工积极地参与发展活动的组建工作，在员工之间形成良好的互惠关系，帮助员工的关键技能和能力得到有效提升，从而获取较高的绩效。人力资源经理作为企业变革的推动者应根据组织内外的情况变化不断更新组织架构，主动参与企业变革与创新，引入新的组织管理办法及变革管理方法，处理组织管理变革过程中的各种人力资源问题，推动组织变革进程，帮助企业减少变革对企业的伤害。

员工顾问要求人力资源经理要作为员工独一无二的拥护者，担当起员工的指导者、沟通者和职业生涯咨询者的角色。人力资源经理作为员工的指导者，为员工提供有关组织的知识，这包括对组织远景、方向、指导思想、经营结构、历史、氛围和文化的理解，通过对员工的指导和支持，促进员工事业的发展；人力资源经理还会扮演沟通者的角色，创造一个信任的氛围，积极的倾听，有效的提问，沟通中的移情能力，保证沟通的保密性，培养自我意识，清晰的交流观点以及适当地进行归纳总结，来促进员工间的相互交流，并增进自身与员工间的理解。职业生涯的咨询者帮助员工对他们的表现进行回顾，挖掘他们的兴趣、能力、信仰和期望，鼓励员工去独立地做出有关他们未来事业道路的决策。

战略伙伴不仅注重对企业员工的关心，而且也关注企业的未来发展。人力资源作为企业发展的战略伙伴要求人力资源要充当组织战略的制定者和实施者等角色。战略制定者与实施者要求人力资源管理者或部门以企业战略为导向，即要参与企业战略的制定，还应辅助战略的执行，保持人力资源的服务与企业战略的一致性，不断对企业发展进行诊断，以便企业适时地调整发展战略，保证企业健康、持续地发展。

2）人力资源经理的胜任力特征

人力资源经理肩负着重要的职责，既要通过规章制度、激励机制、团队气氛、员工关系、企业文化等手段，创造一种能让员工自觉、高效地完成工作目标的氛围，使员工能够自觉高效地完成工作任务；还需要根据企业经营战略的要求，塑造一支能够完成企业经营战略的职业化的员工队伍，为企业经营提供最佳的人力资源保障。人力资源经理的胜任力概念所强调的是与优秀人力资源经理取得的业绩有因果联系的素质特征，也就是可以将从事人力资源经理工作中优秀者与一般者区分开来的个体特征，人力资源经理胜任力主要体现在五个方面，包括知识、技能、自我概念、个性和动机。

（1）知识方面。要求人力资源经理具有自己的职业知识体系，包括基本的管理学理论、经济学理论、心理学理论、社会学理论、人力资源专业理论，以及与企业经营直接相关的经营知识。人力资源经理还应具有不断更新知识，善于围绕具体的难题知道从哪里查到、获取信息的能力。

（2）技能方面。人力资源经理要求具有独特的十个职业技能，包括：招聘甄选技能、培训开发技能、业绩管理技能、薪酬激励技能、组织设计技能、就业用工技能、人力规划技能、员工关系技能、生涯规划技能、文化推进技能。此外，人力资源经理还应当具备一些突出的职业能力，如：管理沟通能力、冲突协调能力、激励鼓舞能力、洞察判断能力等。人力资源经理不仅要有专业的操作技巧，还要有思维分析能力，能发现问题、解决问题，抓住问题的关键点，能进行战略分析，还要具有人际交往能力和较强的说服力。

（3）自我概念。自我概念指的是自信和价值观，人力资源经理要求具有比较强的自信，他的价值观与公司价值观越一致越理想。

（4）个性。人力资源经理的个性强调情商和非智力因素。人力资源经理要有很强的情绪调节能力。人力资源经理在工作中要扮演各种角色，咨询师、战略伙伴，又是高层领导的执行者，所以要有很强的承受力，既要敢于做有益公司但会伤及员工利益的事，又要敢于向企业尽力争取员工的利益。要兼顾企业和员工的利益，如果没有好的心理调节能力，是不能处理好这些事情的。

（5）动机。人力资源经理应具有较强的成就动机和对组织的奉献精神；具有一定的权利动机，积极影响别人，以更好地开展工作；人力资源经理还应具有较强的亲和力，以便于和员工进行沟通和交流，以利于人力资源工作的顺利开展。风险动机是指人力资源经理应具有一定的魄力，敢于冒风险，勇于创新。

4. 人力资源管理部门的职能

人力资源管理部门的定位和角色是一个动态的概念。也就是说，随着企业的发展和市场的变化，企业人力资源管理部门的定位和角色将会不断调整。其次要做到"三结合"：一要结合企业的发展战略，二要结合企业的经营管理体制，三要结合人力资源管理部门的整体素质和专业能力。知识以及能力改变企业命运，在知识经济下人才成为企业的核心竞争资源，人才的开发拥有了新的内容与挑战。要适应全球经济一体化和知识经济的企业客观环境，人力资源部门的角色及职能应定位为：

（1）人力资源部门是公司领导的战略合作伙伴。公司领导的合作伙伴固然很多，如生产部门、财务部门等，然而人力资源部门却是必不可少的，人力资源部门对于企业管理的专业化建议，对于公司结构的优化，员工的能力开发和有效激励都是人力资源部门承担的重要任务，这使得人力资源部门必然成为公司领导的战略合作伙伴。

（2）人力资源部门是公司企业文化的诠释者、贯彻者。一种优秀的符合企业实际的企业文化对于企业的发展有着不可缺少的作用，它不仅仅创造一种工作理念和公司氛围，更重要的是可以弥补制度不规范和滞后时可能产生的管理漏洞。然而，企业文化的生存状态多种多样，其中的影响因素便在于企业文化的推动者、诠释者、贯彻者、实施者的工作状况。人力资源部门也许不是企业文化的缔造者，但绝对要承担企业文化的宣扬推广者角色，作为一个重要的培训内容也是必然，尤其是人力资源部门在选才、晋升等工作上的标准直接告诉了全公司怎样的人才，怎样的工作态度和行为方式才是企业所认可并推崇的，这就是一种形式的企业文化理念。人力资源部门制定的绩效考核方案及绩效管理过程中的每个细节都在贯彻着企业文化理念。

（3）人力资源部门是公司管理系统的建构者、完善者。管理系统的魅力在于它的规范性、恒定性。也许我们可以简单地想象，当公司出现一些意外的状况时整体运营的好坏正是管理系统完善与否的表现，或者也可以用公司中大部分事件的产生和运作过程中是制度规定的作用大还是人为因素重要作为衡量管理系统完善与否的标准。

（4）人力资源部门是公司选才用人的建言者。尤其是在干部的任用上这点显得更为突出。如果人力资源部门在其中只是承担着简单审核和发布信息的工作，那么这样的人力资源工作就不能创造人力资源本身价值。

（5）人力资源部门是公司核心人才的培养者。公司的核心人才将成为公司最重要的人力资源甚至是最重要的资源，公司的核心竞争力如果不是由核心人才创造也需要有核心人才去维系。然而大部分核心人才的出现不应该是完全依靠直接引进，而是由公司去培养，这样一批人才会成为公司忠诚度高、合乎公司价值观、了解公司情况的重要人才。这需要人力资源部门通过岗位锻炼、职业生涯规划、培训与开发、及时推荐等工作来完成。

（6）人力资源部门是企业效益的根本创造者。人力资源管理不仅只是提供职能支持，更是决定一个组织能否有效创造效益的关键因素。组织的技术优势来自组织的人员在知识和技术上的不断开发和创新，生产和销售优势源于优秀的人力队伍，组织创造效益的每一个环节都是由"人"来完成的。而人力资源管理的实质正是围绕着以"人"为核心，以人与组织、人与环境、人与人、人与事为对象，研究其内在原理，掌握其内在规律，认知人性、尊重人性，并通过一系列有效措施，充分开发和调动人的主观能动性，促进和提高人力资源的投入产出比率，从而能够科学地利用财力、物力，为企业创造更大的效益。现代人力资源管理的重点，已经从原来的对一线部门（如：生产部门、销售部门）的人事管理职能支持，提升到积极主动创造效益上来。所以说，人力资源管理的核心本质就是创造效益。

1.2.5　人力资源管理部门的组织结构

1. 不同组织结构下人力资源部定位

企业人力资源管理作为企业整体运营提供发展支持的单位，其定位必然取决于企业的组织结构、经营战略、企业类型等多种根本性因素。其中企业的组织结构对其内部的人力资源管理定位，起着决定性的作用。企业的组织结构可分为职能式、事业部式、矩阵式三种，不同类型的组织结构对人力资源部门的定位也有所不同，主要表现在：

（1）职能式组织结构下的人力资源部定位。职能式组织结构，是指企业自上而下按照职能进行同类合并，形成按专业划分的部门。例如，主管研发的副总裁负责所有的产品技术研发活动，所有的研发人员都被安排在研发部工作。技术专家在组织中占有极为重要的地位，具有相当强大的决策权力；专业化程度高，行为流程化、制度化，因而会有较多的规章制度；整体的分权形式是有限的横向分权。因此，采用职能式组织结构的企业中的人力资源部，其基本定位可以概括为：服务＋领导。

此种结构下的人力资源部，作为唯一的人力资源工作单位，需要负责全部的人力资源管理工作。因此，一方面它需要为所有的员工提供项目众多的常规性的、一般性的人力资源管理，也就是其服务的定位。另一方面，由于其专业性及在整个企业中具有相当高度的权威性，因此它拥有足够的力量来推动、执行人力资源管理的职能目标。所以，人力资源部能够在为企业提供全面人力资源服务的同时，也提供具有深度的人力资源管理的领导。也就是要有意识地为企业努力营造灵活、快速反应的管理风格，促进创新，防止组织僵化，以缓解这种组织所特有的缺点，充分发挥人力资源部部门内部的规模效益，充分体现自己的专家角色。

（2）事业部式组织结构下的人力资源部定位。事业部式组织结构也被称为产品部式结构或战略经营单位。一般是进行多样化经营的企业，根据单个产品、服务、产品组合、主要工程或项目、地理分布、商务或利润中心来组织事业部。事业部实行决策分权制。这种组织结构中，整体的技术专家结构很小，在整个组织中的地位，相对于其他部分来说，非常次要；直线中层是其关键的构成部分，是重点；在工作核心层中有数个独立的小型的机械性组织。而在这些小型的机械性组织中，专业分工程度高，有很强的技术专家结构，决策权力相对集中；整体的分权形式是有限的纵向分权。

因此，采用职能式组织结构的企业中的人力资源部，其基本定位可以概括为：划分层次，上层定位于研发、指导及干部管理，下层定位为提供服务和实务管理。

这种组织结构要求对人力资源管理进行工作分层，以开展不同层次的工作。各个事业部设自己的人力资源工作部门，为自己的事业部提供具体而贴近实际工作需要的服务和实务管理。总部级的人力资源管理部门一方面应定位于对人力资源管理工作的基础性研究与开发，是对企业采用的人力资源管理的理念、方法等提出改良、完善的对策以便于通过其人力资源的研发工作，降低企业实行此种组织结构的风险，使整个组织获益；另一方面应定位于加强对企业中层干部的管理，兼顾企业整体发展利益。

（3）矩阵式组织结构下的人力资源部定位。矩阵式组织结构采用两条相互结合的划分职权的路线：职能与产品，其设计目的在于要兼得职能式和产品式（项目式）职能划分的优点。因为职能式职能划分与产品式职能划分的优缺点正好为互补型。同时，此种结构最为突出的特点，就是打破了单一指令系统的概念，而使管理矩阵中的员工同时拥有两个上级。矩阵式组织结构的关键是两种权力的平衡。因此，此种组织结构下的人力资源部，其定位就是致力于两种权力的平衡。这种定位主要集中体现在以下两个方面：

第一，加强组织内部的沟通与人际关系引导。由于这种组织结构的信息量很大，信息流又很是复杂。因此，必须对所有员工进行正规化、专门化的训练，才能保证这种结构的正常运行。这样做，一方面是帮助员工更好地理解这种组织结构，更为有效地处理各种信息及二元权力模式下的困惑。另一方面，也是引导员工正确对待工作中发生的问题，减少冲突，防止有人对这种二元结构的不良利用。因此，人力资源部作为渗透到各个项目和产品的职能，应该定位于积极引导，推动开放沟通的角色。

第二，要加强对关键矩阵角色的人力资源管理。由于矩阵式组织结构比单一职权结构复杂得多，因此，它的正常运转需要一系列的全新管理与执行技能，这也是关键矩阵角色不容忽视的作用。换句话说，关键矩阵角色的状态，直接决定着这种组织结构的成败。这些关键角色包括高层领导者、矩阵主管和有双重主管的员工。人力资源部通过自己的工作，必须确保这些关键角色由胜任者来承担，或是使之达到胜任的要求。

2. 人力资源管理部门的组织结构

人力资源管理部门的设置、职能与地位，同企业规模有着密切的关系。

（1）小型企业的人力资源部门。一般来说，小型企业的规模偏小，实力较弱，因此，小型企业的战略核心是业务，创业者则是企业的领导核心。小型企业的规模不大，组织结构相对简单，各种制度和流程都不是很齐备和规范，且处于动态变化状态，小企业的优势在于其具有较高的灵活性、快的速度以及应变能力。因此，小型企业的人力资源管理最好不要过早的"职能化"，追求系统化、规范化、程序化和科学化。在小型企业很少有一个正式的人力资源管理部门和人力资源专家。通常由行政部或者财务部员工兼职，有

图 1-5　小型企业的人力资源管理部门组织结构图

些工作直接由企业负责人承担，这时人力资源管理侧重于基础管理层面，如：雇用和培训有能力的员工。如图 1-5 所示。

（2）中型企业的人力资源部门。这类企业有一定的资产规模，组织结构相对健全，人力资源管理工作往往兼人事、行政、公关、宣传、后勤等多项职能，但是，受组织规模以及企业发展程度的限制，中型企业中，人力资源管理部门内部仍未实现职能化，在一个中型组织中，可能只需设置一个人力资源经理或专员，或者人力资源管理部门内部的人员共同承担处理组织的人力资源事务。企业人力资源管理更侧重于流程管理层面。其具体的结构如图1-6。

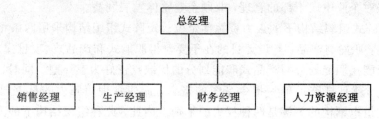

图1-6　　中型企业的人力资源管理部门组织结构图

（3）大型企业的人力资源管理部门。大型企业组织结构完整，管理层次较多，人力资源管理职能也增多，人员问题因为人员数量和组织层级变得更为复杂时，在人力资源管理部门内部就需要设置一些独立的部门承担不同的人力资源管理工作。这些部门涉及人力资源的获取、开发、利用、激励等各项人力资源管理的职能和任务，如图1-7所示。这些专业部门的设置使得组织的人力资源管理部门职责区分明确，责任到位，人力资源经理则从事务性的工作中解脱出来，更侧重于战略管理层面，参与组织人力资源管理战略的制定和人力资源管理职能的评价等变革性的活动中去。

（4）集团企业的人力资源部门。集团企业的业务范围广泛，组织结构庞杂，管理层次复杂，在集团企业中，人力资源管理部门承担更多的责任，下设的独立部门更加专门化，图1-7就是一个集团企业的人力资源管理部门的组织结构图。实际上，人力资源经理下设的各个专门部门更加的专业和细化，如培训部门中可以包括培训主管、培训专家、高级培训员和一般培训人员。这四个岗位的划分并不是行政上的直接隶属和管理关系，而是管理职能专门化和专业化的体现，是员工所拥有的知识和技能差异的体现，为人力资源部门的员工提供了管理和技能双通道的职业发展路径，有利于减少管理层级，缓解员工晋升的压力。由于人力资源各项职能和业务的专业化，人力资源经理更侧重于文化管理层面。

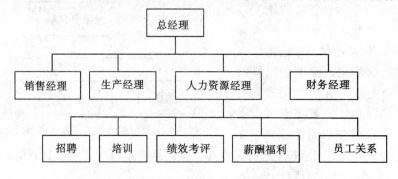

图1-7　大型企业人力资源管理部门组织结构图

由以上内容可以看出，随着企业规模的扩大，人力资源管理职能部门呈现出专业化的发展趋势，但都是以传统的人力资源职能如：招聘、培训、薪酬和行政等为基础，随着知识经济的发展，企业组织模式日渐趋于多样化和灵活化，企业人力资源管理部门为适应这种变化趋势，应打破传统的以职能为基础的组织架构方式，构建一种新的人力资源管理组织模式。这种新的组织模式将人力资源管理职能有效地划分为三个部分：专家中心、现场人力资源管理者和服务中心，如图 1-8 所示。

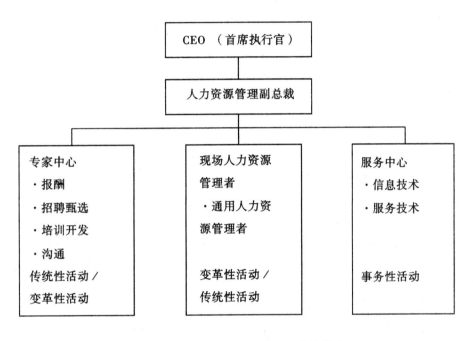

图 1-8　人力资源管理部门的新结构模式

专家中心的员工专门负责职能性技能的开发，可以不受事务性活动的干扰，现场人力资源管理者则专门负责解决业务部门的难题，服务中心的员工致力于为各个业务部门提供基本的人力资源管理的服务，如员工服务请求的处理和信息收集等。这种结构模式能够提高人力资源管理服务效率，有助于建立系统的人力资源管理结构和职能的协调实施。

1.3　环境与人力资源管理

企业是一个开放的系统，企业人力资源管理是在一定的环境中进行的，环境中各种要素的力量会影响企业人力资源管理的各个方面和环节，并为企业人力资源管理的成功提供机会和条件，对环境的认识和把握是企业人力资源管理实践的重要因素。

所谓的环境，也称企业环境，是指对企业绩效起着潜在影响的一系列外部和内部要素的总和。它包括两个不同层次的环境领域，即外部环境和内部环境。

1.3.1　外部环境与人力资源管理

企业人力资源管理所面临的外部环境影响主要表现在以下几个方面。

1. 劳动力市场状况

劳动力市场状况是企业进行人力资源管理必须要了解的,对企业人力资源管理具有关键的影响。对劳动力市场的了解,主要是以下几个方面:

(1) 人口与劳动力的数量和质量。人口数量在一定意义上对劳动力供给数量的决定是绝对的,人口基数越大,可供劳动数量就越多,企业对人力资源的数量需求容易得到满足。此外,人口的质量也决定了劳动力的质量,人口及劳动力中受教育程度、接受高中以上教育的比例、年龄构成,都对企业获得有效人力资源产生重要的影响。此外,人口及劳动力的地区分布也成为企业人力资源招聘和控制的制约因素。就我国情况而言,由于实行了计划生育政策,在 30 多年的时间里,全国累计少出生 3 亿多人。但是庞大的育龄人口基数决定了到 2020 年新增劳动人口每年仍然保持在 1500~2200 万之间,新成长劳动力的就业需求十分旺盛。"2005 年以来,20 世纪 80 年代出生的接受过高等教育的青年以每年 300 万到 400 万的规模进入就业市场的同时,20 世纪 90 年代出生的人口也将陆续达到就业年龄,我国人口基数规模的庞大,使近十年来每年新增千万就业人口进入市场,高学历人员是青年就业人员的主要力量。2009 年我国高校毕业生人数 611 万,到 2015 年,该数字已攀升到 749 万,但 2013 年 9 月全国劳动力调查资料结果显示,青年就业人员在城镇就业人员中的比重均继续微弱下降。在全国就业人员中,16~34 岁青年占 35.3%,比上年降低 0.2 个百分点;在城镇就业人员中,16~34 岁城镇就业青年占 39.8%,比上年降低 0.6 个百分点。尽管如此,青年就业问题依然突出。"劳动力市场的变化必然决定我国就业战略的转移,即从关注下岗职工再就业专向解决青年就业问题。我国企业更应关注这一动向。

(2) 不同类型劳动力的供给状况。劳动力可以分为一般劳动力、专业技术人员、管理人才,其中突出的问题是企业对专业技术人员和管理人员的获取。这两类人才的数量、发展速度,地区和行业分布,培养及获取渠道,都对企业获取关键人力资源产生影响,企业对这类人力资源的获取和管理会支付较大的成本。

2. 社会经济环境

宏观社会经济环境对企业人力资源管理必然产生影响。经济政策的变化、产业结构的调整、资本市场的波动、经济运行的周期性等因素主要作用于企业人力资源管理活动的经济投入、人力资源规模、结构以及员工的薪金、福利、待遇方案等,引致企业人力资源管理的方针政策、手段和措施的改变。例如,服务产业的大力发展,使服务产业的岗位大量涌现。美国在 20 世纪 90 年代新增加的 2100 万个工作岗位几乎都是在快餐、零售、咨询、教育、法律等这样一些服务型行业。企业的利润来自于员工的才能与热情,创造顾客就是创造了企业的利润。企业在获取人力资源时,创造顾客的能力成为关注的焦点。

3. 科学技术因素

日新月异的科学技术的发展,不仅改变着我们的生产方式,使生产效率逐步提高,还使得就业机会从某一职业转向另一职业,并对人力资源提出新的要求。比较明显的事实是计算机技术在生产、办公中的运用,产生了计算机辅助生产系统,办公自动化系统,它代替了人们的工作,使一些岗位消失,又产生一些技术要求较高的新岗位。为了能使新技术得到运用,就会要求从业者必须具备相应的技术技能,这对企业的各个方面都会产生影响。尤其是在劳动密集型企业中，蓝领工作和一般事务性工作的作用会消减，而专业性强、技能性强的工作就显得更为重要。面对这些变化，企业人力资源管理的各项工作都会从新开始。

4. 文化环境

文化是人们的价值观念、道德伦理、风俗习惯、宗教信仰等方面的统称，它对人们的思维方式和行为方式产生重要的影响。不同的国家、地区由于所处环境的不同、发展的历史不同，所形成的文化也是不同的，因而对所处该国家、该地区的企业的价值观念、行为方式的形成发生作用，进而影响企业人力资源管理活动。

5. 竞争与管理环境

日益激烈竞争的态势已在全球范围展开，产品创新周期的缩短，要求企业的规模能适应环境的变化。加快技术创新、产品创新，满足顾客个性化需求，迫使企业改变管理方式，一种更具自主性管理的"团队"组织替代了传统的集权式管理的"直线职能制"组织。在这场变革中，人力资源管理部门应是积极的推动者。

6. 法律与政治环境

法律规定和政治制度的建设与完善必然对人力资源管理活动产生影响。在法律建设方面，劳动力市场管理法、劳动法与社会保障法、职业法、专利与知识产权法等的产生对管理人员的活动起到限制作用。例如，许多国家制定了公平就业机会的法律，规定了禁止在就业中存在种族、性别、年龄、宗教、原居住国等歧视的现象。在员工的福利、健康计划等方面，法律也做出了规定加以保障。在政治制度建设中，民主化政治进程的加快，使人们在机会均等、自主择业、言论自由、人格尊重等方面获得了宽松的环境。我国在 1994 年颁布了《劳动法》，随着我国经济体制改革的深入，政府对劳动力市场管理规范化和法律化进程加快，仅 2004 年就有一系列保护性就业法规政策出台。如：《最低工资规定》、《集体合同规定（新）》、《关于实施＜工伤保险条例＞若干问题的意见》、《劳动保障监察条例》等。

1.3.2 内部环境与人力资源管理

内部环境是指企业内部影响人力资源管理活动的各种因素。

1. 工作任务

企业经营性质的不同，决定了工作任务的不同。根据不同工作任务的要求可将工作区分为操作工作、管理工作、商务工作和技术与研发工作等等，不同的工作任务对人力资源管理活动的要求有所不同。

2. 工作群体

工作群体是指为了实现工作目标，由两个以上相互依赖、相互作用的个体组合。工作群体有正式与非正式的划分，正式群体的形成是由组织结构决定的，有命令型群体和任务型群体；非正式群体的形成是由群体的共同利益或共同的特性决定的，有利益型和友谊型。不同类型的群体通过不同的途径和手段满足员工的需要，进而对员工起到激励的作用。员工个人加入不同的工作群体的动机是不同的，无论是正式的群体，还是非正式的群体都对员工的行为和绩效产生深远的影响。

3. 组织结构

组织结构是指表现企业组织各部分排列顺序、空间位置、聚集状态、联系方式以及各要素之间相互关系的一种模式。组织结构的本质是企业组织成员的分工协作关系,其内涵是人们在职、权、责方面的结构体系。在企业发展史上产生了不同类型的组织结构,对组织结构的选择设计受到企业战略的影响,美国著名企业史专家钱德勒提出了"结构跟随战略"的思想,强调了组织结构对实现企业战略的重要性。不同的组织结构决定了岗位的数量和性质。对组织结构类型的选择决定了人员匹配。

4. 领导作风

企业管理者的领导方式和方法会影响到员工个人及所在工作团队的工作态度、行为和效率,进而影响人力资源管理的最终结果。有效的人力资源管理,既要求企业管理者选择有效的领导方式和方法,也要求管理者采用有效的监督和控制。

5. 员工需求

满足员工的合理需要,既是体现以人为本的管理,也是人力资源管理工作的依据之一。尤其是企业在建立激励机制方面,必须要关注员工的需求,以员工的迫切需求作为激励的目标,结合企业的目标,制定切合实际的激励机制,激发员工努力工作。

6. 企业文化

企业文化是指企业经营价值哲学和管理风貌,是一种以价值观念为核心对企业全体员工进行价值教育的微观文化体系。企业文化对人力资源管理的影响主要表现在企业文化会影响到人力资源管理的政策方针、内容、方式与方法,具体地讲,不同的企业文化在人力资源获取、培训、绩效考核与薪酬管理等方面采用的手段、方式与方法会有所不同。

1.4　人力资源管理的历史演变及其发展趋势

1.4.1　人力资源管理的历史演变

想要准确、全面地把握人力资源管理的真实面目,就必须探索人力资源管理形成与发展的历史演化过程。人力资源管理在 20 世纪 80 年代诞生于西方国家,并在 90 年代初传入我国。但是,要追溯人力资源管理的最初起源与发展,其历史其实更加久远。人力资源管理从最初萌芽开始至今共经历三个发展阶段:人事管理阶段、人力资源管理阶段、战略人力资源管理阶段。

1. 人事管理阶段

早期的人力资源管理被称作"人事管理",它是伴随着工业革命的产生而发展起来的,到第二次世界大战期间,人事管理基本趋于成熟。人事管理主要关注的是人员招聘、上岗培训、工作记录、报酬支付体系、在岗培训及人事档案管理,其特征就是照章办事,属于事务性的工作。彼得·德鲁克在对人事管理进行综述时也认为"人事工作部分是档案员工的工作,部分是管家的工作,部分是社会工作者的工作,部分是消防员的工作，不顾一切地解决工会的问题"。人事管理在西方国家企业中的实践历程大致可以分为三个阶段：

（1）人事管理的萌芽——雇员管理。第一次工业革命促进了英国资本主义的大发展，也带来了劳动关系的深刻变化。1912 年在波士顿召开的"雇佣经理联合会"成立大会上，明确提出了"雇员管理"概念，劳资谈判、劳工关系等问题逐渐提到了议事日程上。其主要工作是为员工提供福利；倡导"关心员工"和"改善员工境遇"；建立一些形式的非工会组织的雇员代表会议或"企业民主"组织。

（2）早期的人事管理阶段。20 世纪 40 到 60 年代是人事管理的形成时期。美国全国性工会运动的兴起，使劳资关系更加对立。这一阶段，人事管理主要是强调劳动经济学的重要性，重视劳工关系和劳动立法。企业人事工作的典型职责包括对新员工的录用、职前教育、人事档案管理、制定公司效益计划以及福利上的琐事等。人力资源工作是所有管理人员的职责，而不仅仅是人事或劳动部门的工作。

（3）人事管理的成熟阶段。20 世纪 60 到 70 年代是人事管理获得大发展，走向成熟的时期。这一时期，美国先后颁布了一系列法规，对劳动就业状况和企业用工方式产生了很大的影响。这些规定迫使企业人事政策做出较大的调整。企业的人事管理在实施过程中更注重人的心理需求，考虑人的素质的提高，人与人之间的协调和人力的合理配置。人事管理逐渐从一般事务性管理向系统化管理方向发展。

2. 人力资源管理阶段

从 20 世纪 80 年代开始，人事管理逐渐向人力资源管理蜕变，并最终演变成人力资源管理。1984 年，亨特预言人事管理重点将发生转移，引起了人事管理有关人员的注意，并最终导致了人事管理向人力资源管理的转变。人力资源管理主要依靠制度而不是人的诚信来用人行事、管理企业，企业将人力资源视为一项重要的资产来加以开发和管理。这一阶段中，专门的人力资源部门开始出现，除了从事传统的事务以外，增加了人力资源规划、政策制定、人力资源开发、职业生涯管理、工作分析与设计等职能。人力资源部不再仅仅从事事务性的工作，开始参与组织战略规划的制定与实施。人力资源管理的责任是确保组织在适当时间以适当的成本获得适当的数量、类型和技能的员工，以满足组织当前及未来发展的需要。

3. 战略性人力资源管理阶段

战略性人力资源管理兴起源于学者们对竞争优势来源转变的研究。20 世纪 90 年代以来，企业面临的竞争环境日益激烈。许多学者越来越相信，企业人力资源将是持久竞争优势的重要来源，有效地管理人力资源，而不是物质资源，将是企业绩效的最终决定因素。这一研究显著提高了人力资源在企业竞争优势获取方面的地位，促进了从提升企业竞争力角度对人力资源管理的研究，并直接导致了战略性人力资源管理的兴起。

战略性人力资源管理从组织整体战略发展角度将人力资源管理视为一项战略职能，探索人力资源管理与企业组织层次行为结果的关系，追求人力资源部门与组织其它部门的整合性，人力资源管理与组织战略的适应性与协同一致性。战略性人力资源管理对人力资源管理提出了更高的要求：

（1）要求人力资源管理应完全整合进企业的战略，并且在战略实施过程中，人力资源管理和战略之间应该保持动态协同；

(2) 人力资源管理政策在不同的政策领域与管理层次间应具有一致性；

(3) 人力资源管理应成为企业每一个部门和员工的事，人力资源管理实践应作为日常工作的一部分被直线经理与员工所接受、调整和运用；

(4) 人力资源功能通过规划、政策与实践，创造实施战略的适宜环境，发挥"战略伙伴"的作用，从而促使组织更具竞争力。

在人力资源管理的实践从人事管理、人力资源管理再到战略人力资源管理三个阶段的发展过程中，理论逐渐趋于科学和完善，管理技术和方法也在实践中不断地改进，趋于合理化、人性化。

1.4.2 人力资源管理的发展趋势

21 世纪是知识经济的时代，企业间竞争的重点正由产品经营竞争、资本经营竞争转化为智力资本经营的竞争。人力资源成为企业获取竞争优势的源泉。企业只有取得了优于竞争对手的人力资源，并充分发挥他们的智力能量，才能在竞争中获取并保持其竞争优势。因此，知识经济给企业的人力资源管理提出了新的要求，21 世纪的企业人力资源管理将呈现新的发展趋势。

1. 人力资源管理趋于柔性化

未来的人力资源管理将是"柔性化管理"。柔性化管理是使企业在市场机会不断变化、竞争环境难以预测的情况下，快速反应，不断重组其人力和技术资源，获得竞争优势和利润的管理模式。它不依赖于固定的组织结构、稳定的规章制度进行管理，而是随着时间、外部环境等客观条件的变化而变化，是一种反应敏捷、灵活多变的崭新的人力资源管理模式。

柔性化管理的本质是一种"以人为中心"的管理，要求用"柔性"的方式去管理和开发人力资源。"柔性化"要求企业人力资源管理既要具有适应不同情况的能力，还要具有坚强、韧性、忍受变化带来负面影响的能力。

2. 人力资源管理的系统化趋势

战略人力资源管理要求人力资源管理以促进企业的发展为目标，从企业发展战略的角度制定企业的人力资源战略，这就对人力资源管理提出了新的要求，使企业人力资源管理日益趋于系统化。企业人力资源管理系统主要从人力资源管理角度出发，用集中的数据库将几乎所有与人力资源相关的数据(如薪资福利、招聘、个人职业生涯的设计、培训、职位管理、绩效管理、岗位描述、个人信息和历史资料)统一起来，形成了集成的信息源。人力资源系统所具有的友好的用户界面，强有力的报表生成工具、分析工具和信息的共享使得人力资源管理人员得以摆脱繁重的日常工作，集中精力从战略的角度来考虑人力资源规划和政策。

3. 人力资源管理的电子化趋势

21 世纪，企业竞争直接反映为人才的竞争。为适应全球化快速变化的环境，企业需要更加灵活、快速反应的人力资源管理平台和解决方案，人力资源管理的电子化就解决了这一问题。

人力资源管理的电子化(EHR)有广义和狭义之分，狭义是指基于互联网的、高度自动化的人力资源管理工作，包括招聘、薪酬管理等。广义是指基于电子商务理念的所有电子化人力资源管理工作，包括公司内部网及其它电子手段的人力资源管理工作。人力资源管理电子化一方面可以缩短周期，使工作流程自动化，使员工自主选择人力资源信息和服务等信息，另一方面，可以是人力资源部门从提供简单的人力资源信息转变为提供人力资源知识和解决方案，可以随时地向管理层提供决策支持，提高企业运作效率，降低企业成本。

4. 人力资源管理的企业化倾向

由于市场竞争的加剧，人力资源管理部门作为经常性开支的单位，很难在企业内部生存，慢慢遭到许多公司的削减。同时，日益复杂的企业管理问题还要求人力资源管理部门提供更好、更快、更低成本的服务，人力资源外包就是企业选择的一种模式。人力资源管理部门因此转型为以市场为导向、以客户为中心的事业实体，为客户提供更多的产品和服务，尽可能地满足客户的要求，人力资源管理部门主管也变成人力资源客户经理。人力资源管理不再是"企业的合作伙伴"，而是作为一个独立的企业而存在。同时，也有专门从事人力资源管理和开发的专业性公司出现，为企业提供诸如人才招聘、人才培训、人员素质测评、人才规划、职业生涯设计等高效率专业化服务。

5. 人力资源管理者的职业化倾向

随着知识经济的推进和近年来人力资源管理中非核心业务的外包，人力资源管理者的工作环境和工作性质发生了质的变化。人力资源管理从事务型转为战略型。这就对企业人力资源管理者的能力提出了更高的要求。企业人力资源管理者要成为人力资源管理的专家。他们除了要掌握人力资源专业知识外，还应领会企业理论的精髓和具备广泛的经营管理知识，学会洞察企业的走向和经营需要，熟练掌握向高层领导和员工推销人力资源产品和服务的技巧，扮演好战略规划的参与者和执行的管理者、认识与行政管理专家、企业员工发展的指导者与支持者、组织发展变革的倡导者与代言人等多重角色，需要同时具备战略意识与综合服务的"通才"能力。

6. 人力资源管理趋于全球化

国际竞争的深化将推动企业在全球范围内配置人力资源。人才的国际化、跨文化管理将成为企业人力资源管理的重要问题。人力资源管理的全球化趋势不可逆转。国际化的人才交流市场与人才交流将出现，并成为一种主要的人才交流形式。人力资源的价值不仅在一个区域市场内体现，更多的要按照国际市场的要求来看待人才价值。网络将成为重要的人才市场形式。跨文化的人力资源管理成为重要内容。人力资源管理的边界也从清晰到模糊，从封闭走向开放，国际人力资源管理成为了人力资源管理的新的领域。企业人力资源管理的政策和方法必须和所在地的环境和文化相适应。人力资源管理者也需要具备全球化人力资源管理技能，掌握相关的业务知识，建立人才的全球观念和系统整合观念，要以全球的视野来选拔人才、管理人才。

思 考 题

1. 人力资源与人力资本的涵义、特征、联系与区别是什么？

2. 怎样理解人力资源管理的涵义？人力资源管理有哪些模式？

3. 人力资源管理的功能及任务目标有哪些？

4. 人力资源管理部门的职能有哪些？

5. 人力资源管理经理应具备哪些胜任力特征？

6. 企业组织结构与人力资源管理具有怎样的联系？

7. 不同类型的企业组织人力资源管理部门是如何设置的？

8. 环境是如何影响企业人力资源管理的？

9. 人力资源管理的趋势是怎样的？

➡ 案例

万达高管频换背后："看起来浪美"

近日，万达电商（万汇网）首席运营官（COO）马海平选择离职创业，这是最近一年来万达电商离职的又一高管。此前，马海平的前任、前万达电商（COO）刘思军，前万达电商首席执行官（CEO）龚义涛也先后离职。

高强度机械化

万达集团股份有限公司人力资源的副总裁尹海曾向媒体透露，2010年，万达共有35位高管离职。截至2010年年底，万达高管人数为537名，去年高管离职率达6.52%。原万达百货副总亢小燕向记者坦承："在万达，压力非常大，万达发展速度很快，很消耗体力，因此，人员流动是很正常的。"

山西太原万达文华酒店作为万达旗下第一家自有品牌的酒店，于2012年8月3日正式开业。原康帕斯酒店管理集团运营副总裁德国人柯睿博成为了该酒店的负责人，而万达对于他的回报则是"比同行业高出25%至30%的薪水"。

但有业内人士告诉记者，虽然万达百货很多高管都是数百万的年薪，远远超过行业水平，但这份高薪并不好赚。

"在万达，工作不仅高强度，而且很机械化、全在监控下，很难有发挥空间。对于有能力有思想的职业经理人来说，是很难适应的。"该人告诉记者。

员工和高管普遍被"挖墙脚"

尹海就对记者表示，万达集团吸纳并培养了商业地产行业众多精英，因此也成为众多猎头公司围猎的对象，不仅高管，甚至普通员工都成为房企围猎的目标。有消息称，万达的一位部门总经理，工作了3个月就被上海另一家国际酒店管理集团挖走。

对于"挖墙脚"王健林曾表示"并不担心"，"人可以挖走，但是万达的品牌和品牌所带来的资源是永远也带不走的"。

浓重的"军事化"色彩

在业界和万达内部曾流传着一句话："在万达，只有一个大脑，那就是王健林。"这句话虽然有些夸张，但谁也无法否认王健林对万达的影响。王健林出身军旅，万达内部人员向记者透露，王健林周末也常常在公司加班，堪称"工作狂"。也许是因为出身军旅，王健林具有并要求各级下属超强的执行力和速度。众所周知，在万达，执行力强是其企业文化的突出特点之一，包括"说到做到、算到拿到、奖罚分明"。无论是日常工作沟通还是每月一次的例会，都可以让人感受到管理中浓重的"军事化"色彩。

王健林：管理万达要靠制度 不靠忠诚度

王健林曾说，人性本身有弱点，人的性格也会发生变化，管理万达要靠制度，不靠忠诚度，忠诚度是靠不住的，今年有忠诚度，明年也许就没有，遇到金钱有忠诚度，遇到美女也许就没有忠诚度。万达要靠严格的制度来管理。万达制度设计的特点，一是制度制定的出发点就是不信任任何人，二是尽可能在制度设计上做足文章、减少漏洞，不给员工犯错机会。

万达"快"字当头

万达集团董事长王健林曾公开表示，最近几年万达的高速扩张也让其产生"恐惧感"，其中就包括管理上可能出现的漏洞及人才的培养。

万达有人才储备库，每个公司需要多少人才、储备比例多少都有专门规定，为此宁可多付出成本。比如公司项目总经理，100 个总经理在任，就有五个总经理在总部候补待命，随时准备换人。万达想要留住高薪挖来的酒店高管们并不容易。还有一个问题不容忽略。万达任何产品的开发向来以快闻名。柯睿博就坦言，太原万达文华是他见过的筹建速度最快的酒店，从水泥墙到装修布置完工，再到 500 名员工全部到位，这些只花费了 5 个多月的时间，"很多酒店的筹开需要花费一两年。"一般建一座 300 间客房的五星级酒店通常需要 3 年时间，但一座万达广场从拿地到运营只需要 18 个月到 22 个月的时间。如此快的节奏，身为万达的高管所面临的压力是可想而知的。

不愿去二三线城市

万达酒店及度假村管理有限公司市场部总经理刘晓风表示，关注中国发展较快的二三线城市，布局极具发展潜力的特色区域，是万达酒店及度假村管理有限公司的战略之一，此次开业的漳州同泉州、宁德成为今年万达酒店及度假村布局福建的三颗重要棋子。记者通过多方渠道了解到，部分管理者已经习惯了大城市的生活，不想去二三线城市，这也是其选择离职的一方面原因。

资料来源：万达高管频换背后："看起来很美".迈点网.2014-8-14.

问题讨论：

1. 万达所采取的管理方式对高管频繁辞职有哪些影响？

2. 你认为导致万达的员工和高管普遍被"挖墙脚"的主要原因有哪些？

3. 如果你是万达人力资源总裁，将对这种现象如何做回应？

第2章 工作分析与工作设计

❖本章要点

- 工作分析的概念及作用
- 工作分析应收集的信息内容
- 工作分析的原则与流程
- 工作分析的一般方法
- 职务说明书与工作规范的编写
- 工作设计的基本要求与方法

　　企业要实现自己的总体战略规划，要制定合乎该战略规划的合理的人力资源规划，必须对未来一段时间内的人力资源供求情况做出较为准确的判断，而这种判断是以明确企业各个岗位的工作职责、工作方式以及任职资格为前提条件的，这一任务是通过工作分析来完成的，工作分析不仅是企业进行人力资源规划的基础，同时也是企业几乎所有人力资源管理职能的基础，是企业实现人与事合理匹配的有效保障。

📖阅读资料

岗位评估：公平的开始

　　联想集团在业务发展初期，其工资福利计划考虑比较多的是个体和偶然因素。由于是想大事业部制的管理体制，奖励权利完全由各部负责，逐渐形成各自的工薪体系。整个集团并没有一套公正、科学、合理的工薪管理方法，一些大事业部在给员工定薪上存在着随意现象，有的主管看某人顺眼，就可能给他定高一些。

　　随着公司管理越来越正规化，经营发展越来越稳定，企业需要强调集中管理，在人员调动、干部轮岗乃至建立内部的人才市场等方面都需要统一的薪酬标准。从深层次讲，薪酬体系代表着对员工核心价值观的反映，代表作为企业文化统一形象，因此联想开始实施了一项重要的管理制度改革项目——全集团统一薪酬福利制度。

　　通过此次统一薪酬，一是要形成统一合理的结构，二是要确定统一的定薪方法，三是确定统一的调薪原则。由于统一的工薪是一项长期的带有阶段性的工作，根据CRG公司的人力资源三P理论（职位工资、个人技能工资、业绩工资），联想实施统一薪酬福利制度的第一步工作就是通过进行岗位评估确定员工的职位工资。在员工收入的工资、年终奖励、员工持股和福利这四大块中，最首要的是要确定工资。

　　职位工资的主要定薪方法是进行岗位评估（量化评估），采取量化评估的好处是能向员工解释清楚，达到公平、公开的目的，以后员工的工资可以公开化。岗位评估可以实现高要求、高收入，低要求、低收入。为此，联想曾跟许多咨询公司联系，最终选择了 CRG 公司的国际职业评估体系作为评估岗位的基本工具。具体讲，CRG 岗位评估方法是一个量化的评估方法，它从 3 个方面、7 要素、16 维度来综合评价一个岗位价值的大小，最后用总分数幅度，制定出职位级别。3 个方面是职责规模、职责范围和工作复杂程度，7 个要素是对企业的影响、管理监督、责任范围、沟通技巧、任职资格、解决问题难度和环境条件。

由于联想的岗位比较多，如果全方位进行岗位评估，评估人对评估方法把握尺度不同，并且每个单位绩效考核进度不一样，都可能使评估工作出现大的偏差。因此，只能采取典型岗位典型评估的方法，由联想薪酬领导小组与各大事业部评出该部的典型岗位，其他岗位比照典型岗位进行评估。典型岗位设置有三个原则：够用(过密就不能起到框定的作用)、适用(上岗人员与岗位人员基本一致)、好用(岗位可以有横向可比性)。联想最后选出 100 多个典型岗位进行评估，全部由一个领导小组跟各事业部进行评估，保证了评估的公平性。

岗位评出以后，能使一个群体的每个人都了解各自的岗位和工作职责。比如，研发人员与行政经理这两个跨度很大的岗位，两个岗位谁的工资高，谁的工资低，没有岗位评估师说不清楚的。岗位量化评估就很容易建成一个可比关系，都是用七个因素评估，比较各自的优势项目，把各自的评分相加，谁的分高谁的工资就高。人们会明白在哪些方面行政经理比研发人员高，高多少，哪些方面研发人员比行政经理高，高多少，最后两者差多少，会有一个相对公平的评估。在因素权重设置过程中，联想会根据市场情况与 CRG 公司对各因素设置的分数进行调整，有些因素的设置跟企业文化管理理念有关，公司看中什么因素，该因素的所在比例就会重一些。

评价：联想结合自身的实际，选择适合的岗位评估方法和工具，选择具有代表性和权威性的评估专家组，并通过有组织、有选择、分阶段的活动开展成功地完成了岗位评估，为确定职位工资提供了可靠的依据，从而迈出了统一薪酬福利制度坚实的第一步。

资料来源：人力资源开发与管理，2014.10.

2.1 工作分析概述

2.1.1 工作分析的概念

1. 工作分析的基本术语

工作分析是一项专业性较强的人力资源管理工作，它涉及许多专业术语。

（1）工作要素：工作中不能再继续分解的最小工作单位。例如，一位秘书所进行的从文件篓中取出文件、开机、敲击键盘打字等等都是工作要素。

（2）任务：为了达到某种目的所从事的一系列活动，可由一个或多个工作要素组成。例如讲课、出考卷、改考卷、答疑等都是教师的工作任务。

（3）责任：个体在工作中需要完成的大部分任务，可由一至多项任务组成。例如，一名商学院教师的责任包括了教学、研究、为企业政府做咨询服务等。

（4）职位：又称为岗位，是组织要求个体在一定时期内完成的一项或多项责任。一般地，职位与个体一一匹配，有多少职位就有多少人，二者数量相等，职位的数量称为编制。

职位是以"事"为中心确定的，强调的是人所担任的岗位，而不是担任这个岗位的人。如企业中的市场部经理就是以与特定个体相关的职位。

（5）职务：一组重要责任相似的职位。根据组织大小和工作性质的不同，一种职务可以有多个职位。例如，企业中有副总经理职务，但是可能有多个此种职位。

（6）职业：在不同组织、不同时间从事相似活动的一系列工作的总称，有时与行业混用。例如教师职业、医生职业等。

（7）工作族：又称工作类型，是指两个或两个以上的职业相似的一组工作。例如文字工作、体力工作等都是工作族。

各类组织为便于人力资源管理，通常将各种职位进行分类。所谓职位分类，是指将所有的工作岗位（即职位）按其业务性质分为若干职组、职系（从横向讲）；然后按责任大小、工作难易、所受教育程度及技术高低分为若干职等、职级（从纵向讲），对每一个职位给予准确的定义和描述，制成职位说明书，以此作为对聘任人员管理的依据。

· 职系（series）：工作性质相同而责任轻重和困难程度不同，所以职级、职等不同的职务系列。

· 职组（group）：工作性质相同的若干职系综合而成，也叫职群。

· 职级（class）：指将工作内容、难易程度、责任大小、所需资格均很相似的职位划分为同一职级，实行同样的管理，使用并给予同等的报酬。

· 职等（grade）：工作性质不同或主要职务不同，但其困难程度、责任大小、所需资格都很相似的职级可归纳称为职等。

2. 工作分析的概念

工作分析，又称职务分析，是指获取并分析企业中某个特定工作职务的相关信息，以便对该职务的工作内容和任职资格等做出明确规定的过程。它是对组织中某一特定工作或职务的目的、职责、权利、隶属关系、工作条件、任职资格等相关信息进行收集、分析，做出明确规定，并确认完成工作所需要的能力和资格的过程或活动。工作分析的成果是工作描述和工作规范。它告诉我们什么岗位需要什么能力的人。

2.1.2 工作分析的内容

工作分析给出了一项工作的职责、与其他工作的关系、所需的知识和技能、完成这项工作所需的工作条件。工作分析包括工作描述和工作规范两部分，如例 2-1、2-2，列举了某企业销售部经理职位的工作描述和工作规范。工作分析是一个过程，此过程即工作描述、工作规范及说明书的编写，具体的编写要求与方法见本章 2.4 节的相关内容。

例 2-1 某企业销售部经理的工作描述。

职务名称：销售部经理

别名：销售部主任、销售部总管、销售部总监

职务编号：03-01

1. 工作活动和工作权限。通过对营销员及各销售网点的管理与监督，实施企业的销售、计划、组织、指导和控制；指导销售部的各种活动；评估销售业务报告并向上级管理部门做出报告；根据对销售区域、销售渠道、销售定额、销售目标的批准认可，协调销售分配功能；安排推销员不同的销售区域和任务；批准各种有助于销售的计划，如培训计划、促

销计划等；参与和审查市场分析，确定和研究潜在顾客、价格一览表、折扣率竞争活动；亲自与大客户保持联系；可与其他管理部门合作，建议和批准用于研发工作的预算支出和拨款；可与广告机构就制作销售广告事宜进行谈判，并在广告发布之前对广告题材、内容予以认可；有权根据企业有关管理规定建议或实施对本部门员工的奖惩；可以调用商用车三辆、货车八辆。

2. 工作条件和物理环境。以室内工作为主，一般不受气候影响，但受气温影响；湿度适中。无噪音损害，无体力负重强度要求，无有毒有害气体影响，无个人生命或严重受伤危险。有外出要求，一年中有 10%～20% 的工作日出差在外；工作地点为本市和西北省会城市市区。

3. 社会环境。有一名助理，销售部工作人员有 30～40 人；直接上级是销售副总经理；需要经常交往的部门是生产部、财务部、仓库、质检；可以参加企业家俱乐部、员工乐园各项活动。

4. 聘用条件。每周工作 40～45 小时，享受国家法定公休假日；基本工资每月 2200元，职务津贴每月 1000 元，完成全年销售指标每年加奖金 3000 元，超额完成部分再以千分之一提取奖金；本岗位是企业中层岗位，可晋升为销售副总经理或公司副总经理。每年工作以 4～10 月份为忙季，其他时间为淡季；每三年有一次出国进修机会；每五年有一次为期一个月的公休假期，可报销 5000 元的旅游费用；公司补贴购买市区二室一厅(70 平方米以上)住宅一套。

例 2-2　某企业销售部经理的工作规范。

职务名称：销售部经理

年龄：25～40 岁

性别：男女不限

学历：大学本科以上

工作经验：从事销售工作三年以上，能听懂陕西话及其它西北方言。

生理要求：无慢性疾病；无传染性疾病；口头表达无障碍，听力正常，视力无重大问题，平时以说、听、看、写为主，能胜任办公室工作；能胜任快节奏工作。

2.1.3　工作分析的目的和意义

1. 工作分析的目的

工作分析给出了一项工作的职责、与其他工作的关系、所需的知识和技能、完成这项工作所需的工作条件。一般情况下，企业进行工作分析有这样一些情形：

(1) 新建的企业或部门为满足组织设计与人员招聘需要必须进行工作分析。

(2) 由于战略调整和业务发展使工作内容、工作性质发生变化，需要进行工作分析。

(3) 企业技术创新带来劳动生产率的提高，需重新进行定岗、定员。

(4) 建立新制度的需要，比如绩效考核、晋升、培训机制的研究需要进行工作分析。

一般地，具体的工作分析的目的是为了解决以下六个重要的问题：

(1) 员工完成什么样的体力和脑力活动？

(2) 工作将在什么时候完成？

(3) 工作将在哪里完成？

析必须以组织的既定战略为指导而进行，为之服务。

（3）责权对等的工作原则。所有参与工作分析活动的人员，不论其身份是人力资源专家、任职员工还是分析对象的上级主管，在承担配合做好工作分析的相关工作——如实提供所要求提供的工作信息时，都有权要求企业对自己的意见做出评价、提供反馈。

（4）注重效益的控制原则。工作分析是服务于组织的战略发展的长期目标与确定人员空缺工作职责要求进而补缺、绩效薪酬计算与确定、员工培训与发展等短期目标的，它是人力资源管理中的一项基础性工作，是企业大厦的固基活动，对组织而言，它是产生效益的活动，而不应被看作是无谓成本。作为一项产生效益的活动，工作分析过程不只是有时间的耗费，还会有费用支出、生产率影响的问题，应该在工作分析进行之前、之中进行预算控制，在工作分析之后还应进行评估总结，以利于为后续的工作分析活动提供有效指导。

2. 工作分析的要求

工作分析的要求是对于工作分析中应予以遵循的原则的扩展与细化，包括：

（1）客观性。综合使用各种工作分析方法，从作为工作分析对象获得关于该工作的真实有效的信息是成功的工作分析的基本保障。

（2）广泛参与性。工作分析过程是一个广开言路、集思广益的过程，在充分准备之后，由承担该工作的员工、上级主管、人力资源专家的共同参与进行分析协商，只有将各方面的意见充分考虑在内了，其成果才会为各方面所接受，也才能在人力资源管理中真正发挥作用。

（3）科学性。只是认真细致、只讲工作分析活动要秉承客观性原则并不一定就有成功的工作分析，工作分析活动必须遵循已经经过实践的反复检验的科学的流程与方法才能带来有效的结果。

（4）战略性与预见性。企业战略会因环境而变化，同时又引起组织设计的相应改变，在组织环境以"恒变"为特征的、技术发展一日千里的今天，工作分析在为人力资源管理中的人员配备、绩效评估、薪酬设计、员工培训与发展等方面服务的同时，始终是服务于企业战略的整体需要这一"大背景"(big picture)的，所以，立足需要、放眼未来的具有战略性与预见性的工作分析应该是一个趋势。

2.2.2 工作分析的流程

作为对工作的一个全面评价过程，工作分析过程可分为以下 4 个阶段、6 个步骤（图 2 - 1）。

第一个阶段：准备阶段，此阶段可分为 3 个步骤：

步骤 1：明确工作分析的目的和结果使用的范围。

工作分析的目的与结果使用的范围决定了需要收集信息的类别和获取信息的方法。例如，编写工作说明书，为空缺岗位甄选雇员，可采用与员工面谈的方式收集与工作有关的信息，而要对企业的各种工作进行量化排序、确定报酬，则可采用职位分析问卷法(PAQ)法。

步骤 2：确定参与人员。

参加工作分析的人通常有：人力资源专家——包括人力资源管理者、工作分析专家或咨询人员等、工作的实际承担者以及直接主管等。有时，其他人也可作为工作信息的重要来源，如同部门其他岗位的员工、与本部门有工作联系的其他部门的人员等。对服务性的工作岗位来说，顾客也是一个重要的工作信息来源。

步骤 3：选择分析样本。

当需要分析的工作较多，而它们当中的有些工作有较大相似性时，如流水线上同一工序工人所做的工作，为节约成本，提高效率，不必对每个工作都进行分析，而应选择有代表性的工作进行分析。

第二个阶段：工作信息收集与分析阶段，此阶段包括 1 个步骤：

步骤 4：收集并分析工作信息。

采用各种方法收集前述有关工作的信息。在此之前，首先要明确信息收集的范围。不同的工作分析目的需要涉及的信息的范围有所不同。如果工作分析的目的是对工作进行调整和改进，所需信息就比仅以描述职责为目的的工作分析涉及的信息范围要宽许多。

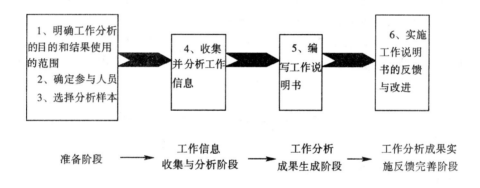

图 2-1　工作分析活动的阶段与步骤

表 2-1 是工作分析的目的与所需收集的信息类型间的关系。

表 2-1　工作分析的目的与所需收集的信息

目的 ＼ 调查项目	工作目标活动内容	工作责任	工作复杂性	工作时间	劳动强度	工作危险性
工作描述	√	√		√	√	√
工作设计和再设计	√	√	√	√	√	√
对工作执行者的资格要求	√	√	√			√
制定培训计划	√		√			
人力资源开发	√		√			√
进行工作比较	√	√	√	√	√	√
工作绩效评估	√	√				
明确工作任务	√	√				

资料来源：郑晓明，等.工作分析实务手册.北京：机械工业出版社，2002.

第三个阶段：工作分析成果生成阶段，本阶段包括 1 个步骤：

步骤 5：编写工作说明书。

工作说明书是工作分析的成果体现，具体编写方法将在 2.4 节中介绍。

第四个阶段：工作分析成果的实施、反馈与完善阶段，本阶段包括 1 个步骤：

步骤 6：实施职务说明书的反馈与改进。

在此阶段，工作分析的成果被运用于具体的人力资源管理活动中，从而制作出各种具体应用的文件，如招聘录用文件、绩效考核标准、培训计划等。在此阶段，为了促使工作说明书能够起到最大作用，应该重视对相关使用人员的培训，使其认可工作说明书的价值所在，并对其运用的规范程度进行指导，必要时提供建议，加强管理活动的科学性。对于在使用中出现的问题，先判断是否符合工作说明书的要求，如果具体的管理行为支持了工作说明书的要求，使用效果良好，就说明本次工作分析是成功的；在出现不符的情况下，不能简单地认为具体的管理行为就是不可接受的，而应该先判断该变动是否是可接受的，如果是可接受的，也能说明工作分析成果的有效性；如果不符或该变动已经超过了在编写工作说明书时所允许的变动幅度，工作分析成果生成阶段到其在组织中正式大规模的使用之间存在时滞性，就要判断是否应该对变动所针对的工作说明书可适用的部分做出修改，这一点也是在不断变动的经营环境中的组织应变行为在组织分工协作体制上的体现的应有之意，同时也是管理控制职能在工作分析中的一种体现。

2.3 工作分析的方法及技术

2.3.1 工作分析的基本方法

工作分析的方法多种多样，国外已开发出许多较为成熟的方法，并已在国内外实践中得到广泛应用。因为工作分析的内容取决于工作分析的目的与用途，不同企业进行调查分析的侧重点会有所不同。合适的方法是相对于不同用途而言的，现实中并不存在一种"最佳"的、放之四海而皆准的具有普适性的方法。

工作分析的方法依靠不同的标准有不同的形式：依照分析内容和确定程度划分为结构性分析方法和非结构性分析方法；依据分析对象划分为任务分析法与人员分析法；依照基本方式划分为观察法、写实分析法和调查法等；按照结果可量化程度又可分为定性方法和定量方法两大类。每种方法都有各自的优缺点，在实践中，要做好工作分析，就要根据不同的岗位，把不同的方法结合起来。

1. 资料分析法

资料分析法是尽量利用现有的资料进行工作分析。这种方法是一种低成本的工作分析方法，也便于对各工作的任务、责任、权利、工作负荷、任职资格等有一个初步的、大致的了解，可为进一步调查奠定基础。如可利用企业现有的岗位责任制中粗略规定的工作的责任和任务信息，再根据各企业的具体情况对岗位责任制添加一些必要的内容，如工作的社会条件、企业环境、聘用条件、工作流程以及任职条件等其他要求，则可形成一份完整的工作描述和工作规范。再如，在运用资料分析这一工作分析方法时，还可利用作为建立工作标准的重要依据的作业统计方法，对每个生产工人出勤、产量、质量、消耗进行统计，即可获得对工人的工作内容、负荷更深了解。此外，可提供任职者的基本素质资料的人事档案也是工作分析信息的重要来源，其作用是不容忽视的。在使用这一方法时要注意的是：在工作分析实践中鲜见单独采用资料分析法，而是与其他工作分析方法结合使用。

2. 观察法

观察法是工作分析人员到现场实地查看员工的实际操作情况，并予以记录、分析、归纳，并整理成适宜的文字资料的方法。观察法是一种实证方法，有助于形成对特定工作的感性认识，最先见于泰勒建立其"科学管理"的思想中。在对主要由身体活动构成的工作进行分析时，即对诸如流水线上的操作工之类的，以体力劳动为主、标准化、任务周期较短的工作而言，直接观察是一种有效的工作分析方法，而不适用于脑力劳动比重较高的工作，如科研人员、律师的工作；此外，在组织规模较大时，观察法也必须结合其他的工作分析方法才有效。

在分析过程中，分析人员应注意的是研究的目的是工作而不是个人的特性。分析人员应经常携带员工手册、分析工作指南以便随时可以参考运用。分析人员观察工作时，必须注意员工工作内容、方法、原因、技能水平，对可以改进、简化的工作事项也应予以纪录。观察某工作场所人员如何执行某工作应通过综合、对比同一工作在不同工作场地被不同的人执行的情况而完成，以此获得关于某工作的客观真实的工作内容信息，避免因所观察的特定员工个人习惯所产生的误差。

要注意的是，观察法在从事研究的时候常为工程师所运用，但在工作分析时，仅运用此方法所获资料往往不足以供撰写工作描述或工作规范之用。所以，在实践中，观察法多应用于了解工作条件、危险性或所使用的工具及设备等项目方面，且通常与访谈法结合使用，可先观察、后访谈，或二者同时进行。还要注意，在运用观察法时，一定要有一份详细的观察提纲，这样观察才能及时准确。

3. 访谈法

访谈法，又称面谈法，指工作分析人员就某一个工作面对面地询问任职者、主管、专家等人对工作的意见和看法。这是一种应用最为广泛的工作分析方法，与任职者的面谈主要集中于有关工作内容和工作背景的信息方面；而主管的主要作用是评价和证实任职者回答的准确性，并提供有关任务重要性、所期望的绩效水平、新员工的培训需要和工作的必要条件等方面的深层信息。

运用此种方法可对任职者的工作态度与工作动机等深层次内容进行详细的了解。面谈的程序可以是结构化的，也可以是非结构化的。一般情况下，为便于控制访谈内容，并可对同一工作的不同任职者的回答相比较，应用访谈法时应以标准访谈格式记录。

访谈法主要有以下几种类型：

个别员工访谈法，群体访谈法和主管人员访谈法。例 2 - 3 显示了运用访谈法的过程中会问到的一些典型问题，本例中的问题都是开放式的，给了回答者很大的自由度，对访谈员的引导、控制能力要求较高。

例 2 - 3　访谈法的典型提问方式。

访谈法的典型提问方式

1. 你所做的是一种什么样的工作？

2. 你所在职位的主要职责是什么？你又是如何做的呢？

3. 你的工作环境与别人的有什么不同？

4. 做这项工作所需具备的教育程度、工作经历、技能是怎样的？它要求你必须具有什么样的文凭或工作许可证？

5. 你都参与了什么活动？

6. 这种工作的职责和任务是什么？

7. 你所从事的工作的基本职责是什么？请说明你工作绩效的标准有哪些？

8. 你的责任是什么？你的工作环境和工作条件是怎样的？

9. 工作对身体的要求是怎样的？工作对情绪和脑力的要求又是怎样的？

10. 工作对安全和健康的影响如何？在工作中你有可能会受到身体伤害吗？你在工作时会暴露于非正常的工作条件之下吗？

4. 问卷调查法

问卷调查法是工作分析中最常用的一种方法，它是指采用调查问卷来获取工作分析的信息。一般是由有关人员事先设计出一套工作分析问卷，然后，由工作承担者或工作分析人员填写问卷，最后，再将问卷加以归纳分析，并做好详细记录，据此制定出工作说明书。形成工作说明书后要再征求任职者的意见，并进行补充和修改。

调查问卷主要有几种类型：有通用的，适合于各种工作的问卷；也有专门为特定的工作职务设计的问卷；有工作定向的问卷和人员定向的问卷，前者比较强调工作本身的条件和结果；后者则集中于了解职工的工作行为；有结构化程度较高的问卷，也有开放式的问卷。

例 2-4 是一份工作分析问卷的例子。

例 2-4 一份工作分析问卷的例子。

一般工作分析问卷(部分)

1. 职务名称(   )。

2. 比较适合任职的性别是(   )(请选择，下同)。

    A. 男性　　B. 女性　　C. 男女均可

3. 最适合任此职务的年龄是(   )。

    A. 20 岁以下　B. 21—30 岁　C. 31—40 岁　D. 41—50 岁　E. 51 岁以上

4. 胜任此职务的文化程度是(   )。

    A. 初中以下　　B. 高中　　C. 中专　　D. 大学本科　　E. 本科以上

5. 此职务的工作地点在(   )。

    A. 本地市区　　B. 本地郊区　　C. 外地市区　　D. 其他

6. 此职务的工作主要在(   )(指 75% 以上时间)。

    A. 在室内　　B. 在室外　　C. 室内外各一半

7. 此职务工作信息的来源主要是(   )。

A. 书面材料(文件、报告、书刊杂志、其它各种材料)

B. 数字材料(包含各种数据、图表、财务数据的材料)

C. 图片材料(设计草图、照片、X 照片等)

D. 模型装置(模型、模式、模板等)

E. 视觉显示(数学显示、信号灯、仪器等)

F. 测量装置(气压表、气温表等各种仪表)

G. 人员(消费者、客户、顾客等)

5. 职位分析问卷法

职位分析问卷法(position analysis questionnaire，PAQ)是一种较常用的问卷分析法，是美国普渡大学(Purdue university)麦考密克(E.J.McCormick)等人的研究成果。PAQ 法是一种以人为中心的结构化的定量工作分析方法，是人员行为定向问卷方法。该方法共有 194 项工作元素，7 个与薪资有关的问题。该方法的优点在于它能给每个工作按照其 5 项工作活动方面量化评分，这 5 个方面包括：

(1)是否有决策、沟通或社交责任；

(2)是否需进行熟练工作；

(3)体能活动要求是否很高；

(4)是否有操作机动车或设备的责任；

(5)是否有处理信息的责任。

对每个元素都要用六个标准之一进行衡量：使用程度、对工作的重要程度、工作所需的时间、发生的概率、适用性、其他。通过这些衡量标准，可以决定一个职务在 5 个方面的性质。根据这些性质，可在不同组织的不同工作之间进行相互比较。例 2 - 5 是 PAQ 法的一个例子。

例 2 - 5　PAQ 法的一个例子。

使用程度	
NA 不使用	1 很少使用
2 偶尔使用	3 适度
4 相当频繁	5 大量使用

信息输入

1.1　工作信息的来源：

根据员工在工作时将下列各项作为信息源的使用程度来评价其等级。

1.1.1　可视工作信息资源

(1)书面资料(书、报告、办公室告示、文章、工作指示、符号等)；

(2)量化资料(所有涉及数量或金额的资源，如图、账目、规格、数字表格等)；

(3)图片资源(图片或类似图片的、可作为信息源的资源，如草图、蓝图、图表、地图、描绘图、照片、X 光照片、电视照片等)；

(4)模式/相关的工具(模板、型板、模式等在使用时所观察到的均可作为信息源，在此不包括第 3 项所包括的内容)；

(5)指示器(拨号、测量器、信号灯、雷达、速度表、时钟等)；

(6)测量仪(尺、测径器、轮胎压力器、比例尺、厚度测量仪、米尺、分度器等用于获得体能测试时的可视信息，在此不包括第 5 项所包括的内容)；

(7) 机械仪器(工具、设备、机器和其他仪器,这些仪器在使用或操作时所观察到的均可作为信息源);

(8) 在制原料(零件、原料、加工件等,凡可加工、整修及其他处理过程均可作为信息源,例如,正在揉的面包用生面团、车床上正在加工的工件、正在裁剪的布、正在上鞋底的鞋等);

(9) 非在制原料(非加工过程的零件、原料、加工件在接受检验、处理、包装、配售、选品过程中均是信息源,如库存或销售渠道中的原料与产品,或被检验的产品等);

(10) 自然特征(被观察的风景、场地、地质样本、植物、云层结构等其他自然特征均可提供信息);

(11) 人为环境(被观察或检验的建筑、堤坝、高速公路、桥梁、船坞、铁路等其他人工或刻意改造的户内外的设施均可提供信息,不考虑第 7 项所指的个体在工作时使用的设备、机器等)。

资料来源:Gary Dessler, Human Resource Management(8th Edition).清华大学出版

社,PrenticeHall International,lnc.2001.9.

6. 功能性工作分析法

功能性工作分析法(Functional Job Analysis,FJA)是由美国培训与就业服务中心(U.S. Training and Employment Service)研究出的一种以工作为中心的分析方法。其核心是通过总结员工在工作时对信息、人、事的处理方式进行工作职能的分析,并在此基础上归纳出任职说明、绩效标准、培训需求等工作信息。

FIA 法有以下几个基本假设:

(1) 完成什么事件与员工应完成什么事件应有明确的界限;

(2) 每个工作均在一定程度上与人、事、信息相关;

(3) 事件需要体能支持,信息需要以思考进行处理,而人则需要运用人际关系方法;

(4) 尽管员工的行为或他们所执行的任务有非常多的方式方法,但所要完成的职能是非常有限的。这些职能在难度和内容上有较大的差异,但每一种职能却只在相对较窄的范围内或特定的范围内依赖于员工的特性与资格来达到预期的绩效。

(5) 与人、事、信息相关的职能根据从复杂到简单的顺序按等级排列,复杂的职能包含了简单的职能。例如,编辑数据包括了比较、复制、计算,但不包括分析等。

按照 FJA 法进行工作分析包括工作特点分析与员工特点分析两部分。工作特点主要包括员工的职责、工作的种类及材料、产品、知识范畴三大类。员工的职能是指工人在工作过程中,与人、事、信息打交道的过程。任何工作,都离不开人、事、信息这三个基本要素,而每一要素所包含的各种基本活动又可按复杂程度分为不同的等级。例如,在员工与数据打交道时,包括七种基本活动,最简单的"比较"活动为 6 级,而最复杂的"综合"活动为 0 级。分析者在对所收集信息进行分类时,可以按以上标准给每项职务打分,并以此为依据,对职务加以详细的描述。工作的种类是指某项职务所属的工种,如电焊工、钳工等,职务分析者在确定了工种之后,要对此工种的特点及所涉及的设备与工具加以描述。材料、产品及知识范畴是指此项职务中,用于加工的原材料、最终产品及涉及的自然科学或社会科学知识范畴。

员工的特点包括正确完成工作所需的培训、能力、个性、身体状况等特点。表 2-2 是员工基本职能的分类，表 2-3 是对这些基本职能的进一步解释。

表 2-2　员工的基本职能

数据	人	事
0、综合	0、监控	0、创建
1、配位	1、协商	1、精密作业
2、分析	2、指示	2、运行的监控
3、汇编	3、监督	3、运行的启动
4、计算	4、引导	4、操作
5、复制	5、劝说	5、供应
6、比较	6、交流	6、进料及取货
	7、服务	7、处理
8、接受指示		

资料来源：余凯成，等. 人力资源管理. 大连：大连理工大学出版社，2001.

表 2-3　职能分析及其维度(部分)

编号	信息	数据职能维度
1	比较	选择、分类或排列数据、人员和事物，判断他们已具备的功能、结构或特性与原定的标准是类似还是不同
2	抄写	按纲要和计划召集会议或处理事务，使用各种工具，抄写、编录、邮寄资料
3A	计划	进行算术运算，写报告，进行有关的预计筹划工作
3B	编辑	遵照某一方案或系统但又有一定的决定权去收集、比较、划分资料、人员、事物
4	分析	按照准则、标准和特别原则，按照工艺、技术、技巧的要求，检查、评估有关人员、事物、数据以决定相关影响，并选择替代方案
5A	创新	在整体运行理论原则保证有机联系的条件下，修改、选择、调整现有的设计、程序或方法，以满足特殊要求、条件或标准
5B	协调	在适当的目标和要求下，在资料分析的基础上，决定时间、场所和一个过程的操作程序、系统或组织，并且修改目标、政策(限制条件)或程序，包括监督决策和事件报告
6	综合	基于人事直觉、感觉和意见(考虑或者不考虑传统经验和现有的情况)，从新的角度出发，改变原有部分，以产生解决问题的新方法来开发操作系统，或从美学角度提出解决问题的办法或方案，脱离现有的理论模式

编号	信息	人员职能维度
1A	指令协助	注意管理者对工作的分配、指令或命令。除非需要指令明确化，一般不必与被管理者直接交谈
3A	教导	在只有两人或一小组人的情况下，以同行或家庭式的关系关心每个人，扶助和鼓励个体；利用各种机构及参与团队的有关活动、建议和私人帮助对日常生活给予关心
6	谈判	与作为正式执行工作一方的代表进行协商、讨论，以便充分利用资源、权利，减少义务，在上级给定的权限内或在使程序完整的主要工作中"放弃或接受"某些条件
7	顾问	与有问题的人在一起交谈，劝导、协商或指导他们按照法律、科学、卫生和其他专业原则调节自己的生活。用对问题的分析和论断及对他们公开的处理过程劝导他们
编号	信息	事物职能维度
1A	处理	当工作对象、材料、工具等的数量仅有一件或很少，工人又需经常使用时，精确度要求比较低；包括使用小轮车、手推车等类似工具
2A	操纵	当有一定数量的加工对象、工具及控制点时，加工、挖运、安排或者放置物体或材料，对精度的要求由精到细。包括工作台前的等待和应用、可换部件的便携、动力工具的使用，及在厨房或花园工作时普通工具的使用
3B	装配	(安装机器设备)插入工具，选择工装、固定件和附件；修理机器或按工作设计和详细计划说明恢复其功能，包括对其他工人操作或工人自己负责操作的一台或数台机器的主要的精度要求

资料来源：秦志华. 人力资源管理. 北京：中国人民大学出版社，2000

7. 关键事件记录法

关键事件是指使工作成功或失败的关键行为特征或事件。关键事件记录法源自第二次世界大战时由军队开发出来的关键事件技术（Critical Incident Technology，CIT），该技术在当时是识别各种军事环境下的人力绩效的关键性因素的手段，在当代的工作分析中得到了广泛应用。关键事件识别对于员工招聘、选拔、培训及制定绩效评估标准，都是极为有效的工具。

采用这种方法进行工作分析时，首先要对工作行为中的关键事件进行记录，记录者一般是管理人员、员工或熟悉工作的其他员工；其次，要对这些记录进行分类，总结出该工作的关键特征和行为要求。关键事件记录应包括以下几方面的内容：

（1）导致事件发生的原因和背景；

时，原岗位职责体现出来的只是安排教师、排好课表、课程进度监督、学员成绩登录与查询等教务和学籍管理的内容，但是，工作分析员在开学之初和学期末的对该人员的工作的亲身参与就揭示除对于学员的迎来送往（接待、膳宿、回程安排）以及与各个教师派出学院的交流也占了该工作内容的很大比例。当然，这种直接参与分析对象工作过程的方法和观察法一样对适用工作范围有限制，对分析员的精力、时间的要求是巨大的，一般应和其它方法相结合。

10. 计算机职位分析系统

人力资源管理信息化过程中，计算机与人力资源管理相结合的特点大大方便了人力资源的管理。在工作分析这一基础性工作中，相关的软件系统也是大有用武之地的，可以减少在与准备工作说明有关的各种工作中的时间投入与其它耗费。在此类软件系统中通常有针对每项工作的分组排列的工作职责说明和关于问卷调查范围的说明。先进的扫描仪等外部设备能有效地帮助工作分析员将问卷资料输入计算机，后者就可自动生成以职位特征分类的工作说明书，各种工作任务、职责与责任被分门别类，并被按照相对重要性排序。

2.3.2 不同工作分析方法的优缺点及适用范围

前面几节介绍的几种工作分析方法各有优缺点，在实际工作中应结合使用。表2-4是这几种方法的比较。

表2-4 工作分析方法的比较

方　法	优　点	缺　点	适　用
资料分析法	成本低； 工作效率高	信息不全； 不能单独使用，要与其他方法结合使用	有现成相关资料的工作
观察法	工作分析人员能较全面深入地了解工作要求	不适于脑力活动为主的工作和处理紧急情况的间歇性工作，不能得到任职资格的要求，被观察者可能会反感	标准化、任务周期较短、以体力活动为主的工作
访谈法	能了解到工作者的工作态度和工作动机等深层次的内容；收集信息简单、迅速具体，有助于缓和员工工作压力	访谈者要接受专门训练；费时；成本高；信息易于失真	任务周期长，工作行为不易被直接观察的工作
问卷调查法	成本低；速度快；适用范围广；结果可量化	问卷设计费时；问卷解释的必要性；员工与调查者之间交流不足	各种类型的工作；样本数量较大的场合
功能性工作分析法	对于工作内容的全面描述	费时费力；不反映工作背景信息	培训与绩效评估为目的的工作分析

方 法	优 点	缺 点	适 用
关键事件法	行为标准明确；能更好地确定每一种行为的利益和作用	费时费力；无法描述工作职责、任务、背景、任职资格等；对中等绩效员工难以涉及	以招聘选拔、培训、绩效评估等为目的的工作分析
工作日志法	便于获取工作职责、内容与关系、劳动强度等信息，费用低，分析复杂工作时比较经济有效	关注过程而非结果；整理信息量大；存在误差；可能影响正常工作	任务周期较短，工作状态稳定的工作
参与法	便于深入了解、获取工作职责、内容与关系、劳动强度等信息	存在因分析员素质、认识、参与程度等差异而导致的对于工作特征和任职资格要求的不同认识	任务周期较短，工作状态稳定的工作
计算机职位分析系统	快速有效的全方位工作分析	具体效果受组织信息化程度与所选用软件系统的功能、软件使用者的专业技能的限制	样本数量较大，以招聘选拔、培训、绩效评估等为目的的工作分析

2.4 工作说明书的编写

工作说明书又称职务说明书，是工作分析的成果，它包括两个部分：

(1) 工作描述(job description)，又称工作说明，说明有关工作的特征。

(2) 工作规范(job specification)，又称任职说明，说明对从事工作的人的具体要求。

2.4.1 工作说明书的编制

1. 工作描述的编写

工作描述是关于一种工作中包含的任务、职责以及责任(Task，Duty，Responsibility，TDRs)，这三者是可以被观察到的活动的目录清单。

工作描述的基本内容包括：

(1) 工作识别。又称工作标识、工作认定，包括工作名称和工作地位。其中工作地位主要指所属的工作部门、直接上级职位、工作等级、工资水平、所辖人数、定员人数、工作地点、工作时间等。

(2) 工作编号。又称岗位编号、工作代码。一般按工作评估与分析的结果对工作进行编码，目的在于快速查找所有的工作。企业中的每一种工作都应当有一个代码，这些代码代表了工作的一些重要特征，比如工资等级等。

(3) 工作概要。又称职务摘要，指用简练的语言概述工作的总体性质、中心任务和要达到的工作目标。

(4) 工作关系。又称工作联系，指任职者与组织内外其他人之间的关系。包括该工作受谁监督，此工作监督谁，此工作可晋升的职位、可转换的职位以及可迁移至此的职位，与哪些部门的职位发生联系等。

(5) 工作职责。又称工作任务，是工作描述的主体。逐条指明工作的主要职责、工作任务、工作权限及工作结果(工作的绩效标准)等。为使信息最大化，工作职责应在时间和重要性方面实行优化，指出每项职责的分量或价值。

(6) 工作条件与工作环境。工作条件主要包括任职者主要应用的设备名称和运用信息资料的形式。工作环境包括工作场所、工作环境的危险性、职业病、工作的时间、工作的均衡性(一年中是否有集中的时间特别繁忙或特别闲暇)、工作环境的舒适度等。本章 2.1.2 中例 2-1 关于某企业销售部经理的工作描述的例子应该能说明问题。例 2-8 是一个企业人力资源部招聘专员的工作描述的例子。

例 2-8　招聘专员的工作描述。

职务名称：招聘专员

所属部门：人力资源部

直接上级职务：人力资源部经理

职务代码：XL-HR-018

工资等级：9~13

工作目的：为企业招聘优秀人才

工作要点：制定和执行企业的招聘计划；制定、完善和监督执行企业的招聘制度；安排应聘人员的面试工作。

工作要求：认真负责、有计划性、热情周到

工作责任：

1. 根据企业发展情况提出人员招聘计划

2. 执行企业招聘计划

3. 制定、完善和监督执行企业的招聘制度

4. 制定企业招聘工作流程

5. 安排应聘人员的面试工作

6. 应聘人员的资料管理

7. 应聘人员的资料、证件鉴别

8. 负责企业人才数据库的建立与维护

9. 完成直接上级交办的各项工作任务

衡量标准：

1. 上交的报表和报告的时效性和建设性

2. 工作档案的完整性

3. 应聘人员资料的完整性

工作难点：提供详尽的工作报告

工作禁忌：工作粗心，不能有效地向应聘者介绍本企业的情况

2. 工作规范的编写

工作规范，又称任职说明，是一个人为了完成某种特定的工作所必须具备的知识、技能、能力以及其它特征(Knowledge, Skill, Ability, Others, KSAO)的一份目录清单。知识指的是为了成功地完成某项工作任务而必须掌握的事实性或程序性信息；技能指的是一

个人在完成某项特定的工作任务方面所具备的熟练水平；能力是指一个人所拥有的比较通用的且具有持久性的才能；其他特征主要是指一些性格特征，例如一个人达到目标的动力或持久性等。这些特征都是不能被直接观察到的与人有关的特点，只有当一个人实际承担起工作的任务、职责和责任的时候，才有可能对这些特点进行观察。

需要注意的是，这里所说的知识、技能、能力以及其他特征是对该项工作的任职者的最低要求（门槛），而不是最理想的任职者的形象。

工作规范的内容主要包括：

（1）一般要求：包括年龄、性别、学历、工作经验等。

（2）生理要求：包括健康状况、力量与体力、运动的灵活性、感觉器官的灵敏度等。

（3）心理要求：包括观察能力、集中能力、记忆能力、理解能力、学习能力、解决问题能力、创造性、数学计算能力、语言表达能力、决策能力、交际能力、性格、气质、兴趣、爱好、态度、事业心、合作性、领导能力等。

例2-9是某企业人力资源部招聘专员工作规范的例子。

例2-9　某企业人力资源部招聘专员的工作规范。

职位名称：招聘专员

所属部门：人力资源部

直接上级职务：人力资源部经理

职务代码：XL-HR-018

工资等级：9～13

（一）生理要求

年龄：23～35岁　　　　　　　性别：不限

身高：女性：1.55～1.70米　男性：1.60～1.85米

体重：与身高成比例，在合理的范围内就可

听力：正常

视力：矫正视力正常

健康状况：无残疾、无传染病

貌：无畸形，出众更佳

声音：普通话发音标准，语音和语速正常

（二）知识和技能要求

（1）学历要求：本科，大专以上需从事专业3年以上。

（2）工作经验：3年以上大型企业工作经验。

（3）专业背景要求：曾从事人力资源招聘工作2年以上。

（4）英文水平：达到国家四级水平。

（5）计算机：熟练使用 Windows 和 MS office 系列。

（三）特殊才能要求

（1）语言表达能力：能够准确、清晰、生动地向应聘者介绍企业情况，并准确、巧妙地解答应聘者提出的各种问题。

（2）文字表达能力：能够准确、快速地将希望表达的内容用文字表达出来，对文字描述很敏感。

（3）工作认真细心，能认真保管好各类招聘材料。

（4）有较好的公关能力，能准确地把握同行业的招聘情况。

（四）其他要求

（1）能够随时准备出差。

（2）假期一般不可超过一个月。

工作描述和工作规范可以采用文字描述的形式，也可采用表格的形式，有时两者合并为一份"工作说明书"。例 2-10 是某企业人力资源部经理的工作说明书。

例 2-10　某企业人力资源部经理工作说明书。

职位名称	人力资源部经理		直接上级	公司总(副总)经理
定员	1 人	所辖人员	12 人	工资水平
分析日期	2003 年 1 月	分析人		批准人

	工 作 描 述
工作概要	制定、执行与人力资源管理活动相关的各方面政策，为填补职位空缺而进行雇员招聘、面谈、甄选等活动。计划和实施新雇员的上岗引导工作，培养其对公司目标的积极态度。指导工资市场调查，确定竞争性市场工资率。制定人力资源管理经费预算。与工会及政治工作部的主管人员共同解决纠纷，在雇员离职前与其进行面谈，确定离职的真正原因。在与人力资源有关的听证会和调查中充任公司代表。监督、指导本部门工作人员
工作职责	提交公司人力资源管理规划及人事改革方案，贯彻、落实各项计划
	雇员的招聘、录用、劳动合同签订，定岗、定编、定员计划制定
	处理职工调配、考核、晋升、奖惩和教育培训工作，对中层干部调整提出方案
	处理劳动工资、职工福利、职称审定的工作
	处理雇员离职、人才交流、下岗分流，再就业等人事变动事宜
	负责人事档案、安全保卫，出国政审及人事批件事宜
	负责雇员健康检查、献血、保险事宜
	分析公司业务情况，预测公司发展前景，制定部门发展计划，参与制定公司发展战略
	协调公司内外部人际关系，向公司高层提出处理人事危机的解决方案

资 格 要 求		
因素	细分因素	限定资料
知识	教育	最低学历要求为大学本科，工作中能较频繁地综合使用其他学科的一般知识
	经验	至少从事公司职能部门管理工作两年与业务工作满三年；在接手工作前还应接受管理学原理、组织行为学、人事管理、财务管理等相关知识培训

职位名称	人力资源部经理	直接上级	公司总（副总）经理

责任	技能	在工作中要求高度的判断力和计划性，要求积极地适应不断变化的环境；经常需要处理一些工作中出现的问题；由于工作多样化，灵活处理问题时需要综合使用多种知识和技能；具有良好的人际关系协调和人事组织的能力
	分析	具有较强分析公司战略发展与业务需要的能力，并能预测未来的人力资源供求状况
	协调	工作时需要与上级或其他部门的负责人保持密切联系，频繁沟通。在公司内部与各部门负责人有密切的工作联系，在工作中需要保持随时联系与沟通，消除对整个公司将有重大影响的不利因素
	指导	监督、指导 6～13 名一般工作人员或 3～4 名基层管理干部
	组织人事	在工作中，完成对员工选拔、考核、工作分配、激励，晋升等法定的权力和责任，为中层干部调整制订方案

资料来源：郑晓明，吴志明. 工作分析实务手册. 北京：机械工业出版社，2002.

2.4.2　工作分析发展的新趋势

工作分析的发展已逾百年，在刚刚过去的世纪的发展过程中，随着工作分析自身的日益完善与逐渐普及，产生了巨大的经济、社会效益。目前的新世纪是以知识经济为特征的，市场环境已经产生与之前不同的巨变，工作分析也表现出新的特点：

1. 工作分析趋于经常化、战略化和预见性

企业内外环境的不断变化、技术进步、全球化经营等宏微观因素都要求企业组织更加灵活，能够及时应变反响，企业组织结构更为扁平，**传统的严格层级锥形结构为网络形、可延展性强的"无边界组织"（又可称作"学习型组织"、"虚拟组织"）所取代**。战略人力资源管理的新理论正是在此新形势下的人力资源方面的实践与理论发展的必然结果。以企业的战略为指导，工作分析不只是要着眼于解决企业工作空缺人员的配备以及通过工作分析挖掘现有工作的生产率潜力的短期问题，更要着眼于满足企业长期发展的人力资源需要。工作分析的对象是工作，"工作"一词的内涵已经大有不同，工作的内容更加丰富，工作要求则相应提高。工作分析的经常化、战略化和预见性即是企业适应上述变化的必然要求。

2．工作分析结果更具弹性

新形势带来了工作分析的经常化、战略化，团队式的管理作为知识经济时代的组织结构的基本单位，要求组成团队的个体之间的深度合作，大家共同对团队绩效负责，个体可能承担的工作不再是局限于某一种非常具体的工作职能，而是要具备完成团队共同工作任务所需的各种知识与技能。因此，传统的工作分析说明书变得更具"弹性"，一般只是对工作所需的能力、技术、知识、经验等做出笼统的规定，重在确认任职者的能力与技术等方面的要求，所反映的信息和传统的工作说明书中的"工作概要"有些类似，而不再详细规定任职者的责任范围。这种更具弹性的工作说明书能更有利于组织在工作方向发生变化时保持其灵活的适应性。

2.4.3　工作说明书的编写原则

1．统一规范

工作说明书的具体形式可能有多种，但其核心内容却不应当改变。对于工作说明书中的重要项目，如工作名称、工作概要、职责、任职资格等，必须建立统一的格式要求，否则工作说明书难以发挥工作管理作用。

2．清晰具体

传统上，工作说明书作为任职者的工作依据和具体要求，内容必须具体明了，对任职者或监管者而言是可理解、可操作、可反馈的。考虑到工作分析结果更具"弹性"是知识、技能与职责要求远高于之前的工业时代的劳动密集型工作的要求的知识密集型工作的特色趋势，在适用此原则时应先对要分析的工作对象的性质予以明确。但不论是对哪种性质的工作进行分析，语言表述措辞方面都应当符合任职者的水平，不能让人有晦涩难懂之感。

3．范围明确

在界定职位时，要确保指明工作的范围和性质，如用"为本部门"、"按照经理的要求"这样的句式来说明。此外，还要把所有重要的工作关系也包括在工作说明书中。

4．共同参与

工作说明书的编写不应当闭门造车，而应有承担该工作的工作人员、上级主管、人力资源专家的共同参与以及分析协商。只有将各方面的意见考虑在内了，制定出来的说明书才会为各方面所接受，也才能在工作中真正发挥作用。

2.5 工作设计

工作设计是根据实际工作需要，并兼顾个人的需要，科学、系统化地进行工作的合理配置，以满足企业正常运营的需要的过程。

知识经济与传统工业经济的不同在于知识已经成为一种生产要素，知识对于经济发展的贡献率在不断增长，这种新经济要求从新的视角来看待员工——尤其是知识员工的需要，传统的工作设计更多地考虑了组织管理的方便性，更多是在"以事为中心"的思想的指导下对于员工的工作职责与要求予以严格限定，同时也就限制了员工的职业发展，忽略了员工的高层次需要，挫伤了员工的积极性和创造性，降低了员工对工作的满意度，工作本身的激励力不足，员工的绩效水平只是维持、停滞于一定的水平上，不会有大的突破。工作再设计就是改变这种现状的有效方式。目前，实现工作丰富化成为流行的方法是"以员工为中心"的工作再设计，其特点是将组织的战略、目标、使命与员工对工作的满意度相结合。工作设计中要充分采纳员工的意见，但是必须要求员工说明这些改变对现有组织的整体目标有哪些好处，又如何得到有效实现，从而在提高员工满意度的同时有效实现组织的发展目标。

2.5.1 工作设计的基本要求及模式

企业组织中的工作设计发生在建立新组织之时，此外，由组织变革导致的原有设计不符合组织的新目标、任务和作业的要求等情形也要求进行新的工作设计和相应修改。例如，企业规模、经营范围、组织形式或生产工艺等的变化使得原有工作设计已经不适应生产经营的现实状况；现任员工在一定时期内还难以达到工作细则的要求，只能根据企业的实际情况因地制宜；因员工的精神需要和按组织效率原则拟订的工作细则发生冲突而影响了士气等情形的出现都显示了工作设计的必要性。

1. 工作设计的基本要求

从整个企业的生产经营过程来看，工作设计应符合下列4项基本原则（如图2-2）：

（1）因事设岗原则。一般来说，企业设置的任何工作岗位类型与数量都取决于该企业具体的工作职能划分和总的工作任务量，此即因事设岗。随着企业规模的逐渐扩大、职能范围的加大、生产任务的增加，当企业现有的职能岗位不能满足新的职能需求时，工作总量增加到大于现有工作职位能够承担的工作量时，企业就需要为新出现的职能和业务增加新的职位。

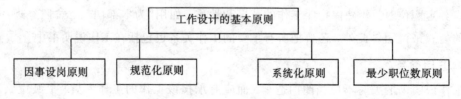

图2-2 工作设计的基本原则

资料来源：改编自冉斌.工作分析与组织设计.深圳：海天出版社，2002

企业在设计每个工作职位时，应尽可能使工作量达到饱和，使有效的劳动时间得到充分利用。如果职位的工作量处于低负荷状态,必然会增加企业的运作成本，造成企业资源的浪费。超负荷运作的结果也不理想，因其给员工的身心健康带来极大的负面影响，故只能带来暂时的高效率。

(2) 规范化原则。工作职位名称的表述应遵循规范化的原则。一个好的职位名称除了是一个代码，能给人一种理念上的认识外，同时还能增加人们对该职位的感性认识。企业经营性质和企业规模的多种多样带来了职位名称的千差万别，有一条却是相对稳定的：职位名称必须与该职位的任务、职责等相匹配，否则就会给具体工作造成很多不便。

(3) 系统化原则。任一完善的组织机构都是一个相对独立的系统。职位是组织系统的基本单元，虽然每个职位都有其独特功能，组织中任一职位都不是孤立存在的，各职位间都存在着不可分割的联系，其相互配合度、支持度和协作关系极大地影响着组织系统的功能，每个职位都应在企业中发挥积极的作用，它和上下左右的其他职位间的关系应该非常协调。

(4) 最低数量原则。遵循"最低数量原则"要求以最少的职位数量来承担企业中尽可能多的工作，如此可最大限度地节约人力成本，降低企业负担，还可减少工作过程中信息传递的层次和缩短职位之间信息传递的时间。此外，遵循最低数量原则还可提升组织的凝聚力并有助于管理效度的提高。

2. 工作设计的内容

工作设计的主要内容包括工作内容、工作职责和工作关系的设计 3 个方面：

(1) 工作内容。这是工作设计的重点，一般包括工作广度、深度、工作的自主性、工作的完整性以及工作的反馈 5 个方面。

(2) 工作职责。主要包括工作的责任、权力、方法以及工作中的相互沟通和协作等方面。

(3) 工作关系。表现为协作关系、监督关系等各个方面。

通过以上 3 个方面的有效的工作设计，就可为组织的人力资源管理提供依据，保证工作岗位与人力资源的优化匹配，从而得以事得其人、人尽其才、人事相宜，为员工创造更加能够发挥自身能力、提高工作效率、提供有效管理的环境保障。

3. 工作设计的模式

工作设计的模式有很多，下面介绍几种常见的模式：

(1) 工作轮换。工作轮换(job rotation)是指员工在不同的时间阶段在不同的岗位上进行工作。此模式不要求改变工作设计本身，工作不变人要变，员工定期地从一个工作职位转换到另一个职位。这样，员工就有更强的适应力，更宽阔的视野，可从全新的角度来看待问题，对组织的全局有更好的把握。在日本企业中广泛实行的工作轮换对培养管理人员发挥了很大的作用。

(2) 工作扩大化。工作扩大化(job enlargement)是指横向和(或)纵向扩大工作的范围。横向扩大化的做法是将属于分工很细的作业单位合并，由一个人负责一道工序，改为几个人共同负责几道工序；或者在单调的流水线工作中增加一些变动因素，比如从事一部分维修保养、清洗润滑之类的辅助工作；还可以采用包干负责制，由一个人或一个小组负责一件完整的工作；可以降低流水线转动的速度，延长加工周期，用多项操作代替单项操作等。纵向扩大化如可将经营管理人员的部分职能转由生产者承担，工作范围沿着组织形式的方向垂直扩大。具体作法如让生产工人参与计划制定、自行决定生产目标、作业程序、操作方法、检验衡量工作数量和质量，并进行经济核算；又例如，生产工人不仅承担生产任务，还参与产品试验、设计工艺等多项技术工作。工作扩大化使员工的工作范围、责任增加，改变了他们对工作感到单调乏味的状况，从而有利于满足员工的身心需要，也有利于提高员工的工作效率。

（3）工作丰富化。工作丰富化（job enrichment）是通过增加工作责任、工作自主权以及自我控制以满足员工的心理需要，达到激励的目的。例如，美国一家公司的会计业务原来被分割成发票、审核和查询3个业务，分别由不同的部门人员完成，后改成每个会计对一笔买卖的全过程负责；又如，某家具企业的办公桌加工部门的员工原来只负责某一部件的安装工作，后改为每位员工对于桌子的所有部件都负有安装责任，员工有机会看到自己的劳动成果，干劲大涨。工作丰富化使得员工感到自己有一定的自主权和更多的责任感，又有了工作的多样性和结果反馈，因而满意度和生产率都上升了。

（4）以员工为中心的工作再设计。以员工为中心的工作再设计（job redesigning）是一个将组织的战略、使命与员工对工作的满意度相结合的工作设计理念。它鼓励员工参与对其工作的再设计，有效的"以员工为中心的工作再设计"可以形成对员工的有效激励，大大提高其工作的主动性和创造性，因而使得企业的效益显著增加。在工作设计中，员工可以提出对工作进行某种改变的建议，以便自己的工作更让人满意，但员工还必须说明这些改变如何更有利于实现组织整体目标。运用这一方法可以使每位员工的贡献都得到认可，同时也强调了组织使命的有效完成。

2.5.2　工作设计的方法

由于上述的有效的工作设计的重要性，就必须有效地进行工作设计，这要求通过工作分析达到对于工作的当前状态的全面了解，以及通过工作流程分析达到对该职位在整个组织工作流程中的位置或地位的深刻理解。只有以详尽科学的工作分析作为工作设计的前提，再加上科学的工作设计方法的有效运用，才能够设计出适合企业组织发展的工作。正确的工作设计与再设计对企业在长期内的影响是积极的，不合理的工作设计给企业带来的损失则是无法估量的，为了提高工作设计的成功率，有必要掌握一些工作设计的方法。下面介绍几种在工作设计中经常会用到的一些基本方法：

1. 科学管理和机械方法

泰勒的科学管理原理是系统设计工作职位的最早方法之一。这种方法的思想是通过时间——动作的研究，即工程师研究和分析手、臂和身体其他部位的动作，研究工具、员工和原材料之间的物理机械关系，研究生产线和工作环节之间的最佳程序，强调通过寻找员工的身体活动、工具和任务的最佳组合，找出完成工作的"一种最好的方法"（one best way），以使生产率达到最大化。它的基本方法是工作简单化和标准化，把每项工作简化到其最简单的任务，然后让员工在严密的监督下完成它。这样设计出来的工作的优点是工作安全、简单和可靠，使得员工工作中的精神需要最小化。

现今的知识经济发展阶段并未消灭适合这种工作设计方法的适用场景，它在对教育水平、个人判断和决策活动要求比较少的加工制造行业的工作中的应用还是非常广泛的，但机械地应用这些原理的结果就是对于严密的监督和僵硬的标准的过分强调。由于这种工作设计方法在实践中重点关心的是工作任务，而很少考虑工人的社会需要和个人需要，产生了很大的副作用，如工作单调乏味、令人生厌，管理者和工人之间产生隔阂与直接冲突，离职率和缺勤率的上升，发生怠工这样的消极对抗行为，工作质量下降。这些源于科学管理方法强调专业化而导致的工作简单化的消极后果可以通过目标也是效率的工作扩大化方式予以改观，其优点是减少任务之间的等待时间，提高组织的灵活性，减少对支援人员的需要，避免工作过于单调给工人造成的情绪压抑。

2. 人际关系法

人际关系思想在工作设计的运用中产生此方法，要点是在按照传统方法设计出来的枯燥的工作内容中增加管理的成分，增加工作对员工的吸引力。这种方法强调工作对承担该工作的员工的心理影响，是从员工的角度出发来考虑工作设计。人际关系运动作为对科学管理运动的非人性倾向的一个否定，发轫于20世纪20年代的霍桑实验，随着时间的推移，人们发现员工需要从工作中得到的不仅仅是经济利益的外在报酬（"经济人"），而且他们还需要体验表现为工作的成就感和满足感的内在报酬（"社会人"、"自我实现人"、"复杂人"）。内在薪酬只能来自工作本身，因此工作的挑战性越强，越令人愉快，内在薪酬也就越高。根据人际关系哲学提出的工作设计方法包括工作扩大化、工作轮换和工作丰富化等内容。品质圈和其他的工人参与企业管理的做法，就是人际关系运动思想在当代的应用。

3. 工作特征模型法

工作设计的方法有多种，但其中心思想是使工作丰富化，而工作丰富化的核心是激励的工作特征模型（job characteristics model）。合理的职位设计能使员工产生内在性激励，提高团队的工作效率。Hackerman 与 Oldham 提出的工作特征模型说明了任务特性与员工激励、员工绩效和员工满意度之间的关系。这个模型用5个核心任务特性来描述任何工作，即（1）技能的多样性（skill variety）：也就是完成一项工作涉及的范围，包括各种技能和能力。（2）任务同一性（task identity）：即在多大程度上工作需要作为一个整体来完成——从工作的开始到完成并取得明显的成果。（3）任务的重要性（task significance）：即自己的工作在多大程度上影响其他人的工作或生活——不论是在组织内还是在工作环境外。（4）主动性（autonomy）：即工作在多大程度上允许自由、独立，以及在具体工作中个人制定计划和执行计划时的自主范围。（5）反馈性（feedback）：即员工能及时明确地知道他所从事的工作的绩效及其效率。根据这一模型，一个工作岗位可以让员工产生3种心理状态：感受到工作的意义；感受到工作的责任和了解到工作的结果。这些心理状态又可以影响到个人和工作的结果，即内在工作动力、绩效水平、工作满足感、缺勤率和离职率等，从而给员工以内在的激励，使员工以自我奖励为基础的自我激励产生积极循环。工作特征模型强调的是员工与工作岗位之间的心理上的相互作用，并且强调最好的工作设计应该给员工以内在的激励（图 2-3）。

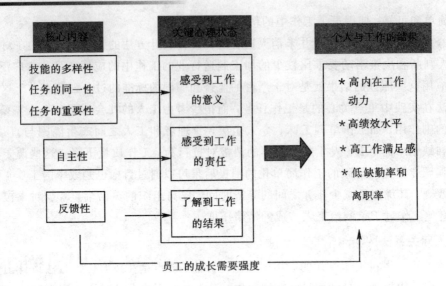

图 2-3 工作激励的工作特征模型

4. 工作设计的社会技术方法

工作设计的社会技术方法是把工作设计严格地视为对工作实现专业化的另外一种选择而首次提出的。运用社会技术系统方法时期(从 20 世纪 80 年代开始至今)主要是在系统理论指导下,运用工作特征模型,借助信息技术的支持对工作进行再设计、社会技术系统方法通过全面完善工作特征和建立组织气氛来激发员工的工作积极性,它是对人际关系法所采用方法的进一步扩展。社会技术方法的实质是设计工作时应该考虑工作的技术体系和相伴随的社会体系两个方面。根据这个概念,雇主应该通过对整个工作场所的物理环境和社会环境进行整体或系统的观察来进行设计工作。因为很少有工作涉及同样的技术要求和社会环境,因此社会技术方法是因情景而定的。特别是,社会技术方法要求工作设计者仔细地考虑员工在这个社会技术体系中的职责、所要完成任务的本质和工作小组的自主权。在理想情况下,社会技术方法把组织的技术需要与决策中所涉及的员工的社会需要结合起来。下面是利用社会技术方法进行工作设计的一些指导原则:

(1)一项工作需要在条件上对个人做出合理的要求,而不是纯粹忍耐,也要提供某些变化(不必新奇);

(2)员工要能学会这项工作并继续学习;

(3)员工需要有可称之为"自主决策"的某种最低限度的领域;

(4)员工需要某种在工作场所中的最小限度的社会支持和认可;

(5)员工需要能够把他们工作内容与成果和自己的社会生活联系起来;

(6)员工需要相信这项工作能带来某种理想的未来。

工作设计的社会技术方法已被应用于许多国家,通常被冠以"自治工作小组"或"个人民主"这样的名称,以自我管理工作小组或团体为基础的现代工作设计通常是以社会技术方法为基础的。在知识经济时代,组织最重视的资源是员工的热情和忠诚。通过工作设计的社会技术方法把员工安排在相应的工作岗位上,让人与工作相匹配,满足员工各自独特的需求以及技术、能力与个性要求,强化员工对工作意义的体验,增强对工作结果负责的精神，进而增加工作激励和工作满意度，有效提高个人成就和工作绩效，达到激励员工的目的，从而使员工的终生兴趣得以实现，提高了员工的工作和生活质量，增加了留住人才的机会。

5. 优秀业绩工作体系

优秀业绩工作体系，又称 Hp 职位设计方法（High Performance，Hp），是将科学管理哲学与人际关系方法结合起来的一种综合标准工作设计方法。这一模型的特点是：同时强调工作社会学和最优技术安排的重要性，认为二者是相互联系、相互影响的，必须将它们予以有效结合。

在优秀业绩工作体系中，操作者不再从事某种特定任务的工作，每位员工都具有多方面的技能，由这些员工组成团队（工作小组），团队的目标与整个组织的目标保持一致。团队是由两个或者多个员工组成的一个工作群体，团队中的各员工以独立的身份相互配合以实现特定的工作目标。团队可以是暂时的，也可以是长期的；可以是半自治的，也可以是自我管理的；可以由具有相同技能的员工组成，也可以由具有不同技能的员工组成；可以包括管理者，也可以没有管理者。工作任务被分配给团队，团队有权在既定的技术约束和预算约束下，自行决定工作任务的分配方式，决定团队成员的工作内容、工作时间，大家只需要对最终产品负责。优秀业绩工作体系非常重视员工的自我管理和团队的运用。但是，团队中通常需要有一个领导来处理纪律问题和对付工作中的困难（trouble - shouter）。团队领导者的责任是建立团队，确保团队成员拥有完成工作所需要的资格，而不是去设计具有内在激励作用的工作岗位，因此更像是一个教练和激励者。这种工作职位设计方法特别适合于扁平化和网络化的组织结构。

6. 其他方法——辅助工作职位设计法

辅助性的工作职位设计方法指的是缩短工作周和弹性工作制。它们并未完全改变完成工作的方法，从完全意义上说并非工作设计的内容，但是它们改变了对员工个人工作时间的严格规定，并在实际上产生了促进生产率的作用。所以，可以把它们作为辅助的工作职位设计方法。

（1）缩短工作周。缩短工作周是指员工可以在 5 天内工作 40 个小时，或是每周工作 4 个 10 小时工作日，后者在缩短工作周方面的效果更明显，是更为典型的方式。其优点是：员工每周开始工作的次数减少，使得缺勤率和迟到率都下降，有助于经济上的节约；员工花在往返工作场所的路上的时间减少，工作的交易成本下降，工作的满足感提高。其缺点是：单个工作日的延长使员工感到疲劳，并可能导致危险。员工在工作日的晚间活动还会受到影响。在实行不同的缩短工作周安排的企业之间（5 天×8 小时与 4 天×10 小时）会发生联络时的时间障碍问题。

（2）弹性工作制。弹性工作制的典型做法是要求员工在一个核心期间（如上午 10 点到下午 4 点）必须工作，但是上下班时间由员工自己决定，只要工作时间总量符合要求即可。其优点是：员工可以自己掌握工作时间，为实现个人要求和组织要求的一致性创造了条件；可降低离职率和缺勤率，提高工作绩效。其缺点是：每天的工作时间延长，增加了企业的公用事业费。同时，要求企业有更加复杂的管理监督系统来确保员工工作时间总量符合规定。弹性工作制虽然对企业的生产率没有明显的影响，但却能使员工得到利益。目前，在美国实行弹性工作制的企业越来越多，特别是工作比较独立的专业人员，在理论上和现实中，都证明了弹性工作制的益处。

在以上工作设计的各种方法中，工作丰富化、工作特征再设计和社会技术系统方法是企业进行再造时进行工作再设计的主要方法。各组织所使用的工作职位设计方法可能存在差异，在同一组织中，对不同层次的员工和不同工作职位类别也可使用不同的工作职位设计方法。根据组织的实际情况，可以单独使用一种工作职位设计方法，也可同时综合使用多种职位设计方法。

思 考 题

1. 为什么要进行工作分析？
2. 假设你是一个企业的人力资源部经理，你将如何组织对销售部经理岗位的工作分析？
3. 常用的工作分析的方法有哪些？试对这些方法的优缺点进行比较。
4. 工作分析的成果有哪些？其发展趋势是怎样的？
5. 工作设计的基本要求是什么？工作设计的方法有哪些？

➡ 案例

A 公司的工作分析

A 公司是我国中部省份的一家房地产开发公司。近年来，随着当地经济的迅速增长，房产需求强劲，公司有了飞速的发展，规模持续扩大，逐步发展为一家中型房地产开发公司。随着公司的发展和壮大，员工人数大量增加，众多的组织和人力资源管理问题逐步凸显出来。

公司现有的组织机构，是基于创业时的公司规划，随着业务扩张的需要逐渐扩充而形成的，在运行的过程中，组织与业务上的矛盾已经逐步凸显出来。部门之间、职位之间的职责与权限缺乏明确的界定，扯皮推诿的现象不断发生；有的部门抱怨事情太多，人手不够，任务不能按时、按质、按量完成；有的部门又觉得人员冗杂，人浮于事，效率低下。

公司在人员招聘方面，用人部门给出的招聘标准往往含糊，招聘主管往往无法准确地加以理解，使得招来的人大多差强人意。同时目前的许多岗位往往不能做到人事匹配，员工的能力不能得以充分发挥，严重挫伤了士气，并影响了工作的效果。公司员工的晋升以前由总经理直接做出。现在公司规模大了，总经理已经没有时间来与基层员工和部门主管打交道，基层员工和部门主管的晋升只能根据部门经理的意见来做出。而在晋升中，上级和下属之间的私人感情成为决定性的因素，有才干的人往往却并不能获得提升。因此，许多优秀的员工由于看不到自己未来的前途，而另寻高就。在激励机制方面，公司缺乏科学的绩效考核和薪酬制度，考核中的主观性和随意性非常严重，员工的报酬不能体现其价值与能力，人力资源部经常可以听到大家对薪酬的抱怨和不满，这也是人才流失的重要原因。

面对这样严峻的形势，人力资源部开始着手进行人力资源管理的变革，变革首先从进行职位分析、确定职位价值开始，职位分析、职位评价究竟如何开展、如何抓住职位分析、职位评价过程中的关键点，为公司本次组织变革提供有效的信息支持和基础保证，是摆在 A 公司面前的重要问题。

首先，他们开始寻找进行职位分析的工具与技术。在阅读了国内目前流行的基本职位分析书籍之后，他们从其中选取了一份职位分析问卷，来作为收集职位信息的工具。然后，人力资源部将问卷发放到了各个部门经理手中，同时他们还在公司的内部网也上发了一份关于开展问卷调查的通知，要求各部门配合人力资源部的问卷调查。

据反映，问卷在下发到各部门之后，却一直搁置在各部门经理手中，而没有发下去。很多部门是直到人力部开始催收时才把问卷发放到每个人手中。同时，由于大家都很忙，很多人在拿到问卷之后，都没有时间仔细思考，草草填写完事。还有很多人在外地出差，或者任务缠身，自己无法填写，而由同事代笔，此外，据一些较为重视这次调查的员工反映，大家都不了解这次问卷调查的意图，也不理解问卷中那些陌生的管理术语，何为职责，何为工作目的，许多人对此并不理解。很多人想就疑难问题向人力部进行询问，可是也不知道具体该找谁。因此，在回答问卷只能凭借自己个人的理解来进行填写，无法把握填写的规范和标准。

一个星期之后，人力部收回了问卷。但他们发现，问卷填写的效果不太理想，有一部分问卷填写不全，一部分问卷答非所问，还有一部分问卷根本没有收上来。辛苦调查的结果却没有发挥它应有的价值。

与此同时，人力部也着手选取一些职位进行访谈。但在试着谈了几个职位之后，发现访谈的效果并不好。因为，在人力部，能够对部门经理访谈的人只有人力资源部经理一人，主管和一般员工都无法与其他部门经理进行沟通。同时，由于经理们都很忙，能够把双方的时间凑一块，实在不容易。因此，两个星期过去之后，只访谈了两个部门经理。

人力部的几位主管负责对经理级以下的人员进行访谈，但在访谈中，出现的情况却出乎意料。大部分时间都是被访淡的人在发牢骚，指责公司的管理问题，抱怨自己的待遇不公等。而在谈到与职位分析相关的内容时，被访谈人往往又言辞闪烁，顾左右而言他，似乎对人力部这次访谈不太信任。访谈结束之后，访谈人都反映对该职位的认识还是停留在模糊的阶段。这样持续了两个星期，访谈了大概 1/3 的职位。王经理认为时间不能拖延下去了，因此决定开始进入项目的下一个阶段——撰写职位说明书。

可这时，各职位的信息收集却还不完全。怎么办呢？人力部在无奈之中，不得不另觅他途。于是，他们通过各种途径从其他公司中收集了许多职位说明书，试图以此作为参照，结合问卷和访谈收集到一些信息来撰写职位说明书。

在撰写阶段，人力部还成立了几个小组、每个小组专门负责起草某一部门的职位说明，并且还要求各组在两个星期内完成任务。在起草职位说明书的过程中，人力部的员工都颇感为难，一方面不了解别的部门的工作，问卷和访谈提供的信息又不准确；另一方面，大家又缺乏写职位说明书的经验，因此，写起来都感觉很费劲。规定的时间快到了，很多人为了交稿，不得不急急忙忙，东拼西凑了一些材料，再结合自己的判断，最后成稿。

最后，职位说明书终于出台了。然后，人力部将成稿的职位说明书下发到了各部门，同时，还下发了一份文件，要求各部门按照新的职位说明书来界定工作范围，并按照其中规定的任职条件来进行人员的招聘、选拔和任用。但这却引起了其他部门的强烈反对，很多直线部门的管理人员甚至公开指责人力部，说人力部的职位说明书是一堆垃圾文件，完全不符合实际情况。

于是，人力部专门与相关部门召开了一次会议来推动职位说明书的应用。人力资源部经理本来想通过这次会议来说服各部门支持这次项目。但结果却恰恰相反，在会上，人力部遭到了各部门的一致批评。同时，人力部由于对其他部门不了解，对于其他部门所提的很多问题，也无法进行解释和反驳。因此，会议的最终结论是，让人力部重新编写职位说明书。后来，经过多次重写与修改，职位说明书始终无法令人满意。最后，职位分析项目不了了之。

人力部的员工在经历了这次失败的项目后，对职位分析彻底丧失了信心。他们开始认为，职位分析只不过是"雾里看花，水中望月"的东西，说起来挺好，实际上却没有什么大用，而且认为职位分析只能针对西方国家那些管理先进的大公司，拿到中国的企业来，根本就行不通。原来雄心勃勃的人力资源部经理也变得灰心丧气，但他却一直对这次失败耿耿于怀，对项目失败的原因也是百思不得其解。

那么，职位分析真的是他们认为的"雾里看花，水中望月"吗？该公司的职位分析项目为什么会失败呢？

资料来源：中国人力资源开发网. http://www.chinahrd.net.

问题讨论：

1. 宏伟公司在人力资源管理上目前面临的主要问题是什么？
2. 就妥善解决宏伟公司的人力资源管理的问题，提出你的建议。

第 3 章　人力资源规划

❖ 本章要点

- 企业人力资源规划的内容及步骤
- 企业人力资源供需的因素
- 企业人力资源供需的分析方法
- 企业人力资源供需达到平衡的方法及其优缺点
- 企业人力资源规划的编写

人力资源规划是企业经营规划的重要组成部分，也是企业人力资源各项管理活动的重要依据。人力资源规划是否有效，会影响到人力资源管理的有效性，进而影响企业经营目标的实现。因此，做好人力资源规划工作是人力资源管理的首要职责。

📖 阅读资料

未雨绸缪做规划

不少公司都是在出现职位空缺的时候才临时决定改变招聘策略。这种"临阵抱佛脚"的方式存在着很大的用人风险：一方面，外部招聘需要花费一定的时间，不可能在缺人的时候马上招聘到一个合适的员工，同时，新员工上岗之前还需要一定时间的入职培训和岗前引导；另一方面，内部提升也需要考察期，尤其要尊重被提拔者个人的意见。如果未考虑到被提拔者的特长和优势就进行提拔，很可能会"好心办坏事"，反而会成为被提拔者发展道路上的"绊脚石"。因此，企业人力资源部门必须未雨绸缪做好人力资源规划，才能最大程度地避免类似情况的发生。

人力资源规划是根据组织的战略目标，科学预测组织在未来环境变化中人力资源的供给与需求状况，制定必要的人力资源获取、利用、保持和开发策略，确保组织对人力资源在数量和质量上的需求，使组织和个人获得长远利益。有效的人力资源规划可以帮助企业预见未来，减少不确定性；确保组织战略目标和年度经营计划的有效实施；对组织紧缺的人才发出引进或开发的预警；更有效率地使用现有员工，防止招聘人数过多和盲目裁员；使现有员工更加满意；降低缺勤率、降低人员流失率、减少事故发生率、带来较高的工作质量等。人力资源规划主要帮助企业解决下面几个问题：

首先，企业在某一特定时期内对人力资源的需求是什么，即企业需要多少人员，这些人员的构成和要求是什么。

其次，企业在相应的时间内能得到多少人力资源的供给，这些供给必须与需求的层次和类别相对应。

最后，在这段时期内，企业人力资源供给和需求比较的结果是什么，企业应当通过何种方式达到人力资源供需的平衡。

可以说，上述三个问题形成了人力资源规划的三个基本要素，涵盖了人力资源规划的主要方面。如果能够对这三个问题做出比较明确的回答，那么人力资源规划的主要任务就完成了。

资料来源：未雨绸缪做规划. 人力资源，2013.10

3.1 人力资源规划概述

3.1.1 人力资源规划的含义

人力资源规划，也称人力资源计划，是指在组织发展战略和经营规划的指导下，预测和分析员工的供需平衡，以满足组织在不同发展阶段对员工的需求，为组织的发展提供符合质量和数量要求的人力资源保证。简单来说，人力资源规划是对组织在某个时期内的员工供给与需求进行预测，并根据预测的结果采取相应的措施来平衡人力资源的供需。

要想准确理解人力资源规划的含义就应该把握以下几个要点：

（1）人力资源规划要以组织发展战略和经营规划为基础。因为人力资源管理只是组织经营管理系统的一部分，是为组织的经营发展提供人力资源支持的，如果没有组织战略规划，也就没有人力资源规划。

（2）人力资源规划应该包括两个部分的活动，一是对组织在特定时期内的员工供给和需求进行预测；二是根据预测的结果采取相应的措施进行供需平衡。前者是基础，不进行预测，人力资源的平衡就不能实行；后者是目的，不平衡供需，预测会没有意义。

（3）人力资源供给与需求的预测应从数量和质量两个方面进行，组织对人力资源的需求，数量只是一个方面，更重要的是质量方面。

3.1.2 人力资源规划的内容

人力资源规划的内容就是人力资源规划的结果，主要包括两个方面：

1. 人力资源总体规划

人力资源的总体规划是对计划期内人力资源规划结果的总体描述，包括预测的需求和供给的数量，预测的依据是什么，供给与需求的比较结果如何，组织平衡需求与供给的指导思想和政策是什么等。其中最重要的是供求比较的结果，即净需求。人力资源规划的目的就是要得出这一结果，同时，它也是制定人力资源政策和措施的重要依据。

2. 人力资源业务规划

人力资源业务规划是总体规划的分解和具体化，包括人力资源补充计划、人力资源配置计划、人力资源接替与提升计划、人力资源培训与开发计划、薪酬激励计划、员工关系计划与退休解聘计划等内容。这些业务计划的每一项都设定了相应的目标、任务和实施步骤。人力资源业务规划是有效实现总体规划的重要保证。人力资源业务规划的具体内容，见表3-1。

表 3-1　人力资源业务规划的内容

规　　划	目　　标	政　　策	预　　算
补充计划	岗位、数量、层次对人员素质结构的改善	人员资格标准、来源范围、起点待遇	招聘选拔费用
配备计划	部门编制、人力资源结构优化、职位匹配、岗位轮换	任职条件、岗位轮换范围与时间	人员总体规模状况决定薪酬预算
接替于提升计划	后备人员数量保持、人员结构优化	选拔标准、提升比例、未提升人员的安排	职位变动引起的薪酬变动
培训开发计划	培训的数量与类型、提供内部供给、提高工作效率	培训计划安排、培训时间和效果的保证	培训开发总投入
薪酬激励计划	劳动供给增加、士气提高、绩效改善	薪酬政策、激励政策、激励方式	增加薪酬的数额
员工关系计划	提高工作效率、员工关系改善、离职率降低	民主管理、加强沟通	法律诉讼费用
退休解聘计划	劳动力成本降低、生产率提高	退休政策及解聘程序	安置费用

3.1.3　人力资源规划的作用

随着科学技术的突飞猛进，产业结构不断的调整，组织之间竞争的日趋激烈，人力资源的转移也随之加速。因此，在现代管理中，人力资源规划对于组织的良性发展具有非常重要的作用。

1. 有助于组织战略目标的制定和实现

人力资源规划的作用之一，就是配合组织的战略管理，达到组织的战略目标。而组织的战略目标是对未来的一种规划，这种规划同样也需要将组织现在拥有的人力资源状况作为一个重要的变量加以考虑。比如，如果预测的人力资源供给无法满足组织的目标，就需要对战略目标做出相应的调整。因此，这两者之间是一种双向互动的关系。实践表明，一套切实可行的人力资源规划，完全有助于管理层全面深入地了解组织内部人力资源的配置状况。因此，做好人力资源规划反过来会有助于组织战略目标的制定和实现。

2. 有助于组织在发展过程中保持人力资源的稳定

组织的正常运转需要相应的人力资源作为保证，但是任何组织都是在不断变化的内外部环境条件下进行生产经营活动的，为了生存和发展，组织必须随时根据环境的变化及时做出相应调整，比如变动生产计划、变革组织机构等，这些调整往往会引起人力资源数量和结构的变动；另外，组织内部的人力资源也处于不断变化之中，比如岗位的调动、职务的升降、辞职、辞退、退休等，这也会引起人力资源数量与结构的变更。由于人力资源的特殊性，这些变化会造成组织中人力资源的一定时滞，因此，为了保证组织发展过程中人力资源状况的稳定，就必须事先掌握这些变化并制定出相应措施，此时，人力资源规划的作用就显而易见了。

3. 有助于组织降低人力资源成本

人力资源对于组织来讲具有重要的意义，但是它在为组织创造价值的同时也带来了一定的成本费用，而理性的组织是以利润最大化为目标的，追求以最小的投入实现最大的产出，所以组织不会使自己拥有的人力资源超出需求范围。通过人力资源规划，预测员工数量变化和结构变化，可以把人力资源控制在合理的范围内，既不会浪费人力资源，也不会增加人工成本的支出，从而能有效地降低人力资源成本。

4. 有助于调动员工的积极性和创造性

合理的人力资源规划不仅能够满足员工的物质利益需要，而且还能够满足员工的精神需求。人力资源规划展示了组织未来的发展机会，充分考虑了员工个人的职业生涯发展，使员工能够明确自己的目标以及组织的目标。当组织提供的目标与员工自己所需求的目标一致时，员工就会努力追求，在工作中表现出积极性和创造性；否则，在其前途与利益未知的情况下，就会挫伤其积极性和创造性，从而影响工作效率，甚至造成一些有能力的员工选择离开。更严重的是若形成人才流失的恶性循环，将使组织的人力资源供求关系日趋失衡。

3.2 人力资源规划的步骤

一般来说，人力资源规划的过程包括四个步骤：准备阶段、预测阶段、实施阶段与评估阶段，如图 3-1 所示。

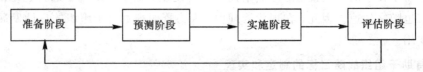

图 3-1 人力资源规划步骤

1. 准备阶段

信息资料是制定人力资源规划的依据，要想制定出一个有效的人力资源规划，就必须获得丰富的相关信息。影响人力资源规划的信息主要有：

（1）外部环境信息。主要包括两类，一类是宏观经营环境的信息，如经济、政治、文化、教育以及法律环境等，由于人力资源规划与组织的生产经营活动密切相关，所以这些影响组织生产经营的因素都会对人力资源的供给与需求产生作用；二是直接影响人力资源供给与需求的信息，比如外部劳动力市场的政策、结构、供求状况，劳动力择业的期望与倾向，政府的职业培训政策、教育政策以及竞争对手的人力资源管理政策等。

（2）内部环境信息。这类信息也包括两个方面：一是组织环境信息，比如组织发展战略、经营计划、生产技术以及产品结构等；二是管理环境信息，比如组织的结构、管理风格、组织文化、管理结构（管理层次与跨度）以及人力资源管理政策等，这些因素都决定着组织人力资源的供给与需求。

（3）现有人力资源信息，即对组织内部现有人力资源的数量、质量、结构和潜力等进行调查，包括员工的自然情况、录用资料、教育资料、工作经历、工作能力、工作业绩记录和态度记录等方面的信息。组织人力资源的状况直接关系到人力资源的需求和供应状况，对于人力资源规划的制定有着直接的影响，只有及时准确地掌握组织现有人力资源的状况，人力资源规划才有效。

2. 预测阶段

预测阶段的主要任务是在充分掌握信息的前提下，选择使用有效的预测方法，对组织在未来某一时期的人力资源供给与需求做出预测。在整个人力资源规划过程中，这是最为关键的一部分，也是难度最大的一个阶段，它直接决定着人力资源的规划是否能够成功。人力资源管理人员只有准确地预测出人力资源的需求与供给，才能采取有效的平衡措施。

3. 实施阶段

在需求与供给的基础上，人力资源管理人员根据两者的平衡结果，制定人力资源的总体规划和业务规划，并制定出实施平衡需要的措施，使组织对人力资源的需求得到满足。人力资源的供需达到平衡，是人力资源规划的最终目的，进行需求与供给的预测就是为了实现这一目的。需要说明的是，人力资源管理人员在制定相关措施时，应当使人力资源的总体规划和业务规划与组织的其他规划相互协调，这样制定的人力资源规划才能得以有效实施。

4. 评估阶段

对人力资源规划实施效果进行评估是整个规划过程的最后一个阶段，由于预测不可能做到完全正确，因此人力资源规划也需要进行修订。人力资源规划的评估包含两层意思，一是在实施过程中，要随时根据变化调整需求与供给的预测结果，同时调整平衡供需的措施；二是对预测的结果以及制定的措施进行评估，对预测的准确性和措施的有效性做出评价，吸取经验教训，为以后的规划提供借鉴和帮助。

在对人力资源规划进行评估时，一定要遵循客观、公正、准确的原则，广泛征求组织内部各业务部门管理人员的意见，只有被他们也就是人力资源规划的实施者和直接受益者所接受，才能称之为好的规划。

3.3　人力资源的预测

如前所述，在人力资源规划过程的四个步骤中，预测阶段的主要任务是在充分掌握信息的前提下，选择使用有效的预测方法，对组织在未来某特定时期的人力资源供给与需求做出预测。在整个人力资源规划过程中，这是最为关键、也是难度最大的一个阶段，直接决定着人力资源的规划是否能够成功。准确地预测出人力资源的需求与供给是人力资源管理人员采取有效的平衡措施的前提。

3.3.1　人力资源需求预测

企业人员的进出是经常发生的情况，基于前述的各种影响企业人力资源需求的因素的单独或综合作用，人力资源需求的变动是在所难免的：近年来，随着知识型员工的价值被企业的发展所证实，企业的进一步发展也更加依赖于这些核心员工，而转轨后的市场机制的作用日益强大使人力资源的市场配置方式也逐渐走向成熟，宏观经济稳定快速发展和微观经济主体(企业)的健康发展带来的更多的教育培训机会,促进了员工自我意识的觉醒和对于更高需要的追求,员工总是在调整自己的知识、技能组合,总是希望找到一片"更绿的草场"(greener pasture, refers to better opportunity),使得所获回报与自己的能力动态地相匹配,竞争性的经营环境使得特定时期的这些特定类型的员工成了大家抢着要的"金凤凰",只有已经栽好了枝繁叶茂的"梧桐树"才能使企业在人力资源市场上领先。所有这些都最终体现为人力资源的流动,为了使得这些流动不至于给企业带来不利的影响,为了能让企业更有效地应对未来的人力资源变动,就要进行人力资源需求预测。

1. 人力资源需求预测的概念

人力资源需求预测是指以企业的战略目标、发展规划和工作任务为出发点,综合考虑各种因素的影响,对企业未来某一时期所需人力资源的数量、质量等进行预测的活动。

人力资源需求预测的内容及相关工作,常因预测时间的长短而有差异。根据预测时间的长短,可以将人力资源需求预测分为三类:短期预测、中期预测和长期预测。

短期预测。通常较短时间的人力资源预测(如一年以内)是根据现有或后期的人力资源成本预算而决定,即在成本预算的基础上,估计现有人力资源的数量,可能的离职人数与补充人员的数量。短期预测或是计划受限于较短时间内(多为半年到两年间),有关新聘员工、培训计划等的内容都只能作出局部的或战术性的调整,而很难有根本性的变化。所以,根据短期预测所采用的措施多为外包、加班、新聘、裁员、晋升和调职等。

中期预测。一般为一年到三年期的需求预测,多为根据组织的财务计划(未来预算)而定。在这一资源限制条件下,估计可能保持的现有员工以及可完成的对新进(或升迁)员工的培训等内容。在中期,可采用的措施不仅限于局部的调整,也可进行某些战略性的人力资源活动,如长期性的聘用计划、培训计划与改善人员流动性的方案等。

长期预测。一般是指五年以上的人力资源需求估计。由于时间较长,涉及的不确定因素较多,人力资源计划者在做长期预测时,往往很难客观地分析企业未来所面对的外部环境变化和内部的适应性调整,往往很难找到较客观的方法,只好采用臆测的分析方式。由于计划期较长,一些根本性、全局性的改变可以据此进行,如组织发展、工作内容再设计和管理人员开发计划等。

一般来说,预测期越长,预测的结果就越不可靠,但是,在审慎的规划和各种预测方法的客观运用下,这一预测仍有相当的参考价值。因而,长期预测多见于大规模的企业组织与政府机构,它可作为人事或其他管理政策的依据。影响企业人力资源需求的因素大致可分为3类:企业外部环境、企业内部因素和人力资源自身状况,如表3-2所示。

表3-2 影响企业人力资源需求的因素

企业外部环境	企业内部因素	人力资源自身状况
经济、市场需求 社会、政治、法律 技术进步 竞争者 劳动力市场供求	战略、预算 企业发展速度、规模 生产和销售预测 新建部门或企业扩张 工作设计 工作时间 培训计划	退休 辞职 合同终止、解聘 死亡 休假

2. 人力资源需求预测的步骤

（1）根据工作分析的结果来确定工作职位编制和人员配置；

（2）进行人力资源盘点，统计出人员的数量（缺编、超编）和质量是否符合工作规范的要求；

（3）将上述统计结论与部门管理者进行讨论，修正统计结论；

（4）确定统计结论为现实人力资源需求；

（5）统计预测期内退休的人员信息；

（6）根据历史数据对未来可能发生的离职情况进行预测；

（7）将步骤 5 和步骤 6 的统计和预测结果进行比较汇总，确定未来可能流失的人力资源；

（8）根据企业发展规划（如引进新产品）确定各部门的工作量；

（9）根据工作量的增长情况确定各部门还需要增加的工作及人员数量，并进行汇总统计；

（10）确定该统计结论为未来增加的人力资源需要；

（11）将现有人力资源需求、未来流失人力资源和未来增加的人力资源需要进行汇总可预测到企业整体人力资源需求。

3. 人力资源需求预测定性技术

（1）现状规划法。人力资源现状规划法是一种最简单的预测方法，它是假设企业保持原有的生产规模和生产技术，企业的人力资源也应处于相对稳定状态，即企业目前各种人员的配备比例和人员的总数将完全能适应预测规划期内人力资源的需求。在此预测方法中，人力资源规划人员所要做的工作就是预算出在规划期内有哪些人员或岗位上的人将得到晋升、降职、退休或调出本组织的情况，再准备调节人员去弥补就行了。这种方法适用于短期人力资源规划预测。

（2）经验预测法。经验预测法，又称分合性预测法，就是企业根据以往的经验对人力资源进行预测的方法。企业经常用这种方法来预测本组织对将来某段时间内对人力资源的需求。这是一种比较常用的预测方法，由于企业中最了解各部门人力资源需求的就是每位部门主管，经验预测法就是根据管理人员的经验，结合公司发展的要求，对公司员工需求加以预测的一种先分后合的预测方法。即首先由直线部门的经理根据各部门的生产任务、技术设备等变化情况对本部门未来某一时期的人员需求情况进行预测，在此基础上，由企业专门的人力资源计划人员汇总，进行综合平衡，从中预测出整个企业未来某一时期对各种人员的需求总量，并交由公司经理审批。这种方法较能发挥下属各级管理人员在人力资源规划中的作用，但是人事部门或专职人力资源计划人员必须要给予他们一定的指导。这种方法较适用于中、短期的预测规划，简单易行，在实际工作中使用较为广泛。因为此方法是根据以往的经验来进行预测，预测的效果受经验（各层管理人员的阅历、知识的限制）的影响较大。因此，保持企业历史的档案，并采用多人集合的经验，可以减少误差。这种方法适用于技术较稳定的企业的中、短期人力资源预测规划，很难对长期做出准确预测。

（3）德尔菲法。德尔菲（Delphi）法是一种简单、常用的主观判断预测方法，它起源于19 世纪 40 年代的兰德公司的实践。此方法是由有经验的专家或管理人员对某些问题分析或管理决策进行直觉判断与预测，其精度取决于预测者的经验和判断能力，也称"专家征询法"或"集体预测法"，所选专家包括企业外部和内部对所研究问题具有发言权的所有人员。

用德尔菲法进行人力资源需求预测的实施过程是：

① 作为人力资源需求预测工作的组织者的企业中的人力资源部门应向专家们说明某项人力资源预测工作对企业的重要性，取得专家们对这种预测方法的理解和支持；

② 以问卷调查的形式了解专家对未来人力资源需求的分析评估；

③ 归纳专家意见后再反馈给专家，通过3~5次的反复，专家意见会趋于一致。

有效的德尔菲法的实施，要求征询过程是多轮匿名方式的，并且以专家能够得到充分的信息和要求预测的问题的简单性为前提，且不可苛求专家的预测结果过分精确，应该允许专家做出粗略的估计并提供预测数字的肯定程度。德尔菲法在实际的人力资源需求预测中已经得到广泛的使用，而且预测的准确性程度也比较高。

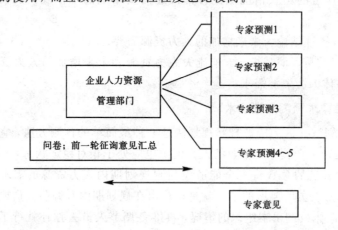

图 3-2　德尔菲法在人力资源需求预测中的运用示意图

4. 人力资源需求预测定量技术

1) 趋势外推法

趋势外推法又称时间序列预测法。它是指根据人力资源历史和现有的资料随时间变化的趋势具有连续性的原理，运用数学工具对该序列加以引申，即从过去延伸至将来，从而达到对人力资源的未来发展状况进行预测的目的。具体为：将企业人力资源需求量作为横轴，时间为纵轴，在坐标轴上直接绘出人力资源需求曲线，并根据需求曲线来预测企业未来某一时点的人力资源需求。趋势外推法可分为直接延伸法、滑动平均法两种。其中，直线延伸法是企业人力资源需求量在时间上表现出的明显均等延伸趋势的情况下运用，可由需求线延伸得出某一点的企业人力资源需求量；滑动平均法是在企业人力资源需求量的时间序列呈不规则、发展趋势不明确时，采用滑动平均数进行修饰的一种趋势外推法。趋势外推法实际上是回归分析法的一种，其通用的回归模型可表示为：

$$y = a + bx$$

（其中，y 是人员需求数量；x 是时间变量；a、b 是待定值。）

根据最小平方法的要求，可以推导出两参数的求解式为：

$$a = \sum \frac{y}{n} - b \sum \frac{x}{n}$$

$$b = \frac{\left(n \sum xy - \sum x \sum y\right)}{\left[n \sum x^2 - \left(\sum x\right)^2\right]}$$

通过以下 3 步骤可有效运用此定量方法：

① 用定性方法确定因变量是否适合运用趋势外推法。如果适合，则搜集 y 的历史数据，对其进行初步处理，画出趋势线；

② 对 y 的历史数据和 x 进行回归分析，求出 a、b，得到趋势外推模型；

③ 运用趋势外推模型预测 y 值。

趋势外推法作为一个最初的评估工具很有价值，然而雇佣情况很少仅仅依靠时间的推移，其他因素如服务质量的提高、销售规模及范围的变化、业务范围的扩展等，也可以影响到将来的雇佣需求。

2）回归分析方法

回归分析是运用数学中的回归原理对人力资源需求进行预测，即利用历史数据找出某一个或几个组织因素与人力资源需求量的函数关系，并用数学模型表示出来，根据此模型反映的影响因素（自变量）的变化可推测组织的未来人力资源需求（因变量）的变化。此方法包括了一元线性回归分析方法和多元回归分析方法：当假设人力资源需求量随一种因素（如产量）的变化而变化，且两者间是线性关系时，则可采用最简单的一元线性回归法来预测人力资源的需求，其一元线性回归方程为，

$$Y = a + bX$$

（其中，Y 是因变量，即人力资源需求量；X 是自变量，即影响人力资源需求的因素；a、b 是回归系数。）

如果影响人力资源需求的因素有多种（如产量、顾客人数、时间等），则要采用多元回归分析方法，其多元线性回归方程为

$$Y = a_0 + a_1 X_1 + a_2 X_2 + a_3 X_3 + \cdots + a_n X_n$$

其中，Y 是因变量；X_1，X_2，$\cdots$，X_n 是自变量1、自变量2…自变量 n；a_0，a_1，a_2，a_3，$\cdots$，a_n 是回归系数。

运用回归分析法需要经过自变量的确定、相关数据收集、回归模型建立、参数估计和检验等步骤。由于此过程比较复杂，用计算机进行回归分析是通常的实践做法。

3）散点分析法

散点分析法是通过作图的方式大致判断人员需求量与某一影响因素之间是否有关系。这是一种较为直观的人员需求预测方法。还是举个医院的例子：如用散点分析法来判断医院规模（床位数）与注册护士人数间是否相关，可以床位数为横坐标，以注册护士人数为纵坐标，将所有已知数据在坐标图上标出。如图上的点明显构成一条直线，则可判断两者间呈线性相关。例如，假定一家有 500 床位的医院计划在未来 5 年内扩大规模，增加至 1200 床位，护理部主任和人力资源部长就需要预测对于注册护士的需求，基于自己已经得到的不同规模的医院（床位数）的数据，就可以作图，以横轴表示医院规模（床位数），以竖轴表

示注册护士人数，由于所选定的两函数是相关的，由表 3-3 中的数据转化生成的散布于图 3-3 中的点就沿着一条直线分布，将该线画出来，很直观地，就可依之预测特定的医院规模所需的注册护士人数，在本例中，可在直线上找出当床位数为 1200 人时，注册护士人数大致是 1210，这就解决了护理部主任和人力资源部长的问题。

表 3-3　已知的医院规模（床位数）与注册护士人数

医院规模（床位数）	注册护士人数
200	240
300	260
400	470
500	500
600	620
700	660
800	820
900	860

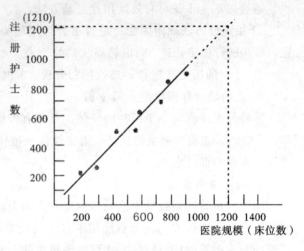

图 3-3　某医院注册护士需求的散点分

4）比率分析法

比率分析法是通过特殊的关键因素和所需人员数量之间的一个比率来确定未来人力资源需求的方法。该方法主要是根据过去的经验，将企业未来的业务活动水平转化为对人力资源的需要。根据选择的关键因素不同，可以把比率分析法分为生产率比率分析法和人员结构比率分析法两类。

生产率比率分析法的关键因素是企业的业务量，如销售额、产品数量等，根据业务量与所需人员的比率关系，可直接计算出需要的人员数量。假如要预测未来需要的销售人员数量、未来需要的生产工人数量、未来需要的企业总人数，可分别用下列公式计算：

$$销售收入＝销售人员数量×人均销售额$$
$$产品数量＝生产工人数量×人均生产产品数量$$
$$经营收益＝人力资源数量×人均生产率$$

人员结构比率分析法的关键因素是关键岗位所需要的人数，根据关键岗位与其它岗位人数的比率关系，可以间接计算出需要的人员数量。假设知道关键岗位 A 与一般岗位 B 之间的人数比率 r，并且可以预测到未来需要多少 A 类人员，则可以预测出相应需要多少 B 类人员。比如 B 类人员是文秘，A 类人员是销售人员；B 类人员是办事人员，A 类人员是生产工人……

$$r＝\frac{过去 B 类人员数量}{过去 A 类人员数量}$$

$$需要的 B 类人员数量＝需要的 A 类人员数量×r$$

运用比率分析法的前提条件是生产率保持不变，如果发生变动，则按比率计算出来的预测人员数量会出现较大的偏差。比如一个工人一个月生产 800 个零件，计划下月生产 8000 个零件，如果生产率不变，则下个月需要 10 个工人；但如果下个月因为改进设备，每个工人的月产量提高成 1000 个零件，那只需要 8 个人就够了。可见，如果生产率变动，则上述的方法将不再适用。为了扩大方法的适用范围，也就是为了更加符合现实情况，可以把生产率变化的影响考虑进公式，从而得到下列公式：

$$计划期末所需员工数量 = \frac{目前业务量 + 计划业务增长量}{目前人均业务量 \times (1 + 生产增长率)}$$

由于比率分析法假设关键因素与需求人员间的比率保持不变，而这只能在较短的一段时间内实现，所以这种预测方法最适用于短期预测，勉强可运用于中期预测，用于长期预测则会失效。

5）成本分析法

成本分析法主要是从企业的财务预算出发，确保有多大的财务能力来配备多少员工，因而比较经济。具体公式为：

$$NHR = \frac{TB}{(S + BN + W + O) \times (1 + a\% \times T)}$$

公式中：NHR 表示未来一段时间内需要的人力资源；TB 表示未来一段时间内人力资源的预算总额；S 表示目前企业员工的平均工资；BN 表示目前企业员工的平均奖金；W 表示目前企业员工的平均福利；O 表示目前企业员工的平均其他支出；$a\%$ 表示组织计划每个人力资源成本增加的平均百分数；T 为未来一段时间的年限。

例如，某公司 3 年后的人力资源预算总额是 300 万元/月。目前企业每人的平均国内工资是 1000 元/月，平均奖金是 200 元/月，平均福利是 720 元/月，平均其他支出是 80 元/月。公司计划人力资源平均每年增加 5%。根据公式可以计算出 3 年后需要的人力资源总量是

$$NHR = \frac{3000000}{(1000 + 200 + 720 + 80) \times (1 + 5\%) \times 3} = 1304（人）$$

6）计算机模拟法

很多企业已经在实践中利用计算机来开发自己的人员需求预测系统。在这种情形下，人力资源专家和直线管理人员将所需要的信息综合起来，建立起一套人员需求的计算机化预测系统（computerized forecast system）。在建立人员需求的计算机预测系统时需要一些典型数据。其中包括：对生产率是一种衡量的生产单位产品所需要的劳动工时、当前产品系列的三种销售额计划——最低销售额、最高销售额、可能销售额。以这些数据为基础，就不仅可以预测"满足生产需要的平均人员需求水平"的数字，而且可以分别预测对直接生产人员（例如流水线上的生产工人）、间接生产人员（如文秘人员）以及特殊人员（如行政管理人员）的需求数字。运用这一系统，可以很快地将生产率水平计划与销售水平计划转化为对人员需求的预测，同时，也可以预测各种生产率水平及销售水平对人员需求的影响。

需注意的是，运用任何数学的方法进行人力资源需求预测都有一个前提假设，即假定人力资源需求与某些影响因素之间的函数关系是稳定不变的，而在实际工作中，往往较难

发现稳定的数学模型。因此，必须要注意的是，在采用定量分析方法进行人力资源需求预测时，一定要与定性方法相结合。例如，如果进行人力资源需求预测的学校在某年度采用了远程网上教学方式，或是招收了一个"实验班"，则以师生比率为基础来预测教师的需求量就不准确了。在很多情况下，对人力资源需求的预测是依靠经验进行估计的，即使运用非常严谨的数学模型也需要借助经验的判断对结果进行修正。

3.3.2 人力资源供给预测

1. 人力资源供给预测的概念

人力资源供给预测是指为了满足企业在未来一段时间内的人力资源需求，而对将来某个时期内企业从其内部和外部可以获得的人力资源的数量和质量进行预测。它包括外部人力资源供给预测和内部人力资源供给预测。

外部人力资源供给预测的主要目的是对劳动力市场的供求情况、可能为企业提供各种人力资源的渠道以及与企业竞争相同人力资源的竞争对手进行分析，从而得出企业可能从外部获得的各种人力资源的情况，并对获得这些人力资源所需的代价和可能出现的困难和危机做出提前预计。

内部人力资源供给预测主要是对企业内部员工的情况进行分析，包括员工的人数、年龄、技术水平、发展潜能、流动趋势等，从而预测未来一段时间内企业内部可以有多少员工稳定地保留在企业之中，有多少员工具有发展和晋升的可能性。

2. 人力资源供给预测的步骤

在此过程中，要综合地考察企业的人力资源存量之现状、结构比例与企业发展需求特点，注意宏观把握与微观情况客观结合，一般地，人力资源供给预测中应遵循的步骤是：

(1) 对企业现有的人力资源进行盘点，了解企业员工状况；

(2) 分析企业的职位调整政策和员工调整的历史数据，统计员工调整的比例；

(3) 向各部门的人事决策者了解可能出现的人事调整情况；

(4) 将步骤2和步骤3的情况汇总，得出企业内部人力资源供给预测；

(5) 分析影响外部人力资源供给的地域性因素；

(6) 分析影响外部人力资源供给的全国性因素；

(7) 根据步骤5和步骤6的分析，得出企业外部人力资源供给预测；

(8) 将企业内部人力资源供给预测和企业外部人力资源供给预测汇总（步骤4和步骤7），得出企业人力资源供给预测。

3. 企业内部供给预测技术

人力资源供给预测首先要从内部开始，以对组织现有人员状况分析（有多少员工仍然留在现在岗位上及其工作现状）为基础，同时考虑组织内部人员的流动状况（有多少员工因岗位轮换、晋升或降级进行了内部流动，以及有多少员工因退休、调离、辞职或解雇等原因离开组织）。现有人员状况分析的方法主要包括员工档案法、年龄分析法和缺勤分析法，现有人员的流动性分析包括员工流失分析和内部流动分析两部分内容，企业可通过流失率、服务年限、留存率等多项指标对员工的流失状况进行分析，而内部流动分析主要包括管理人员替代法和马尔可夫预测法。

1）现有人员状况分析

现有人员状况分析是人力资源供给预测的基础。分析现有人员状况时可以根据人力资源信息系统或人员档案所收集的信息，按不同要求，从不同的角度进行分析。例如，对现有人员的技能和工作业绩进行分析便于了解哪些员工具有发展潜力；分析员工的年龄结构可以发现组织是否存在着年龄老化或短期内会出现退休高峰等问题；对员工的缺勤情况进行分析能够为未来人力资源的需求估计和现有人力资源的内部供给水平的测度提供较为准确的数据。

（1）员工档案法。

从员工进入企业开始，人力资源部门就应为其建立内容全面、及时更新的档案以便企业随时判断哪些现有的员工能够被提升或调配到空缺职位上来。在员工的个人档案中应记录以下几个方面的信息：① 员工的个人资料：姓名、性别、年龄和其他个人信息；② 员工的过去经历：员工在来企业之前的教育经历、工作经历、培训经历等；③ 员工在企业中的经历：员工在企业中职位、薪酬的变化，历次工作绩效评估的结果，员工所接受的各种培训的内容和培训的效果；④ 员工的能力：对员工的各项关键能力和专业技术能力测试和判断的结果，专业会员资格、已经取得的成就、获得的奖励等；⑤ 员工的素质测评结果：包括对员工能力的各项测评，也包括对其个性特征、工作风格的测评结果；⑥ 员工的职业生涯规划：员工的职业发展目标和计划与职业兴趣，有些企业将员工档案进行分类管理，分为管理人员档案和非管理人员档案，为企业晋升管理人员和调用非管理人员做好人员储备工作，这两类人员是可以互换的，即非管理人员经过经验积累、技能培训后，可能成为管理人员的候选人，而管理人员如果能力不足或不适应新岗位的要求，也可能成为非管理者，例 3-1 是一个员工档案的例子。

例 3-1 某企业管理人员档案的一页（技能清单）。

姓名		部门	到职时间	工作职称	工作地点	填表日期
出生年月		婚姻状况				
教育背景		类别	学位种类	毕业学校	主修科目	毕业时间
		高中				
		学士				
		硕士				
		博士				
训练背景		训练主题		训练机构		训练时间

姓名		部门		到职时间	工作职称	工作地点	填表日期
出生 年月		婚姻 状况					
技能与评价		技能种类			证书		
		关于现有技能					
		是否足够胜任本职工作？		是		否	
		关于技能发展：需要何种培训？					
		改善目前的技能和绩效			提高晋升需要的经验和能力		
可晋升或流动至何岗位		你认为自己现在可以接受哪种工作指派？			如果可能，你愿意承担哪种工作？		
		你是否愿意担任其他类型的工作？			你是否愿意调到其他部门去工作？		
		是	否		是	否	
		你是否愿意接受工作轮调以丰富工作经验？					
		是			否		

（2）年龄分析法。

公司或组织内的员工年龄分布模式对未来的退休、升迁、士气、员工职业发展和公司文化等因素都会产生重要影响，因此，对年龄的分析构成了影响未来供给的因素。例如，当企业内年轻人比例较高（软件公司、网络公司均有此现象），退休与接班问题不严重，员工进取心较强，但升迁和报酬方面如不能有高级职位的增加、合理的晋升加薪制度保证，则易形成瓶颈，以致低职位的人员的离职率会增加（见图 3-4）。相反，若公司处在持续的收缩期（如在传统产业），年龄水平普遍较大，退休与接班的问题较为严重，一旦公司发展前景转好，中上层管理人员的来源即成问题，可能需向外寻求，此外，公司经营可能易于保守，缺乏生气。在此情况下，加速退休或裁员是人力资源规划中应考虑到的措施。如果公司在以往曾经分别经历过规模的扩张、紧缩与再度扩张，则年龄结构的分布将如图 3-4所示。这一模式的年龄结构最容易引起上层接班人的继承问题和士气问题。由于大量高层年迈的管理人员退休，中年接班人"供给"不足，势必考虑较年轻或较低职位的人员作为继承的准备。由于过去较为循序渐进的晋升传统不能维持，如不妥善处理，中、青两代的士气都会受到打击，而较年轻的人员和快速晋升的员工如经验不足，也容易引起经营方面的问题。因此，当年龄结构如模式 C 时，对离职率的估计应该分外谨慎。此外，这一模式的结构有时也表示组织可以考虑外部人力资源供给的可能，这时的人力资源管理部门应扩大或加强开发与职业发展计划的力度，以弥补资深人员退休的损失，并加快继承人员的成熟速度。当然，在一定时期内延迟员工的退休年龄，也是一项可以临时应急的措施。

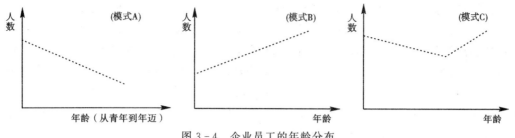

图 3-4　企业员工的年龄分布

（3）缺勤分析法。

缺勤率水平的高低，往往反映一个企业的员工士气、生产率水平、工作表现、服务水准等方面的管理成果。经常性的员工缺勤，对于企业的劳动力资源供给和企业产出目标的达成都是十分有害的。在员工经常缺勤的情况下，企业所作的人力资源计划，往往需要合理水平的 115%～120% 的劳动力，才能弥补因休假、病假、接受培训等原因而导致的工时损失。因此，如果及时准确地掌握企业员工的缺勤情况，能对未来人力资源的需求估计和现有人力资源的（内部）供给水平的测度提供较为准确的数据。

缺勤状况在很多时候都用缺勤率来表示，而缺勤率的计算在不同的企业、部门存在一定差异。美国国内事务局（the Bureau of National Affairs）通过调查，发现大部分企业在计算缺勤率时，使用以下的方式：

$$缺勤率 = \frac{本月因员工缺勤而损失的工作日数 \times 100}{（平均员工人数）\times（法定工作天数/月）}$$

为了保证所获得的缺勤率数据的可比性，美国国内事务局在使用上面的公式计算时，要求：少于 1 天的缺勤（如迟到）不应计算在内；长时间的缺勤应只计入前 4 天的时间。缺勤率为企业计算损失的总工作日提供信息，但这一数据无法区分自愿缺勤与非自愿缺勤的不同情况。针对这一问题，有人建议以缺勤频率来加以补充。缺勤频率的计算如下：

$$缺勤频率 = \frac{缺勤次数/月}{（平均员工人数）\times（法定工作天数/月）}$$

缺勤频率能更好地反映自愿缺勤的状况，因为长病假等非自愿缺勤将只按发生次数计算。此外，缺勤率指标的另一个好处是：跨时期的指标比较表明这一指标比缺勤率计算更为稳定，这使组织有可能对未来的缺勤状况加以预测和控制。

2）现有人员的流动性分析

如果一个组织能长期保留其所有新进人员，组织对内部供给的结构、素质、数量就会有完全准确的预测和了解。但由于晋升、遣退、开除、辞职、退休等在任何时候都不可避免，必须对现有员工的流动性进行分析，这是内部供给的重要内容。

（1）员工流失分析法。

该方法实际上是对企业内员工离职状况进行分析从而推测未来人力资源内部供给状况的方法。员工保持能力分析法主要包括流失率分析，服务年限分析，留存率分析等内容。

首先，流失率分析。员工流失率分析的目的在于掌握员工流失的数量，分析员工流失的原因，以便及时采用措施。

$$流失率 = \frac{一定时期内离开组织的员工人数}{同一时期平均的员工人数} \times 100\%$$

该指标计算方便且便于理解，所以应用广泛。但这一指标也存在不足之处。例如，某公司有 100 人，其一年的员工流失率为 3％，根据员工流失率计算公式预测第二年将有 3 人可能会离开公司，这意味着公司可能会出现 3 个工作空位。但如果仔细分析可以发现 3％的员工流失率是有一小部分人员的频繁流失造成的，比如说程序员这一岗位一年中有 3 人离开公司。虽然流失率仍然是 3％，但实际的工作空位只有一个。因此，在利用员工流失率进行分析时，既要从公司角度计算总的员工流失率，又要按部门、专业、职务和岗位级别等分别计算流失率，这样才有助于了解员工流失的真正情况。

其次，服务年限分析。有些公司在对员工流失情况进行分析后发现，在离开公司的员工中，他们服务年限的分布不均衡。通常而言，员工流失的高峰发生在两个阶段，第一阶段发生在员工加入组织的初期。员工在加入组织前对组织有一个期望或一个理想模式，进入组织以后可能会感到现实的组织与他的期望不一样，或者他对组织文化或工作不适应，在这种情况下，员工会很快离开组织，此后会出现一段相对稳定阶段。第二个离职高峰期通常会发生在服务年限 4 年左右。经过几年的工作，员工积累了一定的工作经验，同时他们对原有工作产生厌烦情绪。如果这个阶段组织不能激发起员工新的工作热情，或者员工看不到职业发展机会，他们会很快离开。员工服务年限分析既可以为员工流失分析提供补充信息，又可以为员工发展提供有益信息。

相关链接 3-1

人员流动理论

卡兹的组织寿命学说。美国学者卡兹对科研组织的寿命进行了研究，发现组织寿命的长短与组织内信息沟通情况有关，与获得成果的情况有关。他通过大量调查统计出了一条组织寿命曲线，即卡兹曲线。如图 3-5 所示，曲线表明，在一起工作的员工，在一年半至五年的这个期间，信息沟通水平最高，获得成果也最多。而在不到一年半或超过五年的时间段，成员沟通信息水平不高，获得成果也不多。卡兹曲线告诉我们，一个科研组织和人一样，也有成长、成熟、衰退的过程，组织的最佳年龄区为 1.5 年至 5 年。超过三年，就会出现沟通减少、反应迟钝，即组织老化，解决的办法是对组织进行改组。卡兹的组织寿命学说从组织活力角度证明了人才流动的必要性，同时也指出人员流动不宜过快。流动间隔应大于 2 年，这是适应组织环境和完成一个项目所需的下限时间。一般而言，人的一生流动 7～8 次是可以的，流动次数过多反而会降低效益。

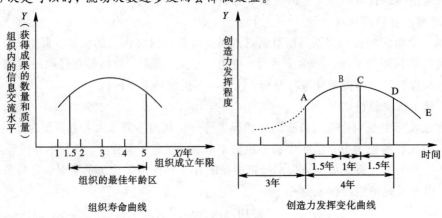

图 3-5 卡兹曲线

　　库克曲线。美国学者库克提出了另外一条曲线，从如何更好地发挥人的创造力的角度，论证了人才流动的必要性。如图创造力发挥变化曲线所示，库克曲线是根据对研究生参加工作后创造力发挥情况所作的统计绘出曲线的。

　　图中 OA 表示研究生在 3~4 年的学习期间创造力增长情况；AB 表示研究生毕业后参加工作初期(1.5 年)，第一次承担任务的挑战性、新鲜感，以及新环境的激励，促其创造力快速增长；BC 为创造力发挥峰值区，这一峰值水平大约可保持 1 年左右，是出成果的黄金时期；随后进入 CD，即初衰期，创造力开始下降，持续时间约为 0.5 年至 1.5 年；最后进入衰减稳定期即 DE 期，创造力继续下降并稳定在一个固定值。如不改变环境和工作内容，创造力将在低水平上徘徊不前。为激发研究人员的创造力，应该及时变换工作部门和研究课题即进行人才流动。如图创造力发挥变化曲线所示，创造力较强的时期大约有 4 年（AD）。人的一生就是在不断开辟新工作领域的实践中，来激发和保持自己的创造力的。

　　最后，留存率分析。员工留存率是衡量企业内员工流失情况的指标。它是通过对当初进入本企业工作的员工与在企业工作若干年后每年留存在企业的员工的比例来衡量员工流失情况的方法。随着时间的推移，进入该企业较早的员工可能会由于种种原因而离开该企业，时间越长，离职者可能越多。因此，员工的留存率必须与时间结合起来考虑。

$$留存率 = \frac{一定期间后仍在职的员工人数}{原在职的员工人数} \times 100\%$$

　　例如某百货公司原有员工 500 人，由于百货公司的人员流动性比较大，3 年后留存 350 人，则第四年该百货公司的员工留存率为 70%。

　　图 3-6 是利用各时期的留存率绘制出的留存曲线。留存曲线表示过去一段时间内，人力资源留存的变化趋势，为未来内部人力资源的供给提供参考依据。若企业员工留存率过小，即表示企业人事不安、凝聚力低、劳动关系差，并导致产量降低，增加招聘、甄选及训练的费用。若留存率太高，则不足以产生新陈代谢的作用，于企业的发展也不利。因此，企业通过分析留存率的高低，要决策最佳的留存比率，形成人力资源的有效配置和流动，这样才有利于企业的发展。另外，有些公司也会通过制作留存员工统计表的方法针对工作时间长的员工留存率较小的情况进行更为具体的分析。

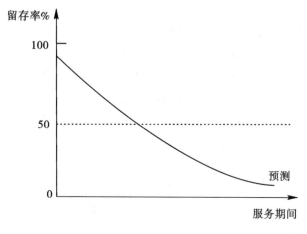

图 3-6　留存曲线

（2）管理人员替代法。

这是对组织管理人员内部供给的最简单的方法，也称为管理人员接续计划。企业内部的很多管理人员都是从内部员工中提拔的，因此，企业需要确定在各个关键的管理职位上有哪些可能的接班人，这些接班人的胜任状况和发展潜力如何。为清楚起见，可以将上述接续计划在组织结构图上表示出来，即为常用的管理量表图——企业常用的人员接替图和人员接替表。图3-7是一个简单的示意图。

制定这一计划的过程是：①确定计划范围，即确定需要制定接续计划的管理职位；②确定每个管理职位上的接替人选，所有可能的接替人选都应该考虑到；③评价接替人选，主要是判断其目前的工作情况是否达到提升要求，可以根据评价的结果将接替人选分成不同的等级，例如分成可以马上接任、尚需进一步培训、问题较多三个级别；④确定职业发展需要以及将个人的职业目标与组织目标相结合，这就是说，要根据评价的结果对接替人选进行必要的培训，使之能更快地胜任将来可能从事的工作，但这种安排应尽可能与接续人选的个人目标吻合并取得其同意。

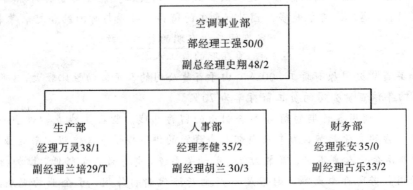

说明：35/1表示该人员的年龄为35岁，提升潜力为"1年内可提升"。其它数字或符号表示意思：0——可以马上提升；1——一年内可提升；2——两年内提升；3——三年内提升；T——仍需培训。

图3-7　管理人员接续计划示意图

（3）马尔可夫预测法。

这是一种定量预测方法，其基本思想是：找出过去人事变动的规律，以此来推测未来的人事变动趋势。以"企业中员工流动的方向与概率基本保持不变"的基本假设为基础，通过收集具体数据，找出企业内部过去人员流动的规律，由此推测未来的人员变动趋势。马尔可夫分析法实际上是建立一种转换概率矩阵，使用统计技术预测未来的人力资源变化。马尔可夫分析在理论上很复杂，但其应用方法却比较简单。作为概述，我们在此将只介绍具体方法。例如，现以一个会计公司的人员流动为例用马尔可夫法预测一段时间后公司的人员供给情况：

第一步，在对过去人员变动数据收集分析的基础上计算出人员流动的概率，列出人员流动概率矩阵，如表3-4(a)所示，表中的每一个元素表示一个时期到另一个时期（如从某一年到下一年）在两个工作之间调动的雇员数量的历年平均百分比（以小数表示）。一般以5~10年为周期来估计年平均百分比。所收集的数据的时间周期越长，这一百分比的准确性就越高。例如,表 3-4(a)表明,在任何一年里,平均 80% 的高层领导人仍留在公司内,而有 20% 退出。在任何一年里,会有 60% 的会计员仍留在原工作岗位而 10% 被提升为高级会计师,另有 20% 离职。用这些历年数据来代表每一种工作中人员变动的概率,就可以推测出未来的人员变动(供给量)情况。将计划初期每一种工作的人员数量与每一种工作的人员变动概率相乘,然后纵向相加,即得到组织内部未来劳动力的净供给量(见表 3-4(b))。

第二步,将初期人员数乘以人员流动概率,得出人员流动矩阵表,如表 3-4(b)所示。将期末人员数纵向相加,就可得出组织内部未来人员供给的净值。我们再看表 3-4(b),如果下一年与上一年相同,可以预计下一年将有同样数量的高层领导人(40 人)和高级会计师(120 人),但中层领导人将减少 18 人,会计员将减少 50 人。将这些人员变动的数据与正常的人员扩大、缩减或维持不变的计划相结合就可以用来决策怎样使预计的劳动力供给与需求相匹配。

马尔可夫预测法不仅可以处理员工类别简单的组织中的人力资源供给预测问题,也可以解决员工类别复杂的大型组织中的内部人力资源供给预测问题,但其精确性与可行性还需要进一步研究。

表 3-4　某公司人力资源供给情况的马尔可夫分析

(a)					
人员调动的概率					
	E	M	S	Y	离职
高层领导(E)					0.20
中层领导(M)	0.80	0.70			0.20
高级会计师(S)	0.10	0.05	0.80	0.05	0.10
会计员(Y)			0.15	0.65	0.20

(b)					
	初期人员数量	E	M	S	Y	离职
高层领导(E)	40	32				8
中层领导(M)	80	8	56			16
高级会计师(S)	120		6	96	6	12
会计员(Y)	160			24	104	32
预计的人员供给量		40	62	120	110	68

4. 企业外部供给预测

企业外部人力资源供给预测主要是预测未来几年外部劳动力市场的供给情况(数量与质量两方面)。作为企业制定人力资源的众多具体计划时必须考虑的问题,需要对宏观环境和企业经营的微观环境进行调查而获得。当一个企业缺乏内部提升的劳动力供给，或正在招聘初级水平的岗位时，就必须关注外部的劳动力供给。许多因素影响劳动力供给，包括人口变化、国家和地区经济、劳动力的教育，特殊技能的需求、人口流动性和政府政策等。国家和地区的失业率通常被视为劳动力供给气压计。

一般地讲，从影响外部人力资源供给的因素所涉及的地域范围可分为三大类：行业性因素、地区性因素和全国性因素。

(1) 行业性因素：企业所处行业的景气程度，行业发展前景，行业内竞争对手的数量、实力及其在吸引人才方面采取的措施，本企业在行业中所处的地位及对人才的吸引力等；

(2) 地区性因素：公司所在地和附近地区的人口密度、就业水平、就业观念、科技文化教育水平，公司所在地对人们的吸引力、临时工的供给状况、住房、交通、生活条件等；

(3) 全国性因素：对今后几年国家经济发展情况的预测，技术发展和变化的趋势，全国劳动人口的增长趋势，处于变动中的劳动力结构和模式，全国对各类人员的需求程度，各类学校的毕业生规模与结构，教育制度变革如学制缩减或延长、教学内容改革等对人力供给的影响，国家就业法规、政策的影响，影响人们进入和退出劳动力队伍的其他因素等。此外，随着经济全球化趋势的日益显著，全球经济发展态势和人力资源供求情况将越来越多地影响各企业的人力资源供给。

应注意的是，企业整体外部供给情况是众多因素动态合力作用的结果，在某一方面有利的因素并不必然就是对于企业而言的有利因素。举例来说，招商引资工作的成功与否是检验一个地区和城市经济发展水平和城市环境好坏的晴雨表，一向为地方政府所重视。美国美光、康明斯集团、香港瑞安集团等一批世界 500 强企业于 2005 年相继投巨资于西安市场，当年的西安合同外资额超 12 亿美元，实际利用外资 5.5 亿美元，增幅在全国 15 个副省级城市中名列第一，总量居西部城市之首。年度的投资额创新高应该是在改革开放的全国经济转型增长过程中长期积累的势能的迸发，也更是近年国家实行"西部大开发"战略的积极结果，对于西安这样一个高校、科研院所密集的城市而言也绝对是缓解就业需求不足的好消息，但是对于已经在西安经营多年的合资企业而言则是很难说是好事还是坏事，企业经营环境整体变好使企业享受到行政服务提升、产业拓展可能性增强、市场成熟度增加等好处，但是对于和新进跨国企业处于同行业的企业而言，在人力资源的供给方面带来的则是竞争的加强与吸引、保留人才成本的增加。

在进行企业外部人力资源供给预测时可采用的预测方法主要包括：

(1) 查阅现有资料：国家和地区的统计部门、人事和劳动部门定期发布的一些统计数据，国家和地区的政策法律变化的信息。互联网的普遍应用使得查阅相关的信息资料更加便捷。

(2) 直接调查相关信息：企业可就自身关注的人力资源状况进行调查，如开展对高校的毕业生源的调查就是一种比较有效的方法。实践中，有的企业会与提供生源的关键院校保持长期的合作关系，密切跟踪目标生源的情况，及时了解可能为企业所用的目标人才的状况。

(3) 对在职人员和应聘人员进行的分析：分析的内容包括：企业近期雇佣的人员来自哪些行业和企业、这些人员受聘或求聘于企业的原因、各空缺职位的应聘者数量和质量，对企业在职人员和应聘人员进行分析也会得出未来的企业人力资源供给状况的估计。

3.3.3 人力资源供需平衡

1. 人力资源供需平衡的概念

人力资源供需平衡就是企业通过增减人员、人员结构调整等措施使企业的人力资源需求与人力资源供给达到基本相等的过程。平衡是目标状态，也是职能手段。在人力资源需求和供给之间存在的供求平衡、供不应求、供过于求的三种关系中，供求平衡是理想状态，其它两种则是经常状态。除了单纯的人力资源数量方面的考虑外，结构失衡与否也是企业应该考虑的，也就是在供求平衡的状态下，表面的企业人力资源稳定状态也不能否认企业局部仍存在退休、离职、晋升、降职、补充空缺、不胜任岗位的职位调整等平衡活动的需要。图3-8所示为人力资源供求平衡的理想状态和现实状态示意图。

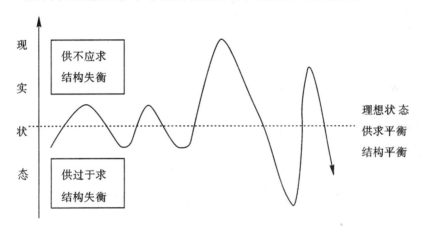

图 3-8　人力资源供求平衡的理想状态和现实状态示意图

2. 人力资源不平衡的调整

下面介绍企业常用的解决人力资源不平衡的不同状态的调整方法：

（1）供不应求的调整。企业在人力资源供不应求的情况下，可通过以下途径进行调整。

① 外部招聘：作为最常用的调整方法，外部招聘可使企业较快地得到熟练员工以满足一线生产需要，但从外部招聘的管理人员需要一段时间熟悉企业内部情况，见效较慢。

② 内部招聘：企业的职位空缺先考虑内部员工，成本较低，提供了员工发展空间，技能变化不大的职位调整不会带来生产率的损失，提升到比较复杂职位的员工必须有培训机会。

③ 聘用临时工：临时工不会引起和在职员工一样的福利开支成本问题，用工形式灵活，适于产品季节性较强等特点的企业。

④ 延长工作时间：加班的灵活性使企业在工作量临时增加时可以从容应对，但是加班不应该是变相地延长工作时间，也不应该以降低员工的工作质量为代价来推行。

⑤ 内部晋升：在员工对于工作的适应性强的同时提高了员工职业规划的"含金量"，提高了士气。

⑥ 技能培训：对于员工进行必要的技能培训应该是企业常抓不懈的事情，可使企业近期与远期的各层次的工作都能有符合一定质量要求的人力资源供给。

⑦ 调宽工作范围：当企业难以在市场上招聘到自己紧缺的特定类型的人才时，可以通过修改工作说明书的员工工作范围或责任范围达到增加企业工作量的目的。

（2）供过于求的调整。企业在人力资源供过于求的情况下，可通过以下途径进行调整。

① 提前退休：在合法的前提下，通过放宽退休资格条件（年龄等）促使更多的员工提前退出工作场所，在退休条件吸引力较强时可取得明显的减员效果，但对于企业的后续经营则增加了成本。

② 减少人员补充：作为改变人力资源供过于求的最常用的方式，不会给企业带来像裁员那样的人事冲击，但减少人员补充方法的操作空间相对受限多，减员效果不甚明显。

③ 增加无薪假期：有助于解决短期人力资源过剩的问题。

④ 裁员：减员效果最明显直接的有效平衡方法，是先裁减主观上已有"离心"意愿、绩效低下的员工，向"背包袱走路者"提供优厚的离职金能够减少裁员对于在职员工的负面冲击，也能减少企业形象受损的机会。

（3）结构失衡的调整方法。通常是综合运用前述两种供求不平衡的方法就可达到调整结构失衡的目的，具体的调整方法组合应视结构失衡的特点与程度而定。

3.4　人力资源规划的实施与控制

3.4.1　人力资源规划的编制

每个企业编制的人力资源规划各不相同。一般来说，一份完整的企业人力资源规划包括人力资源总体规划和具体的业务计划。

1. 人力资源总体规划

人力资源总体规划着重于人力资源方面总的、概括性策略和有关重要方针、原则和政策，一般包括以下几个方面的内容：

（1）阐述在战略计划期内企业对各种人力资源的需求和各种人力资源配置的总的框架；

（2）阐明与人力资源有关的重要方针、政策和原则。如涉及人才的招聘、晋升、降职、培训和发展、奖惩、工资福利等方面的重大方针和政策；

（3）确定人力资源投资预算总额；

（4）确定企业人力资源净需求。人力资源净需求是企业人力资源需求预测与内部供给预测的差值，同时还应考虑到新进人员的损耗。通常有两类人力资源净需求，一类是按部门编制的净需求，表明组织未来人力资源规划的大致情况（表3-5）；第二类是按人力资源类别（如按在企业中所处的管理层次）编制的净需求（表3-6）。

表 3-5　某部门人力资源净需求表　　　　　　　人

项　目		2011 年	2012 年	2013 年	2014 年	2015 年
需求	1. 年初人力资源需求量	120	140	140	120	120
	2. 预测年内需求的增加	20		−20		
	3. 年末总需求	140	140	120	120	120
内部供给	4. 年初拥有人数	120	140	140	120	120
	5. 招聘人数	5	5			
	6. 人员损耗	20	27	28	19	17
	其中：退休	3	6	4	1	3
	调出或升迁	15	17	18	15	14
	辞职	2	4	6	3	
	辞退或其它					
	7. 年底拥有人数	105	118	112	101	103
净需求	8. 不足或有余	−35	−22	−8	−19	−17
	9. 新进人员损耗总计	3	6	2	4	3
	10. 当年人力资源净需求	38	28	10	23	20

表 3-6　按类别的人力资源净需求表　　　　　　　人

主要工作类别（按职务分类）	现有人员	计划人员	余缺	预期人员的流失							本期人力资源净需求
				调职	升迁	辞职	退休	辞退	其他	合计	
1.高层主管											
2.部门经理											
3.部门管理人员											
……											
合计											

资料来源：余凯成，等.人力资源管理.大连：大连理工大学出版社，2001.

2. 人力资源具体业务计划

人力资源具体业务计划包括人员招聘计划、人员培训计划、人员使用计划、评估与激励计划、人员保留计划、关键任务风险分析等内容。

（1）招聘计划。需要招聘人员的数量与类型；确定采取内部招聘或外部招聘；如采取外部招聘，确定招聘方式、外聘人员来源，所面临的困难与解决方法；如果是内部提升或调动，确定方向与层次；确定新聘人员需到岗时间及其薪酬水平。

（2）培训计划。确定需要培训的人员、培训的内容；确定培训采取内部培训还是外包方式；确定培训的教材、师资与开展方式。

（3）人员使用计划。人力资源规划不仅要满足未来人力的需要，更应该对现有人力做充分的运用。人力运用涵盖的范围很广，而其关键在于"人"与"事"的圆满匹配，使事得其人，人尽其才。人力使用计划包括下面几项内容：职位功能及职位重组；工作指派及调整；升职及选调；工作丰富化；人力检查及调节。

（4）人员评估与激励计划。明确员工的主导需求、可采用的物质激励方式和精神激励方式和相关费用的控制。

（5）人员保留计划。明确能够成为企业保留的重点的员工；明确保留员工的方式。

（6）关键任务风险分析等。明确企业人力资源管理中的主要风险，明确一旦事故发生将会造成的损失的规模；明确进行风险预警和风险驾驭的可采方式。

在编制人力资源规划时，一般应包括：计划涉及的时间段、总目标、企业目前的人力资源供需状况、企业未来应达到的人力资源状况、具体行动计划、规划的制定者、制定时间等。其中具体行动计划应说明计划的执行时间、负责人、检查人、检查日期和预算额等内容。例 3 - 2 是一份企业人力资源规划范本。

一般地，企业编制人力资源具体计划会经过下面几个过程：

（1）编写人员配置计划：目的在于描述企业未来的人员数量和素质构成。

（2）配置人员需求：根据人员预测需求对于人员数量，招聘成本，技能要求，工作类别及完成企业目标所需要的管理人员的数量和层次的分列表，设计人员供给计划。

（3）制定培训计划：明确培训政策、需求、内容、形式和培训考核等内容。

例 3 - 2　企业人力资源规划范本。

A 公司人力资源规划

1. 规划的时间段

2. 规划要达到的目标

3. 目前情景分析

4. 未来情景预测

5. 具体内容，执行时间，负责人，检查人，检查日期，预算

　　（1）

　　（2）

　　（3）

　　……

6. 规划制定者

7. 规划制定时间

资料来源：胡君辰，等. 人力资源开发与管理. 上海：复旦大学出版社，1999.

（4）编写人力资源费用的预算：控制人力成本、提高投入产出比例是人力资源规划的

重要任务之一,这主要包括对于招聘费用、培训、调配、奖励等员工直接待遇费用及其它人力资源开发利用方面的费用支出的预算管理。

(5) 编写人力资源政策调整计划:明确计划期内人力资源政策的方向、范围、步骤及方式等,确保人力资源管理开发工作与企业发展需要的动态适配。在计划中应明确计划期内的人力资源政策的调整原因、步骤和范围等,具体可包括招聘政策、绩效考评政策、薪酬福利政策、职业生涯规划政策、员工管理政策等。

在制定人力资源规划时,特别需要强调的一个问题是要注意与企业整体计划的对应关系,如图 3-9 所示。

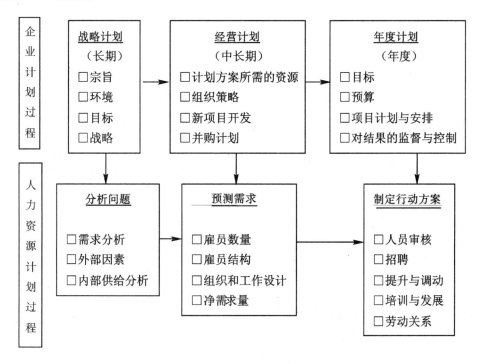

图 3-9　三个层次的企业计划对人力资源计划的影响

3.4.2　人力资源规划的实施

在人力资源规划的实施阶段,在需求与供给的基础上,人力资源管理人员根据两者的平衡结果,制定人力资源的总体规划和业务规划,并制定出实施平衡需要的措施,使组织对人力资源的需求得到满足。如前所述,人力资源的供需达到平衡是人力资源规划的最终目的,进行需求与供给的预测就是为了实现这一目的,需再次强调的是,人力资源管理人员在制定相关措施时,应当使人力资源的总体规划和业务规划与组织的其他规划相互协调,这样制定的人力资源规划才得以有效实施。

人力资源规划的实施效果如何也应予以考虑,即对人力资源规划进行评估,这也是整个规划过程的最后一个阶段,由于预测不可能做到完全正确,因此人力资源规划也需要进行修订。人力资源规划的评估要求:① 在实施过程中,要随时根据变化调整需求与供给的预测结果,同时调整平衡供需的措施;② 对预测的结果以及制定的措施进行评估,对预测的准确性和措施的有效性做出评价，吸取经验教训，为以后的规划提供借鉴和帮助。在对人力资源规划进行评估时一定要遵循客观、公正、准确的原则，广泛征求组织内部各业务部门管理人员的意见，只有被人力资源规划的实施者和直接受益者所接受，才能称之为好的规划。

例 3-3　人力资源规划的实施与反馈

目标　今后两年将公司管理干部的平均年龄降低到 35 岁以内

政策　重视对年轻人才的培养和使用，选聘和提拔年轻人进入管理层

方案　加强对现任管理干部的高级管理培训；选择优秀一线员工接受管理培训及其他培训；在招聘工作中向有管理经验的年轻人倾斜；对现任管理干部进行计划，通过退休、聘为顾问等途径有计划地将大部分年龄高于 50 岁的干部退出现任管理岗位。

方案评价(两年以后进行)

评价的主要问题：

1. 我们最初的目标(两年，35 岁)定得太高吗？

2. 公司是否真正重视管理干部的年轻化，是否真正愿意为年轻人提供展示才能的舞台？

3. 多大比例的现任管理干部参加了高级管理培训？参加这种培训的干部的平均年龄是多少？

4. 有多少优秀一线员工接受了管理培训？

5. 新招聘了多少有管理经验的年轻后备人才？

6. 有多少 50 岁以上的管理干部已经退出了原任管理岗位？他们是否已经得到了妥善安置？

3.4.3　人力资源规划的控制

人力资源规划的制定与执行和企业其他计划一样是个动态过程，这一过程离不开控制环节，即将计划的现实执行情况与原计划进行比较，不断地调整计划的执行过程，使之达到预想的目标，或是根据企业环境和战略的变化调整计划本身。

企业人力资源规划制定、实施和控制的前提是存在一个完善的人力资源信息系统，企业人力资源规划控制的重点主要在于：对企业人力资源供应情况、人员使用情况以及人力资源成本的控制几个方面。

1. 人力资源信息系统

人力资源信息系统是收集、汇总和分析与人力资源管理有关信息的工作体系。图3-10 是一个人力资源信息系统的例子。

人力资源规划子系统是从组织目标出发，对与职务和职员有关的工作信息进行收集、保存、分析和报告的整体工作过程。它主要包括企业人事档案和未来的人力资源需求预测两大类信息。人事档案中记录企业现时所拥有员工的知识、技术、能力、经验和职业抱负，反映现存的人力资源状况。对未来企业所需员工的数量及他们所应具备的技术和经验，也是制定切实可行的人力资源规划所必需的信息。

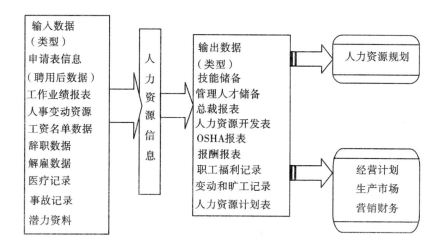

图 3-10　一个人力资源信息系统(HRMIS)

说明：OSHA 为职业安全与健康。

　　资料来源：［美］R.韦恩.蒙迪等著，《人力资源管理》(第六版)，经济科学出版社，1998.10.

　　从理论上讲，信息系统所涵盖的信息愈详细愈好，但这势必增加企业的管理成本，而且也不利于突出重点，反而会给管理人员提取有效信息带来困难。所以，企业人力资源信息系统的建立，应该符合企业的特点和需要。一般说来，应该重点考虑如下因素：① 企业发展战略及现有规模；② 管理人员对人力资源有关数据要求掌握的详细程度；③ 企业内信息复制及传递的方式与可能性；④ 人力资源管理部门对本系统的运用程度及期望程度；⑤ 社会上其他相关组织中人力资源信息系统的建立及运用情况。

　　不同复杂程度的人力资源信息系统所需达到的要求见表 3-7。

表 3-7　人力资源信息系统分析

不复杂	有限复杂
有限的人事及雇用方面数据(教育、工作经验、个人履历)	半自动化的数据存储及使用、扩展的数据(对当时及潜在工作表现的评价)、基础管理报告、整个组织和其他有限的几个方面
比较复杂	很复杂
半自动或全自动化设备能对主要人力资源管理问题作计算和规划； 扩展的信息文件(个人兴趣、工作偏好、行为和自我评价)	自动化设备能对所需的人力资源管理问题进行计算与规划； 扩展的信息文件、成本收益评估、为人员研究和开发提供数据库支持

　　资料来源：秦志华. 北京：中国人民大学出版社，2000.

　　在建立人力资源信息系统的过程中，尤其需要注意以下几点：

　　第一，要对人力资源管理流程有一个清楚完整的把握；

　　其次，要考虑使用过程中系统的可修改性和企业发展时系统的可扩展性；

　　第三，应帮助管理者和员工了解人力资源信息系统的内容和使用方法，使该信息系统真正成为实际工作的工具。

2. 人力资源供给控制

企业人力资源供给控制的主要任务是监控企业内部现有人员的供给情况，尤其是中高层管理人员和主要技术人员的供给、贮备情况，以从人员供给方面确保企业的正常运转。

人员供给控制可分为人员存量控制和人员流量控制。前者主要考察企业人员的数目、结构等是否满足企业发展的需要，由于企业内员工的年龄分布情况对于员工的工资、升迁、士气及退休福利等的影响极大，对于员工年龄结构的控制尤其重要。后者主要是对企业人员的流入和流出的流动情况进行监控。由于人员流入主要取决于企业外部的人力资源供给，这在很大程度上受社会经济发展状况、人口结构、劳动力市场供求等企业无法控制的因素的综合影响，所以企业人员流量控制的重点在于企业人员流出情况的控制。人员流出可分为两大类：一类是员工的正常流出：如病休、退休、被解聘等；另一类是员工主动离职。由于一些中高层管理者和掌握核心技术的专业人员的非正常流出会给企业造成极大的损失，严重的还会导致企业无法正常运转。所以后一类人员流出是控制的重点。

企业人力资源流失或损耗的具体情况可用以下几种常用指标进行分析：

（1）人力损耗指数：在同一年内离职的人数/在某一年内的平均职工人数×100%

员工离职率的大小表明企业保留人力的能力的强弱。在估计未来人力供应时，必须考虑离职率的数字。一般地，宏观经济的繁荣凸显劳动力短缺问题，失业率低、工作机会增加使离职率亦相应增加。

（2）人力稳定指数：现时服务满一年或以上的人数/一年前雇佣的总人数×100%

这个指数只计算了能任职一段时间的人数比例，并未考虑人力的流动。

（3）服务期间分析：这个方法用于分析员工职位、服务期间与离职情况等项目之间的相互关系，结果可作为预测离职的参考。分析方法主要是观察并详细记录职工的离任情况，搜集有关资料作横向或纵向的分析。

管理人员不仅要及时掌握企业人力资源损耗的情况，更重要的是必须对造成损耗的原因加以分析，并采取针对性的措施减少非正常的人员损耗。导致职工损耗的因素可分为员工受到企业外部的吸引力所引起的"拉力"和企业内部所引起的"推力"。"拉力"包括可望转到其他企业以求获得较高收入和较好的发展机会；社会经济繁荣，就业机会多，员工到外边可找到较好的工作，以及员工心理问题，如员工已届退休年龄、已婚妇女怀孕或因结婚而不外出工作等，都可导致劳动力损耗。"推力"包括企业欠缺周详的人力资源规划，造成人力政策不稳而裁减员工等；职工自身的问题，如某些青年职工对工作认识不够深入，或不能适应新的工作环境，加上年轻、未婚、没有家庭负担等，常喜欢转换工作；工作压力大，如由于缺勤多，流失多造成人手不足，因此造成现职员工压力更大，迫使他们辞职；人际关系的冲突也容易造成员工的不满而流失；工作性质的改变，或工作标准的改变，也可使某些员工因失去兴趣或无法适应而辞职。

在发生企业人力资源的不正常流动或损耗时，管理人员必须确定到底是哪些原因导致了这一结果并能积极应对，如是企业管理方面的原因，管理者应积极改进管理方式：建立合理的员工激励制度，通过管理人员接续计划等方式做好人员储备以应付各种突发的人员流失，提高企业的抗危机能力。

3. 人力资源使用控制

人力资源使用控制主要是考察企业现有的人力资源是否得到充分利用，主要从员工缺勤情况、员工职业发展和企业裁员情况等几个方面进行分析。

（1）缺勤分析。缺勤比值是考察企业人力资源使用情况的一个重要指标。缺勤通常包括假期、病假、事假、怠工、迟到、早退、工作意外、离职等。此外，士气低落、生产率低、工作表现差、服务水准差等都可以反映为缺勤的情况。这些缺勤指标及其他有关数据，可以估计未来的缺勤程度，从而可对未来的人力供给进行较切合实际的分析。假如缺勤情况严重，就应对缺勤因素加以分析并改善，以对现有人力资源加以充分利用。

（2）员工的职业发展。指导员工做好个人职业生涯规划、为员工提供充分发挥潜能的机会是留住人才的有效方法之一，也是人力资源使用的重要一环。帮助员工了解可以获得某些职位或晋升的机会会使员工对前途充满合理的期望。

（3）裁员。如前所述，理想的人力资源规划应当没有员工过剩的情况发生，但人员供求平衡是动态的过程，不平衡是经常现象。当企业内部需求减少或供过于求时，便出现人力过剩现象。此时，裁员是无法避免的措施。裁员发生的频率也是衡量企业人力资源使用情况的一个指标。实际上，裁员对企业来说是一种浪费，因为损耗已培养过的人才，无论对企业现有职工还是对被解雇的员工都是很大的打击。即使需要裁员，也可以通过其他方法如退休、辞职等替代方案来平衡人力供求。

4. 人力资源成本的控制

各项人力资源管理措施的执行都需花费一定的成本，因而成本控制是人力资源规划控制的一个重要环节，具体管理措施的制定和实施要受企业财政实力的限制。例如，随着企业的不断发展，员工的工龄和职务提升，企业总体工资成本上升，这就要求管理人员要通过各种方式将工资成本控制在企业可承受的范围内。再如，在许多企业中较为流行的自助餐式的员工福利也是控制人力资源成本的方法，可减少员工非急需的福利支出，节约开支，对员工的激励也更强。

思 考 题

1. 什么是人力资源规划？人力资源规划的重点是什么？
2. 人力资源规划的主要内容有哪些？人力资源规划的步骤有哪些？
3. 影响企业人力资源需求和供给的因素分别有哪些？
4. 在人力资源供需预测中可运用的分析技术有哪些？
5. 企业人力资源供需达到平衡的方法及其优缺点有哪些？
6. 人力资源规划与企业计划有什么联系？企业人力资源规划控制的重点是什么？

➡ **案例 3 - 1**

价格不定的青椒童子鸡

周经理近来很不顺心，各部门都向 HR 部门要人，可一时哪有那么多合适的人。这种情况在一年中已出现了三次，周经理不明白是这些部门发了疯，还是自己的工作出了错。

为了减轻工作压力，周经理独自来到熟悉的酒楼用餐，无意间听到了一段酒楼经理和顾客A的对话。

顾客A径直找到酒楼经理，一脸不悦地抱怨，"前天我和家人来时，一致认为青椒童子鸡最好吃，当时青椒童子鸡是限量供应特色菜，今天我专门请同事来尝，还特地赶了个早。不想今天青椒童子鸡成了限时特价菜，害得我被同事嘲笑了一番，说我赶早是为了请大家吃便宜菜。你听，他们还在包间里笑。"

显然酒楼经理和顾客A是认识的，酒楼经理不由诉起了苦："你也不是不知道，负责采购的经理也是股东之一，他要进什么菜我们也没数，前天你来时鸡订少了，今天又订多了，所以才临时把限量供应改成特价供应。A主任，不好意思，请您体谅体谅。要不下次来前，您先打个电话问问当天的菜？"

"嘿，你怎么不先问问下个星期的菜，提前挂出来？"

一旁的周经理不禁失笑，一个不知道外面供应什么，一个不知道自己供应什么，不出乱才怪。旋儿转念一想，自己不正也犯着同样的错误吗，一方面不清楚公司内部的人员情况，每次缺人都措手不及；一方面也不清楚劳动力市场供给，常常一时招不到合适的人。原先的嘲笑变成了自嘲，周经理用沉默回答了两人惊异的目光。

这顿晚餐让周经理觉得非常满意，当然，他特意享受了一盘青椒童子鸡。

人力资源需求预测和人力资源供给预测是人力资源规划的核心内容，通过对比两者预测结果，估计未来人员供求不平衡可能，制定相应的人力资源决策。

资料来源：人力资源案例：价格不定的青椒童子鸡.中国人力资源网.2014(11).

问题讨论：

1. 为什么青椒童子鸡的价格会不定？
2. 怎样才能减少青椒童子鸡价格变动对顾客消费造成的影响？
3. 如果你是周经理，应如何解决所在公司的人力资源问题？

➡ **案例 3-2**

某工程企业人力资源规划案例

属某工程公司是由中铁三局集团有限责任公司、中国铁道科学研究院、铁道第一勘察设计院、铁道部第三工程局第一工程处职工持股协会和兰州铁一院工程经济咨询公司共同出资组建的，以建筑工程施工为主，同时兼有勘察设计、科学研究、工程监理、技术咨询等功能的国家一级施工企业。现有员工2661人，拥有各类先进机械设备743台(辆)，资产总值3.5亿元，年生产能力8亿元。

该工程公司在发展的过程中取得了辉煌的业绩：在施工方面，先后参加过30条国家铁路新(复)线，287项国家和地方重点工程及12项国外项目的建设，其中有15项获国家和省(部)级优秀工程奖；在设计方面，共完成铁道部建设项目及其配套工程和国家、地方重点工程项目的勘察设计200多项，并有54项获国家和省(部)级优秀工程项目勘察、优秀工程设计、优秀软件及科学进步奖；在科研方面，主要负责全路重大课题的科技攻关、科学试验、作业标准编制，研制了轨道检查车、高速铁路桥盆式支座、减震型无碴轨道和各类提速、高速道岔等产品；共取得国家和省(部)级科研成果百余项。

近年来，随着国家总体经济的快速发展，也给该公司带来了良好的发展机遇。目前正在承担的工程项目达到 34 个，其中重点工程 27 个。但随之而来的问题是人力资源的数量和质量不能满足企业快速发展的需求，尤其是项目经理、项目总工程师、各专业工程师、项目财务总监等关键岗位的人员出现匮乏。为此，公司领导层从战略的高度提出了对核心人才进行人力资源规划的需求，希望在外部咨询机构的协助下，对公司关键岗位的人力资源做出 2～3 年的规划，并制订相应的培养计划，以满足未来公司发展对人力资源的需求。

中铁三局的领导对该项企业人力资源规划工作非常重视，董事长和总经理亲自对包括诺姆四达测评咨询公司在内的多家测评咨询机构进行了全面深入的考察。最终，诺姆四达公司凭借雄厚的技术实力和丰富的测评咨询项目经验从众多测评机构中脱颖而出，成为该公司的项目服务提供商。

资料来源：某工程企业人力资源规划案例. 价值中国网. 2010(5).

问题讨论：

1. 人力资源规划的内容有哪些？

2. 如果你是诺姆四达公司对该项目的负责人，你将如何为该工程企业做人力资源规划？

第4章 人员招聘

❖ **本章要点**

- 招聘的概念及其意义
- 招聘的原则
- 招聘的流程
- 内部招募与外部招募的方法
- 甄选的程序与原则
- 笔试、面试、心理测试、评价中心的特点
- 录用的程序、原则与方法
- 招聘评估的内容

千里马常有而伯乐不常有。招聘在企业人力资源形成中的作用好比"伯乐",企业只有学会做好"伯乐",才会有众多"千里马"聚敛到企业中来,才能形成优秀的员工队伍,在竞争的市场条件下占据优势。

📖 **阅读资料**

新浪发力"微招聘",逆袭之路有多远?

"如果你正在浏览微博,突然跳出一个邀约,请你加入对方的公司,你千万不要感到吃惊,因为这是新浪微博最新推出的一个商业计划。"

有人如此形容这个令人动心的商业计划,而它的名字就叫做"微招聘"。

2014年5月23日晚,新浪微博正式推出其社会化招聘产品"微招聘"。新浪微博称微招聘将凭借微博社会化优势,为企业提供高效率、低成本的人才解决方案,同时为求职者提供个性化推荐、职位订阅等功能,帮求职者找到更好的工作机会。

社交招聘并非新浪微博首创。据了解,在国外,企业在招聘中使用 LinkedIn、Facebook 和 Twitter 等社交网站的比例分别达到 94%、65% 和 55%。78% 的雇主表示曾通过社交网站成功招聘到员工,49% 的企业认为使用社交网络渠道后大大提升了招聘效率。

在中国,与 LinkedIn、Facebook、Twitter 类似,中国社交媒体也在不断发力,利用社交招聘帮助企业网罗合适人才。

微招聘将成为招聘趋势主流?

在国外,微招聘已经成为日常招聘模式。微招聘可以通过网络对招聘信息进行有效传播。同时,通过微招聘推荐过来的人,企业既可以通过简历获取相关信息,也可以通过微

博内容、微博关系等考察应聘者的真实情况。另外，应聘者也可以通过转发过程中对该企业的评价、与企业的互动获得较充分的信息。

"微招聘使用的是碎片化简历模式，系统会不定期向使用用户推送消息，让用户做一些简单的问答，随后用户可将它保存为最新简历。注册用户还可以以发送微博状态的形式发一些求职信息，系统会自动将其推荐给相关企业，粉丝也可帮转发。"王高飞解释。

对于微招聘的服务模式，各方反应不一。有网友称，微博招聘面更广，也更立体。微博本身用户很多，大家可以通过微博直接接触很多行业的高管。通过微博招聘，不仅仅可以了解企业所发布的职位，还可以了解更多有关企业本身的信息。

当然，也有网友对微招聘产生质疑，有网友表示，微博上不实信息很多，公司发布求职信息，用户如何对其真实性进行核实，这点上微博招聘不如51job、智联招聘等专业的招聘网站。

还有一部分人对微博招聘的效果持客观中立态度。某企业资深人力资源经理黄小姐认为，微招聘传承了微博的媒体信息公告属性，但相比其他渠道，"简历到达率"和"就职转换率"如何，还有待观察。

业内人士也认为，社交网络招聘虽然在国外取得巨大成功，但在国内仍有很长的路要走。目前，越来越多的后来者进入这个领域，各大社交招聘平台只有做好差异化，凸出核心产品价值，给用户更好的服务和体验，才能获取优势用户资源，这才是取胜之道。

无论如何，在社交招聘市场竞争日趋激烈的今天，微博在上市后首推微招聘服务，本身就发出一个强烈的信号，社交招聘市场大有可为。未来中国社交招聘市场格局将如何改变，我们拭目以待。

资料来源：人力资源开发与管理，2014.09.

4.1 招 聘 概 述

4.1.1 招聘及其意义

人员招聘是指企业为了发展的需要，根据人力资源规划和工作分析的数量与质量要求，从组织内外部挑选符合组织职位所需才能的人员的过程。招聘任务的提出有如下几种情况：新组建一个企业；业务扩大，人手不够；因有人员调任、离职、退休、死伤而出现职位空缺；人员结构不合理，在裁减多余人员的同时需要补充短缺人才。

招聘的最终目的是要实现员工个人与职位的匹配，也就是人与事的匹配。这种匹配包含两层意思：一是职位的要求与员工个人素质相匹配；二是工作报酬与员工个人的需要相匹配。实现这双层的匹配，才能既保证员工胜任某一职位，同时也使职位对员工保持较长久的吸引力。

招聘的意义体现在：

（1）招聘关系到企业的生存与发展。在激烈竞争的社会里，没有素质较高的员工队伍和科学的人事安排，企业将面临被淘汰的后果。招聘是一个企业人力资源获取的关键，它确保企业当前和未来发展对人员的需求。

（2）招聘是确保员工队伍良好素质的基础。企业只有将合格的人安排到合适的职位上，并在工作中注重员工队伍的培训和发展，才能确保员工队伍的素质。这种人与事的匹配是否成功首先取决于企业员工招聘的质量。

（3）提高企业效益。频繁的人员流动将给企业带来巨大的成本支出，包括人员获取成本、开发成本、离职成本等。招聘工作做得好，将减少企业因人员变换而造成的巨大损失，间接地提高了企业效益。

（4）招聘是企业人力资源管理中许多其他职能的基础。人力资源管理的内容包括选人、育人、用人、留人。招聘工作做得好，选人得当，则为后续的育人、用人、留人的工作奠定了基础。

4.1.2　招聘的原则

1. 竞争原则

竞争原则指通过考试竞争和考核鉴别确定人员的优劣和人选的取舍。为了达到竞争的目的，一要动员，吸引较多的人应聘；二要严格考核程序和手段，科学地录取人选，防止"拉关系"、"走后门"、徇私舞弊等现象的发生，通过激烈而公平的竞争，选择合适人才。

2. 平等原则

平等原则指对所有应聘者一视同仁，不得人为地制造各种不平等的限制或条件（如性别歧视）和各种不平等的优先优惠政策，努力为有志之士提供平等竞争的机会。

3. 能级原则

人的能量有大小，本领有高低，工作有难易，要求有区别。招聘所选择的人选，不一定是最优秀的，而是最适合的，做到量才录用，人尽其才，确保职得其人，人—事两相宜。

4. 全面原则

全面原则要求对应聘者从品德、知识、能力、智力、心理、过去工作经验和业绩等方面进行全面考核和考察。因为一个人能否胜任某项工作或者发展前途如何，是由其多方面因素决定的，特别是非智力因素对其将来的作为起着决定性作用。

4.1.3　招聘的步骤

人员招聘包括招募、选拔、录用、评估等一系列活动。招募是企业为了吸引更多更好的候选人来应聘而进行的若干活动，它主要包括：招聘计划的制定与审批、招聘信息的发布、应聘者申请等。选拔则是企业从"人—事"两个方面出发，挑选出最合适的人来担当某一职位，它包括：资格审查、初选、面试、笔试、体检、人员甄选等环节。而录用主要涉及员工的初始安置、试用、正式录用。评估则是对招聘活动的效益与录用人员质量的评估。招聘程序如图 4-1 所示。

1. 招聘的两个前提

招聘是建立在两项工作的基础上来完成的：一是人力资源规划，从人力资源规划中得到的人力资源净需求预测决定了预计要招聘的职位与部门、数量、时限、类型等因素；二是工作分析，其成果就是职位说明书，它们为录用提供了主要的参考依据，同时也为应聘者提供了关于该工作的详细信息。

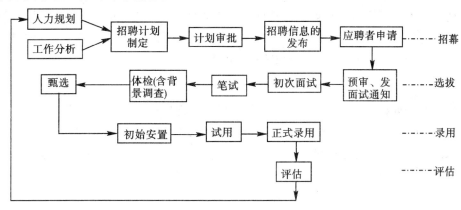

图 4-1　人员招聘流程图

2. 招聘计划的制定与审批

招聘计划是人力资源部根据人力资源规划的人力净需求、工作说明的具体要求，对招聘的职位、人员数量、时间限制等因素做出详细的计划。制定招聘计划的目的在于使招聘更趋合理化、科学化。

招聘计划的内容一般包括：

· 人员需求清单，包括招聘的职务名称、人数、任职资格要求等内容；

· 招聘信息发布的时间和渠道；

· 招聘机构人选，包括人选的姓名、职务、各自的职责；

· 应聘者的考核方案，包括考核的场所、时间、题目设计者姓名等；

· 招聘的截止日期；

· 新员工的上岗时间；

· 招聘费用预算，包括资料费、广告费、人才交流会费用等；

· 招聘工作时间表；

· 招聘广告样稿。

详细具体的招聘计划制定出来之后，还必须经企业高层审核批准通过后才能得以实施。

3. 招聘信息的发布

招聘信息发布的时间、方式、渠道与范围是根据招聘计划来确定的。由于需招聘的职位、数量、任职者要求的不同，招募对象的来源与范围的不同，以及新员工到岗时间和招聘预算的限制，所以招聘信息发布时间、方式、渠道与范围也是不同的。

信息发布过程中要遵循下列原则：

（1）面广原则。发布招聘信息的面越广，接受到该信息的人群就越多，应聘的人也就可能越多，这样可以招聘到合适人选的概率也越大。不过发布信息的面越广费用也可能越大。

（2）及时原则。在条件许可的情况下，招聘信息应尽早地向有关人群发布，这样不仅有利于缩短招聘进程，而且有利于让更多的人获取信息，使应聘人数增加。

（3）层次原则。要招聘的人员都处在社会的某一层次，要根据招聘职位的特点，向特定层次的人员发布招聘信息。如招聘科技人员的企业可以在科技报刊上刊登招聘广告。

（4）最佳形式原则。发布招聘信息要选择最佳的信息发布形式，其主要形式有报纸、杂志、电视、电台、布告新闻发布会和随意传播等。

4. 接受应聘申请

应聘者在获取招聘信息后，可向招聘单位提出应聘申请，并填写应聘申请表。应聘申请表的内容很广泛，从姓名、性别、年龄、家庭地址、婚姻状况、文化程度、工作经历、经济收入、家庭情况、业余爱好到胜任工作的能力等。招聘者可以从中了解到不少信息。

应聘者申请应聘，一般需要提供如下资料给招聘单位：

· 应聘申请表，且需说明应聘的职位；

· 个人简历，着重说明学历、工作经验、技能、成果、个人品格等信息；

· 各种学历、技能、成果（包括获得的奖励）证明（复印件）；

· 身份证（复印件）。

5. 初步筛选应聘材料

招聘信息发布后，人力资源部对收到的应聘资料，进行整理、分类，定期交给各主管经理。主管经理根据资料对应聘人员进行初步筛选，确定面试人选，填写《面试通知》。主管经理将应聘人员资料及《面试通知》送交人力资源部，人力资源部通知面试人员。发出"初试通知单"，通知前来公司或指定地点接受面试、复试。

不合格应聘材料，应及时归档，归档一年后可销毁，但有要求退件者，应予以退件，给社会大众一个好的公众形象。

6. 测试筛选

在人力资源管理部门审阅了求职申请表以及推荐材料、各种证明文件等有关信息，做出初步的筛选之后，就可以让应聘者接受测试。企业员工招聘测试的种类主要有：

· 知识考核。主要指通过纸笔测试的形式对被测试者的知识广度、深度和知识结构进一步了解的方法。

· 面试。面对面地由两个或更多人组成的面试委员会进行提问的考核方式。

· 心理测验或智力测试。可以是智力、能力倾向、个性或兴趣测验。

· 情景模拟测试。如进行公文模拟处理、角色扮演或参加无领导小组讨论等测试。

7. 人员录用与安置

企业通过对应聘者进行测试筛选，做出初步录用决定后，接下来要对这些人选者进行背景调查、健康检查，合格者与企业签订试用协议。经过试用后，做出正式录用决定。

8. 招聘评估

企业通过对招聘成本、录用人员的数量和质量、甄选测试方法的效果等进行评估，发现招聘过程中规律性的东西，有利于企业不断改进招聘方式，使招聘工作更加有效。

对招聘工作评估完成后，还要撰写招聘小结。招聘小结的内容主要包括：招聘计划、招聘进程、招聘结果、招聘经费、招聘评定。

4.1.4　招聘者职责

招聘并非只是人力资源部门的工作,用人部门与人力资源部门需共同完成此任务。用人部门在招聘中起决定作用,它直接参与整个招聘过程,并在其中拥有计划、初选和面试、录用、人员安置与绩效评估等决策权,完全处于主动的地位。人力资源部门只在招聘过程中起组织和服务的功能。表 4-1　区分了用人部门与人力资源部门在招聘中的工作职责分工。

表 4-1　用人部门与人力资源部门在招聘中的工作职责分工

用人部门	人力资源部门
·招聘计划的制定与审批 ·应聘岗位的工作说明书及录用标准的提出 ·应聘者初选,确定参加面试的人员名单	·招聘信息的发布 ·应聘者申请登记,资格审查 ·通知参加面试的人员
·负责面试、考试工作	·面试、考试工作的组织 ·个人资料的核实、人员体检
·录用人员工作安排及试用期间待遇的确定 ·正式录用决策 ·员工培训决策 ·录用员工的绩效评估与招聘评估 ·人力资源规划修订	·试用合同的签订 ·试用人员报到及生活方面安排 ·正式合同的签订 ·员工培训服务 ·录用员工的绩效评估与招聘评估 ·人力资源规划修订

4.1.5　招聘策略

招聘策略是指在招聘前决定的本次招聘所应遵循的原则、方针和所应采用的方法。它主要解决这样一些问题:

1. 申请人的资格标准问题

由于企业需要招聘的是符合任职资格要求的人员,而招聘过程又必须考虑成本问题,所以必须确定合适的申请人的报名资格。招聘从接受求职申请开始,要经过初步筛选、测试筛选、谈判录用几个过程,每一个阶段都会淘汰一些人选。这就需要根据历史经验数据确定需要多少人递交求职申请。例如,根据以往经验,每录用一名工人需要从 5 名求职者中进行选拔,如果我们需要录用 10 名工人,就必须设法收到 50 份求职申请,这就要求我们合理设置报名资格。

对招聘不同岗位的人员,需要采用不同的报名资格策略。如果招聘的岗位对企业非常关键,人员的质量是最重要的因素,就可以把求职资格定得比较高,坚持宁缺毋滥的原则,以降低招聘成本;如果对求职者的素质要求不是很高,或者相应的劳动力市场供不应求,就可以适当调低报名资格,以保证获得足够的求职申请。

2. 招募渠道的选择

根据拟招聘岗位的特点选择招募的渠道,包括两个方面的内容,一是自主招聘还是委托社会中介机构代理招聘；二是确定自主招聘候选人的来源。关于招募渠道，4.2节将作专门探讨。

3. 招聘信息传递问题

求职者一般希望了解很多关于企业的信息，所以在开始招聘过程之前，招聘方就要清楚需要将哪些信息提供给求职者、这些信息如何传递。近年来，一些企业在招聘过程中采用现实工作预览的方式全面提供招聘信息，取得了不错的效果。其主要做法是，使用招聘信息手册、录像带、光盘、广告、面谈、直接去企业参观等方式，将有关信息传递给求职者，立体化地展示其未来的工作情况。

4. 甄选测试方法的选择

根据企业所招聘人员及岗位的特点来确定恰当的测试筛选方法，如心理测试、笔试、面试等。第三节将对此作专门介绍。

4.2 招募的渠道与方法

4.2.1 招募的渠道

当企业出现职位空缺需要招聘员工时，既可以从公司内部挑选合适的员工来填补空缺，也可以从社会上招聘新员工。内部招募和外部招募是企业获取人才的两种渠道，它们各有优缺点。一般来说，招募时应当首先考虑内部获取，即从本组织内部的员工中晋升或调职。

1. 内部招募

企业现有的雇员常常是企业最大的招募来源。一些调查显示：成功企业中70%以上的管理职位都来自于内部提拔。内部招募有很多突出的优点：

（1）能够对企业员工产生激励作用，也能够增加员工对组织的忠诚和归属感，从而有助于员工队伍的稳定。

（2）所获得人员的素质比较可靠。因为组织对晋升者以前的素质和表现有比较深入的了解，因此在任用时能减少用人方面的失误。

（3）由于晋升或调职者对组织目标和组织结构有所了解，对内部人事情况与工作环境熟悉，因此在新工作的接受过程中节省时间，而且不需要一般性的职前培训。

（4）内部招募能够节约费用。由于内部晋升或调职不必支付广告和甄选费用，因此成本较低。

当然，内部招募亦有其不足之处，主要表现在：

（1）内部招募所获得的人才往往一脉相承、"近亲繁殖"，因而在观念、思维方式和眼界上比较狭窄，缺乏创新与活力，以至因循守旧。

（2）在甄选过程中容易引起员工之间的竞争，可能产生一定的内耗。

（3）较难做到公平，在一定程度上可能造成内部矛盾。例如，有些职位的候选人会被领导"内定"，有些优秀的员工会同时被几个部门争夺。

（4）选择范围较小，往往不能满足企业的需要。

2. 外部招募

外部招募是从组织外部招聘德才兼备的能人加盟进来，通常对一个组织而言，仅有内部招募是不够的，必须借助于组织外的劳动力市场，采用外部招募的渠道来获得所需人员。外部招募的优点包括：

（1）新员工会带来不同的价值观和新观点、新思路、新方法，有利于组织吸收外部先进的管理经验和高新技术，内外结合不断开拓创新。

（2）外聘人才可以在无形中给组织原有员工施加压力，形成危机意识，激发斗志和潜能，从而产生"鲇鱼效应"，通过标杆学习而共同进步，或者说是"引进一匹狼，激活一群羊，带出一群狼"。

（3）外部挑选的余地很大，能招聘到许多优秀人才，尤其是一些稀缺的复合型人才，这样还可以节省大量内部培养和培训的费用，并促进合理的人才流动，加速全国性的人才市场和职业经理人市场的形成。

（4）对外招募管理人员，在某种程度上可以缓解内部候选人竞争的矛盾。

（5）外部招募也是一种很有效的信息交流方式，企业可以借此树立积极进取、锐意改革的良好形象。

外部招募的不足体现在：

（1）由于信息不对称，往往造成筛选难度大，成本高，甚至出现"逆向选择"，即应聘者的条件不一定能代表其实际水平和能力，因此不称职者会占有一定比例。

（2）对外聘员工需要花费较长时间来进行培训和定位，因其对组织的各方面情况需要有一个熟悉的过程，不能迅速进入角色开展工作。

（3）如果组织中有胜任的人未被选用或提拔，外部招募的做法可能会挫伤有上进心、有事业心的内部员工的积极性和自信心，或者引发内部人才之间的冲突。

（4）外聘人员有可能出现"水土不服"的现象，无法融入企业文化潮流中，可能使企业沦为外聘员工的"中转站"。

表 4-2 对比了内部招募与外部招募的优缺点。

表 4-2　内部招募与外部招募的优缺点比较

招募渠道类型	优　点	缺　点
内部招募	· 可提高晋升者的士气 · 节省费用、节约时间 · 调动员工的积极性 · 对候选人的能力有清晰的认识	· 导致"近亲繁殖" · 产生"内耗" · 未被提升的人可能士气低落 · 需要有效的培训和评估系统
外部招募	· 有更大的选择空间 · 为企业输入"新鲜血液" · 激励老员工保持竞争力 · 比培训内部员工成本低 · 借机树立企业形象	· 外聘人员需要较长时间熟悉工作 · 外聘人员可能无法适应企业文化 · 损害内部员工的积极性 · 对外聘人员的了解不够

4.2.2　内部招募的方法

1. 布告法

布告法是在确定了空缺职位的性质、职责及其所要求的条件等情况后，将这些信息以布告的形式，公布在组织中一切可利用的墙报、布告栏、内部报刊上，尽可能使全体员工都能获得信息，号召有才能、有志气的员工毛遂自荐，脱颖而出。

布告法有助于让员工感觉到组织在招募人员方面的透明度与公平性，并认识到在本组织中，只要自己有能力，通过个人的努力，是有发展机遇的。这有利于提高员工士气，培养他们的积极进取精神。

2. 档案法

每个企业都会建立详细的人力资源档案，记录每位员工的教育培训经历、专业技能、职业目标等各种信息。当企业内部出现职位空缺时，人力资源部门可以调用档案中的信息，搜寻空缺职位的合适人选。

用这种方法，企业可以迅速找到候选人。但要注意，档案中存储的只是员工客观或实际的信息，缺少一些较为主观的信息，如人际技能、团队精神、品德等，而这些信息对于许多工作来说却是至关重要的。所以，企业在选拔人员时不能单凭档案，必须结合其他的人员甄选方法进行选拔。

3. 推荐法

推荐法可用于内部招募，也可用于外部招募。作为内部招募的推荐法是指由本组织员工根据组织的需要推荐其熟悉的合适人选，供用人部门和人力资源部门进行选择和考核。由于推荐者对用人部门和被推荐人选均比较了解，使得被推荐人选更容易获得组织与职位的信息，便于其决策，也使得组织更容易了解被推荐人选，因而这种方法较为有效，成功的概率也较大。

员工推荐对招募专业人才比较有效，其优点是招聘成本低、应聘人员可靠性高。据了解，美国微软公司有40％的员工都是通过员工推荐的方式获得的。为了鼓励员工积极推荐，许多企业都设立了一些奖金项目，用来奖励那些为公司推荐优秀人才的员工。

4. 职业生涯开发系统

职业生涯开发系统是从内部填补工作空缺的可选方法。企业不是鼓励所有合格的员工来竞争一项工作，而是将高潜能的员工置于职业生涯路径上，接受培养以适应特定目标的工作。这种人员开发方法可以降低企业中高绩效者外流的可能性，并有助于确保在某个职位出现空缺时总有候选者能随时填补它。

4.2.3　外部招募的方法

1. 广告招募

广告是传递职位空缺、吸引求职者的一种打破时间与空间局限的、范围非常广泛的招聘信息发布法。有人力资源需求的单位，在报纸、杂志、电台、电视或专业刊物上刊登广告，或用张贴街头告示的办法，就可以使大量求职者了解其职位空缺的信息，从而得到大量的人力资源外部供给信息反馈。

为了使招聘广告产生良好的效果,应注意以下三点:

(1) 媒体的选择。媒体的选择取决于空缺职位工作的类型。一般而言,征求较低层次人员的广告,刊登在地方性报纸上即可;征求某类专业人员的广告,以商业性或专业性的报刊为宜;特殊重要职位任职者的征聘广告,可以刊登在发行量大的全国性报刊上。此外,还可以通过广播电视媒体发布广告,广招贤才。表 4-3 比较了几种主要广告媒介的优缺点。

表 4-3 几种主要广告媒介的比较

媒体类型	优 点	缺 点	适用范围
报纸	标题短小精炼。广告大小可灵活选择。发行集中于某一特定的地域。各种栏目分类编排,便于积极的求职者查找	容易被未来可能的求职者所忽视。集中的招募广告容易导致招募竞争的出现。发行对象无特性,企业不得不为大量无用的读者付费。广告的印刷质量一般也比较差	当你想把招募限定于某一地区时。当可能的求职者大量集中于某一地区时。当有大量的求职者在翻看报纸,并且希望被雇佣时
杂志	专业杂志会到达特定的职业群体手中。广告大小富有灵活性。广告的印刷质量较高。有较高的编辑声誉。时限较长,求职者可能会将杂志保存起来再次翻看	发行的地域太广,故在希望将招募限定在某一特定区域时通常不能使用。广告的预约期较长	当所招募的工作承担者较为专业时。当时间和地区限制不是最重要的时候。当与正在进行的其他招募计划有关联时
广播电视	不容易被观众忽略。能够比报纸和杂志更好地让那些不是很积极的求职者了解到招募信息。可以将求职者来源限定在某一特定区域。极富灵活性。比印刷广告能更有效地渲染雇佣气氛。较少因广告集中而引起招募竞争	只能传递简短的、不是很复杂的信息。缺乏持久性;求职者不能回头再了解(需求不断地重复播出才能给人留下印象)。商业设计和制作(尤其是电视)不仅耗时而且成本很高;缺乏特定的兴趣选择;为无用的广告接受者付费	当处于竞争的情况下,没有足够的求职者看你的印刷广告时。当职位空缺有许多种,而在某一特定地区又有足够求职者的时候。当需要迅速扩大影响的时候。当在两周或更短的时间内足以对某一地区展开"闪电式轰炸"的时候。当用于引起求职者对印刷广告注意的时候
现场购买(招募现场的宣传资料)	在求职者可能采取某种立即行动的时候,引起他们对企业雇佣的兴趣。极富灵活性	作用有限。要使此种措施见效,首先必须保证求职者能到招募现场来	在一些特殊场合,如为劳动者提供就业服务的就业交流会、公开招募会、定期举行的就业服务会上布置的海报、标语、旗帜、视听设备等。或者当求职者访问组织的某一工作地时,向他们散发招募宣传材料

资料来源:加里·德斯勒.人力资源管理.刘昕,译.北京:中国人民大学出版社,1997.

（2）合理的内容。招聘广告的内容，一般为广告标题、单位简况、招聘职位与数量、招聘条件和联系方式等。制作招聘广告，应当符合真实、合法与简洁的基本原则。

（3）明显的效果。要使招聘广告达到较高的水平，应当遵循以下原则：其一，形式上引人注目。如用不同大小的字体和图形来吸引读者，适当的空白也会产生良好的对比效果；其二，内容使人感兴趣。如把所招聘的工作内容、工作的某些特点等描述清楚，以引起人们的关注；其三，广告要使读者产生欲望。招聘广告要针对应聘者的需求，把本单位所提供的条件列举出来，如工资待遇、发展前途、特殊学习机会等；其四，广告应能促进阅读者付诸行动。如在广告的末尾附上"请在一周内与我们电话联系"、"请到××处领取详细资料"等内容。

2. 就业服务机构

企业委托就业服务机构招募员工具有介绍速度较快、费用较低的优势。这种方法一般只适用于招募初中级人才或急需的员工。

3. 校园招募

大学是人才荟萃的地方，许多用人单位招募专业技术人员和管理人员，基本上都从学校直接招聘。通过校园招聘，用人单位往往能够达到进行公共关系宣传和扩大自身影响的良好效果，能达到"百里挑一"地精选外聘人员的作用，还能对未来员工进行企业文化的渗透，从多方面产生人力资源管理的功效。

4. 猎头公司

猎头公司作为高级人才招聘公司的俗称，是指专门替用人单位搜寻和推荐高层管理人才和专业人才的公司。这种招募方法针对性强，成功率较高，往往比企业自己招聘的质量好，且招聘过程较隐秘、不事声张，聘用的人能马上上岗，有时能因此而战胜竞争对手。但是，这种方法招聘过程较长，各方需反复接洽谈判；招聘费用昂贵，一般须按年薪的一定比例支付猎头费用，且策划难度较高；有时会影响内部员工的工作积极性。

5. 人才招聘会

企业参加定期或不定期举办的人才交流会、人才市场，可以在招聘会现场与求职者直接接触，可信程度较高，现场就可确定初选意向，费用较低。但招聘会上往往应聘者众多，洽谈环境差，挑选面受限制。这种方法只适用于招聘初中级人才或急需的人员。

6. 网络招聘

网络招聘是近年来随着计算机通讯技术的发展和劳动力市场发展的需要而产生的招聘、求职方式。由于这种方法信息传播范围广、速度快、成本低、供需双方选择余地大，且不受时间、地域的限制，因而被广泛采用。据美国一家咨询公司所公布的一项追踪研究报告，《财富》全球500强中使用网络招聘的已占88%。分地区来说，目前北美地区93%的大公司都使用网络招聘，欧洲有83%，亚太地区88%。

实行网络招聘的方式主要是两种：

（1）通过专业性的职业招聘网站。

近年来我国出现了不少专业的人才招聘服务网站，例如 www.zhaopin.com、www.

51job.com、www.chinahr.com 等等。这些招聘服务网站同时为企业和个人服务，能够提供大量的招聘信息，并且也提供网上的招聘管理和个人求职管理服务。人才招聘网站上的简历库能提供大量的求职者信息，因此企业可以不发布招聘广告而直接搜索网络上的简历库。现在有越来越多的公司愿意通过现成的人才数据库来检索自己感兴趣的人员，这是一种非常有效率的方法。

企业在选择专业招聘网站时要注意下列问题：

· 招聘网站的覆盖面。有些专业的招聘网站规模很大，在这样的网站上刊登招聘信息，会有很大的传播面，适合招聘中高级管理人员和技术人员。如果企业只是招聘普通员工，在当地的招聘网站上刊登信息较为合适，这样不仅针对性强，而且反馈速度较快。

· 招聘网站的点击率。网站点击率高，说明"人气旺"，企业找到理想人才的可能性越大。

· 招聘网站的数据库。数据库是储存企业和应聘者信息的仓库，数据库越大，企业可供选择的对象就越多，成功率也就越高。

（2）设立公司网站。

为了更有效地吸引求职者登录公司的网站，公司应该：

· 不断更新网站内容；

· 在网站上设立招聘专区；

· 在网站上提供专业的内容。

7. 应聘者自荐

这种毛遂自荐式的招聘方法效率高、成本低。而且，由于求职者对公司与职位一般都做过特别的了解，所以一旦应聘成功，较易适应新环境。这种招募方法可能出现的问题是：从求职者提出申请到企业出现职位空缺会存在一定的时间差，此时许多求职者可能已经找到了工作。另外，由于求职者对工作的渴望，有可能会提供虚假个人信息。

8. 他人推荐

通过推荐途径获取外部合格人才，可以节约企业招聘的广告费用和职业介绍所费用，用人单位还能获得较高水平的工作应征者；此外，在技术竞争和员工流动剧烈的情况下，用人单位采取亲友介绍就业的方法，能够使新老雇员稳定和尽责地工作。

9. 特色招募

通过电话热线、接待日等特色招募形式能吸引到很多人来应聘。通过电话，招募对象可非常迅速、方便地了解到组织及职位的信息；在接待日，通过对公司的访问、与部门领导及人力资源部门管理人员的交谈，可深层次地了解彼此，有利于组织与个人做出决策。

4.2.4　招募方法的比较

上述各种招聘方法各有优势和局限，企业在具体实施时，应依据具体情况选择合适的途径和方法。

20 世纪 80 年代末，美国曾发表了一个包括 245 个样本组织的调查结果，显示了组织对不同招募方法的选择，如表 4－4 所示。

表 4 – 4　招募方法的比较

招募方法 / 招聘人员	内部提升	员工推荐	应聘者自荐	报纸招募	就业服务机构	校园招募	私人就业服务	猎头公司
行政办公	94％	87％	86％	84％	66％			
生产作业	86％	83％	87％	77％	68％			
专业技术	89％	78％	64％	94％		81％		
佣金销售	75％	76％	52％	84％			44％	
经理（主管）	95％	64％		85％			60％	63％

注：表中数字是调查样本组织中采取该种招募方法的百分比。

4.3　人员甄选与测试

4.3.1　甄选的程序

通过不同的招募方式吸引有意向的求职者前来参与，这只是整个招聘工作的第一步。以下的任务就是对应聘者进行筛选，从中挑选出适合企业需要的人才。

甄选是用人单位根据用人条件和用人标准，运用适当的方法手段，对应聘者进行的审查、比较和选择过程。它是整个招聘工作的关键的一环，只有做好了甄选工作，才能提高企业中人与事的匹配程度，有利于员工在企业中的发展，也有利于企业提高生产力，节约成本。人员甄选可以分为初选和精选两个阶段。甄选的程序如图 4 – 2 所示。

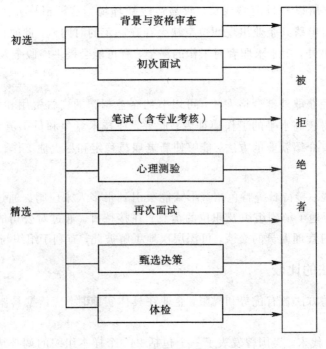

图 4 - 2　甄选的一般过程

应当指出，上述程序不是绝对的。由于各组织的规模不同，招聘岗位的要求不同，所采用的甄选程序也会不同。

4.3.2　甄选的原则

1. 因事择人的原则

因事择人的原则是指以事业的需要、岗位的空缺为出发点，根据岗位对人员的资格要求来选用人员。坚持因事择人的原则，从实际的"事"（工作岗位）的需要出发去选用合适的人员，才能实现事得其人、人适其事，使人与事科学地结合起来。如果因人设事，为了安排人而增设不必要的岗位，就会造成岗位虚设、机构臃肿、人浮于事、工作绩效下降、用人成本增加的后果。

2. 人岗匹配的原则

每个岗位都有特定的工作内容、岗位规范和对从业者的素质要求，每个求职者也都有自己的从业条件和个人意愿。组织在招聘工作中要尽量达到以上两者之间的匹配，这对以后的人力资源个性化管理是至关重要的。

3. 用人所长的原则

坚持用人所长的原则，在人员选用中要注意克服"求全责备"的思想，树立"多看人的长处、优点"的观念。世上本无完人，在人力资源选拔中当然就不该"求全"，否则只会适得其反。"宁用无瑕之石，也不用有瑕之玉"的做法，是选人、用人之大忌。

4. 德才兼备的原则

"德才兼备"历来是用人的标准。德与才既是两个不同的概念，又是一个不可分割的统一体。"才"的核心是能力问题，"德"的核心是能否努力服务的问题。这就是说，"德"决定着"才"的发挥方向和目的，"才"则是"德"的运用，使"德"得到体现并具有了实际意义。在甄选工作中，应该避免重"德"轻"才"和重"才"轻"德"两种错误倾向，坚持德才兼备的选用标准。

4.3.3　甄选模式

由于每个企业的具体情况不同，录用人员的职位层次、种类有差异，因此选拔时主要有 3 种程序模式：即综合式、淘汰式和混合式。

1. 综合式

综合式是指在选拔录用程序中，每个应聘者必须接受所有的选拔测试，在做出录用决策时，是根据他们各项得分的总和或加权处理后所得分数作为录用的参考依据。这种模式允许应聘者在某种测评中的高分弥补另一测评中的低分，被录用的应聘者可能在各种能力上均有较高水平，或者其中某一种或两种能力非常强，在弥补低分以后还能处于领先地位。

在只要求对录用者的每一项资格水平作整体评定，并且各项能力均没有最低要求时，通常可以使用这一模式。另外还可以根据每种能力的重要性程度和工作的相关程度等，对应聘者在各项能力上的得分进行加权，用加权分数来求总分。或者将应聘者的各项得分转换为以总体得分的标准差为单位的标准分数 z，然后将各种能力的 z 分数相加得到总和来进行比较，这样处理更科学。

2. 淘汰式

淘汰式和综合式不一样，应聘者不用参加每一项测试，而是经过一轮测试淘汰一批不合格的人，合格者参加下一项测试，然后再淘汰一批。只有坚持到最后，在所有的测试中全部合格的人才能被录用。在这种模式中，每一种资格水平都作为独立的指标，不可以相互弥补，其中只要有一项不合要求即被淘汰。

当工作所需的各项工作能力、资格指标均要求达到和高于某一水平时，采用淘汰模式进行选拔是比较有效的。由于每一次测试就要减少一部分应聘者，这样可以省掉一些费用。采用此种方式应把花费较少的测试方法放在前面，如审查应聘人员登记表、进行笔试等。将选拔效度好但比较昂贵的方法放在后面，只用于小部分佼佼者的选拔，这是十分经济有效的办法。

3. 混合式

混合式是将以上两种模式结合起来进行选拔。对有最低要求的资格的评定通常采用淘汰式方法，如有关学历文凭、等级证书、技能水平等等；通过这些筛选后的应聘者则需参加其他的各种测试，效仿全能式的测评程序，综合评定其各项能力，水平、能力总体合格者可以被录用。

4.3.4 人员甄选的方法

人员甄选常采用笔试、面试、心理测试和评价中心等方法对应聘者的知识、能力、个性和动力因素进行评价，判断其是否胜任工作岗位。

1. 笔试

笔试是指在控制的条件下，应聘者按着试卷要求，用记录的方式回答的一种考试形式。笔试主要有以下几种方法：其一，客观式笔试方法，即以客观型试题为主要试题形式和标准化方法控制考试过程的考试；其二，论述式笔试方法，是以论述型试题为主要试题形式的一种方法；其三，论文式笔试方法，以论文型试题为主要试题形式的考试。

笔试是使用最频繁的甄选方法之一，它的优点是出题量大、内容广、评分客观公正；可以大规模进行，效率高、费时少。其局限性在于不能全面考察应试者的工作态度、品德修养和组织能力、口头表达能力和操作技能等。因此还需采用其他测试方法进行补充。一般来说，笔试往往作为应聘者的初试，成绩合格者才能继续参加面试或下一轮测试。

宝洁公司在招聘甄选时的笔试主要包括 3 部分：解难能力测试、英文测试、专业技能测试。

(1) 解难能力测试。这是宝洁对人才素质考察的最基本的一关。试题分为 5 个部分，共 50 小题，限时 65 分钟，全为选择题，每题 5 个选项。整套题主要考核申请者以下素质：自信心(对每个做过的题目有绝对的信心，几乎没有时间检查改正)；效率(题多时间少)；思维灵活(题目种类繁多，需立即转换思维)，承压能力(解题强度较大，65 分钟内不可有丝毫松懈)；迅速进入状态(考前无读题时间)；成功率(凡事可能只有一次机会)。

（2）英文测试。主要用于考核母语非英语人员的英文能力。考试时间为 2 个小时。45 分钟的 100 道听力题，75 分钟的阅读题，以及用 1 个小时回答 3 道题，都是要用英文描述以往某个经历或者个人思想的变化。

（3）专业技能测试。主要是考核申请公司一些有专业限制的部门的人员，如研究开发部、信息技术部和财务部等。宝洁公司的研发部门招聘的程序之一是要求应聘者就某些专题进行学术报告，并请公司资深科研人员加以评审，用以考察其专业功底。对于申请公司其他部门的人员，则无须进行该项测试，如市场部、人力资源部等。

2. 面试

面试是为了更深入了解应聘者的情况、判断应聘者是否符合工作要求而进行的招聘方与应聘者之间的面对面的接触和交流，以了解应聘者实际能力和潜在能力的方法。

面试的过程一般包含五个阶段：

第一阶段，预备阶段。这个阶段通常会讨论一些与工作无关的问题，主要目的是面试考官为应聘者创造和谐、宽松、友善的气氛，帮助应聘者消除戒备心理，以便在后面的面试过程中更加开放地沟通。

第二阶段，导入阶段。在这一阶段，考官首先问一些求职者有所准备的比较熟悉的题目，以缓解其依然有点紧张的情绪。这些问题一般包括让求职者介绍自己的经历或过去的工作等。

第三阶段，核心阶段。这是整个面试中最重要的阶段，在这一阶段，考官将着重收集关于应聘者胜任工作能力的信息。应聘者被要求讲述一些关于胜任能力的事例，考官将基于这些事实做出基本的判断，对应聘者的各项关键胜任能力做出评价，并主要依据这一阶段的信息在面试结束后对应聘者做出录用决定。

第四阶段，确认阶段。经过核心阶段的测试后，考官对应聘者的工作胜任能力有一个整体的判断。

第五阶段，结束阶段。这是考官检查自己是否遗漏了关键问题并加以追问的最后机会。而且，应聘者也可以借机表现自己。

面试的类型包括：

·根据面试所达效果划分，有初步面试和诊断面试。

·从参与面试过程的人员来分，分为个别面试、小组面试、集体面试与流水式面试。

·按面试组织形式是否标准化、程序化，分为结构化面试与非结构化面试。

·按测评目的分，有压力面试与评估性面试。

·按面试内容的侧重点划分，有行为描述面试与能力面试。

面试具有如下优点：

（1）互动性。因为面试时，考官与被试者始终进行双向沟通，了解各自想掌握的信息。

（2）多渠道地获取信息。面试可以通过看、听、问等各方面的渠道来获取有关被试者的信息。

（3）全面性。面试能够对求职者的口头表达能力、为人处世能力、操作能力、独立处理问题的能力以及举止仪表、气质风度、兴趣爱好、道德品质等做出全面考察。

（4）直观性。招聘者可以通过面对面地交谈对求职者的个性、爱好、特长、动机、愿望等做出综合判断。

面试的缺点是：

（1）主观性，受到考官的经验、爱好和价值观的制约。

（2）时间较长，这样才能了解到足够的信息。

（3）面试通常需要聘请专家，而且耗费时间，因此费用较高。

（4）面试数据往往是定性的，结果难以量化。

为了避免面试失效，应注意以下问题：

（1）紧紧围绕面试的目的，合理控制时间；

（2）制造和谐的气氛，多问开放性问题，让求职者多说；

（3）测试中不要暴露自己的观点，不要让求职者了解你的倾向并迎合你，掩盖他的真实想法；

（4）所提问题要直截了当、语言简练，有疑问马上提问，并及时作好记录；

（5）对应聘者要充分重视；

（6）避免过于自信，不能先入为主，过早下判断；

（7）注意非语言行为；

（8）注意第一印象；

（9）要防止与我相似的心理因素（如老乡、同学、校友或观点个性的相似性）。

宝洁公司招聘时的面试分两轮。第一轮为初试，一位面试经理对一个求职者面试。通过第一轮面试的人员，宝洁公司将出资请应聘人员来广州宝洁中国公司总部参加第二轮面试，也是最后一轮面试。第二轮面试大约需要 60 分钟，面试官至少是 3 人，为确保招聘到的人才真正是用人单位（部门）所需要和经过亲自审核的，复试都是由各部门高层经理来亲自面试。如果面试官是外方经理，宝洁还会提供翻译。宝洁的面试过程主要可以分为以下 4 大部分：相互介绍并创造轻松交流气氛；交流信息；面试结尾；面试评价。

3. 心理测试

心理测试是通过观察人的少数具有代表性的行为，依据一定的原则或通过数量分析，对贯穿于人的行为活动中的能力、个性、动机等心理特征进行分析推论的过程。在人员甄选中较常用的心理测试有智力测试、个性测试、职业性向测试等。

（1）智力测试。智力测验是对智力水平的科学测试，它主要测验一个人的思维能力、学习能力和适应环境的能力等。在智力测验中，采用"智商"这一概念表示智力水平的高低。一般的，智力测试中成绩较好的人，在今后的工作中具有较强的能力关注新信息，善于找出主要问题，其业绩通常也不错。

智力测试有团体施测的，用于大量人员选择时快速地粗选；还有个人测试，则是用于专门的精选。奥蒂斯（Otis）自我管理测试、旺德利克（Wonderlic）人员测试、韦斯曼（Wesman）人员分类测试、韦克斯勒（Wechsler）成人智力量表都是国内外企业常用的智力测试方法，尤其是后者应用最广。

（2）个性测试。个性是一个人具有的独特的、稳定的对现实的态度和行为方式。个性测试主要有自陈式量表法和投射法两种。

第一，自陈式量表法。它是测量个性最常用的方法，是由被测试者自己填写测量问卷，依据其答案得分判断被试者的性格特点。用这种办法进行性格测试时，常遇到的一个问题是,被试者有可能在作答时按照社会评价标准中认为好的特征做出回答,而不是按照自己的真实情况回答,这被称为"社会称许性"。设计者在设计量表时,要尽量采用一些方法,将社会称许对测试有效性的影响降到最低。

卡特尔 16 种个性因素测验(16PF)是较为常用的一种性格测试量表。该量表是由美国伊利诺斯州立大学的卡特尔教授编制的,适用于 16 岁以上的青年和成年人。该量表共有 187 道题目,分为 16 个分量表,分别测试卡特尔提出的 16 种主要性格特质,如表 4 - 5 所示。

表 4 - 5　卡特尔 16PF 中个性的主要特征

性格特质	低程度特征	高程度特征
乐群性	缄默孤独	乐观外向
聪慧性	迟钝、学识浅薄	聪慧、富有才识
稳定性	情绪激动	情绪稳定
恃强性	谦逊服从	好强固执
兴奋性	严肃审慎	轻松兴奋
有恒性	权宜敷衍	有恒负责
敢为性	畏怯退缩	冒险敢为
敏感性	理智、着重实际	敏感、感情用事
怀疑性	信赖随和	怀疑、刚愎
幻想性	现实、合乎成规	幻想、狂妄不羁
世故性	坦白直率、天真	精明能干、世故
忧虑性	安详沉着、有自信心	忧虑抑郁、烦恼多端
实验性	保守、服从传统	自由、批评、激进
独立性	依赖、附和	自立、当机立断
控制性	矛盾冲突、不明大体	知己知彼、自律谨严
紧张性	心平气和	紧张困扰

第二,投射法。投射法是向应聘者提供一些未经组织的刺激要素,让应聘者在不受限制的情境下,自由表现出其反应,通过分析反应的结果,推断其某些个性特征。具体可采用以下几种方式:

·联想法。测试者通过语言或动作给予应聘者一定的刺激,要求应聘者根据刺激说出自己联想的内容,根据其回答探测其个性。

·构造法。测试者出示给应聘者一些文字、图案,要求应聘者根据他所看到的内容等,编造出一个包括过去、现在和未来发展的故事,根据其故事的新颖性、合理性和逻辑性探测其个性。

    ·完成法。测试者要求应聘者对一些不完整的句子、故事进行自由补充,使之变得完整,根据其补充的内容探测其个性。

    ·表达法。测试者要求应聘者用某种方法(例如绘画、文字、语言)自由地表露其个性特点,测试者从其表现中探测其真实个性。

    (3)职业性向测试。职业性向是指人们对具有不同特点的各类职业的偏好和从事这一职业的愿望。职业性向测试就是提示应试者对工作特点的偏好,即应试者喜欢从事什么样的职业,应试者的这一态度在很大程度上影响其在职位上的绩效和离职率。

    目前在招聘选拔中所使用的职业性向测试主要是霍兰德的职业性向测试。霍兰德认为,员工对工作的满意度和离职的倾向性,取决于个体的个性与职业环境的匹配程度。他划分了六种基本个性类型,分别进行描述,并列举了它们的个性特点以及与之匹配的职业范例,见表4-6,也有人称之为决定个人选择何种职业的六种基本"职业性向"。

表4-6 霍兰德的个性类型与职业范例

职业性向	个性特点	职业范例
实际性向—偏好需要技能、力量、协调性的体力活动	害羞、真诚、持久、稳定、顺从、实际	机械师、钻井操作工、装配线工人、农场主
调研性向—偏好需要思考、组织和理解的活动	分析、创造、好奇、独立	生物学家、经济学家、数学家、新闻记者
社会性向—偏好能够帮助和提高别人的活动	社会、友好、合作、理解	社会工作者、教师、议员、临床心理学家
常规性向—偏好规范、有序、清楚明确的活动	顺从、高效、实际、缺乏想象力、缺乏灵活性	会计、业务经理、银行出纳员、档案管理员
企业性向—偏好那些能够影响到他人和获得权力的活动	自信、进取、精力充沛、盛气凌人	法官、房地产经纪人、公共关系专家、小企业主
艺术性向—偏好需要创造性、且无规律可循的活动	富于想象力、无序、杂乱、理想、情绪化、不实际	画家、音乐家、作家、室内装饰家

4.评价中心

    它是一种综合性的人员测评方法,包括了前面所介绍的个性测试、能力测验、面试等方法,但评价中心最主要的组成部分也是它最突出的特点,在于它使用了情景性的测验方法对被测评者的特定行为进行观察和评价。这种方法通常是将被测试者置于一个模拟的工作情景中,采用多种评价技术,由多个评价者观察被评价者在这种模拟工作情景中的行为表现,用来识别被评价者未来的工作潜能。因此,这种方法也被称为情景模拟法。

    评价中心是一种动态的测评方法,综合使用了多种测评技术,由多个评价者进行评价，因此它提供了从不同的角度，对被评价者的目标行为进行观察和评价的机会，能够得到大量的信息，从而能对被评价者进行较为可靠和有效的观察与评价。评价中心更多地测量了被评价者实际解决问题的能力，而不是他们的观念和知识。评价中心也存在一定的局限，主要表现在：任务的设计和实施中的控制较为困难；评价的主观性程度较高，制定统一的标准化的评价标准难度较大；对评价者的要求较高；花费成本较多。

评价中心所采用的情境性测验包括多种形式，主要有公文处理练习（文件筐测验）、角色扮演、无领导小组讨论、根据所给的材料撰写报告、演讲辩论、模拟面谈、案例分析、团队游戏等。

（1）公文处理。公文处理是评价中心的一种主要的测试形式。公文一般由文件、电话记录、备忘录、调查报告、上级指示、请求报告等组成。在被测试者受试前，先向他介绍有关企业的背景材料，然后告诉被试者，假设他现在就是这家企业的负责人，由他全权处理各种文件，要使被测试者意识到他既不是在演戏，也不是代理职务，而是一位真正的手握实权的负责人。公文可多可少，一般不少于 5 份，不多于 30 份。根据公文的数目和难度，规定完成时间。在处理过程中，评价人员观察被测试者是否能区分轻重缓急，是否会恰当地授权给下属。最后评判人员还要对被试者进行采访，请被试者说明为什么这样处理。

（2）角色扮演。角色扮演是要求被试者扮演一个特定的管理角色来处理日常的管理事务，以此观察被试者的心理素质和潜在能力。例如，要求被试者扮演一名高级管理人员，由他来向主试者扮演的下级作指示；或者要求被试者扮演一名车间主任，请他在车间时直接指导生产。在测评中要强调了解被试者的心理素质，而不要根据他临时作出的意见做出评价，因为临时工作的随机因素很多，不足以反映一个人的真才实学。有时可以由主试者主动给被试者施加一些压力，如工作时不合作或故意破坏，以了解该被试者的各种心理活动以及承受压力的能力。

（3）无领导小组讨论。所谓无领导小组讨论，就是指一组被试者开会讨论某个问题，讨论前并不指定谁主持会议，在讨论中观察每一位被试者的发言，以便了解被试者的心理素质和潜在能力的一种测评方法。

在一般情况下，每个小组会有一名被测试者以组长的身份出来负责这些问题，出来主持会议，这个人的领导能力相对较强。根据每一个被试者在讨论中的表现，可以从以下几个方面进行评价：领导欲望、口头表达能力、主动性、抵抗压力的能力、说服力、自信程度、经历、人际交往能力等等。也可以要求被试者讨论完以后，写一份讨论记录，从中分析被试者的归纳能力、决策能力、分析能力、综合能力、民主意识等等。

上述所介绍的几种人员选拔测试方法各有特点，在实际操作中，可以有选择地综合运用。

4.4　人员录用与招聘评估

4.4.1　人员录用的程序

企业通过人员甄选，做出初步录用决定后，接下来要对这些入选者进行背景调查、健康检查，合格者与企业签订试用协议。同时，企业应及时通知未被录用的应聘者。

1. 背景调查

背景调查的主要目的是了解应聘者与工作有关的一些背景信息，对应聘者做一个更为全面的了解，也可以对他的诚实性进行考察。

背景调查主要包括：学历学位调查、工作经历调查以及不良记录调查等。这些信息可以向应聘者过去的雇主、过去的同事甚至客户了解。

进行背景调查时，注意把重点放在与应聘者未来工作有关的信息上；尽量从各种不同的信息渠道验证信息，避免偏见；同时要注意避免侵犯应聘者的个人隐私。

2. 健康检查

健康检查后，如发现被录用者有严重疾病的，取消录用资格。

3. 签订试用协议

企业与被录用者签订试用协议，以法律形式明确双方的权利以及义务。

4. 被录用者报到

被录用者携带录用通知书和其他材料到企业人事部注册报到。试用合格后，与企业正式签订用工合同。未被录用的应聘者的回复也不可忽视，因为未被录用的应聘者以后还有可能成为企业的一员，或成为企业的顾客与竞争者。不过，企业在回复未被录用的应聘者时要非常小心。首先可以对他们参加公司的招聘表示感谢，同时还可以对应聘者的某些优点表示欣赏，然后再告知公司暂时没有合适的职位给应聘者。

4.4.2 人员录用的原则及方法

1. 人员录用的原则

（1）补偿性原则。这是指求职者在招聘测评中成绩高的项目可以补偿成绩低的项目。一般来说，在评价时会对不同项目设置不同的权重，权重越高的项目，其录用价值也越高。但特殊情况下，不能光看总成绩的高低来确定录取结果，而应根据对不同职位的要求，侧重对某一项目的测评，从而确定录取结果。如果成绩高的项目恰是侧重的项目，这样我们就认为成绩低的项目就不重要了，可以录用。补偿原则可以用于选择具有特殊才能的人才，而不至于因总成绩不高而被淘汰。

（2）多元最低限制原则。这是指求职者在测评的每个方面都必须达到某个最低的标准，如达不到就被淘汰。这一原则适合综合素质的测评项目，特别适合广度测试。

（3）混合原则。组织在录用过程中，经常会遇到这样的问题，即在某个方面对员工有最低的要求，但是在其他几方面对员工没有最低的要求，这时就可以运用混合原则。具体的步骤是首先对求职者运用多元限制原则淘汰一部分，然后运用补偿性原则对求职者进行综合评价。

2. 录用的主要方法

（1）逐渐筛选淘汰模式。在这种模式中，将每一步骤都视为一关，通过这一关的人方能进入下一关，在整个甄选过程中，求职者人数逐渐减少，选择目标逐渐集中。在人员甄选工作量较大的情况下通常可采取这种模式（如图4-3所示）。

（2）信息累积综合评价选拔模式（见图4-4）。这种模式甄选过程中的每一个步骤都是为了了解求职者情况、积累有关信息，在对每个求职者在每个步骤的表现或成绩进行综合评价和比较之后，再做出取舍决定。采用这种模式可以避免在甄选过程中淘汰不应淘汰的人，但甄选工作量比采取逐步淘汰方式的工作量要大。

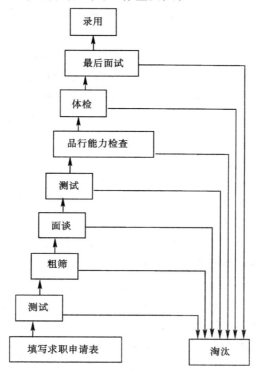

图4-3 逐渐筛选淘汰模式图

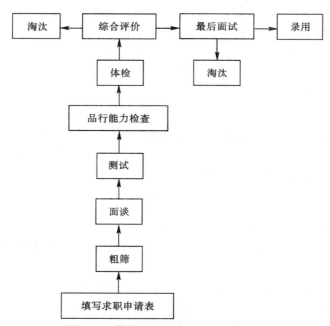

图4-4 信息累积综合评价选拔模式图

4.4.3　人员录用需注意的问题

（1）正式录用后，要及时通知已录用应聘者，同时，对于未录用的应聘者，要由人力部经理亲笔签名委婉地拒绝。

（2）录用后的合同签订、试用期的培训等工作必不可少，它是关系到企业形象的重要工作。

（3）除非这个职缺的工作即将有很大的发展前景，否则要小心，不要录用一个能力超强的人，对工作感觉不充实的员工会很快就对工作感到厌烦，并会很快地离职。

（4）有些应聘者只想暂时先找一份工作安身，然后再慢慢找一个更稳定的永久工作，对这些人你要特别留心，你很可能在他们身上投入了3个月的人员训练，而他们却在工作快要进入状况之前离去。在甄选人员时，你一定要就这一点对应聘者诚恳地表达你的质疑。

（5）对那些频频更换老板的求职者，你要特别小心，他们现在也许会在你面前责怪他们以前老板的不是，但同样地，他们也有可能在15个月之后在别人的面前数落你。一个不诚恳的应聘者并不是你所想要用的人。

（6）在决定录取某一个人员时，要考虑这个人是否能跟小组的其他成员相处，邀请他到你的部门去呆半天，便可知分晓。

（7）记住这一点：一个人的一生如果一直都很顺利，充满成就和许多成功的记录的话，那这种人往往也会继续成功；对那些自称运气不好的应聘者，你要特别小心，不论他们解释得如何言之有理，你也不要轻易地相信。

（8）永远不要企图能在"百坏中选一好"。如果你明知某人不很适合，但仍加以录用，那等于是告诉你自己，不久之后你又得把这整个招聘程序重新来过一遍。

（9）假如面试后合适的应聘者有好几个，你要利用考试的方法，找出最佳人选。千万不要急着做决定，尤其不要因为有某一个应聘者急着想要知道结果，你便受到影响，当你已经选定人选后，要再想一想。假如你的上级经理不满意你招考人员的方式，认为你的甄选成本过高或是费时过长时，你可以提醒他，不要忘了用错人时所必须付出的代价有多高。

4.4.4　招聘评估

对招聘工作进行考核是十分必要的。通过对各种考核指标的核算和分析，发现招聘过程中规律性的东西，有利于企业不断改进招聘方式，使招聘工作更加有效。招聘评估包括以下内容：一类是招聘结果的成效评估，如成本与效益评估、录用员工数量与质量的评估；另一类是招聘方法的成效评估，如信度与效度评估。

1. 成本效益评估

成本效益评估主要对招聘成本、成本效用、招聘收益成本比等进行评价。评估方法如下：

（1）招聘成本评估。招聘成本评估是指对招聘中的费用进行调查、核实，并对照预算进行评价的过程。招聘成本分为招聘总成本与招聘单位成本。

招聘总成本是人力资源的获取成本，它由两部分组成。一部分是直接成本，包括招募费用、选拔费用、录用员工的家庭安置费用和工作安置费用、其他费用(如招聘人员的差旅费、应聘人员招待费等);另一部分是间接成本,包括内部提升费用和工作流动费用。

招聘成本通常以招聘单价来评估:

$$招聘单价 = \frac{招聘总成本}{录用人数}$$

这意味着,如果招聘成本低,录用人员质量高,录用人数多,则招聘效率高;反之,招聘效率就低。

(2) 成本效用评估。它是对招聘成本所产生的效果进行分析,主要包括:招聘总成本效用分析、招募成本效用分析、人员选拔成本效用分析、人员录用成本效用分析等。它们的计算公式是:

$$总成本效用 = \frac{录用人数}{招聘总成本}$$

$$招募成本效用 = \frac{应聘人数}{招募期间的费用}$$

$$选拔成本效用 = \frac{被选中人数}{选拔期间的费用}$$

$$人员录用效用 = \frac{正式录用的人数}{录用期间的费用}$$

(3) 招聘收益成本比。它既是一项经济评价指标,又是对招聘工作的有效性进行考核的一项指标。招聘收益成本比越高,说明招聘工作越有效。

招聘收益成本比 = 所有新员工为组织创造的总价值/招聘总成本

2. 录用人员数量评估

录用人员数量评估主要从录用比、招聘完成比和应聘比三方面进行。

$$录用比 = \frac{录用人数}{应聘人数} \times 100\%$$

$$招聘完成比 = \frac{录用人数}{计划招聘人数} \times 100\%$$

$$应聘比 = \frac{应聘人数}{计划招聘人数} \times 100\%$$

如果录用比越小,则说明录用者的素质越高;反之,则可能录用者的素质较低。如果招聘完成比等于或大于 100%,则说明在数量上全面或超额完成招聘计划。如果应聘比越大,说明发布招聘信息效果越好,同时说明录用人员的素质可能较高。

3. 录用人员质量评估

录用人员的质量评估实际上是在人员录用后,通过对录用者实际工作的考核,进一步评估其能力、潜力和素质的过程。

4. 甄选方法的效果评估

甄选方法的效果是指测试是否尽可能地选择了符合要求的人,并尽可能地排除了不符合要求的人。甄选方法的效果可以从以下几个指标进行评估。

(1) 标准化。标准化是指与实施测试有关的过程和条件的一致性。为了能根据同样的测试来比较若干求职者的表现，所有人都必须在尽可能相似的条件下接受测试。

（2）客观性。当给测试者评分的每个人所得结论相同时，测试就具客观性。多项选择和判断对错的测试是客观的。这种测试的评分是高度机械化的过程，即利用机器评分。

（3）规范化。一个规范化的测试，受测试者的分数应服从正态分布。这为将一个求职者的表现与其他求职者相比较提供了一种参考框架。

（4）可靠性。这是指甄选中所采用的测试方法的可信程度。可靠性是用信度来衡量的。通常信度可分为：再测信度、副本信度和分半信度。

① 再测信度。这种信度是体验时间间隔对测试分数的影响。它是指用同一种测试方法对同一组应聘者在两个不同时间进行测试，两次测试结果之间的相关系数就是再测信度。时间间隔一般在两个月以上，这样比较准确。此法不适用于受熟练程度影响较大的测试，因为被测试者在第一次测试中可能记住某些测试题目的答案，从而提高了第二次测试的成绩。

② 副本信度。又叫等值信度，是指一种心理测试的结果与另外副本的心理测试结果进行相关性分析，两次测试结果之间的相关系数就称为副本信度。这种评价方法的缺点在于副本有的时候比较难找到。

③ 分半信度。将同一测试的题目分成对等的两半或若干部分，对同一组应聘者进行测试，各部分测验所得的分数间的相关系数，称为分半信度。

信度的取值范围在 $0 \sim \pm 1$ 之间。心理测试的信度最高值是 1，但这是一种理想的状态，在实际中是达不到的。一般的智力测验的信度达到 0.9 以上，就可以认为该测验相当可信了。

（5）有效性。招聘的有效性用效度来衡量。效度是测量的结果与想要测量的内容之间的相关系数。效度的取值范围在 $0 \sim \pm 1$ 之间，效度的最高值是 1。效度可分为三种：预测效度、内容效度、同测效度。

① 预测效度。它说明测试用来预测被试者将来行为的有效性。在人员选拔过程中，预测效度是考核选拔方法是否有效的一个常用的指标。我们可以把应聘者在选拔中得到的分数与他们被录用后的绩效分数相比较，两者的相关性越大，则说明所选的测试方法、选拔方法越有效，以后可以根据此法来评估、预测应聘者的潜力。若相关性很小或不相关，则说明此法在预测人员潜力上效果不大。

② 内容效度。即某测试的各个部分对于测量某种特性或做出某种估计有多大效用。考虑内容效度时，主要考虑所用的方法是否与想测试的特性有关，如招聘打字员，测试其打字速度和准确性、手眼协调性的手指灵活度的操作测试的内容效度是较高的。内容效度的高低一般是凭招聘人员或测试人员的经验来判断。内容效度多应用于知识测试与实际操作测试，而不适用于对能力和潜力的测试。

③ 同测效度。它是对企业现有员工实施某种测试，然后将测试结果与员工的实际工作绩效考核得分进行比较，若两者的相关系数很大，则说明此测试效度很高。这种测试效度的特点是省时，可以尽快检验某测试方法的效度，但若将其应用到人员选拔测试时，难免会受到其他因素的干扰而无法准确地预测应聘者未来的工作潜力。例如，这种效度是根据现有员工的测试得出的，而现有员工所具备的经验、对组织的了解等则是应聘者所缺乏的，因此，应聘者有可能因缺乏经验而在测试中得不到高分，从而错误地被认为没有潜力

或能力。其实，他们若经过一定的培训或锻炼，也是有可能成为称职的员工的。

4.4.5　招聘小结

企业招聘工作结束后，应进行招聘小结，总结经验和不足，为以后的工作打好基础。招聘小结主要应包括以下几方面内容：招聘计划、招聘进程、招聘结果、招聘经费、招聘评定等。

撰写招聘小结要遵循以下原则：

（1）真实地反映招聘的全过程；

（2）由招聘主要负责人撰写；

（3）明确指出成功之处和失败或不足之处。

思　考　题

1. 招聘的原则是什么？其程序有哪几步？

2. 内部招募与外部招募各有何利弊？

3. 外部招募的具体方法有哪些？每种方法适用于何种情境？

4. 心理测试的工具有哪些？如何运用？

5. 面试作为人员甄选方法有何利弊？该注意哪些问题？

6. 如何对企业的招聘工作进行评估？

➡**案例**

来了生产总监，停留生产线

午后两点，正应该是沃达汽车配件公司生产线上最忙碌的时候，然而此刻，车间里确是一片寂静：冲床上的转动齿轮停止了转动，焊枪也不再喷射耀眼的火焰，机器人的手臂无力地垂下来——沃达汽车配件公司的生产线停产了！

周铨（沃达汽车配件公司生产总监）：

"完了！难道我今天是鬼上身了？在沃达的三个月试用期还差一周就期满了，这当口出现了如此重大的失误，接下来我该如何面对转正的测评？

今天早上，我接到业务部发来的凌东公司的订单，要求这周做出130个消音器。我心想这是个补单，量又不大，不召集采购、物流、技术等部门开通气会，应该不会出什么状况。

没想到在生产第12个消音器的时候，质量部抽查到6个产品都是次品，并且原因不明。于是，生产线停产了。生产线停产的那一刻，我竟然全然不知。白天觉绕过我，直接找到总工程师郝成商量好了对策，而这一切我竟然没有参与。后来白天觉告诉我，自从上次工人闹罢工之后，总有几个'刺儿头'不好好工作，这事儿就是他们做的。

哎，真不知道是不是我与沃达八字不合，来沃达的第三个星期，我就在车间推行5S，借此提高车间的机器设备。原材料和工人的素质，如果5S能够推行下去，受益的绝非我们生产部门。可是这么重要的事儿，愣是没人支持。首先是冯总，他对我推行5S的报告，只提出两点反馈：一是报告标题不好，二是报告中有两个错别字，却对我的报告内容没有做任何评价。正是冯总不置可否的态度，5S成了我一个初来乍到的'光杆司令'的独角戏。其次，物流部门不愿意配合！我去找物流经理，我还没有开口，人家就先向我诉苦：运原材料的推车比较宽，没法打弯，如果一定要送到新位置上，只能让员工一箱箱扛上去，我们可不好意思向员工提这种要求。我听完，也没有多说，后来白天觉提出，可以将原料拆成小包装，这样就不会沉了。我没有接他的茬，因为我知道向物流部提这样的要求肯定会碰软钉子。

唉，如果当初能严格推行5S，或许停产这事儿就能避免，今天这事儿公司肯定损失不少，这些责任肯定由我来承担。"

白天觉（沃达汽车配件公司生产管理经理）：

"胡闹！他以为这是玩过家家了？以前没有生产总监时候，车间运转正常，如今倒好，来了个生产总监，生产线停了。看来这外企的洋和尚，水平也不怎么样。

第一次见到周铨，我就觉得他不像搞生产的：白白净净的脸蛋上架着副金丝边眼镜，整天西装领带，皮鞋锃亮。你说你一个管生产的，成天把自个儿收拾的这么干净，想干吗？生产总监就应该像我这样，天天和工人一块儿，这才是让人感觉到亲切的扮相！

不过就是一张镀过金的管理文凭！我就不信书上的东西能比实践中学的管用。上次工人罢工，还不是我挨个打电话阐明利害关系，才将这件事情解决了，那段时间正值订单高峰期，车间的活根本忙不过来，周铨在生产管理上帮不上忙，还要添乱！

我总觉得，作为部门的头，不仅要做好内部管理，还要对外协调好，为自己部门多争取利益，可他完全没有考虑到这点，就拿物流备料来说吧。我们希望物流部在送原材料之前能先拆除一部分外包装；送至车间，能按照划定的区域吧原材料码整齐，如果能省下这部分工作量，对大家都有好处。我跟他提过，可他没当回事儿，难怪5S推行不下去。

今早的订单，周铨没按规定召开通气会，我本来想提醒他，后来想想，就算出了这事儿，那也是周铨的责任；就算我跟他说了，他也未必听。没想到，还真就出事儿了。我果断下令停止生产，找到郝总，对付这种突发状况，周铨肯定没辙，找了也是白找。

事实证明，姜还是老的辣。郝总一出马，生产线又恢复生产，这回的订单完成是不成问题，不过，周铨在沃达的前途看来成问题了。"

冯睿（沃达汽车配件公司总经理）：

"可惜！可惜了这么个人才呀。周铨是我亲自招进来的，至今我都记得我给他面试后自己激动的心情，总算让我找到个既有丰富工作经验，又有上进心的人才。没料到，如今出了这么大的事情，周铨就是有一千一万个理由，也难逃其责。

招聘生产总监的事进行了大半年，我也面试了几十个候选人，却总不如意。就在接近绝望的时候，周铨出现了——他符合我们招聘的所有条件：同行业、外企、三年以上生产总监的工作经验。本以为，周铨会尽快在公司推行一些必要的改革。可是一个星期过去了也不见动静。为了能让他尽快把生产管理的工作抓起来，我想了个旁敲侧击的好办法，让他写份车间改革报告给我。读完周铨的报告，我心凉了一大截。他在报告中指出的都是生产环节存在的问题，都是皮毛，并不深入；他出的5S业不令人兴奋，关键是这份报告中居然有错别字，报告标题更是取得不伦不类。我总觉得报告的内容和形式应该是相辅相成。后来，周铨给全公司发了推行5S的通知，详细讲解了实施5S的必要性、推行计划、实施方案，以及各部门配合内容，看着这份通知，我又对周铨有信心了，不愧是在外企磨炼过的，整个实施流程不仅规范，而且完善。如果5S执行到位，在生产上面还有顾客对我们的信任度都会提高。然而，周铨在5S推行过程中的表现并不让人满意，尤其是在跨部门协调时。有时候设计到生产部门的利益时也不主动去争取。可是今天居然出了天大的事，沃达自成立以来，还没有停过产，公司上下都炸开了锅。虽然我始终认为周铨是个人才，如果再给他一些时间，他在外企练就的本领说不定就要出来了，但如今若不炒了他就不能服众啊！然而，我又该去哪里找合适的生产总监呢？又或者，真被我找到了，沃达这个平台是不是适合空降兵来大展拳脚呢？"

资料来源：人力资源开发与管理，2014.01.

问题讨论：

1. 冯睿对生产总监的招聘出现了什么问题？周铨在沃达期间出现了哪些失误？
2. 企业如何用好空降兵呢？

第 5 章 员工培训与开发

❖**本章要点**

- 培训与开发的概念
- 培训与开发的意义
- 培训与开发的主要内容
- 培训与开发应当遵循的原则
- 培训与开发的具体步骤及内容
- 培训与开发的方式与方法

员工的培训与开发是人力资源管理中的一个重要内容。从员工个人来讲，培训与开发可以帮助员工充分发挥其潜能，更大程度地实现其自身价值，增强对企业的归属感和荣誉感。从企业方面来看，有效的培训与开发可以提升企业的整体绩效，从而增强企业的综合竞争力。这一过程可以体现组织与个人发展的"双赢"。

📖**阅读资料**

花旗集团如何挖掘与培养人才的

花旗集团十分注重对下一代领导人的培养，而且非常注重从集团内部挖掘合适的人才。自 2001 年开始，花旗集团便发起了导师辅导计划，来为下级员工提供机会向资深员工学习。花旗集团此举的目的，便是要让那些更有潜质的员工在合适的条件和环境下受到熏陶，从而一步步提升自身。此后的每一年，花旗集团都会为给员工创造一个良好的学习环境而建立全球计划，让所有积极进取的员工有平等的实现自己梦想的机会。花旗集团的培训是全方位的，新员工在进入公司之前，花旗集团就会事先为其准备好办公电脑、文具、电话，并会为其设置好密码、电子邮箱等，此外还会在员工进入公司的第一天向其介绍公司的其他部门，带领其熟悉公司的环境。总之，新员工自进入花旗集团起，花旗集团便会通过各种各样的方式、活动、渠道来消除新员工对陌生环境的抵触感，希望他们眼中的花旗集团是温情而和谐的。

通常，新员工进入花旗集团后会参加一个为期三天的花旗质量管理培训。这一培训的目的，是要让每一名花旗员工明白客户满意度的重要性。如此，花旗集团的新员工在短短的时间内就能获悉他应该要了解的一切，这为接下来的工作和再培训打下了基础。

轮训是花旗集团培训方式中的一个别样之处。轮训的目的是让新员工逐渐熟悉银行的业务、政策和业务规则等，以便了解各业务部门的业务运作情况。而对于可以成为管理者的员工或未来的准管理者，他们会被安排到海外培训，了解花旗银行在亚太地区的业务状况，从而开阔视野。

管理培训生的培训，是为了让他们尽快实现从学生到职业金融人士的转变，经过一年的培训之后，他们会正式踏上集团为其设定的岗位。通常情况下，管理培训生在一年培训中所学习到的知识，是其他员工1～3年才能学到的，这即是花旗银行定位于招聘高层次人才的一个重要因素。

花旗集团的业务遍布全球，在中国，其培训多集中在上海进行，包括在岗与课程培训等。花旗集团的目的是希望员工通过培训增长知识、积累经验、掌握技能、提升素质等，而对于每一个方面，花旗集团都有针对性的培训。花旗集团会从菲律宾马尼拉的花旗亚太区金融管理学校或者其他国家与地区聘请资深的培训师为员工进行时间不等的培训，以便让员工的综合实力逐步提高。

在中国，花旗集团有特定的培训方案；在日本，根据具体的环境和条件，花旗集团有因地制宜的方略。其在日本的导师辅导项目旨在帮助新员工作为独立的业务人员在花旗集团内部的文化中成长，所有的导师都是以往管理协会的成员，他们自身接受过特殊的训练，对于引导和帮助新员工自然是游刃有余。

其2002年的培训计划包括68个团队成员——34个导师和34个雇员。从引进这个项目开始，已有300名员工(150名导师、150名新员工)参与其中。

培养新一代的金融领导者是花旗集团始终坚持的一项原则，花旗集团在美国总部设有高层管理人员培训中心，其主要作用是为来自全球各地的花旗集团高层人士提供培训。

形形色色的培训机会其实也是花旗集团重要的激励手段。在花旗集团，表现突出的员工将得到更多的培训机会，将被派往马尼拉的花旗亚太区金融管理学院甚至美国总部进行培训，全面提高各种技能，锻炼领导力，开拓国际化视野，为担当更大责任作准备。而新加坡等国家，更是员工学习最新的银行知识与金融工具、培养跨文化工作能力的好场所。这些无疑对新员工，甚至资深员工有极大的吸引力，因此几乎所有花旗人都本着提升自己，而后获得更多、更好的培训机会去努力工作的。

人才是企业发展的原动力，也是最强动力，花旗集团自然对人才极为重视。其在全球都设有"人才库"计划，进入该计划的员工都是各个部门的精英和骨干，他们对花旗集团的历史和文化了解得比较透彻，工作年限比较长。"人才库"计划针对有潜力的员工，每期进行1～2次谈话，制订他们下一步的发展计划。

资料来源：花旗集团如何挖掘与培养人才的. 价值中国. 2014(9).

5.1　员工培训与开发的概述

5.1.1　培训与开发的概念

1. 培训

培训(training)的重点在于员工现在的工作，主要是指企业等组织有计划地帮助员工掌握与工作相关的技能，并能够在日常工作活动中加以运用，从而提高工作绩效。员工培训强调的是帮助员工更好地完成现在承担的工作。

2. 开发

开发(development)的重点在于员工对未来工作的准备，主要是指帮助员工掌握未来工作所需要的知识和能力，促进个人职业发展，为胜任企业的其他职位做准备，提高员工向未来岗位流动或更高职位升迁的能力。员工开发强调的是鉴于未来的工作而对员工提出更高的要求。

3. 培训与开发的比较

在理论与实践当中，如何更好地区分培训与开发的内涵，可以参考表5－1。

表 5－1　培训与开发的比较

项目	范围	重心	期限	参与方式	工作经验	产出效益
培训	全体	目前工作	较短	强制	使用度低	短期见效
开发	部分	未来需要	较长	自愿	使用度高	长期见效

对于企业而言，培训与开发都是注重员工个人与组织当前和未来发展需要相匹配的重要的人力资源工作，因此员工的培训与开发是同等重要。在人力资源管理实践中，人们在使用这两个术语时，往往不做严格的界定与区分，而且随着培训工作越来越具有战略性，员工培训与员工开发之间的界限也日益模糊。

5.1.2　培训与开发的意义

企业进行人力资源培训与开发，不论是对于员工个人还是企业都有着非常重要的意义。

1. 满足员工自身发展的需要

根据马斯洛的需要层次理论，人的需要由低到高可分为生理、安全、社交、尊重和自我实现的需要。尊重和自我实现需要属于高层次的精神需要，是员工自身发展的自然要求，它们在人们的需要结构中占据非常重要的位置，对人行为的激励作用最大，而这些需要的满足必须通过培训与开发来实现。

2. 培训与开发能够提高员工满意度

员工一方面通过企业对自身培训与开发的投资而感受到企业对自己的关心与重视，另一方面，技能的提高一般会带来自身业绩的提升，这两方面都能够提高员工的满意度。

3. 满足企业发展对高素质人才的需要

现代企业之间的竞争归根到底是人才的竞争，企业的发展需要大量高素质的人才。这些宝贵的人才资源不是随便"捡"来的，多是企业自己培养与开发的。

4. 提高企业绩效

培训与开发可以提高员工的工作技能、增强员工责任心，改善员工的满意度从而激发其工作热情，最终提高工作效率，从而创造较好的绩效，并带来整个企业绩效的提升。

5. 有助于企业文化建设

对员工进行的价值观培训和道德准则的培训，能够强化员工对企业的认同，形成共同的价值观念，提高员工的忠诚度，增强企业的凝聚力、向心力和拉动力。

6. 促进企业向学习型组织转变

人力资源培训与开发能够为员工创造合适的学习环境，促进整个企业的学习欲望和信息共享，是创建学习型组织的前提条件和必要手段。

7. 形成企业的竞争优势

有能力比竞争对手学习快是未来唯一持久的优势。人力资源培训与开发能够改变员工的知识、技能、态度、忠诚度、学习力与创造性等，从广义上说，这些都是人力资本的构成要素，而人力资本与企业资本共同成为企业核心能力的来源。因此，培训与开发能够帮助企业打造核心竞争力，最终形成企业的竞争优势。

5.1.3 培训与开发的内容

企业招聘录用员工时，虽然采用了笔试、面试、测试等方式和方法，但大部分新员工并不是一开始就具备完成指定工作所应有的知识和技能，也缺乏如何面对新的岗位所应有的工作态度。另外，企业是处在一个不断变化的环境当中生存和发展的，员工的知识、技能和工作态度必须与这种变化相适应。由此可见，无论是对于新员工还是在职的工作人员，进行培训与教育是必不可少的环节。

一个企业其完整的培训与开发内容应该包括知识、技能和态度三个方面。

1. 知识培训

知识培训又称知识学习或认知能力的学习，是指以业务知识为主要内容的培训，要求员工学习各种有用知识并运用知识进行脑力活动，促进并完善所从事的工作。知识学习包括行为规范和行事规则、记忆和推理、符号图案的辨认、生产与管理知识的回忆和应用，以及知识驱动的工作场所、学习性组织等项目内容。通过培训，应该使员工具备完成本职工作所必需的知识，包括基本知识和专业知识。还应让员工了解组织的发展战略、经营方针、经营状况、规章制度等基本情况，增强员工的参与意识，使其发挥更大作用。

2. 技能培训

技能培训是指以工作技术和工作能力为主要内容的培训，是要求员工做好本职工作，处理和解决实际问题技巧与能力的培训与开发，其目标是要解决"会"的问题。实际上，以胜任变化的工作职位的能力为基础的技能培训越来越得到企业认同。当然，这里的技能不仅包括能够按照规定的程序和标准完成工作，也包括对胜任职位的一种综合能力的要求。通过技能培训，应该使员工掌握完成本职工作所必备的技能，包括一般技能和特殊技能，并培养开发员工这方面的潜力。

3. 态度培训

态度培训又称态度学习或情感性学习，它主要涉及对员工的价值观、职业道德、认知、情感、行为规范、人际关系、工作满意度、工作参与、组织承诺、不同主体的利益关系处理，以及个人行为活动方式选择等内容和项目的培训与开发。员工通过态度培训，应该树立起与企业之间的信任感，清楚组织希望他们应该具备什么样的态度进行工作，这不仅是一种指导，同时也是一种约束。

5.1.4 培训与开发的原则

为了保证培训与开发的方向不偏离组织预定的目标，企业必须制定基本原则，并以此为指导，具体包括以下几个方面。

1. 战略原则

企业必须将员工的培训与开发放在战略的高度来认识。员工培训有的能立竿见影，很快会反映到员工工作绩效上；有的可能在若干年后才能收到明显的效果，尤其是对管理人员的培训。因此，许多企业将培训看成是只见投入不见产出的"赔本"买卖，往往只重视当前利益，安排"闲人"去参加培训，而真正需要培训的人员却因为工作任务繁重而抽不出身。结果就出现了所学知识不会用或根本不用的"培训专业户"，使培训真正变成了只见投入不见产出的"赔本"买卖。因此，企业必须树立战略的观念，根据企业发展目标及战略制定培训规划，使培训和开发与企业的长远发展紧密结合。

2. 理论联系实际，学以致用原则

员工培训应当有明确的针对性，从实际工作的需要出发，与职位特点紧密结合，与培训对象的年龄、知识结构、能力结构、思想状况紧密结合，力求通过培训让员工掌握必要的技能以完成规定的工作，最终为提高企业的经济效益服务。只有这样才能收到实效，提高工作效率。

3. 知识技能培训与企业文化培训兼顾的原则

除了文化知识、专业知识、专业技能外，培训与开发的内容还应包括理想、信念、价值观、道德观等。而后者又要与企业目标、企业文化、企业制度、企业优良传统等结合起来，使员工在各方面都能够符合企业的要求。

4. 全员培训与重点提高相结合的原则

全员培训就是有计划、有步骤地对在职的所有员工进行培训，这是提高全体员工素质的必经之路。为了提高培训投入的回报率，培训必须有重点，即对企业兴衰有着重大影响的管理和技术骨干，特别是中高层管理人员；另外，有培养前途的梯队人员，更应该有计划地进行培训与开发。

5. 培训效果的反馈与强化原则

培训效果的反馈与强化是不可缺少的重要环节。培训效果的反馈指的是在培训后对员工进行检验，其作用在于巩固员工学习的技能、及时纠正错误和偏差，反馈的信息越及时、准确，培训的效果就越好。强化则是指由于反馈而对接受培训人员进行的奖励或惩罚。其目的一方面是为了奖励接受培训并取得绩效的人员；另一方面是为了加强其他员工的培训意识，使培训效果得到进一步强化。

5.2 培训与开发的步骤

员工培训与开发对企业至关重要。然而，培训与开发所花费的资金、时间、精力等综合成本都不低，这又令许多高层管理者犹豫不决。我们并不提倡组织不计成本盲目地进行培训与开发，但只要对培训工作加以精心设计与组织实施，就能有效地、经济地做好这一工作，尽可能以较低的培训成本达到企业既定的培训开发目标。为了确保培训与开发的投入能最大程度地影响个人与企业的绩效，在实践中应遵循高效、完整的培训与开发步骤。

　　一般来说，培训与开发要按照下面的程序来进行：首先是培训与开发的需求分析、其次是培训与开发的方案设计、再次是培训与开发的实施管理、最后是培训与开发的成果转化与效果评估，最后一个步骤的结果信息应反馈至新一轮的培训与开发工作中去，促使其在更高的层次开展各步骤的工作。整个过程如图 5－1 所示。

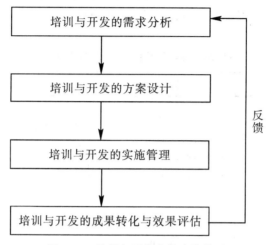

图 5－1　培训与开发实施步骤模型

企业培训与开发活动正如图 5－1 示意的那样，是一种反复循环，螺旋上升的过程。

5.2.1　培训与开发的需求分析

　　所谓培训与开发的需求分析指的是在规划与设计每一项培训活动之前，由培训部门、主管人员、工作人员等采取各种方法与技术，对各种企业及其成员的目标、知识、技能等方面进行系统的鉴别与分析，以确定是否需要培训及培训内容的一种活动或过程。它既是确定培训目标、设计培训方案的前提，也是进行培训评估的基础，因而成为培训活动的首要环节。

　　企业中存在对员工进行培训的需求，主要是由于企业当前已经出现了问题或者以后可能会出现问题，出现的这些问题就是引起培训需求的"出发点"，它主要来自于两个方面：企业方面与个人方面。这两个方面是同等重要的，因为即便是员工个人不存在培训需求，可是从企业整体的角度出发，也可能对员工进行培训，比如说组织文化培训。但是，企业出现问题只是培训需求的可能性，并不等于只要出现问题就必须进行培训，通过培训，可以有效地解决企业出现的问题时，才是培训需求的现实性。如果员工的生产效率低下是由于薪水过低而引起的，此时如果对员工进行培训是没有任何意义的，应当通过提高员工薪酬水平来解决。所以，培训需求不仅要有可能性，也要有现实性。企业方面出现的问题要进行普遍性的培训，个人方面出现的问题要进行特殊性的培训，当然，如果个人方面的问题具有共性的话，那就变成了企业方面的问题了。

　　对于培训与开发的需求分析，最有代表性的观点是麦吉（McGehee）和塞耶（Thayet）在 1961 年提出的培训需求分析的三个方面，即通过组织分析、人员分析与任务分析来确定培训的需求，这仍然是今天普遍使用的观点。

1. 组织分析

组织分析包括的内容有两方面：一方面是对企业将来的发展战略、发展方向进行分析，确定企业今后的培训重心和方向；另一方面是对企业的整体绩效进行评价，找出存在的问题并分析其产生的原因，以确定组织当前的培训重心。

企业培训的重心与方向，是根据企业的经营发展战略来确定，企业的发展战略不同，经营的重心就会不同，因此培训的重心和方向也就不同。另外，企业的竞争战略、经营策略等都会影响到将来的培训重心与方向。表5-2列出了在不同的发展战略下，企业经营的重心以及培训的重心。

表5-2 不同发展战略下企业培训与开发的重心与方向

战略		经营重心	达成途径	关键点	培训重心
集中战略		·增加市场份额 ·降低运作成本 ·建立和维护市场地位	·改善产品质量 ·提高生产率 ·技术流程创新 ·产品客户化	·技能先进性 ·现有员工队伍的开发	·团队建设培训 ·跨职能培训 ·专业化培训计划 ·人际关系培训 ·在职培训
成长战略	内部成长战略	·市场开发 ·产品开发 ·创新 ·合资	·现有产品营销 ·增加分销渠道 ·全球市场扩展 ·修正现有产品 ·创造新产品 ·合资扩张	·创造新的工作和任务 ·创新	·支持或促进高质量产品价值沟通 ·文化培训 ·帮助建立鼓励创造性思考和分析的组织文化 ·工作中的技术能力 ·反馈与沟通方面的管理者培训 ·冲突谈判技能
	外部成长战略	·横向一体化 ·纵向一体化 ·集中多元化	·兼并在产品链条上与组织处于相同阶段的企业 ·兼并能够为组织供应原料或购买产品的企业 ·兼并其它企业	·一体化 ·人员富余 ·重组	·确定被兼并企业员工的能力 ·培训系统的一体化 ·合并后组织中的办事方法与程序 ·团队培训
收回投资战略		·精简规模 ·转向 ·剥离 ·清算	·降低成本 ·减少资产规模 ·获取收入 ·重新确定目标 ·出售所有资产	·效率	·激励、目标设定、时间管理、压力管理、跨职能培训 ·领导能力培训 ·人际沟通培训 ·重新求职的帮助 ·工作搜寻技巧培训

资料来源：［美］雷蒙德·A.诺伊等.雇员培训与开发.北京：中国人民大学出版社，2001.

通过对企业整体绩效的评价来确定当前的培训需求时，首先要制定企业绩效考核的指标和标准；其次把企业当前的绩效和设定的目标或以往的绩效进行对比，当绩效水平下降或者低于标准时就形成了培训需求的"出发点"，并对此进行分析，确认现实的培训需求。比如通过对企业绩效的评价，发现产品的合格率较低，就要找出原因并进行分析，如果是员工操作不当，就需要重点对员工进行操作规范的培训。

企业绩效考核是整体性评价，发现的问题具有一定的代表性，而培训开发的最终目的就是要提高企业的整体绩效，因此这种分析是非常有必要的。

2. 任务分析

任务分析也叫操作分析或工作活动分析，是指对员工从事的工作进行描述，研究员工是如何行使自己所承担的任务与职责的，并分析他们完成这些任务所需要的知识、技能、态度和行为。当员工自身工作现状与任务分析的结果有明显差距时，就需要进行培训。这里的任务主要是指某位员工在某种具体工作中的一些活动，因此任务分析也称操作分析。

一般来说，只有从组织分析中得出企业有必要在某种培训上投入时间和资源的结论后才会具体进行任务分析。这是因为任务分析需要投入大量时间来收集和归纳数据，是一个既耗时又细致的工作。任务分析通常按照以下程序进行：

（1）选择需要分析的工作岗位；

（2）通过观察、访问、与知情者讨论等方式，罗列出该工作岗位需要履行的各项任务的基本清单；

（3）查证和确认任务基本清单的可靠性与有效性；

（4）通过访问与调查问卷明确胜任一项任务所需要的知识、技术或能力。

某项任务是否要进行培训要看这项任务是否重要，并根据有关专家对任务执行频率、重要程度与执行难度的评定来确定，那些重要性不高、难度不大，同时又很少执行的任务，可以不列入培训项目中。需要进行培训的任务确定后，应由专家确定完成每项任务所需要的知识、技能或能力及其它执行要求（如工作条件、业绩标准、必要的工具和设备等），并将其按共通性分成不同的组别，然后合并成模块，这些任务模块成为确定课程体系和课程目标的依据。

3. 人员分析

人员分析是指将员工当前的实际工作绩效与员工工作绩效标准或员工工作绩效预期进行比较，确定哪些员工需要进行培训，哪些员工不需要进行培训。人员分析主要包括绩效评估、员工知识或技能测试及员工个人填写的培训需求调查表。绩效评估可以反映哪些人没有达到期望值，但不能反映为什么没有达到期望值的原因。员工知识或技能的测试可以客观地反映没有达到期望值的原因，但是测试与实际工作是两回事。因此，要确定真实的培训需求，只有综合上述各种手段具体进行人员分析。全面的人员分析可以避免组织派遣那些不需要培训的员工去参加培训，从而节约成本。另外，人员分析可以帮助培训部门了解受训者的基本情况，从而进行有针对性的课程设计。

通过培训与开发的需求分析，应得出的结论是：是否需要培训、谁需要培训、培训的内容是什么、是否有足够的资源；对这些问题的回答，决定企业培训与开发方案的设计。

5.2.2　培训与开发的方案设计

企业培训与开发方案的设计是基于对培训需求了解的基础上展开的工作。方案的设计需要做好以下几方面的工作。

1. 选定培训对象

在明确培训需求之后，企业首先要确定哪些员工需要进行培训。培训的目的是让需要培训的员工经过培训之后符合岗位与技能的要求。值得一提的是，企业的培训资源是有限的，因此如何合理地分配培训资源是人力资源部面临的重要问题。并不是所有的员工经过培训后就一定有收获，这与员工的主观意愿和学习能力有很大的关系。特别是在培训经费紧张的情况下，培训工作就更要保证满足确实需要培训的员工的要求。企业需要培训的对象一般包括：新录用的员工、可以改进当前工作的人、企业要求他们掌握其它技能的人、有潜力的人。影响员工培训效果的因素主要有：员工的态度、学习能力与技能差距。

2. 设定培训课程

课程培训内容要结合企业现实的生产经营管理的需要或长远发展的需要。课程内容一般包括五个方面：知识培训，主要解决"知"的问题；技能培训，主要解决"会"的问题；思维培训，主要解决"创"的问题；观念培训，主要解决"适"的问题；心理培训，主要解决"悟"的问题。根据培训的内容与培训需求分析的结果，又可将培训课程分为新员工培训课程、固定课程与动态课程三类。

新员工培训课程设置比较简单，属于普及性培训，包括的内容有企业文化、政策、制度和企业发展历史等。

固定培训课程是基础性培训，是从事各类工作需要掌握的知识和技能，在岗位调动、职位晋升、绩效考核中反映出知识和技能有差距的员工需要进行固定课程的培训。首先，人力资源部会同各级部门，从岗位分析入手，对所有岗位进行分类，如分为管理类、技术类等。在分类基础上对每一类进行层次级别定义和划分。由此，按照企业的组织结构与岗位胜任模式来建立固定课程体系就有了分析的基础和依据。其次，以各岗位为基础，分析员工开展工作所需的职业化行为模块和行为标准，分析支持这些职业化模块和行为标准所需的专业知识和技能，确定出各岗位的培训课程，从而开发相应的培训教材。不同级别的必备知识可以相同，但在深度和广度上应该有所区别。

动态培训课程是根据行业发展动态，结合企业发展战略进行的培训。这类培训主要是保证员工能力的提升，为企业的发展提供人才支持，是根据新技术、新理念等确定培训课程。

课程设置要坚持"缺少什么培训什么、需要什么培训什么"的原则，使员工能够掌握需要的知识与技能；适应多样化的员工背景，选择不同难度的课程内容进行课程水平的多样组合。一般来说，课程内容的选择是课程设计的核心问题。课程教材的开发应注意相关性、有效性和价值性。

3. 采取不同的培训形式

企业培训对象的多样性决定了培训形式也是多样的，包括在职培训、岗前培训和脱产培训等。如果培训内容多、要求高、时间长，采取脱产培训比较适宜；如果培训的内容比较简单，只是一些补充性培训，则可以采取在职培训的形式。

4. 选择恰当的培训时机

员工培训的方案设计必须考虑何时需要培训，事实上，要做到这一点并不容易。许多企业是在时间充足或培训费用较低的时候提供培训，比如，他们将培训计划列入生产淡季，却不知由于没有及时得到培训造成大量的次品、废品或其他事故，使得生产成本更高。

5.2.3 培训与开发方案的实施和管理

培训与开发方案的实施与管理是整个培训过程中的关键环节。企业在实施员工培训时，主要涉及以下几个方面：

1. 选择以及确定培训师

培训师是影响培训效果的决定性因素。培训师的来源可以分为两类：一类来自于企业外部，如高校相关专业教师、培训咨询机构的专业培训师或某一行业领域的专家等；另一类来自于企业内部，一般是资深业务能手或各级管理人员。

企业在选择培训师时，要根据培训的内容、要达到的目标、资源的限制等因素来确定。选择的培训师不仅要有广博的理论知识，更要有丰富的实践经验；既要有扎实的培训技能，也要有吸引员工的人格魅力。总之，企业要想方设法寻找到合适的培训师，以便能保质保量地达到预期的培训目标。

2. 确定培训教材

培训的教材一般是由培训师根据培训需要来确定。教材来源主要有四种：外购公开发行的教材、企业内部编写的教材、培训公司开发的教材以及培训师编写的教材。企业选择的教材一定要有针对性和实用性，应该是对培训内容的概括与总结，包括培训目标、重点、习题及参考书等。

3. 确定培训地点

培训地点的选择也是影响培训效果的因素之一，许多企业往往忽略了这一点。实际上，培训场所的采光、室内温度、桌椅的舒适度等，都会影响到员工的学习情绪以及培训师的心情，最终会影响培训的效果。培训地点一般可以选在专用教室、外租的教室、企业内部的会议室、外租的宾馆会议室等，企业应根据培训的具体内容来选择适合的培训地点。

4. 准备培训设备

员工培训需要借助各种培训仪器和设备，比如投影仪、放像机、屏幕、摄像机、电脑、电脑辅助软硬件、黑板、白板、笔等，应根据需要事先做好准备，让培训师预先了解并熟悉一些特殊设备的使用方法。

5. 确定培训时间

培训时间一般不应与员工工作时间发生冲突。企业应根据员工培训的特点，确定合理的培训时间，包括何时开始、何时结束、每个培训周期的长短等。

6. 确定培训方法

企业在培训活动中使用的方法很多，比如讲授法、视听法、案例研究法、工作指导法、研讨法、角色扮演、游戏法、团队培训法等。具体的培训方法应根据组织的实际需要来确定。

为了强化培训效果，企业在培训的实施管理中还应注意以下几点：

一是联系。培训内容应与员工的工作任务相联系，最好与员工熟悉的概念、词汇及例子结合起来，这时，员工最感兴趣，最容易接受新知识、新技能，效果也最好。

二是互动。主要是指应组建一些互动群体，如学习小组、实践小组等，使员工能够一起讨论，相互学习，一起实践，互相促进。

三是实践。实践是有效学习的关键。企业实施培训活动时，必须为受训者提供充足的实际演练机会。

四是吸引。吸引受训者的注意力，保持其对培训内容的专注是培训成功的必要条件。企业在实施培训活动时，应当促使受训者认识到培训的重要性，激发其对培训的兴趣。

五是反馈。培训反馈指的是将受训者学习状况的具体信息传递给本人，使其知道自己的行为是否正确。有效的反馈一般集中于人们的具体行为和及时性反馈，并附以表扬和指导措施。因此，人们正确行为的反馈是一种激励性反馈；而人们错误行为的反馈可以帮助人们改正不良行为，也称为纠正性反馈。反馈造就完善，企业实施培训活动必须重视反馈环节。

5.2.4 培训与开发成果转化和效果评估

培训开发活动的最后一个步骤就是要对培训与开发进行成果转化与效果评估，这不仅可以验证此次培训是否达到预期目标，还可以帮助企业决定是否应该继续此项培训，更重要的是有助于企业对以后的培训进行改进和优化。

1. 培训与开发成果转化

培训与开发的目的是要改善员工的工作业绩并最终提高企业的整体绩效，因此员工在培训中所学的知识必须应用到实际的工作中去，这样培训才具有实际意义，否则培训的投资对企业来说就是一种浪费。

关于培训成果的转化，有三种主要的理论，简要介绍如表 5-3 所示。

表 5-3 培训成果转化的三种理论

理 论	强 调 重 点	适 用 条 件
同因素理论	培训环境与工作环境完全相同	工作环境的特点可预测并且稳定，例如设备使用培训
推广理论	一般原则运用于多种不同的工作环境	工作环境的特点不可预测并且变化剧烈，例如谈判技能的培训
认知转化理论	有意义的材料可增强培训内容的存储和回忆	各种类型的培训内容和环境

资料来源：(美)雷蒙德·A.诺伊等.雇员培训与开发.P92，北京：中国人民大学出版社，2001

一般来说，培训成果的有效转化，至少需要具备以下几个基本条件：

(1) 良好的转化氛围。这是培训成果转化的环境因素，良好的外部氛围将有助于员工培训成果的转化。表 5-4 列举了一些有利于培训成果转化的环境特征。

(2) 建立信息技术支持系统。信息技术支持系统是一种能够按照需要提供技能培训、专家建议等信息的计算机应用软件系统，受训者在工作中运用所学知识、技能遇到问题时，可以随时通过此系统取得所需电子信息，如操作程序等，从而支持知识运用与学习成果的保存和积累。

（3）自我管理。受训者应按照人力资源管理部门或培训师的要求做好在工作中运用新技能的自主管理准备，这包含三方面内容：一是让受训者制定在工作中运用新技能的目标，分析无法实现该目标的原因，明确在工作中运用新技能的积极与消极两种后果；二是让受训者清楚在工作中运用新技能遇到困难的必然性以及放弃应用的后果；三是提醒受训者如果在工作中运用新技能无法得到上级和同事支持时应建立自我奖罚系统，并主动要求上级和同事提供反馈。

表 5－4　有助于培训成果转化的良好氛围

特　　征	举　　例
上级与同事鼓励受训者积极运用在培训中所学的新技能及行为，并为他们确定目标	受训者与他们的上级以及其他管理者一起讨论如何将他们在培训中所学到的技能运用到实际工作中去
任务提示：受训者从事的工作特征推动或提醒受训者运用在培训中学到的新技能和行为	对受训者的工作进行重新设计，使他们能够将培训中所学到的技能和行为运用到工作中去
反馈结果：上级支持受训者把培训中所学的新技能与行为运用到工作中去	上级提醒受训者运用他们在培训中所学到的知识与技能
惩罚限制：不能让受训者因为运用了在培训中所学的新技能和行为而受到公开打击	刚刚接受完培训的受训者在运用培训内容失败时，对他们不要责备
外在强化结果：受训者因为运用了在培训中所学新技能和行为而得到加薪等外在奖励	刚刚接受完培训的受训者如果能够成功地将培训内容加以运用，会得到加薪奖励
内在强化结果：受训者因为运用在培训中所学的新技能和行为而得到如上级和同事的赞赏等内在奖励	刚刚接受完培训的受训者在工作中按照培训要求去做会受到上级和其他管理者的表扬

资料来源：［美］雷蒙德·A.诺伊，等. 雇员培训与开发. 北京：中国人民大学出版社，2001.

2. 培训与开发效果评估

培训效果评估即对培训进行评价，是指依据培训目标，对培训对象和培训本身作一个价值判断。培训效果评估是对培训项目的改进，或者是为企业以后的培训工作积累经验。它主要包括两方面内容：一是培训评估的标准；二是培训评估的设计。

1）培训效果评估的标准

培训效果评估的标准是指要从哪些方面对培训进行评估，即培训评估的内容。目前，国内外使用最广泛的培训评估标准仍然是美国学者柯克帕特里克（Kirkpatrick）在 1959 年提出的培训效果评估模型。该模型将培训评估的标准分为四个递进的层次，即反应层、学习层、行为层和效果层，如表 5－5 所示。

表 5-5 柯克帕特里克四层评估标准

层次	名称	问 题	评估方法
第一层次	反应层	喜欢此次培训吗？对培训者和培训方式满意吗？课程有用吗？有何建议？	问卷、面谈
第二层次	学习层	受训者在接受培训之后知识和技能的掌握是否提高以及有多大程度的提高？	笔试、绩效考核
第三层次	行为层	受训者在接受培训之后是否改进了以前的行为？是否运用了培训的内容？	由培训者、上级、同事、下级以及客户进行评价
第四层次	结果层	组织和员工的绩效是否得到了改善与提高？	员工流动率、生产率、利润率等指标考核

反应层是培训评估的第一个层次，主要是了解受训者对培训方式、培训项目、培训人员是否满意。这种评估在一次或一天的培训结束之后进行最为有效。

学习层的评估是可以量化的。一般来讲，了解受训者知识掌握程度的最佳方法就是笔试，对于一些技术性的工作，可以通过绩效考核知晓受训者提高的程度。

行为层的评估一般是在培训结束之后进行的。这种评估需要各部门的配合，不断获取受训者行为变化的相关信息。如果受训者的行为没有发生变化，说明对该受训者的培训是不成功的。

结果层的评估主要是指组织和员工的绩效是否由于培训而得到改善，是否有助于达到组织既定的目标，因而培训评估最有意义的就是结果。培训结果评估可以通过组织的一些指标进行分析。

另外，培训评估的标准还可以从两个方面来考虑。一方面是培训的效果，即培训是否实现了企业预期的目标，这可以将培训的效果与培训的目标进行比较，从而得出结论。培训的效果评估是培训评估最基本的要求，主要是针对受训者而言的。另一方面是培训的效率，即培训是否以最有效的方式实现了企业预期的目标，包括评估费用成本、时间成本，在同样的培训效果下，费用最低、时间最短的培训是最有效的。通过对培训效率的评估，可以对培训方法进行优化。效率评估更多的是针对培训本身而言的。

2）培训评估的设计

培训评估的设计是指应当如何进行培训的评估。培训评估方案的设计水平将决定对培训评估结果的放心程度。虽然任何培训评估都无法保证绝对准确的评估结果，但是人们可以通过设计尽可能严谨地评估方案来提高准确性，减少评估结果的争议。

根据培训的测试时点不同，常用的评估方案设计类型主要有以下几种：

一是培训后评估。培训后评估是指在培训结束后对受训者的培训效果进行测试，它能表明受训者在接受培训后的知识和技能水平。但是这种测试得到的评估结果只是绝对值，更多地反映了培训目标的完成情况，很难看到培训的改进效果。比如，对生产效率的培训，目标是每天生产出产成品 5 台，培训后进行测试得出的结果与目标是一致的，说明培训达到了预期的目标，然而这一结果却无法说明培训对生产效率提高的程度。这类评估方案主要用于对反应层的评估。

　　二是培训前后的对比测试。这类评估需要进行两次测试，在培训前后分别对受训者进行一次测试，然后把两次测试的结果进行对比，从而对培训的效果做出评估。这类测试可以得出培训结果的相对值，还可以明确培训的改进效果。但是受训者在行为或结果方面的变化可能受到其他因素的影响，从而影响到对培训效果的准确评估。根据上面的例子，假设培训前员工的生产效率为每天产出成品 3 台，培训后为每天 5 台，可以看出培训对生产效率的改进程度，但这种改进并不一定都是培训的结果，还可能是技术改进等原因形成的。这种评估方案主要用于对学习层的评估。

　　三是与对照组进行培训前后的对比测试。为了消除其他因素对培训效果评估的影响，除了对受训员工进行对比测试外，还应选择一组没有经过培训的员工进行对比测试，这种测试更前进了一步。把受训组与对照组测试的结果进行对比，可以反映出培训的实际效果。根据上面的举例，受训者的生产效率从培训前的每天生产 3 台提高到培训后的每天生产 5 台，而对照组的员工，在培训前的生产效率也是每天生产 3 台，现在的生产效率为每天生产 4 台，通过对比可以得出培训对生产效率的提高程度是每天多生产 1 台。为了保证测试效果的真实性，受训组员工和对照组员工，除了在培训方面有所不同之外，其余的任何条件都要一致。这种评估方案主要用于行为层与结果层的评估。

5.3　培训与开发的方式及方法

5.3.1　培训与开发的方式

　　员工的培训与开发主要有两种方式，即代理性培训方式与亲验性培训方式。

　　代理性培训方式是指在培训过程中，培训者不是靠自身实践阅历和亲身体验来直接获得知识、经验或结论，而是经过别人整理加工后再传授给他们间接的经验、知识和结论。例如，以讲座形式举办的培训活动，授课人的课堂讲授和以教材为主的知识传递等就是以代理性培训为主体的培训形式。代理性培训的优点是它在传授知识、借鉴他人经验方面效率较高。因为，在知识经济时代，人们不可能事事亲历，依靠直接的实践、体验、积累来获得所有的知识。代理性培训的缺点是对培训的内容感受不深，缺乏亲身体验，培训过程中信息单向交流，培训对象比较被动等。

　　亲验性培训是指通过培训者的亲身体验、"活学活用"来掌握知识和技能的培训方式。与代理性培训不同，在亲验性培训过程中，培训者获得的经验、知识和结论不是通过别人整理加工后再传递，而是经过自己的亲身经历、实际体验、直接经验来掌握的，往往能够内化为个人能力。培训与开发中的案例讨论、现场实习、模拟性练习、职务轮换、角色扮演、管理竞赛、心理测试等方法，即是以亲验性为主体的培训方式。亲验性培训有助于人们掌握隐性知识和"如何做"的知识，有利于人们处理问题、解决问题、完成工作等实际能力的培养，可以弥补代理性培训的不足。人们在生活、工作、社会活动中，相当多的知识和技能如果仅仅依靠代理性培训是无法掌握的，必须依赖亲验性培训才能掌握和运用。比如，人们学习开车，学会游泳的经历，即反映了这种培训原理。然而，由于个人的客观条件、实践机会、实践成本以及时间、精力等多方面的限制，亲验性培训方式在培训时，存在着培训成本高、培训效率较低、知识接触面较窄、简单重复前人工作等不足。

在培训与开发工作中，应当从实际出发，实事求是地把这两种培训方式与所培训的知识、技能、态度等内容，以及培训目标、培训资源、培训对象等有机结合起来，恰当选择和匹配代理性培训与亲验性培训方式，使这两种方式相辅相成，发挥最大的效应。

5.3.2 培训与开发的方法

员工培训与开发的方法多种多样，企业必须充分考虑到各种方法的优势与不足，根据企业的实际情况做出正确的选择，以获得最佳的培训效果并降低培训成本。下面介绍几种最常用的培训方法。

1. 讲授法

讲授法又叫讲解法，包括课堂讲授、举办讲座等形式，是培训中应用最为普遍的一种方法。讲授法一般是指培训者通过逻辑的、体系化的言语表达，系统地向受训者进行知识内容的讲解传授，有时还辅以文字、图形、问答等形式的培训方法。这种培训方法最适合以简单的形式获取知识为目标的情况。

实际上，讲授法是一种最典型的代理性培训式方法，也是成本最低、最节省时间又能按一定组织形式可以有效传递大量信息的培训方法之一，有利于大面积培训人才。这种方法传授的知识比较系统、全面，对环境要求不高，受训者可以利用教室环境相互进行沟通，向教师请教，可以在较短时间内使受训者系统地吸收有关知识，而且还可以作为其它培训方法的辅助手段，因此在实践中受到了广泛的欢迎。但是讲授法是一种被动的学习方法，强调的是单向信息的灌输，培训者很难了解受训者的学习理解程度，存在着受训者缺少参与、反馈、对材料澄清以及与工作实际环境密切联系的机会、难以赢得并保持受训者的专心等缺点，这些都阻碍了学习和培训成果的转化。因此，培训中采用讲授法时，材料必须富有内涵并与工作具有相关性，为受训者提供更多的参与机会，结合问答、讨论等，调动受训者的积极性，最终强化培训效果。

2. 视听法

视听法是指将培训的有关内容制成幻灯片、影片、录像、录音等视听材料进行培训的方法。这种方法可以预先录制展示行为、技术或问题的说明等展示内容，还可以用来录制和重放受训者在培训中的表现，被广泛用于提高受训者的沟通技能、面谈技能、服务技能等方面。视听法采用的录像形式是行为模拟的主要手段，培训者可以根据需要人为地控制播放，受训者能够得到系统的、不受个人兴趣影响的信息内容，还可以形象地说明一些难以用言语或文字表达或描述的特殊情况，从而使受训者加深印象。另外，视听法采用现场摄像设备，培训者和受训者可以共同观察现场情况，并对学习进展给予迅速的反馈。在现代培训中，视听法可以单独或与其它方法结合起来使用，会强化培训效果，因此，日益受到大家的重视。视听法的缺点是其课程软件开发成本较高，而且课程需要经常更新。

随着视听技术的不断发展，录像已成为培训中使用最多的媒体。与电影相比较，它可以随时进行停止、启动和重播，因此，可以非常方便地在放映的同时进行讲解和评论。福特汽车公司在其经销商培训研讨会上，用电视录像来模拟如何处理各种客户投诉问题。海尔利用自身的录像宣传资料作为新员工踏入企业进行学习的首堂课,目的是介绍海尔的创业和发展过程,同时也是在向员工宣传企业文化。目前,在国内市场上,专用于企业培训的录像片已经越来越多。

3. 工作指导法

工作指导法是在管理人员或指定人员的指引下按照工作的逻辑顺序分步骤教授培训者的培训方法,是被组织广泛采用的一种方法。其特点是通过资历较深的指导人的引导,新员工能够迅速掌握工作岗位的技能和方法。工作指导法的优点是新员工可以减少盲目摸索,少走弯路,能够很快地成长起来;另外,他们可以直接获取丰富的经验,尽快融入团队,对于刚从高校毕业的大学生来说,这种培训方法可以消除他们进入工作时的紧张状态,使双方能够建立良好的人际关系,同时,工作指导法还有利于组织优良工作作风的传递。但如果组织没有完善的规范制度,则工作指导法并不能发挥其效用。比如,为了防止新员工对自己构成威胁,指导者可能会有意保留经验、技术,从而使指导没有实际意义;另外,新员工的培训效果受指导者本身水平高低的影响,最为关键的是,不利于新员工的工作创新。目前,仍然有许多组织采用这种帮带式培训,比如,联想集团在新员工上岗前,都要指定一对一的指导人,新员工通过指导人的帮助,能够很快融入企业。

4. 研讨法

研讨法是指由指导教师有效地组织受训者以团体的方式对工作中的课题或问题进行讨论,并得出共同的结论,由此让受训者在讨论过程中互相交流、启发,以提高受训者知识和能力的一种培训方法。其目的是为了解决某些复杂的问题,或通过讨论的形式使受训者就某个主题进行交流,达到观念看法的一致性。研讨法作为组织培训员工的一种方法,以其显著的培训效果在实际应用中占有非常重要的地位,并与授课法并称职业培训两大培训法。“集思广益”是讨论法的基础,只有收集众人之智慧,并相互激发,才可达到 $1+1>2$ 的创造性效果。通过大家的自由思考,能出现各种各样的想法,然后把这些想法协调起来解决某一问题。研讨法培训的效果,取决于培训者的组织技巧与经验、受训者的自身水平以及讨论问题选择的好坏,因此,对培训者的要求一般较高。

5. 远程培训法

远程培训又称远程学习,是指利用电视、电话、电子邮件、互联网等电子信息和传媒技术,对那些距离远、分布散的员工所进行的多点位、大区域的一种培训方法。它的优点是可以克服空间上的距离、为分布区域广、难以集中的员工提供高水平的专家培训,可以节省大笔的差旅费和时间。另外,利用网络开展远程化培训更方便、效率更高,能满足各种行业的需要,因此,受到越来越多的组织的青睐。比如,IBM 就是成功地开展远程培训的典型代表,IBM 培训部将各分部员工所需培训内容进行编辑,制作成电子教材后在内部局域网上发布,学员可以随时随地上网进行自我培训或集体培训,节约了费用,有效地降低了产品成本,培训效果显著。远程培训法的缺点是培训者与受训者之间缺乏有效互动。

6. 案例研究法

案例研究法又称案例分析法,要求受训者研究分析那些现实工作情形和真实经营管理事件的案例。首先由培训者按照培训目的向受训者展示真实性背景,提供大量背景材料,并做出相关解释后,由受训者依据背景材料来分析问题,提出解决问题的各种方案,让受训者真正体验认知和分析问题的过程，培养受训者分析和解决实际问题的能力。在对案例的分析、辩论中，受训者集思广益，共享集体的经验与意见，有助于他们将受训的收获在未来实际业务工作中思考与应用，建立一个有系统的思考模式。同时，受训者还可以学到有关管理方面的新知识。案例一般没有正确或错误答案，因此，这种方法的目的不在于教会受训者"什么是正确的答案"，而在于教会他们如何发现潜在的问题并提出切实可行的和最好的行动方案。这时的培训者充当的是向导或辅导员的角色。

案例研究法是一种双向性信息交流的培训方法，将知识传授与能力提升结合在一起，是目前培训界应用最多的培训方法之一。案例研究法特别适合于开发受训者在分析、综合、推理、评判等深层次的智力技能，提高受训者对复杂因素和不确定结果等风险的承受和应对能力。

在案例研究法的实践当中需要注意的是：所选择的案例要有真实性，不能随意捏造，尽可能从受训者所在的组织中选取，这样有利于受训者工作能力的提高；案例中应包含一些管理问题，否则没有学习与研究的价值；案例研究始终要有个主题，即"你将怎么做"。

7. 角色扮演法

角色扮演法是指在一个特定的情境中让受训者扮演分派给他们的角色，在扮演结束后组织大家展开讨论，以各自对某一扮演角色的看法发表自己的意见，通过这样一个过程来深化受训者对于角色的体会，进而达到培训的目的。这样受训者能够了解到自己的行为对他人产生的影响。一般情况下，反馈的问题包括四个方面：扮演者的行为中，哪些地方做得对？哪些地方做得不对？他的行为带给其他人什么感受？怎样更有效地处理该情况？通过扮演他人所处的角色，受训者可以提高交际的能力，帮助他们学习怎样从不同角度思考问题，体验各类人物的心理感受，训练其自我控制能力和随机应变能力，从而使受训者尽快熟悉工作环境和业务流程，掌握必要的技能，迅速适应实际工作的要求。

角色扮演法在很多组织中被广泛采用，并被证明是一种非常有效的培训方法，它为受训者体验各种行为并借此为这些行为进行评价提供了一种有效的工具。这种方法能增进人们之间的理解与合作精神。另外，还可以使受训者在遇到困难时对过去的行为进行反思，同时，获得信息反馈的机会，从而促进新策略的产生。角色扮演法可用于开发涉及任何人际互动领域的技能。该方法可以让受训者有机会实践所学到的技能。因此比案例法更前进了一步。这两种方法经常结合起来加以运用，即在分析了某个案例或某个方案之后，还要请受训者以角色扮演的形式实施解决方法。这种方法的缺点是活动花费时间长，有过角色扮演失败体验的人，往往不愿再参加这种活动。

8. 游戏法

游戏法是指由两个或两个以上的受训者在遵守一定规则的前提下，相互竞争以达到培训目标的训练方法。游戏法可分为普通游戏与商业游戏两种类型。

普通游戏是指经过精心设计，包括许多与员工工作有密切关系的培训活动。受训者一般都比较喜欢普通游戏这种培训方法，因为它本身的趣味性不仅可以调节培训气氛，还可以使受训者以娱乐形式，活泼多样地进行互动学习，在放松身心的同时，可以体验和理解其它培训方法难以理解和掌握的培训内容与技巧，是一种比较好的培训方法。普通游戏的缺点是它的设计与使用要求比较高。

商业游戏包括管理游戏，主要用于开发受训者的经营决策能力和管理技能。商业游戏不仅可以按市场设计，也可以按企业设计，还可以按职能部门设计。受训者被分成若干小组，每个小组 2～7 人，受训者根据设计的场景和给定的条件就管理实践中的各方面问题如产品的定价、生产计划、筹集资金、原材料的订购、市场营销、财务管理、劳工关系等进行信息收集并对其进行分析，然后做出决策，每个小组决策的结果与其它小组的决策结果相互进行比较，由此确定最终哪个小组获胜。各小组按照商业竞争规则，运用计算机记录各种决策及变化信息，最后计算出结果，时间跨度可以是半年、一年或几年，实际操作时间则在半小时到两个小时之间。这种方法常常用于管理技能开发，能够将团队成员迅速培训成一个凝聚力很强的群体，对于受训者来说，游戏比课堂讲授更有吸引力，也更有意义。

9. 网上培训法

网上培训是指通过内联网、外联网或因特网进行传递，通过浏览器展示培训内容，无需面授就能达到培训目的的一种培训方法。网上培训以其无可比拟的优越性受到越来越多的公司的欢迎。培训课程由培训者存储在培训网站上，在世界各地的受训者利用网络浏览器进入该网站接受培训。根据培训进程的不同，网上培训可以分为同步培训与非同步培训两种类型。同步培训是培训者与受训者同时上网，培训者在网上及时指导受训者学习，而非同步培训是指受训者根据自己的学习进程来安排培训。

网上培训与传统培训相比较，具有很大的优越性。在网上进行培训，受训内容的传递不受培训时间和地点的限制，培训管理效率较高。由于网络上的内容易修改，而且修改的内容无须重新准备教材或其他教学工具，费用低，因此，及时、低成本地更新培训内容也是网上培训的一大优势。网上培训还可充分利用网络上的声音、图片和影音文件等资源，增强课堂教学的趣味性，从而提高学员的学习效率。另外，网上培训的安排也比较灵活，受训者可以充分利用空闲时间进行自我指导学习，而不需中断工作。网上培训的缺点有：网上培训要求组织建立良好的网络培训系统，这需要大量的培训资金；另外，某些培训内容并不适用于网上培训，如关于人际交流的技能培训。

实行网上培训应注意确保网络的通畅，确信每位受训者都掌握了网络操作的基本方法，培训内容形式的设计尽量与站点形式保持一致，培训最好大量利用多媒体技术实现培训信息的传输。

10. 团队培训法

团队培训是指通过协调团队成员个人的活动和绩效来促进团队绩效的提高，从而有效实现团队的共同目标。团队培训旨在协调为达成共同目标而努力工作的不同个人之间的绩效。在个体之间必须分享信息、分享知识以及个体的行为将会影响群体的整体绩效的情况下，这种培训是非常有效的。团队培训重点强调团队绩效，而团队绩效取决于团队的知识、态度和行为。这三种因素不仅是个体层面的要求，更是系统层面的决定因素。行为要素要求团队必须采取适当的行为进行沟通、协调、提高凝聚力，并采取适当的行动达到目标。态度要素要求团队的成员彼此之间要信任、要相互理解，并对团队充满信心。知识要素要求团队有不断学习的能力，同时具备应变能力与创新能力。

团队培训一般包括交叉培训、协作培训与领导技能培训三个方面。交叉培训是指让团队成员熟悉并实践其他队员所掌握的工作技能，以便在有人离开团队时，其他人能够接替并承担起相应的工作。协作培训是指促使团队成员共享信息、分担决策责任、协调工作，从而实现团队绩效最大化。团队领导技能培训的主要对象是团队领导者，培训内容包括：如何协调团队成员的活动、如何解决内部冲突、如何培养各种团队技能、如何实现团队绩效最大化等。

5.4 不同类型员工的培训与开发

5.4.1 管理人员的培训与开发

管理人员是企业中的主导力量，在企业的一切活动中处于中心地位，管理人员水平的高低直接决定着一个企业的成败。因此，管理人员培训与开发的重要性，无论怎样强调都不过分。应当说，对管理人员的培训与开发是一项关系企业命运与前途的战略性工作。企业所面临的内部环境和外部环境都处于不断变化当中，这种变化要求管理人员具备新的知识和技能。可以说，不论是从企业发展的需要出发，还是从个人价值的实现来看，管理人员的开发工作绝不能忽视。

管理人员培训与开发的目的是让其了解企业的发展目标与战略、经营方针、企业文化等信息；不断补充新的管理知识、掌握先进的管理经验和方法；树立正确的态度与观念，便于更好地领导、管理下级；提高管理人员在决策、用人、沟通、创新等方面的能力。

管理人员培训与开发的内容主要有：领导技能、人际关系技能、聆听技能、解决问题技能、决策与计划技能、授权技能、信息沟通、员工激励、团队建设、时间管理、目标管理、战略管理、企业发展、企业再造等。

管理人员培训与开发的方法主要有研讨法、案例研究法、角色扮演法、游戏法等。

5.4.2 科技人员的培训与开发

科技人员一般都掌握了必要的知识与技能，而且具备一定的工作经验与学习能力。由于知识更新的速度加快，技术水平也在不断地发展，因此，对科技人员的培训与开发是一种日益受到组织普遍重视的培训工作。其培训与开发的目的主要有：符合知识经济时代的要求不断更新专业知识，开发出适合市场需求的新产品，从而使企业战略目标能够顺利地实现；提高科技人员的实际研发能力，努力完成各项科研任务。

科技人员培训的内容除了专业知识以外，还应增加提高科技人员综合素质的内容，比如：创造性思维训练、财务培训、营销培训、时间管理、沟通、职业道德、团队建设、员工指导、消费心理学等。

科技人员培训的方法主要有研讨法、讲授法、案例研究法、视听法等。

5.4.3 营销人员的培训与开发

营销人员是企业重要的财富，现代企业都非常重视营销工作，因此，对营销人员的培训与开发也是十分必要的。营销人员的培训重在激励。对营销人员培训与开发的目的主要有：增强他们的凝聚力、向心力，激发营销人员的内在潜能，使营销人员能更好地展现自己，"释放"自己，给组织带来销量的最大化以及盈利的最大化。

营销人员培训与开发的内容包括培训营销人员的基本礼仪、介绍新产品、演讲技能、思辨能力、顾客心理、提高销售经理的规划能力和市场调查能力等。

营销人员的培训可以采用案例研究法、角色扮演法、游戏法等。

思 考 题

1. 如何理解培训与开发的含义?
2. 培训与开发的意义是什么? 应当遵循哪些原则?
3. 培训与开发的内容包括哪几个方面?
4. 培训与开发的步骤有哪些?
5. 如何进行培训需求分析?
6. 如何测评培训效果?
7. 培训成果转化的条件有哪些?
8. 培训与开发的方法有哪些? 其主要内容是什么?

➡ **案例**

卡斯尔公司的培训为何失败

卡斯尔公司是美国加州一家生产厨具和壁炉设备的小型企业,大约有 140 名员工,布朗是这家公司的人力资源主管。这个行业的竞争性很强,卡斯尔公司努力使成本保持在最低的水平上。

在过去的几个月中,公司因为产品不合格问题已经失去了 3 个主要客户。经过深入的调查发现次品率为 12%,而行业平等水平为 6%。副总裁史密斯和人力资源主管布朗在一起讨论后认为问题不是出在工程技术上,而是因为操作员工缺乏适当的质量控制培训。布朗使史密斯相信实施一个质量控制的培训项目将使次品率降低到一个可以接受的水平上,并接受史密斯的授权,负责设计和实施操作这一项目。史密斯很担心培训课程可能会引起生产进度问题,布朗强调说培训项目花费的时间不会超过 8 个工时,并且分解为 4 个单元、每个单元 2 个小时来进行,每周实施一个单元。

然后,布朗向所有一线主管发出了一个通知,要求他们检查工作记录,确定哪些员工存在生产质量方面的问题,并安排他们参加培训项目。通知还附有一份讲授课程的大纲。在培训设计方案的最后,布朗为培训项目设定了下述培训目标:将次品率在 6 个月内降低到标准水平 6%。培训计划包括讲课、讨论、案例研讨和一部分电影。教员把他的讲义印发给每个学员,以便于学员准备每一章的内容。在培训过程中,学员花了相当多的时间来讨论教材中每章后面的案例。由于缺少场所,培训被安排在公司的餐厅中举办,时间安排在早餐与午餐之间,这也是餐厅的工作人员准备午餐和清洗早餐餐具的时间。本来应该有大约 50 名员工参加每个培训单元,但是平均只有 30 名左右出席。在培训检查过程中,很多主管人员向内尔强调生产的重要性。有些学员对布朗抱怨说,那些真正需要在这里参加培训的人已经回到车间去了。布朗认为评价这次培训最好的方法是看在培训项目结束后培训的目标是否能够达到。结果,产品的次品率在培训前后没有发生明显的变化。布朗对培训没有能够实现预定的目标感到非常失望。培训结束 6 个月之后，次品率水平与培训项目实施以前一样。布朗感到自己压力很大，他很不愿意与史密斯一起检查培训评估的结果。

问题讨论：

1. 导致卡斯尔公司培训失败的原因有哪几方面？

2. 培训是一项投资活动，既然花了钱和精力，就要考虑是否值得。请问如布朗与史密斯一起检查或评估培训的效果，它应包括几方面内容？

3. 对培训项目的控制是有效培训的关键，文中对布朗安排的质量培训项目的控制主要包括哪三方面的内容？

第6章　职业生涯设计和管理

❖ **本章要点**

- 职业生涯与职业生涯管理
- 职业生涯发展阶段
- 个人职业生涯与组织职业生涯设计
- 职业选择与个性
- 职业锚
- 职业生涯管理中的角色
- 职业生涯通道

📖 **阅读资料**

规划"富翁型"职业生涯

盛大入主新浪，陈天桥成为中国网络的头号资本家，他靠资本运作狠赚了一笔。资本家赚钱也让一批职业经理人大发资本之财，比如说唐骏，从微软中国总教头的位置上退下来，并没有影响他的职业之路，反而成为中国第一号"打工皇帝"，身价4亿。

陈天桥成为互联网首富，唐骏获得巨大成功，资本和身价迅速蹿升，是因为他们更懂得利用资本运作和市场经济下的职场规律，而掌握方法和规律是走向成功的捷径。那让我们来看看这些富翁们的职业生涯。在职业生涯规划里，我们把这些人的职业生涯叫做"富翁型"职业生涯。

何谓"富翁型"职业生涯？

所谓"富翁型"职业生涯，即懂得现行市场经济中资本运作规律的职业人，在相应迅速扩张、发展的企业中，主动谋求的一种个人职业生涯规划。

这些职业人大多受过海外教育，见识过资本运作的市场发展规律，能够在资本运作的企业中或资本运作的过程中找到成就自己职业发展的机会点。他们都是被职业生涯理念激发和开化过的，有意识地主动去规划自身职业生涯发展。

"富翁型"职业生涯者是职业生涯中的先进者，因为这些职业人深深地明白，市场经济和个人职业发展密不可分。大的社会环境和经济结构是怎样的，会造就给我个人一个什么样的契机。他们不是关起门来想，我要做好什么样的事情，什么样的老板认可我，然后我要怎么样去做。虽然这也是有职业生涯理念的人，但这属于稍低一个层次。高一个层次的人，他能将个人的小命运嫁接到时代大命运上。

这是网络化的时代，大众消费需求娱乐化，盛大正是将自己的娱乐帝国同新浪在门户网站上的优势相加，强强联手，顺应时代发展潮流。能够预料到盛大这样的资本运作大手笔，并从中找到自己发展契机的职业人，能够迅速上升并使身价翻番。就像现在盛大和新浪的职业经理人，都是这次资本运作的最终获益者。

所以说，"富翁型"职业生涯强调的是在资本运作的企业中获得职业成功，而不是通过创业或投资致富。也就是说，今天要想在商业格局中成为职业富翁的人，一定是在资本运作的企业中工作的人。以现在的盛大公司 CEO 唐峻为例，最初唐峻在微软公司，即使是在世界500强企业，他也成不了富翁。但是当他去了盛大后，才能有机会成为"时代新富"。他现在身价上亿，如果在微软，年薪也就是百万。打工打出富翁，关键点是自己的股权和企业股权架构是一致的，而这只能在资本迅速注入和扩张的企业里实现。

这和目前的职场现状也是有联系的。年轻的职业人，只有在资本运作的企业里，资金的迅速注入和扩张，才更需要年轻人的朝气与力量，才有可能给你超乎市场同比的职位和薪资。职业人到超出市场常规发展 N 倍发展速度的企业里去工作，将是成为富翁的捷径。当然只有在企业资金迅速注入的时候，职业人才能拿到这些钱。在风险企业中去谋求到自身的股份或者一个迅速攀升点，在迅速成长型的企业中通过某个环节拿到自己职业生涯成功的关键点。

"富翁型"职业生涯成功关键：

当然了，并不是每一个人都可以去编织"富翁型"职业生涯梦想的，那些自身处于迅速扩张的资本型企业里的职业人，也并不是个个都获得了成功。据可锐职业顾问的调查显示，仍然有7成人没有攀升的机会，为什么呢？因为他们没有理清以下几个关键点。

首先，这类职业人要有足够的知识储备和资质准备，积极把握历史现状，准确预测企业发展前景。职业经理人可能没看准宏观环境，就会错失发展的机会。比如职业经理人工作一年后发现企业有点不妙，匆忙离开，而过了一段时间，很可能企业发展欣欣向荣，他就错失一个发展机会，所以，中国第一批此类企业的职业经理人，往往没有赚到钱。

更糟糕的是，在早期的发展中，很多职业经理人没有为自身的专业素质打下良好的基础。当时，企业发展并不壮大，他们从企业带出来的不是一个好口碑，职业生涯过程中没有口碑建立，那么，在以后的发展中，他们到了哪里，也不能证明什么。到最后他们是钱和专业素质一样也没有得到。

其次，职业人有没有资源通道去接近人脉资源和机会资源也是能不能成功的关键。有些职业经理人不知道在快速扩张型企业中有哪些关键点和机会点可以提高职业素质身价。迅速成长型企业中，关键的职责和职能是以市场为导向的。它有两个关键点，一个是产品研发，一个是市场管理。举个简单的例子来说，总裁助理在公司里可能是总裁身边的红人，但是他是否能因此提高职业身价却未可知。在这个发展过程中，个人盲目地认为，到总裁身边工作是唯一在迅速发展企业拿到快速增长的机会点，这个观念是错误的。

"近水楼台先得月"是事实，关键是看你有没有站在这个楼台上。虽然是近水了，但没有站到楼台上，也是不能得到"月"的。靠近总裁身边要做的是关键事，总裁助理未必是承担总裁所托付的关键事。衡量关键事的标准是关键职责和职能，承担关键职责才能让你的身价上升。

再次，职业经理人有没有做长期规划，能否以坚忍不拔的意志坚持下去。一个发展型企业，迅速发展的可能性很大，但风险和变数也很大。什么时候要离开它，什么时候要坚决跟它共存亡，如何把握这个"度"，需要个人对企业核心发展趋势的研究能力。在发展型企业中谋求个人发展迅速攀升的关键是，职业经理人一定要成为老板的"外脑"，争取进入"外脑层"，是发展的唯一通道。如果不是"外脑"，那职业经理人在这里面就没有机会。

最接近成功的人是最知道内部核心发展机密的人，也是参与决策的人。参与决策的人才可能分享企业发展利益。由于这样几个点没有搞清楚，很多人的事业功败垂成。

因此，把握了几个关键点之后，理清其中的连带关系，你就可以自己评估一下，到底适不适合做"富翁型"职业生涯规划。

"富翁型"职业生涯规划对我们的核心启发是不要太在意个人职业与企业挂钩，而是要与市场经济的运作规则挂钩。做好适合于自身的职业生涯规划，找对人、事、角色、方法，无论是要成为大富翁，还是瞄准小富翁，都要顺应市场经济的变化，将自己的股权和企业股权架构紧密结合在一起，靠股票来获取财富。

资料来源：中国人力资源开发网. http://www.chinahrd.net.

经济的全球化伴随着人才全球化时代的到来，人才是企业最宝贵的资源。在激烈的市场竞争格局和全球化的经营战略的挑战下，企业不得不重视对员工的职业生涯设计与管理。员工职业生涯设计与管理是企业战略性人力资源管理的重要内容。许多先进企业的经验表明：帮助员工设计未来职业生涯规划，开发多种员工职业发展通道，使员工走上通往未来的"光辉大道"，无疑是企业实现人才战略目标的重要手段。

6.1　职业生涯及职业生涯管理

6.1.1　职业生涯

1. 职业与职业生涯的基本概念

职业是对人们的生活方式、经济状况、文化水平、行为模式、思想情操的综合反映；体现一个人的权利、义务、权力、职责，是一个人社会地位的一般表征。

职业生涯是指一个人一生工作经历中所包括的一系列活动和行为。职业生涯有两种含义：第一种是一个人在一生中所从事的各种工作职业的总称。第二种是一个人一生中的价值观，为人处世态度与动机变化的过程。职业生涯具有内职业生涯和外职业生涯之分。内职业生涯是指从事一种职业时的知识、观念、经验、能力、心理素质、内心感受等因素的组合及其变化过程。外职业生涯是指从事一种职业时的工作时间、工作地点、工作内容、工作职务、工资待遇等因素的组合及其变化过程。一个人的内职业生涯与外职业生涯是紧密联系的。内职业生涯是外职业生涯的基础。内职业生涯与外职业生涯就好比一棵参天大树的树根和树冠。在自然界当中，一棵参天大树要结出果实，它的根系要非常的发达，要吸收非常多的养分。树根的部分越发达，树冠的部分才会越旺盛，结出丰硕的果实。内职业

由表6-1中所见，传统的职业生涯发展意味着若员工能够留在企业，并保持较高的工作绩效，企业就应该长期雇用他，并为他提供晋升的机会。个人提高薪资和在企业的地位也直接与其在企业内的垂直晋升相关联。员工的职业生涯发展由企业负责。由于环境变化速度的加快，企业为了应对激烈的竞争，增加组织的环境反应灵敏度，而趋向于减少管理层次，实行"扁平化"、"网络化"的组织形式，企业已不是按照职能来组织员工，更多的是按照项目或顾客需求来组织。许多组织已无法提供工作保障，却要求员工拥有多方面的技能和适应性。现代社会，劳资双方的心理契约已发生很大的改变。组织开始强调员工要具有灵活的受聘能力而不是高绩效的保持，现代员工也不再期望工作安全感，将更注重自身心理感受与心理成就(psychological success)，他们希望工作富有灵活性，并渴望从工作中获得乐趣。员工的职业生涯发展由自己负责。

传统职业生涯发展和易变性职业生涯发展的另一个重要的区别在于动态的学习方面。传统的职业生涯发展中，员工的工作环境一般是固定不变的，员工沿着一条固定的职业发展道路直线晋升。员工在工作晋升过程中只需具备提供产品和服务的知识和技能，即"知道做什么，怎么做"。而在易变性职业生涯发展中，需要的知识是"知道为什么、知道为谁"。"知道为什么"指员工必须了解组织的业务与文化，从而形成和运用有关的知识和技能以促进组织的发展。"知道为谁"是指员工为达到组织对目标而建立的与销售商、供应商、顾客和行业专家等的各种关系网。在易变性职业生涯发展中，雇员更依赖于人际互助以及在职体验，而不仅仅是正式的培训。

3. 职业生涯发展阶段

每个人的职业生涯都要经过几个阶段。每个人都需要了解自己的职业周期。只有了解不同的职业生涯阶段的特点与区别，了解各职业阶段将会如何影响到人们对知识水平、职业偏好程度、职务期望，以及需要和激励，才能更好地管理和促进员工个人的职业生涯发展。

一个人可能经历的主要职业生涯阶段大体可总结如下：

(1) 成长阶段(growth stage)(0～14岁)。

在这一阶段，个人通过对家庭成员、朋友以及老师的认同以及与他们之间的相互作用，逐渐建立起了自我的概念。在这一阶段最开始，儿童将尝试各种不同的行为方式，并形成人们对于不同的行为做出反应的印象，这些将帮助他们建立起一个独特的自我概念或个性。到这一阶段结束时，青少年对自己的兴趣和能力已经形成了基本的看法，将会开始对各种可选择的职业进行带有现实性的思考了。

(2) 探索阶段（exploration stage）（15～24岁）。

这一阶段又叫职业准备阶段。在这一时期中，个人将认真地探索各种可能的职业选择。这一时间他们的主要任务是：发展职业想象力，培育职业情趣和能力，接受必要的职业教育和培训，形成自己的职业发展观念并开始选择和评估职业。这一阶段开始时期，他们往往做出一些尝试性的宽泛的职业选择，到这一阶段中期时，根据个人对所选职业以及对自我的进一步了解，个人将对自己的最初选择进行重新界定，到这一阶段结束的时候，个人将会确定一个比较适合自己的职业，并作好开始工作的准备。

（3）确立阶段（establishment stage）（24～44 岁）。

确立阶段是大多数人工作生命周期中的核心部分。这一阶段个人是以同事身份立足组织之中，个人的基本任务是在组织中塑造自我、学习和遵行组织纪律和规范、接受组织文化、胜任现职工作、提高工作能力，力求在选定的具体领域取得成功。他们必须面对真正的挑战，学会承担责任，尝试应对多方面的问题，自己寻求解决的办法。

这一阶段本身又由三个子阶段构成：尝试子阶段、稳定子阶段以及职业中期危机阶段。

① 尝试子阶段（trail substage）（25～30 岁）。这一阶段，个人确定当前所选择的职业是否适合自己，如果不适合，他们就会进行一些变化，继续挑选更适合自己的职业。

② 稳定子阶段（stabilization substage）（30～40 岁），人们往往已经定下了较为坚定的职业目标，并制定较为明确的职业计划来确定自己晋升的潜力、工作调换的必要性以及为实现这些目标需要开展哪些教育活动等等。

③ 中期危机阶段（midcareer crisis subtage）。在 30 多岁和 40 多岁之间的某个时段上，人们可能会进入职业中期危机阶段（midcareer crisis subtage）。这一阶段上，人们往往会根据自己最初的理想和目标对自己的职业进步情况作一次重要的重新评价，并有可能发现，自己并未朝着自己所梦想的目标靠近，或者在自己已经达到了所预期的目标后，发现这个目标并不是自己所想要的。通常在这一阶段，人们将面临痛苦的抉择，判定自己到底需要什么，追求的是什么，为实现目标，自己到底需求牺牲什么，这种牺牲对自己又意味着什么。这一阶段人们的主要任务是：学习新知识，更新技能，做出新成绩，力争有所成就；需对早期职业生涯重新评估，以强化或转变自己的职业理想，重新选择职业和生活方式。

（4）维持阶段（maintenance stage）（45～65 岁）。

这一阶段是个人职业生涯发展的中后期、后期阶段。在职业后期阶段，人们已不再是一个"初学者"，也有可能取得一定的成绩，获得了事业的成功，在自己的工作领域创立了一席之地，因而他们的大多数精力主要放在保有这一位置上。

（5）下降阶段（decline stage）。

当临近退休的时候，人们就逐渐进入职业生涯发展中的下降阶段。这一阶段上，人们不得不接受权力和责任减少的现实，逐渐学会接受这一角色，学会成为年轻人的良师益友，直至退休。这时，一般的个人的职业生涯发展就已经结束了，剩下的，就是考虑如何打发原来用在工作上的时间。但不得不排除那些虽退休后再返聘，以及那些退休后再择业，又重新就业的个体。

6.1.3　职业生涯管理

1. 职业生涯管理的概念

职业生涯管理就是企业帮助员工确定个体在本企业的职业发展目标，并提供员工在工作中的增长职业素质的机会的人力资源管理方法，它使企业发展目标与员工个人发展目标相联系并协调一致，建立企业与员工间的双赢关系，进而结成紧密的利益共同体。

职业生涯管理主要由员工和组织两方面构成。职业生涯管理等内容主要包括以下几个方面：首先帮助员工分析个人素质和外在的环境，以便确定选择什么职业、什么单位，然后设计在单位中担任什么职务，进一步完善原有的设想和原则，为实现他们去设计职业培训和开发的行动计划，并对计划的每一步骤的时间、顺序和方向作出合理的安排。

职业生涯管理无论对员工，还是企业都很重要。对员工来讲，有效的职业生涯管理可以使员工认识到自身的兴趣、价值、优势和不足，从而确保员工能够根据组织提供的有关工作机会与信息，确定自己的职业发展目标，实施相应的行动计划。有效的职业生涯管理有利于增加员工对工作、组织的满意度，激发员工们对工作的最大热情，促进员工的成长和发展，实现员工们的自我价值的不断提升与超越。

2. 职业生涯管理的重要性

对于企业来讲，有效的职业生涯管理对于促进企业的发展具有重要意义，具体体现在：

(1) 职业生涯管理是企业资源合理配置的首要问题。人力资源是一种可以不断开发并不断增值的增量资源，通过人力资源的开发能不断更新人的知识、技能，提高人的创造力，从而使无生命的"物"的资源充分尽其所用。加强职业生涯管理，能使人尽其才、才尽其用，进而促使其他物质资源得到充分利用。

(2) 有效的职业生涯管理可以使员工个人需要与组织需要统一起来，真正形成员工与企业共同发展的局面。组织通过有效的职业生涯管理不但能够帮助员工完善和实现个人目标，而且能引导员工个人目标和组织目标相匹配。组织真正地站在员工的角度，谋求员工的福利与发展，从而赢得人心，使得员工真正能从根本上谋求组织的发展，从而从根本上获取人力资源竞争优势。

(3) 职业生涯管理是企业长盛不衰的组织保证。任何成功的企业，其成功的秘诀均在于拥有优秀的企业家和高质量的员工。人的才能和潜力具有自我累积、自我增值性，人力资源不会枯竭，企业的生存成长就有了取之不尽，用之不竭的源泉。通过职业生涯管理努力提供员工施展才能的舞台，充分体现员工的自我价值，是留住人才，凝聚人才的根本保证，也是企业长盛不衰的组织保证。

6.2 职业生涯设计

职业生涯设计又叫职业生涯规划，是指企业与员工共同制定、基于个人和企业组织方面需要的个人发展目标与发展道路的活动。职业生涯规划的内容主要包括：职业选择、职业生涯目标(可分为人生目标、长期目标、短期目标)的确立，职业生涯路径的设计，还包括与人生目标及长期目标相配套的职业生涯发展战略，与短期目标相配套的职业生涯发展策略。

职业生涯设计的主体是企业组织和员工个人。员工的职业选择和职业生涯目标，既是个人的需要，也是企业的需要。加强对员工职业生涯规划的管理，不仅与企业目标一致，而且是实现企业目标的有效手段。企业结合自身发展的要求，帮助员工设计制定出符合个人发展需要又符合企业发展需要的个人职业发展计划，同时通过诸如培训、岗位晋升等办法帮助员工实施这一计划。最终达到员工个人发展及自我实现与企业长远发展的互动双赢效果(见图6-1)。

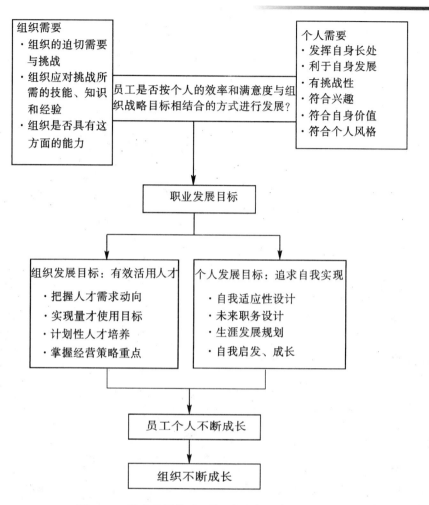

图 6-1　职业发展体系：员工与组织双赢发展关系

6.2.1　个人职业生涯设计

个人职业生涯设计是员工个人设计自己职业生涯、策划如何度过工作、职业生命周期的过程。通过职业生涯设计，一个人评价自身的能力和兴趣，考虑可选择的职业机会，确立职业目标，筹划实际的职业活动。个人职业生涯设计是个人职业生涯发展的战略指南，它有助于个人弄清自己的人生目标，平衡个人爱好与工作、家庭、亲友之间的需求，有助于个人更好地选择职业，恰当地调整工作需求、环境变化与个人需求的关系，更加有计划有目的地发展个人职业生涯。个人进行职业生涯设计应遵循以下步骤（见图 6-2）。

1. 自我评估

自我评估又叫自我剖析。通过准确、客观地分析自己的性格、兴趣、特长、需求、学识、技能、智商、情商、行动、经历、社会关系等个人的基本素质、职能和资源特点，使本人对自己有一个客观、全面深入的了解和认识。只有充分地认识了自己，才能对自己的职业做出正确的选择。符合实际的自我评价，可以提高员工的特殊能力及目标与工作的匹配水平，并有助于避免员工在其整个职业生命周期出现的错误。自我评估的工具包括优/缺点平衡表和好恶调查表。

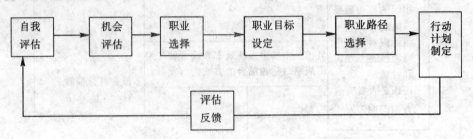

图6-2 个人职业生涯设计步骤

（1）优/缺点平衡表。优/缺点平衡表最早由本杰明·富兰克林开创，旨在帮助人认识其优缺点的自我评价程度。通过认识自己的优点，员工能更好地利用它，使其发挥出最大的功用，通过认识到自己的缺点，员工能在工作生活中避免不良的品质和技能的缺陷，并想尽办法加以改正。

编制优/缺平衡表（见表6-2）的技巧很简单，要求个人把自己觉察到的优点和缺点分别列在一张纸的左边和右边。如表所示。有效编制和使用平衡表的关键在于诚实和真诚的反省。表的编制过程是一个多次反复行动的过程。一个人只有花费较长一段时间对自己进行深刻的反省之后，才能真正地对自己的优缺点有一个清楚的认识。

表6-2 优/缺点平衡表

优 点	缺 点
善于与人共事	与少数人非常亲密
乐于接受任务并按自己的方式去完成	不喜欢受到持续的不断的监视
受任称赞的好管理者	不容易跟上级交朋友
勤劳的工人	极度紧张
公正无私	经常说一些不计后果的话
惊人的精力	在无事可做时，不能保持看似忙碌的状态
在目前的环境中很好地发挥作用	不能坚持一直坐在办公桌旁
思想开放	个性保守，个人情感会影响工作的选择
与重要客户打交道时感到很舒畅	真正的朋友很少
喜欢玩弄政治手腕（可能是缺点）	不是遵奉者，但看起来是
一旦明确了工作，就干完它	兴趣层次忽高忽低
善于组织别人的时间，从为我工作的人身上得到的最多	许多人认为我情绪不稳定
有一个开朗的性格	不擅长制定短期技术，长期计划则好些
关心那些关心我的人（可能是缺点）	缺少耐心
有大量的感情投入	不喜欢琐事
通过他人干好工作	在只有自己参与的环境中，工作做不好

（2）好恶调查表。好恶调查表能帮助个人认识他们加在自己身上的约束。某些人不喜欢炎热的地方，那么他们在进行职业选择时，就应考虑到这个方面的约束，某些人不太喜

欢应酬、与人交流，这也将限制他的岗位选择。认识到这种自我强加的约束条件，可以减少将来的职业问题。另一种限制是个人乐于、喜欢做的事情。个人的某些喜好和厌恶会影响其今后的工作业绩。在好恶调查表中，应包括所有可能影响到个人工作业绩的因素。表6－3就是一个好恶调查表的例子。

表 6 - 6　好恶调查表

喜　　好	厌　　恶
喜欢旅行 喜欢住在东部 喜欢自己做老板 喜欢住在中等城市 爱看足球和篮球 爱在闲暇时看书听音乐	不想为大公司工作 不愿在大城市工作 不喜欢整天待在办公桌旁工作 不喜欢一直穿套装 不喜欢整天加班，没有业余时间 不喜欢受制度、规章的限制

　　像这样的自我评价，能帮助一个人认识自己的基本动机。那些了解自己的人，更容易做出适合自己的正确决策。不喜欢受规章制度的约束的人，应该选择自主性更大的工作，或是自己做老板；喜欢住在东部的人，应更倾向于选择工作地点在东部的职业和公司。只有以对自己的需要和好恶的充分了解，而不是以偶然的机会、计划和他人的希望作为职业选择的基础，个人的职业生涯发展道路才能够顺畅无阻。

2. 职业生涯机会评估

　　职业生涯机会的评估，主要是评估各种环境因素对自己职业生涯发展的影响，现实中的职业生涯发展机会在哪里，威胁在哪里，即对个人职业生涯环境做一个 SWOT 分析（见图 6 - 3）。

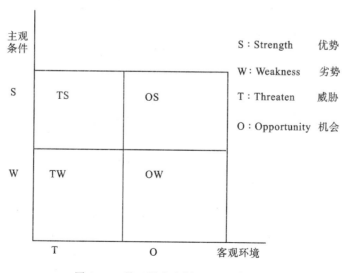

图 6 - 3　员工职业生涯 SWOT 分析法

　　每一个人都处在一定的环境之中，离开了这个环境，便无法生存与成长。所以，在制定个人的职业生涯规划时，要分析环境条件的特点，环境的发展变化情况、自己与环境的关系、自己在这个环境中的地位、环境对自己提出的要求以及环境对自己有利的条件和不利的条件等等。只有对这些环境因素充分了解，才能做到在复杂的环境中避害趋利，使你的职业生涯具有实际意义。

3. 职业的选择

一个人一生所做的重要决定可能就是职业选择。职业选择正确与否，直接关系到人生事业的成功与失败。据统计，在选错职业的人当中，有80％的人在事业上是失败者。

（1）职业选择与个性。

职业咨询专家约翰·霍兰德(John Holland)认为，人格(包括价值观、动机和需要等)是决定个人选择何种职业的一个重要因素。他还提出了职业选择理论，并且暗示职业的选择是一种个性的表现，尽管机遇也起到一定的作用，但职业的选择并不是一个随机现象，而且他相信一个人在多大程度上获得什么取决于这个人的性格与工作环境的适应程度。霍兰德基于自己对职业性向测试(Vocational Preference Test，VPT)的研究，一共发现了决定个人职业选择的六种基本的"人格性向"：现实型、研究型、艺术型、社交型、事业型、传统型。

霍兰德开发了职业偏好调查表，包括160个职业项目。让被调查者选择自己偏好和最不愿意选择的职业，并以这些数据为基础，建构了人格剖面图。事实上，大多数人并非只有一种性向。霍兰德运用一个六角形来说明6种性格类型之间的联系和差距(图6-4)。在六角形中，排得越紧密的两种性格类型越相近，或相似，而不邻近的性格类型是不相似的。按照霍兰德的分析可以得出：如果一个人具有相似的两种性格的话，那么他或她则很容易选定一种职业，如果一个人具有不相似甚至相反的性格的话，选择职业可能会遇到困难。

这一理论给我们的启示就是，只有当人格与职业相匹配时，才会产生最高的满意度和最低的流动率。艺术型的个人就应当从事那些有表现力、具有艺术创造性的职业，而不应从事传统型性格所偏爱的常规性、具有固定性的职业。一个现实型的人从事现实型的工作比从事研究型工作更为得心应手。

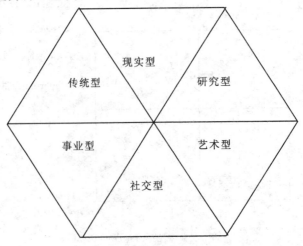

图6-4 职业的性向六角形

（2）技能的确定。

测定一个人有什么样的技能在决定一个人的职业选择中非常重要。仅仅是喜欢或适合做一项工作是不够的，成功地完成任何一项工作，还需要一定的能力。比如说：一个人的性格是社交型的，它最终是否会选择去做社交型性格喜欢的职业如学校顾问、公使等，最终取决于是否具备从事这些职业的技能。美国政府印刷办公室出版的《职业种类字典》（DOT），提供了 2 万多份工作需要的技能方面的信息。

一般常采用多重能力倾向测验来进行职业定向的能力测试。多重能力测验指编制一套测验同时测量几种能力，强调对能力的不同方面的测量，测量结果将产生一组反映不同能力倾向的分数，从而描绘出个人特有的优点和缺点的能力轮廓。由美国就业服务局编的普通能力倾向成套测验就是常用于职业定向测验的多重能力测验的一种。普通能力测验测量人的 9 个因素：① 一般学习能力；② 言语能力倾向；③ 数字能力倾向；④ 空间能力倾向；⑤ 形状知觉能力倾向；⑥ 文书直觉能力倾向；⑦ 运动协调能力倾向；⑧ 手指灵巧能力倾向；⑨ 手的敏捷能力倾向。

另一种测量兴趣和技能的方法是坎贝尔兴趣和研究调查（CISS）。这个调查旨在帮助员工回顾他们的职业之路，协助企业有效地开发员工的潜能。因此，对于新择业的个人可能不大适用。这个调查将 200 种兴趣和 120 种技能分为 6 个等级，将得分转化为 7 个方向：① 影响；② 组织；③ 帮助；④ 创造；⑤ 分析；⑥ 生产；⑦ 冒险。进而对这 7 个方面进行了 29 个方面的细分，例如领导力、协作和科学。人的一种兴趣就用一个实心的菱形代表（◆）；一种技能就是一个空心的菱形（◇）。兴趣的得分代表一个人对某种活动的喜欢和偏好；技能的得分揭示了一个人对完成某项活动的自信程度。

一个人在技术和兴趣方面的得分高，推荐其慎重考虑这个方向或活动。在兴趣方面得分高但在技术上得分低者，需要鼓励此人发展该技能。在兴趣方面得分低但技能得分高暗示着有实际探测的需要，最后，兴趣和技能得分都很低的，则应考虑放弃或避免这方向或活动。

（3）职业锚的确定。

美国著名的职业生涯管理研究者、麻省理工学院斯隆管理学院的 E. H. 施恩（Edgar Schein）教授在其 1978 年出版的《职业的动力论》一书中首次提出了职业锚理论。所谓职业锚（career anchor）是指当一个人不得不做出选择的时候，他或她无论如何都不会放弃的职业中的那种至关重要的东西或价值观。职业生涯设计的过程就像是画圆，画一个圆必须具备两个条件，一个是圆心，另一个就是半径。只有圆心恒定，才能画出规则的圆，而这个恒定的圆心就是员工的职业锚。施恩根据自己对斯隆学院 44 位毕业生的纵向研究指出，一个人的职业锚是一个不断探索的过程，是在不断发生着变化的，因此，要相对职业锚提前进行预测是很困难的。施恩根据自己的研究总结出了五种类型的职业锚：

① 技术或功能型职业锚。具有较强的技术或功能型职业锚的人往往不愿意选择那些带有一般管理性质的职业。相反，他们总是倾向于选择那些能够保证自己在既定的技术或功能领域中不断发展的职业。这类人在做出生涯选择和决策时，主要的注意力是自己正在做的工作的实际技术内容或职能内容，如工程技术、财务。这组人的自我意象与他们所处特定领域的能力有密切关系。他们对管理本身并不感兴趣，虽然在其技术或职能能力区内会接受管理职责。他们通常认为，自己的生涯成长只在此区域内才意味着持续的进步。

② 管理型职业锚。有些人表现出想成为管理人员的强烈动机，这一类人把管理本身作为最终目标。具体的技术工作或职能工作仅仅被看作向更高的全面管理层次的必经阶段。为了最终目标目的的实现，他们会在许多职能区域里锤炼自己，并展现自己的能力，但却不会停留于某一个职能区域。他们之所以这样坚定、执著地追求自己的最终梦想是因为他们认为，他们具有实现自己目标的三种能力：分析能力，即在信息不完全以及不确定的情况下发现问题、分析问题和解决问题的能力；人际沟通能力，即在各种层次上影响、监督、领导、操纵以及控制他人的能力；情感能力，即在情感和人际危机面前只会受到激励而不会受其困扰和削弱的能力以及在较高的责任压力下不会变得无所作为的能力。一个人要升到管理的更高层次，接受更高水平的责任，必须在善于分析问题的同时，控制员工和自己的感情。

③ 创造型职业锚。具有较强创造型职业锚的人具有这样的主观价值观：他们都想建立或创设完全属于自己的某种东西。对某些人来说，创造出一种以姓氏命名的产品、创建一家自己的公司、设计一个自己的服装品牌、开发一套新的工艺流程、一种衡量其成就的个人命运与自我扩充才是主要的。这种人沉浸在新的冒险中，力求新的创新与突破。

④ 自主型和独立型职业锚。这一类人厌倦了组织生活的种种限制，以及私生活所受到的侵犯，而希望自己能够决定自己的命运。他们强烈希望摆脱在大企业中再提升、工作调动、薪金等方面受他人摆布的现状，喜欢独立的和自主的职业，由自己主宰自己的命运。如高等院校教师、自由撰稿人等。

⑤ 安全型职业锚。选择安全性职业锚的人倾向于严格按照组织的要求行事，遵守组织规章制度，力图寻求稳定的职业生涯、稳定的地位、稳定的职位、稳定的收入，以及可靠的未来生活。这种可靠的未来生活通常是由良好的退休计划和较高的退休金来保证的。拥有安全型职业锚的人如果具有很强的技术才能，他们将可以晋升到该技术领域的最高层。个人的安全需求各有差异，则个人的职业倾向也就随之而不同。

（4）职业选择决策。

个人在对自己的职业性向、职业技能以及职业锚进行测定后，需要根据自己特定的职业性向、技能、职业锚选择适合自己的职业。为了做出正确的职业选择，个人还应明白以下几点：

① 自己的职业选择自己负责。个人必须对自己的职业选择负责，职业中的许多重要的决策必须由自己来做出，人们必须自己决定将从事何种职业、从事该职业必须具备哪些技能和知识、为具备这些技能和知识需要接受何种教育和培训程度，而不能交给别人去决定。

② 个人必须能够清楚诊断出自己的职业性向、职业技能和职业锚归属于哪一类，并据此了解自己的能力和价值观，以及与这种能力和价值观相匹配的职业。

③ 在适合自己的职业中，选择发展潜力最大的职业。个人必须通过各种手段和方式收集有关职业方面的信息，在了解了充分的信息后，再做出判断和选择。

4. 职业目标设定

个人在选定了要从事的职业之后，需要为自己设定今后的职业目标。职业生涯目标的设定，是职业生涯设计的核心。一个人事业的成败，很大程度上取决于有无正确适当的目标。只有树立了目标，才能明确奋斗方向。个人的职业生涯目标的设定如图 6-5 所示。

（1）首先，明确个人一生中最终追求的终极目标。终极目标是我们人生的方向、未来远景和宏伟蓝图，它在个人的职业生涯中起到领航的作用。

（2）确定个人一生的总体目标。总体目标是个人一生要走的轨迹和途径。我们可以以10年为人生职业生涯的时间界限来制定不同阶段的阶梯目标。

（3）确定短期目标（1～3 年），中期目标（4～6 年）和长期目标（7～10 年）。

（4）确定年度目标，可细化到季、月、周甚至是日目标。

图 6-5　人生的目标金字塔

个人设定自己的职业生涯目标应遵循以下原则：

（1）远粗近细原则。终极目标、总体目标、长中短近期等目标由于距现时的时间较远，不确定性较强，不适于定得太细，可采用一句话定位，年度目标距离现时的时间较近，不确定性和风险性较小，应制定得详细些。

（2）可行性和挑战性原则。个人制定的目标无论是总体的、长期的或是近期目标，都应该具有可行性和挑战性。可行性是在个人的能力限度内可以达到的目标，制定的目标只有具有可实现的希望和可能性，才能激励个人去努力实现。目标定得过高，没有实现的可能性，将严重挫败个人奋进的积极性。挑战性是指个人在设定的目标时不应太低，需要个人付出一定的努力，进行创造性的工作才能实现。

（3）可衡量性原则。个人在确定目标时最好采用可量化的指标和数据进行分解，以便今后精确地衡量目标的实现程度，同时规定具体的完成时间，形成完成目标的压力和紧迫感，并进行自我的目标管理。

5. 职业路径选择

在选定职业、确立职业生涯目标后，个人应该决定从什么方向，沿着什么道路前行，去发展自己的职业生涯，实现职业生涯目标，即进行职业路径的选择。由于发展路线不同，对职业发展的要求也不相同。因此，在职业生涯设计中，需做出抉择，以便使自己的学习、工作以及各种行动措施沿着个人的职业生涯路线或预定的方向前进。例如：一个技术人员，他既可能走专业技术发展路线，走行政管理发展路线，还可以选择先走技术路线，再走管理路线的上升径路。个人选择职业生涯路线时，首先要回顾前三步的结果和信息，对影响职业选择的个人因素、组织因素和环境因素等进行系统分析，然后还需考虑以下三个问题：

（1）我想往哪一条路线发展？

（2）我能往哪一条路线发展？

（3）我可以往哪一条路线发展？

通过对以上三个问题的回答，最后综合选定自己的职业生涯路线。

6.制定职业生涯策略

职业生涯策略是指实践职业生涯路线、实现职业目标所采取各种方法、措施和行动步骤等。明确、具体、可行的职业生涯策略是实现职业目标的重要保证。制定职业生涯策略就是要考虑和确定个人该如何做，如何做得更好，如何以恰当的方式方法去有效发展职业生涯，实现职业目标的过程，例如：为达成目标，在工作方面，你计划采取什么措施，提高你的工作效率？在业务素质方面，你计划学习哪些知识，掌握哪些技能，提高你的业务能力？在潜能开发方面，采取什么措施开发你的潜能等等。制定的职业生涯策略需要特别具体，以便于定时检查。

7.评估与反馈

环境总是不断变化的，个人所制定的职业生涯设计也不可能一成不变。在职业生涯的发展过程中，个人应该不断检验自己的职业定位、目标、策略等是否符合实际，自觉总结经验和教训，评估和修正不恰当的自我认知、职业目标、职业路线与策略等，及时纠正行动偏差，保证职业生涯规划及其指导下的职业活动都能够卓有成效。在发现自我定位、职业选择、职业路线选择等出现偏差后，个人应该从头开始，重新按照个人职业生涯设计步骤，进行新一轮的职业性向、个人技能、职业锚的测定，职业与职业路径的选择，职业目标和职业生涯策略的制定，直至最终职业生涯目标的实现。

6.2.2 组织职业生涯设计

组织职业生涯设计是一个组织根据自身的发展目标和任务需求，结合本组织员工的发展需求，制定出本组织的职业需求战略、职业变动规划与职业通道，并采取必要的措施加以实施，以实现企业目标与员工职业目标的共同发展的过程。组织职业生涯规划的目的是帮助员工真正了解自己，在客观衡量内外环境的机会与限制的基础上，指导员工设计出合理可行的职业发展目标，并在促进员工达到个人目标的同时实现组织的目标。组织的职业生涯设计必须要与员工的职业生涯设计相互配合，才有可能实现双赢。图6-6对个人与组织职业生涯设计的匹配进行了比较系统的阐述。

图6-6　组织职业生涯设计流程图

组织职业生涯设计与员工的职业生涯设计是相匹配的两个系统，因此，组织的职业生涯设计的基本环节与个人的职业生涯设计相似，一般应经过以下步骤。

1.对员工进行分析评价与定位

这一阶段的主要任务是帮助员工确定自己的兴趣、价值观、资质及行为。主要包括开展员工自我评价、组织对员工的评价和环境分析三项工作。企业管理人员应为员工的评价提供绩效信息和指导，判断员工的优势、劣势、兴趣和价值观，与员工共同对目前的技能兴趣与其期望获得的工作或职位要求进行比较，确定开发需求。

2. 企业评价

这一阶段是管理者与员工的互动过程。在这一过程中，员工的上级管理者将企业对于他们的技能和知识所做出的评价以及他们是否与企业的规划（如潜在的晋升机会和横向流动）相符合等信息作为工作绩效的一部分反映给员工，并就员工的绩效结果与员工一起共同分析员工的潜能，确定员工开发需求重点，确定哪些需求具有现实性，对员工的绩效改善共同探讨举措，讨论员工的职业兴趣、优势以及可能参与的职业开发活动，力求员工的职业计划与组织的职业计划相匹配。图 6-7 所示为组织职业生涯设计与员工职业生涯设计匹配模型。

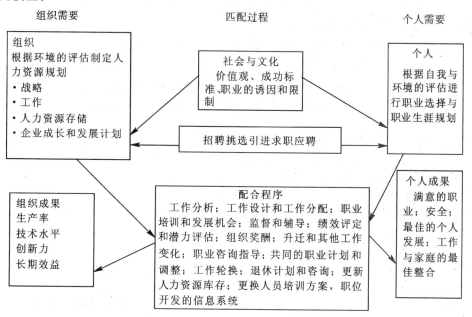

图 6-7　组织职业生涯设计与员工职业生涯设计匹配模型

3. 目标设定

在职业生涯发展阶段，员工必须要有明确的奋斗目标，职业目标的设定是个人职业发展的关键。在此阶段，组织需要更进一步地帮助员工将组织需要与员工需要结合起来，使组织与员工的职业生涯的相互匹配体现在员工所设定的具体的职业生涯目标中。因此，所设定的职业目标通常是与理想的职位、技能水平、工作设定、知识能力水平的提高等联系在一起。为确保目标的可实现性和富有挑战性，员工的职业生涯发展目标需由员工与其上级主管讨论协商后共同确定，并制定员工职业开发计划，企业应承诺并协助员工实现职业目标。

4. 制定行动规划

目标的实现是通过各种积极的具体行动去竞争的。在这一阶段，管理者应当指导员工选择和采取正确的路径、方法以实现员工的短期和长期目标。员工的上级主管应指导和帮助员工制定采取行动、实现目标的步骤和时间表。组织应确定并提供员工实现其职业生涯目标所需的资源。为员工提供包括培训课程、研讨会、信息交流、职位晋升等各种职业开发机会。员工的职业生涯目标实现计划应由员工与组织根据员工以及组织具体情况协商制定，并由组织协助、监督实施。

5. 职业生涯发展的评估与反馈

此阶段主要包括两项评估的内容：一是指实施职业发展策略与行动计划后个人职业发展状况的评估，定期对员工的工作能力、绩效、进步和不足进行评估，及时校正误差，取长补短，促使员工的职业生涯有效发展。另一项是指对实施中的职业发展规划评估，及时修正规划的目标、策略、行动、方法等不切实际的部分，修正对员工的认识和判断，协调职业目标和现实的工作目标、生活目标和组织目标的关系，进一步完善职业生涯规划。具体评估可以通过调查规划系统的使用者的反应，了解实行结果的信息以及与确定的目标相比较等方式进行。企业可组建职业生涯年度评审委员会，设计职业生涯评审表（见表 6-4），对企业的一年的职业生涯设计以及职业生涯计划的实行情况进行审查（见表 6-5），根据审查结果对员工的职业生涯设计进行修正。

表 6-4　职业生涯年度评审会谈表（一）

职业生涯年度评审会谈（由雇员填写）　　年　　月　　日
姓名＿＿＿＿＿＿＿＿＿
职务（岗位）＿＿＿＿＿＿＿
本年度主要成就
本年度最大的进步
成就及进步的原因分析
对未来工作内容及培训的要求
个人职业生涯的中长期计划

表 6-5　职业生涯年度评审会谈表（二）

职业生涯年度评审会谈（由上级填写）年　　月　　日
姓名＿＿＿＿＿＿＿＿＿＿
职务（岗位）＿＿＿＿＿＿＿
对工作绩效的评价
对工作能力的评价
需要改进的方面及改进方式
对未来发展的建议
对目前担任职务的建议
对目前职务以外的发展建议
对职业生涯中长期目标的建议

6.2.3　职业生涯设计原则

职业生涯设计要求员工根据自身的兴趣、特点,将其定位在一个最能发挥自己长处的位置,可以最大限度地实现自我价值,职业生涯过程实质上是追求最佳职业生涯的过程。企业和员工要进行有效的职业生涯设计,必须要遵循以下十项原则:

第一,清晰性原则。设定的职业生涯目标和为实现此目标所制定的措施应十分清晰、明确,实现目标的步骤也应直截了当。

第二,挑战性原则。所设定的目标和措施不应过低,应具有适当的挑战性,才会具有吸引力。

第三,变动性原则。目标应具有弹性,随环境变化而改变,是一个动态变化的过程。

第四,一致性原则。所设定的无论是终极或长期目标,还是中期或短期目标,都应具有一致性。个人所设定的职业生涯目标应与组织发展目标相一致。

第五,激励性原则。所设定的目标应与自己的性格、兴趣和特长相符合,并应是自己所期盼的,对自己具有强烈吸引力和激励性的。

第六,合作性原则。一个人的能力是有限的,当今的社会,个人是不可能离开别人仅靠个人的能力实现自己的目标的。因此,个人在设定自己的目标时,应考虑多方面的影响因素,并尽可能地与他人的目标相协调,以便进行合作,共同奋进,促进目标的早日实现。

第七,全程原则。职业生涯设计关系一个人职业生涯发展的全过程,具有很强的路径依赖性,后一阶段的职业生涯目标和计划的选择是建立在前一阶段的目标和计划的设定与实施结果基础之上的。拟定职业生涯计划时应具有统筹性,考虑到职业生涯的全过程,而不能只考虑某一个阶段的情况。

第八,具体原则。虽然职业生涯目标设定和计划制定应具有全程性,考虑到整个职业生涯全过程,但具体针对某一个阶段,其生涯规划的目标、路径、策略则应该具体,明确可行。

第九,实际原则。实现职业生涯目标的途径很多,在作规划时必须要考虑自己的特质、社会环境、组织环境以及其他相关因素,选择切实可行的途径。

第十,可评量原则。规划的设计应有明确的时间限制或标准,以便衡量、检查,使自己随时掌握执行状况,并为规划的修正提供参考依据。

6.3　职业生涯管理的内容

企业通过对员工进行职业生涯管理,到达自身人力资源需求与员工职业生涯需求之间的平衡,创造一个高效率的工作环境和引人、育人、留人的企业氛围。全球 500 强中的大部分企业无不在员工职业生涯管理方面独树一帜,美国微软公司人力资源部制定有"职业阶梯"文件,其中详细列出了不同职务须具备的能力和经验。日本公司倡导"事业在于人"的经营理念,形成了独特的"丰田式"职业生涯管理模式。

6.3.1　职业生涯管理中的角色

职业生涯管理应看作是竭力满足管理者(包括员工直接上司、人力资源部管理者)、员工、组织三者需要的一个动态过程。员工个人、直接上司、人力资源部管理者及组织应当共同担当职业生涯规划的责任。员工个人、直接上司、人力资源部管理者和组织相互配合，共同制定员工的职业生涯计划，促进员工职业生涯计划的实施。在职业生涯管理的过程中，他们各自扮演不同的角色，发挥不同的作用（见表6-6）。

表6-6 职业生涯管理中的不同角色

个人	对自己的职业生涯负责 评定自己的兴趣、技能和价值观 寻求职业信息和资源 确立目标和职业生涯规划 利用发展的机会 与上级管理者探讨自己的职业生涯规划 对具有现实性的职业生涯规划坚持到底
直接上司	在职辅导 咨询与沟通 获取职业路径信息 提供定期的业绩反馈
人力资源部门管理者	提供职业信息与建议 提供专业服务（咨询、测试、研讨） 安排发展机会和提供支持 参与职业生涯开发讨论 支持员工发展计划
组织	组织沟通，制定政策和程序 提供培训和开发机会 提供职业生涯信息和职业生涯方案 提供不同的职业生涯选择 培育能支持职业生涯管理的组织文化

概括地说，企业在职业生涯管理中所扮演的是支持者、监督者、战略制定者、统筹规划者的角色，企业在职业生涯管理中应改善条件，并创造一种有利于员工个人职业计划开发的环境，并为员工职业生涯的发展提供资源；人力资源管理部门是政策制定者、共性活动的组织者、最后的咨询者、协调者，必须鼓励员工对自己的职业生涯负责，在进行个人工作反馈时提供帮助，并提供员工感兴趣的有关组织工作、职业发展机会等信息；员工的直接上司是政策的执行者、部门活动的组织者、直接咨询作者，在职业生涯管理的导入期，员工的直接上司将协助人力资源部门进行导入安排，在职业生涯管理的正常运行阶段，直接上司则成为本部门员工职业生涯管理的主体。员工是自己的职业生涯管理的主体，也是企业职业生涯管理的客体，将对自己的职业生涯管理负责，这就需要每个人都清楚地了解自己所掌握的知识、技能、能力、兴趣、价值观等。

6.3.2　职业生涯管理的内容

1. 构建员工任职资格系统

任职资格是指从事某一职种任职角色的人所必须具备的知识、经验、技能、素质与行为之和。企业的任职资格要求由两部分组成：行为能力与素质要求。行为能力包括适应战略要求的知识、技能和经验等；素质要求是指适合从事某一职类、职种、职位、职层任职要求的人的动机、个性、兴趣与偏好、价值观、人生观等等。从事不同职类、职中、职层的工作的人所需的素质要求与行为能力是不同的，同一职类不同职种、职层的员工在任职资格要求上也有一定的偏重。

企业构筑明确的任职资格系统，一方面可以按照任职资格系统要求选人、用人、育人和留人，让具备要求的人进入合适的岗位，这样既可以避免不具备能力的人占据岗位——"能力缺乏"以及能力过高的人处于低能力要求的岗位所造成的"能力剩余"状况的出现，实现"人—岗"合理匹配，提高企业的人力资源利用率；另一方面，任职资格系统明确地显示了企业每个职类、职种、职层的岗位所要求具备的行为能力和素质要求，企业员工可以根据自身的性格、兴趣、技能等特点，结合企业各个岗位的任职资格要求来设定自身的职业生涯目标，并且员工还可以参照任职资格系统，来确定自身为实现职业生涯目标所要采取的途径和努力方向。

2. 构筑员工职业生涯通道

职业生涯通道又可称为职业生涯路径，是指组织为内部员工设计的自我认知、成长和晋升的管理方案。职业生涯通道通过帮助员工胜任工作，确立组织内晋升的不同条件和程序对员工职业发展施加影响，使员工的职业目标和计划有利于满足组织的需要。良好的职业通道设计为员工指明了可能的发展方向及发展机会，一方面有利于组织吸收并留住最优秀的员工，另一方面能激发员工的工作兴趣，挖掘员工的工作潜能。因此，职业生涯通道的有效设计是组织职业生涯管理的重要内容，是企业人力资源管理的重要环节。

（1）传统职业生涯通道。传统职业生涯通道（traditional career path）是一种基于过去组织内员工的实际发展道路而制定出的一种发展模式。这种模式将员工的发展限制于一个职业部门内或一个单位内，每位员工必须由下至上，一级接一级地从下一个职位到上一个职位进行变动，并在此过程中获得必要的技术诀窍，解决问题的能力及责任心。传统职业生涯通道的最大的优点是它具有直观性、垂直性，它一直向前延伸，清晰地展示出员工向前发展的特定工作序列。传统职业生涯通道包括一系列等级，这些等级是线性的，较高等级意味着较大的权力和较高的报酬。这种组织职业生涯发展路线有一个很大的缺陷，它是基于公司过去对员工的需求而设计的。但实际上随着技术的进步、外部环境的变迁、公司战略的改变、企业的发展，原有职业需求已不再适应企业的发展要求。企业需要一种灵活、可以不断改进的模式来设计组织内的职业发展路径。

（2）横向职业生涯通道。组织也越来越多地采用横向调动来使工作具有多样性，目的是使员工焕发新的活力、迎接新的挑战。虽然没有加薪或晋升，但员工可以提升自己的价值，获得成就感。按照这种思想所制定的组织职业生涯路径就是横向技术路径，如表6－10所示。

表6-7　某公司财务部门横向职业发展通道

总监	财务总监						
经理	财务经理						
主管	资金管理组		核算组			管理会计组	
员工	现金 出纳 ▲	银行 出纳 ▲	存货 会计 ◆	销售与应收 账款会计 ◆	信用会计 控制岗位 ◆	成本 会计 ✦	内控与财 务分析 ✦

备注：名称后附▲和◆标记的区域：同标记同级之间可进行岗位转换；

　　　名称后附✦标记的区域：不建议岗位转换。

　　资料来源：朱凌玲. 对某企业员工职业生涯规划的设计. 华东经济管理，2004.2：119-122.

　　某公司财务部成员共分三个小组：资金管理组、核算组、管理会计组。在资金管理组和核算组中的会计岗位之间可在适当的时候进行岗位轮换，帮助员工摆脱过分熟悉后带来的单调感，培养具有综合素质的会计人才的同时满足个人发展需求。管理会计组中由于成本会计和内部控制与财务分析等工作所需的工作技能高，不适合进行岗位轮换。

　　（3）行为职业生涯通道。行为职业生涯通道（behavior career path）是一种建立在对各个工作岗位上的行为需求分析基础上的职业发展路径设计。它要求组织首先进行工作分析来确定各个岗位上的职业行为需要，然后将具有相同职业行为需要的工作岗位化为一族（这里的族，是指员工素质及技能要求基本一致的工作岗位的集合），以族为单位进行职业生涯设计。这种设计所产生的职业路径是呈网状分布的，具体如图6-8所示。

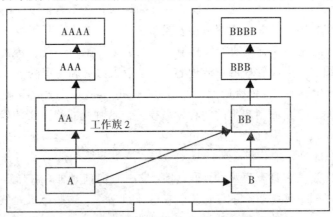

图6-8　行为职业生涯通道

　　资料来源：戴良铁，刘颖. 职业生涯管理的内容. 中国劳动，2001.11：29-30.

　　图6-8中，分属于不同职业部门的岗位A与B对员工的基本技能的要求以及员工进行的基本活动是相似的，因此可将这两个岗位化为同一工作族，AA与BB也对员工的技能要求基本相同，可化为同一工作族，但它们对员工技能的要求比A和B要更高一些。按照传统的职业发展通道，处于A岗位的员工将会沿着有A-AA-AAA-AAAA的方向发展，处于B将会沿着B-BB-BBB-BBBB的方向发展。按照行为职业通道设计思路，A

岗位和 B 岗位所要求的基本技能大致相同，处于 A 岗位的员工在职业发展路径上可以有三种选择：① 水平移动转换到 B 岗位上，再沿着 B 部门的职业发展路线前进；② 本部门纵向移动，晋升到 AA 岗位，并沿着传统的职业发展路线继续发展；③ 跨部门提升到 BB 岗位，再沿着 B 部门的职业发展路线前进。对于 B 部门的员工也具有同样的路径选择。这样如图所示，员工的职业发展路径就成了一个网状结构。这种灵活的职业发展路径能给员工和组织带来巨大的便利，既可以为员工提供更多的职业发展机会，便于员工找到真正适合自己的工作，又可以增加组织的应变性，使组织在发生战略转移或环境变化时，能够顺利实现人员转岗安排，保持整个组织的稳定性。

（4）双重/多重职业生涯通道。双重/多重职业生涯通道（dual/multiple career path），是西方发达国家企业组织中激励和挽留专业技术人员的一种很普遍的做法。双重/多重职业生涯通道可以设计多条平等的晋升阶梯：一条是管理通道，另外几条是技术通道，两种阶梯层级结构为平行关系，对每一个中、高级技术等级都有其对应的管理等级，在双重/多重阶梯的职业生涯路径模式下，能够晋升到企业中、高层职位的员工大为增加，避免管理通道的拥塞状况，也使各类型岗位上的员工都有更多的发展机会。

华为公司在借鉴英国模式的基础上，设计了著名的"五级双通道"模式（见图 6-9），先梳理出管理和专业两个基本通道，再按照职位划分的原则，将专业通道进行细分，衍生出技术、营销、服务与支持、采购、生产、财务、人力资源等等子通道。这些专业通道的纵向再划分出五个职业能力等级阶梯，如技术通道就由助理工程师、工程师、高级工程师、技术专家、资深技术专家五大台阶构成，而管理通道是从三级开始，分为监督者（三级）、管理者（四级）和领导者（五级）。员工只有具备了某个专业级别二级资格之后，才能成为三级管理者，这就意味着除少数"空降兵"外，管理者一般都是从优秀的专业骨干中选拔产生。在这个多通道模型中，每个员工至少拥有两条职业发展通道，以技术人员为例（如图 6-10 所示），在获得二级技术资格之后，根据自身特长和意愿，既可以选择管理通道，也可以选择技术通道发展。通过这样的职业生涯通道设计，公司得以充分保留一批具有丰富经验的技术人才。

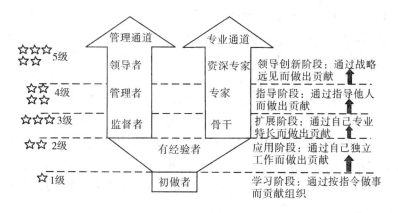

图 6-9　五级双通道

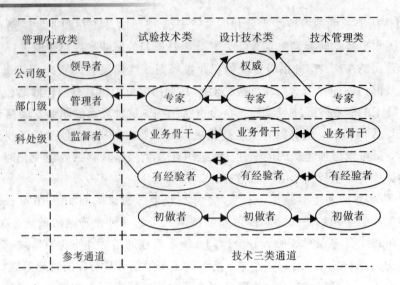

图 6-10　技术类的三个子通道

资料来源：吴建国. 职业发展中的职业化. 人力资源开发与管理，2005.6：62-64.

3. 员工的晋升与调动管理

员工在实现职业生涯目标的旅途中，必然会遇到职位的晋升或工作的调动，这也是企业人力资源管理实现人与岗位的匹配，促进员工职业生涯目标实现的手段或措施。

（1）企业的晋升决策。与晋升有关的决策一共有三种，做出这些决策将有利于提高企业员工的工作动力、工作绩效以及献身精神。

① 以能力为主的晋升决策。企业在做出员工是否晋升的决定时，所遇到的最重要的决策是以资历为依据还是以能力为依据，或者是以两者某种程度的结合为依据。以资历为依据晋升一般是以员工在组织中工作年限的长短和资格深浅为依据，其好处在于，标准明确，简单易行，有助于使员工产生对组织的归属感和安全感，但这种晋升标准容易造成员工不求有功、但求无过的消极心理，会阻碍人才的合理流动和对特殊人才的开发，因此，从激励的角度来看，以能力为依据晋升是最好的。但企业也不能将能力作为晋升的唯一标准。单纯的追求能力将导致企业对于员工的凝聚力下降，员工缺乏安全感和归属感，则企业会失去员工的忠诚度，企业将会因为员工流失率过高而显得极不稳定。因此，在做出晋升决策时，应兼顾能力与资历两个因素，以能力为主，在能力相同时，应优先考虑具有较高资历的员工。

此外，在做出晋升决策时，还应考虑不同的职位所特有的资格条件与个人能力、特性的匹配关系。最高效的晋升，即是根据员工的才能、特质，将其放在相应的需要这种特质的工作岗位、职位上，形成人与职位理想的最佳匹配。企业的晋升决策，应考虑对个人的各类能力的具体评价，以便做出最恰当的晋升决策。

② 科学衡量员工的能力。当晋升是以能力为依据时，企业必须决定如何对能力加以界定和衡量。对过去的工作绩效进行界定和衡量是一件容易的事：工作本身的界定是清楚的，工作目标也已确定，只要运用一些评价工具来对员工的工作业绩加以记录就可以了。但是，在进行晋升决策是，还要求对员工的未来工作潜力做出评价，企业必须制定有效的

程序来预测候选人的未来工作绩效。一种最常见的做法是，企业为了简便而以过去的工作绩效为标准来推断或假定员工在新的岗位上的工作表现。也有一些企业运用测试的方法来评价提升员工的可行性，判断这些员工在管理方面的发展潜力。还有一些企业则运用评价中心技术来评价候选人的管理潜力。

③ 保证晋升过程正规化。企业应该建立保证确立一个正规化的晋升过程。许多企业仍然依靠非正式渠道来提升员工。在这些企业中，是否存在空缺职位以及空缺职位的要求等信息往往是保密的。晋升决策往往是企业的主要管理人员从他们所认识的员工中或是从某些给他们留下过印象的员工中挑选出来的。这种做法有很多弊端，其中最大的问题是：当企业不让员工了解企业中的职位空缺、晋升的标准以及晋升的决策依据时，工作绩效和晋升的正相关关系无法建立起来。晋升作为一种激励的手段其效用将大大降低。

因此，企业应尽量使企业的晋升过程正规化，制定并发布正规的晋升政策和晋升程序。企业应向每一个员工提供正式的晋升政策解释，详细说明员工获得晋升的资格要求。企业可利用人力资源管理信息系统来汇编合格员工的详细信息，建立企业人才信息库以便进行晋升决策。企业还可以利用人员配置图来帮助进行决策。计算机化的信息系统对于实行正规化的企业员工晋升十分有用。这种做法既可以确保企业在出现空缺职位时，所有合格的员工都能被考虑到，还可以给员工留下这样的印象：即晋升变成了一种与工作绩效紧密相连的奖励。

（2）企业的调动管理。调动通常意味着在不改变薪资与薪资等级的情况下，从一种工作换到另一种工作。发生工作调动的原因有多种。员工个人有可能会从以下几方面的愿望出发要求调动工作：丰富个人的工作内容、从事自己更有兴趣的工作、从事能够为个人提供更大便利条件（如更有利的工作时间、工作地点等）的工作或者追求能够提供更大发展潜力的工作等。从企业的角度来看，也有可能因以下原因调动员工工作岗位：将员工从一个不需要人手的工作调往需要人手的工作；或在企业内为某一位员工找到一个更为适合的工作。此外，许多企业还热衷于通过减少管理层级，提高生产率。在组织扁平化的企业中，由于晋升机会缺乏，调动为员工实现工作多样化和自我成长提供了机会。

美国学者卡兹在对科研组织的寿命进行研究的过程中发现，在一起工作的科研人员，在 1.5～5 年这个期间，信息沟通水平最高，获得的成果也最多，而相处超过 5 年，科研人员间已经成为老相识，相互间失去了新鲜感，可供交流的信息减少，创造力也会随之而减弱。员工需要通过调动工作以重新获取工作的新鲜活力以及创造力。

由此可见，员工的工作调动，不仅是增进员工工作兴趣、重新获取创造力的需要，也是组织充分利用员工，增强员工创造力，提高员工生产效率的需要。因而，企业应根据自身的实际情况，结合员工的要求，进行科学、合理的调动管理。

（3）基于能力的企业员工正规化晋升与调动。企业的晋升决策关系到企业的长远发展问题。企业应构建基于能力的企业员工正规化晋升与调动模型，以规避非正规划化方式所带来的弊端，并能确保所晋升的员工的胜任力，增强企业的整体执行力。企业的晋升与调动决策应以企业所构建的任职资格系统为基础。完备的任职资格系统，明晰了企业的每个职位所需的能力要求和素质要求，并根据所需的能力要求和素质要求以及各个职位对企业发展贡献度的大小将企业各项职位分为不同的职类、职种、职层和职级。企业在做出晋升决策前，企业应首先测试和衡量候选人所具有的性格、知识、素质、技能等，看其是否符合所应征职位的任职资格。

4.员工职业生涯成功评价

企业在构建好企业的任职资格系统,为员工的职业发展指明方向后,继而开发出企业员工职业发展的不同路径,为员工职业生涯发展铺设道路,使得企业员工可以选择适合自己的职业发展通道,向自己的职业目标前进。为敦促员工的职业发展,企业应构建一套职业生涯成功评价体系,以便及时掌握员工的职业生涯发展情况,并进行及时的反馈与修正。职业生涯成功是员工个人职业生涯目标的实现,它的含义因人而异,具有很强的针对性。表6-8是一个职业生涯成功评价体系表,根据这一体系,每个人都可以对自己的职业生涯成功明确界定一个独特的标准,包括成功意味着什么,成功时发生的事和一定要拥有的东西、成果的范围、被承认的地位和被承认的方式等。企业通过构建职业生涯成功评价体系,对员工的职业生涯目标的实现程度,职业生涯成功进行正确、科学的评价,寻找并总结员工职业生涯获得成功的影响因素,并加以总结,以便在全企业内开展学习活动,使员工的职业生涯的成功得到企业上下的认同。另外,企业还应从中找寻出阻碍员工职业生涯目标实现的因素,并针对这些因素为员工提供相应的帮助和支持。

表6-8 职业生涯成功评价体系

评价方式	评价者	评价内容	评价标准
自我评价	本人	1. 自己的才能是否充分施展？ 2. 对自己在企业发展、社会进步中所作的贡献是否满意？ 3. 对自己在职称、职务、工资待遇等方面的变化是否满意？ 4. 对处理职业生涯发展与其他人生活动的关系的结果是否满意？	根据个人的价值观念及个人的知识、能力水平
家庭评价	父母等家庭成员	1. 是否能够理解和肯定？ 1. 是否能够给予支持和帮助？	根据家庭文化
企业评价	上级、平级、下级	1. 是否有下级、平级同事的赞赏？ 2. 是否有上级的肯定和表彰？ 3. 是否有职称、职务的晋升或相同的职务权利范围内的扩大？ 4. 是否有工资待遇的提高？	根据企业文化及其总体经营结果
社会评价	社会舆论社会组织	1. 是否有社会舆论的支持和好评？ 2. 是否有社会组织的承认和奖励？	根据社会文明程度、社会历史进程

资料来源:姜真.职业生涯管理是企业的一盘棋.人力资源开发与管理,2004.11:47-51.

思　考　题

1. 怎样理解职业生涯及职业生涯管理？
2. 职业生涯发展有哪几个阶段？
3. 个人如何选择职业？
4. 怎样实现个人职业生涯与组织职业生涯设计的匹配？
5. 职业生涯管理有哪些内容？
6. 比较几种职业生涯通道。
7. 对比职业生涯管理中不同角色。
8. 如何对自己的职业生涯做出全方位的评价？

➡ **案例 6 - 1**

爱立信：为员工制定职业生涯计划

爱立信的人才管理理念是强调发展培养本土人才及职业生涯的规划管理，并对专业技术人才和管理人才打造不同的发展通道。"每一名员工在进入到爱立信之后，都是企业资产的一部分，所以每个人都有自己的发展计划，爱立信也会让员工们看到多种发展道路和可能性，通过每个人的职业生涯规划去运作人才的管理"，爱立信（中国）人才管理负责人鲁昕说道。

清晰的职位层级建设人才梯队，然而，要想让员工们看到多种可能性的发展道路，首先是要对企业内部所有的职位和层级有清晰的认识。爱立信根据企业每个部门中的典型岗位做了分类，再根据这个分类设计出不同层级的阶梯。

公司的职位体系共有九个级别，相对扁平化，例如销售岗位，有五个级别，由基础的工作内容开始，每个级别对员工的要求不一样。对于工作内容相对复杂，需要绩效和技能比较高的岗位，起始级别也会比较高。在每一个职位的每一个层级上，也都有相对应的描述和要求。

因此，爱立信按照这样的组织架构去设计每个人的职业生涯。从员工进入公司开始，根据他的工作内容给定一个级别，不仅让他了解到他现有的层级需要什么样的技术能力和要求，还能让他清楚地看到上升空间，到达每个层级需要累积什么样的经验，满足和学习的技能是什么。例如服务顾问职位从最基础的 Consultant 级别到最高级的 Principle Consultant 级别共划分了 6 个层级，员工在第一层级的业绩表现和能力达到第二层级对他的要求之后，由上两个级别的管理者考核通过，即可以得到提升。而到了较高的级别之后，员工的上升需要有一个相应的考核期，由其所在的领域中的专业团队对他进行测评，通过对具体项目的了解和考察，看他是不是能够达到下一级别晋升的要求。在上升到最高一级的 Principle Engineer 时，通常由爱立信全球经过认证的最顶尖的高级工程师团队来做全面、透明的考核，以保证对员工的评价是在一个公平体系上，确保爱立信全球的高级工程师都有相同的标准和能力。

"通过职位阶梯的建立，爱立信对每个员工制定职业生涯发展计划，和员工沟通也非常的公开化、透明化，我们鼓励员工结合公司业务发展和自身的兴趣制定自己的职业发展计划，员工可以通过爱立信职业和能力发展模型中查询到她/他所计划的下一个级别的工作和技能要求是什么，为能力的提升找到目标"，鲁昕说。

双向制定职业发展规划

而事实上，在爱立信并不是所有的员工在具备了一定的能力之后，都能够通过主动申请得到下一个职位。而是从企业的战略需求角度出发，如果业务领域需要这样的人才，爱立信才会启动评估流程，假如目前某个职位没有这样的需求，则员工还需要暂时在原本的位置上继续发展等待机会，因此，对人才的职业生涯规划管理对爱立信来说尤为重要。

与大多数企业一样实行年度绩效管理

不同的是，爱立信的年度绩效管理不仅仅是考核员工的工作表现，还要规划员工的职业发展并使其与公司业务的规划匹配。在每年初设立目标时，员工需要与上级管理者共同讨论，制定职业发展计划。"从员工的角度和意愿出发，他需要和经理讨论2～3年的发展计划，以及在这2～3年当中需要学习和补足的是什么，参加什么样的培训项目更适合他。而在上级管理者方面，需要让员工了解企业的业务规划，根据企业的战略方向和员工的个人能力和潜力给予员工发展建议，经过沟通双方达成一个长期的目标"，鲁昕说。

对每一名员工的职业生涯制定规划的同时，也保证了管理者对自己梯队建设的规划。我们相信员工的发展是通过不断丰富工作内容，尝试新的挑战，在不同的区域和业务部门轮转实现的。所以我们特别强调员工的流动性。举例来说，通常一个优秀的员工在一个位置工作两三年后我们都鼓励他能够尝试新的工作，而这样的员工通常都是部门的骨干，部门经理是不希望他转岗去其他部门。而爱立信鼓励个人发展，鼓励员工和管理者提早做出职业规划，这样管理者便可提前培养新的骨干接班人，完善部门人才梯队的建设，也有助于整个企业的发展。

资料来源：中国人力资源开发网. http://www.chinahrd.net.

问题讨论：
1. 爱立信是怎样设计员工的职业生涯的？如何评价？
2. 爱立信的年度绩效管理对它的员工职业生涯的规划有什么作用？

第 7 章　绩效考核与管理

❖ **本章要点**

- 绩效、绩效考核、绩效管理
- 绩效考核标准
- 关键绩效指标
- 平衡记分卡
- 绩效考核的定性、定量评价方法
- 绩效考核反馈面谈
- 绩效考核的信度与效度

　　绩效考核与绩效管理是人力资源管理活动的重要内容之一，它是企业经营管理活动实施的有效控制手段。通过绩效考核与绩效管理，既可以找出差距，改进绩效，提高企业经营管理水平，又是人力资源管理中薪酬设计与管理的依据，从而达到挖掘与激励员工积极性和创造性的目的。因此，绩效考核与绩效管理在任何一个组织的管理活动中具有重要的地位与作用。

📖 **阅读资料**

德国蔡司光学：绩效管理工作体系精益化

　　CNMA 是德国蔡司集团旗下专门生产光学镜片的工厂之一。1998 年建厂之后，工厂的绩效管理工作体系比较粗线条，导致 CNMA 的产品合格率和交货期等指标始终不尽如人意。2007 年，时任 CNMA 总经理的彭伟成立运作优化部，在全厂推行精益绩效管理工作体系，并将精益思想上升到公司战略的高度。经过精心规划，与精益相关的各类工具、方法和系统按部就班地推行到全厂，其中就包括绩效管理工作体系。

　　CNMA 的绩效管理工作体系变革围绕持续改善展开，具体而言，通过绩效计划、绩效辅导、绩效评估、绩效激励四个环节，将精益战略落到实处。

　　绩效计划：合格率螺旋上升，不合格率减半在 CNMA，上至总经理，下至一线员工，所有层级的 KPI 中既有合格率也有不合格率，必须同时达到才算考核合格。在确定合格率与不合格率的具体数值时，CNMA 采用了螺旋上升和减半的方法。所谓螺旋上升，是指每季度更新 KPI 时，比较上季度实际达成指标的平均值和由数据模型测算出来的目标值，两者取其高。所谓减半，是前溯一段周期内实际发生的最低不合格率，减掉一半后的数值作为新的 KPI。在确定 KPI 的同时，相关绩效管理工作体系人员和员工已经就如何实现 KPI 达成共识，并制订了具体实施方案。

　　绩效辅导：基层帮扶，绩效管理工作层"五个一"为了确保员工能真正达到指标，

CNMA 针对基层员工和绩效管理工作体系层，建立了完善的辅导制度。对于基层员工，CNMA 全面实施"帮扶制度"，由熟练级和大师级员工担任低级别员工的导师，帮助他们尽快提升操作技能等各方面的职业技能。徒弟通过考核能拿到相关操作技能的上岗证；而导师的帮扶数量等指标直接与奖金挂钩，不仅能拿到物质奖励，帮扶的经历还将成为其日后晋升绩效管理工作岗位的重要依据。

绩效评估：IT 系统，实时呈现，领班每天都会根据员工的实际表现，对照清晰的 KPI，为员工打红黄绿点，并将打点情况输入系统。每天评估的好处是能够及时纠正员工操作中的错误和问题，既可避免因质量问题而造成的损失，又能让员工直观地看到每天的努力都有相应的回报。此外，由于 CNMA 在设定 KPI 时是从上往下层层分解的，而绩效的实际完成情况则是由下向上层层挂钩，这样一来，主管、经理甚至厂长的绩效就自动链接到所绩效管理工作部门的绩效上。这使得绩效评估一目了然。

绩效激励：各层面评比，形成改善闭环 CNMA 通过不同的评比活动，与前三个绩效管理工作环节中持续改善的举措相呼应，并在组织内形成了改善闭环。例如，每年 CNMA 会在所有生产线的每个岗位开展技能比武。这不仅仅是一场热闹的比赛，更是一次完善员工操作规范的绝佳机会。比赛结束后，培训员会与获得全能冠军或单项能手的员工反复沟通，探讨其做得效率高且质量好的真正原因，并且会对照现有的操作规范手册，观察冠军、能手们的实际操作动作，从中研究出优化或改善方法，并据此修改操作手册。

正是通过逻辑严密、前后呼应的各项绩效管理工作体系制度，才使得持续改善的精益思想能够在 CNMA 落地、生根、开花、结果，也就是说，精益化的绩效管理工作体系，构筑了 CNMA 的竞争力。

资料来源：德国蔡司光学：绩效管理工作体系精益化.杭州时代光华.2014(12).

7.1　绩效、绩效考核与绩效管理

7.1.1　绩效

1. 绩效的界定

所谓绩效(performance)是指通过个体或群体的工作行为和态度表现出来的工作效率和结果，是直接成绩和最终效益的统一体，也可称为工作业绩、成效等。绩效的构成要素包括两个方面：第一，工作效率。工作效率是指输入与输出的关系，对于给定的输入，如果能够获得更多的输出，则效率就更高，反之，效率就越低；对于同样的输出，如果能使输入减少的越多，效率也就越高，反之越低。另外，对于同样的输入和输出，则工作效率取决于时间。时间越短，效率越高。第二，工作效果。即工作活动对预定目标的达到情况。工作效率与工作效果是互相联系的，效率涉及的是工作方式，而效果涉及的是工作结果。

2. 绩效的特性

绩效具有以下特性：

(1) 多因性。绩效的高低，不是单方面因素的问题，而是要受到多方面因素的影响，如技能、激励个人素质方面的因素和环境以及机会等，它们之间存在着函数关系。

（2）多维性。绩效的表现是由多方面体现的，它既包括工作结果，也包括工作效率。例如，要考核一名一线生产人员的工作绩效，不仅考核产品的数量、质量，还要考核节能、出勤情况、合作态度、遵纪守法等等。因此，进行绩效考核必须从多方面进行。当然，需要注意的是不同的方面在绩效中所占的权重不同。

（3）动态性。绩效并不是固定的、一成不变的，随着主客观环境和条件的变化，绩效也随之而改变。这种动态性决定了绩效具有时限性，对绩效的考核往往是针对某一特定时期的绩效而言。

3. 组织绩效与个人绩效

企业的绩效指企业经营管理活动的效率和效果。从广义的角度包括两个方面，一是组织绩效，另一个是个人绩效。组织绩效反映新创企业组织最终的经营管理成果，个人绩效反映新创企业员工个人行为和态度及工作业绩。组织绩效和个人绩效关系密切并相互融合，企业员工的个人绩效的集合构成了组织绩效，个人绩效是组织绩效的主体。本章所涉及的绩效主要是个人绩效。

7.1.2　绩效考核

1. 绩效考核的涵义

考核是指评价、评估。绩效考核（performance evaluation）是指应用科学的方法、程序和一定的指标体系，定期对企业员工的行为过程和行为结果进行考核和评价，是测定员工有效工作程度的一种行为。在许多企业中，往往存在着正式的和非正式的绩效考核。非正式的绩效考核是由个人（管理者或员工）思考评定的，这有助于了解员工的价值贡献，为员工的工作改进指明方向。正式的绩效考核是由组织制定一整套规范、系统评价体系，并由组织定期进行考核。正式的绩效考核是企业人力资源管理最重要的任务之一，它能够帮助管理者寻找工作结果与企业目标之间的差距，有针对性地制定改进绩效的措施，提高企业的经营管理水平。

2. 绩效考核的分类

企业在人力资源管理的实践中可从不同的角度进行绩效考核，下面介绍几种类型。

（1）按绩效考核的性质分类。按照绩效考核的性质，绩效考核可分为客观考核和主观考核。

· 客观考核是指按照标准化、系统化的指标体系来进行考核，一般主要依据两类硬性指标进行考核：一是生产指标，如产量、销售量、废次品率、原材料消耗率、能耗率等，二是个人工作指标，如出勤率、事故率等。客观考核法随意性较小、比较客观，但由于员工工作绩效受多种因素影响，加之工作包含多方面，难以把所有方面都量化为可测量的指标，因而影响了其使用的范围。

· 主观考核是由评估人在充分观察和征询意见的基础上对员工绩效所作的较为笼统的评价。其优点是简单易行，适用面广。缺点是主观性较强，易受心理偏差的影响，但如果程序严密，运用恰当，可以收到良好的效果。

（2）按绩效考核的标准分类。按照绩效考核的标准可分为员工特征导向型、行为导向型、结果导向型。

• 员工特征导向型是指以考核员工的决策能力、对组织的忠诚度、人际沟通技巧和工作主动性等为主的绩效考核方法。它侧重于回答员工"人"是怎样，而不重视员工的"事"做得如何，具有简便易行的优点。但也存在缺陷：首先，员工的特性与员工工作行为和结果之间缺乏确定的联系，因此效度较差。其次，由于评价者对同一员工的认识不同，就会产生评价结果相差很大的可能性。最后，它无法为员工提供有益的反馈信息。

• 行为导向型是指依据员工的行为方式建立的绩效考核方法。这种方法的优点是它克服了以员工特征为基础的绩效考核方法无法为员工提供改进工作绩效反馈信息的弊端，缺点是它无法涵盖员工达成理想工作绩效的全部行为。

• 结果导向型是将员工的工作结果与预先设定的最低工作成绩标准进行比较作为考核依据的方法。最低工作成绩标准通常包括两种信息：一种是员工应该做什么，即工作内容，包括工作任务量、工作职责和工作的关键因素等；二是员工应该做到什么程度，即工作标准。工作标准应是明确的，便于管理者和员工理解。结果导向型考核方法也有缺点，一是员工的工作结果不仅取决于员工的个人努力和能力因素，也取决于经济环境、原材料质量等多种因素，因此这类方法缺乏有效性。二是这类方法有可能强化员工不择手段的倾向。第三是在实行团队管理的组织中，会加剧员工之间的不良竞争，妨碍彼此之间的协作和相互帮助。最后是它无法提供如何改进工作绩效的明确信息，因此，它在为员工提供业绩反馈方面的作用不大。

(3) 按绩效考核的主体分类。按照绩效考核主体可划分为：上级考核、专业机构人员考核、专门小组、下级考核、自我评价、相互评估、外部评价。

• 上级考核，是指直接领导对自己下属员工的考核。这种方式是大量应用的考核方式。

• 专业机构人员考核是指人力资源部门对员工进行的考核。该方式能够达到考核的高水平，也比较客观。

• 专门小组，是指由有经验的员工、管理人员和人力资源部门三方结合，组成小组来实施考核的方式。该方式兼有全面、客观和容易开展的特点。

• 下级考核，即员工对自己的直接上司进行的考核。这充分体现了组织的民主性体制。

• 自我评价，是指事先制定好一系列标准，然后由被考核者自己对照有关的标准对自己的工作做出评估。这种方法能够充分调动起被评人的积极作用。

• 相互评估，是指被考核人员之间的相互评价。这种考核方式是考核的眼界较宽，反映的问题和情况较全面、深入。

• 外部评价，是指由组织外部的有关人员或工作对象所作的评价，如经销商对市场营销部经理的评价、乘客对空中小姐的评价等，外部评价具有客观性和多层面的看法，是组织内部考核的有益补充。

(4) 按绩效考核的形式分类。按绩效考核的形式可划分为：口头考核与书面考核、直接考核和间接考核、个别考核与集体考核。

• 口头考核和书面考核。口头考核是考核者对被考核者通过面对面的语言交流实施的考核，这种考核形式，直观、真实性强、信息反馈迅速，被考核者的第一印象非常重要，当然对考核者也有较高的技术要求；书面考核是通过被考核者的笔试，对其所掌握的知识体系、结构、深度和广度进行的考核。

·直接考核和间接考核。这是以考核者与被考核者是否面对面为标准划分的。直接考核是考核者对被考核者不经过中介，亲自实施考核。间接考核是考核者对被考核者通过中介实施的考核。企业有时为了使考核顺利进行，以及为了保持考核的公正、公平，会选择中介来实施考核，如中介公司、专家小组等。

·个别考核与集体考核。个别考核是考核者对个人进行的考核，这种形式会对被考核者形成强大的压力；集体考核是考核者对群体进行的考核，可以是群体座谈形式，也可以是群体笔试形式，相对于个别考核来讲，压力会大大减小。

（5）按绩效考核的时间分类。按绩效考核的时间长度可分为：日常考核、定期考核、不定期考核。

·日常考核，如每天、每周进行的例行产量、营销数量考核等。

·定期考核，即每间隔一段时间进行一次考核。最常见的做法是按月记载上交的考勤和每年一次的绩效考核，如对管理干部任期业绩的考核。

·不定期考核，如为选拔人才而进行的考核、在培训前后进行的考核就属于不定期考核。

3. 绩效考核的必要性及作用

对企业而言，绩效考核是从企业的业绩指标和员工在工作成绩的质量和数量两个方面，对企业的整体运营过程和员工在工作中的优缺点进行系统的描述，它涉及观察、判断、反馈、度量、组织介入以及人们的感情因素，是一个复杂的过程。

（1）绩效考核的必要性。对一个企业而言，无论是老企业还是成长性企业，日常活动处处都贯穿着管理，企业的经营管理绩效始终是被关注的问题，对绩效的考核就是一个评估、比较以便形成客观最优的控制决策过程。从战略管理角度来讲，绩效考核旨在从日常管理活动发现问题，而非在问题出现后再着手调查评估损失究竟有多大。从企业人力资源角度来看，绩效考核激发了员工的工作热情和积极性，进而促进企业经济效益的提高。国际知名企业的实践已证明，绩效考核在现代管理中起着越来越重要的作用，进行绩效考核是非常必要的。

（2）绩效考核的作用。绩效考核作为新创企业经营管理和发展的重要内容，为企业的经营管理，尤其是人力资源管理的各项主要环节提供确切的基础信息。绩效考核具有以下作用：

第一，考核是工作调动和职务升降的依据。绩效考核是对员工的工作成果及工作过程进行考察，通过绩效考核可以提供员工的工作信息，如工作成就、工作态度、知识和技能的运用程度等。根据这些信息，可以进行人员的晋升、降职、轮换、调动等人力资源管理的工作。这对于个人来说可以扬长避短，充分发挥其才能，对于企业而言尤其是新创的企业，有利于人力资源的优化配置，提高企业的竞争力。

第二，考核是人员任用的依据。一个企业要做到人与岗位的科学结合，必须"识事"和"知人"。岗位分析、岗位评价和岗位分类是"识事"的基本活动，考核则是"知人"的主要活动。只有"知人"才能"善任"，通过绩效考核，能够对每个人的多方面情况进行评价，了解每个人的能力、专长、态度和工作，从而将其安置在适合的职位上，做到人岗匹配。

第三，考核是员工培训开发的依据。绩效考核可以确定员工的培训需求。绩效考核是按制定的绩效标准进行的，考评结果显示的不足之处就是员工的培训需求，管理者可以据此制定培训计划。因此，绩效考核在此方面的作用是发现员工的长处与不足，对他们的长处给予发扬；了解员工在知识、技能、思想和心理品质等方面的不足，进行有针对性的培训。

第四，考核是管理决策的依据。绩效考核是一种控制手段，是制定人事决策的依据。企业通过对员工的绩效考核，来获得相关信息，便可据此制定相应的人事决策与措施，通过奖罚、升降、淘汰，达到调整以及控制的目的。企业通过绩效考核，来揭示其运营能力、偿债能力、盈利能力和社会贡献，为企业的投资者、债权人、经营管理人员提供决策的依据，给予企业成员在自我价值实现方面的指导，从而为强化企业内外管理、挖掘各种改进潜力、获得更大的管理绩效指明方向。绩效考核还可以使企业深入了解生产、供应、销售、财务等各种职能部门的情况与问题，从而为组织的有关决策提供参考依据。

第五，考核是确定薪酬奖罚的依据。绩效考核是进行薪酬管理的重要工具。现代管理要求薪酬分配遵循公平与效率两大原则，按照企业既定的付酬原则，通过科学、合理的绩效考核结果调整员工的薪酬，可以发挥出绩效考核应有的激励作用，达到提高工作绩效的目的。

第六，考核有利于企业的沟通。将绩效考核的结果向员工进行反馈，可以促进上、下级之间的沟通，使双方了解彼此的期望。通过绩效考评进行沟通可以有效地加强和保持现有的良好绩效。对于企业员工而言，他们都希望知道自己何时很好地完成了某项工作。同样，改进绩效的方法很多，但最有效的方法往往是通过上下级之间的沟通实施的。

第七，考核有利于建立共同的目标。考核有利于上、下极沟通，这种沟通促进了企业成员之间信息的传递和感情的融合，使成员之间的了解和协作加深，有助于员工的个人目标同企业目标达成一致，建立共同愿景，增强企业的凝聚力和竞争力。

第八，考核有利于形成高效的工作气氛。通过考核经常对员工的工作表现和业绩进行检查，并及时进行反馈，既能及时发现人员任用是否合理，又能为适度的奖罚和公平的待遇提供依据。这两个问题都是影响组织效率的重要问题，因此，正确的考核有利于形成高效率的工作气氛。

4. 绩效考核的原则

（1）公平公开原则。企业绩效考核应做到公平公正，它是建立考核制度和实施考核工作的前提，只有公平合理的考核，才能使考核结果符合考核人的真实情况，从而给企业人事工作的各项主要环节提供确切的科学依据，得到公平的结果。其次，企业的绩效考核应最大限度地减少考核者和被考核者双方对考评工作的神秘感，业绩标准和水平的制定是通过集体协商来进行的，考核结果要公开，即做到考评工作的制度化。

（2）客观准确原则。考核要客观准确，即用事实说话，切忌主观武断。考核结果如果能够真实准确地反映员工的情况，不仅会激发员工的工作积极性，还有利于企业人际关系的协调发展和员工的团结。这就要求在绩效考核的过程中，应当把工作标准、企业目标同考核内容联系起来，做到以下几点：

第一，考核标准明确。考核要素的划分和设置要明确，打分标准要清晰，同类同级工作人员的考核标准要统一。

第二，考核制度严格。企业要制定严密的考核规章制度和实施条例，包括考核的时间、种类、项目、方法等，并严格执行。

第三，考核方法科学。绩效考核的方法很多，应当根据考核对象和考核内容的特点进行选择，也可将多种考核的方法综合运用，但要注意有所侧重。在考核方法的选择上应当注意，无论使用什么方法，其宗旨都在于达到考核的客观性和公正性。

第四，考核态度认真。考核者的工作态度必须严肃认真，不得马马虎虎、不负责任地随意对待，更不能从个人好恶恩怨以及印象出发。

（3）区分性原则。区分性原则是指考核的结果应当能够有效地对员工的工作效率高低予以区分。如果考核体系不能有效区分绩效不同的情况，优者、劣者不能区分，将会导致懒惰者受到纵容，而挫伤员工的工作积极性。

（4）可行性和实用性原则。可行性原则主要考虑两个方面因素：一是考核工作能够组织和实施，考核成本在可接受的范围内。在实际的绩效考核中，总是有一定的经费限额，不可能离开这个限制条件去追求尽善尽美的考核方式。二是考核标准、考核程序以及考核主体能得到被考核者的认可。在绩效考核中缺乏员工的支持和理解，考评的目的就很难达到。

（5）一致性原则。不同的考核主体按照同样的考核标准和程序对同一员工进行考核时，其考核结果应该是相同的、相近的，这反映了考核体系和考核标准的客观统一性。另外，同一个考核主体对相同（或相近）岗位上的不同员工考核，应当运用相同的评估标准。

（6）多面性原则。多面性原则就是运用多层次、多角度、全方位进行考核。它既包括定性考核，又包括定量考核；既有集中考核，又有分散考核，还有分散集中相结合的考核；既有上级考核，又有下级考核，既有同级考核，又有自我考核；既有本单位考核，又有外单位考核等。实施多面性原则，是为了使考核尽可能地全面和客观，以防止主观片面性。

（7）反馈原则。绩效考核应及时反馈，才能达到考核的目的，起到激励员工的作用。考核结果要反馈给被考核者本人，被考核者如有不同意见，可以要求复议；考核组织则应向被考核者在一定期限内做出答复。

（8）多样化原则。绩效考核在一定的条件下，应尽可能选用两三种不同的考核方法结合使用。因为不同的考核方法各自有优缺点，适用的范围不同，区分性也有差异，将不同的方法结合使用，能够消除单一方法可能导致的误差，提高考核结果的准确性和区分性。

（9）动态性原则。企业在运营过程中是不断发展、壮大的，因此在企业或个人的绩效考核问题上，不能只注重档案中的材料或只进行静态的考核，而应当用发展的眼光来看待考核指标和考核得分水平，要注重现实表现、注重动态的变化，要看被考核者的态度行为、达到的业绩和个人素质的发展趋势。

7.1.3 绩效管理

1. 绩效管理的涵义

绩效管理是指为了实现组织的目标，通过制定绩效计划，定期对企业员工工作行为和工作结果进行评估与反馈，实施激励与调控，并改善员工工作绩效，进而提高企业组织绩效的管理过程。那么，绩效考核是绩效管理的一个组成部分，也是完整的绩效管理过程中的一个重要环节，成功的绩效考核不仅取决于评估本身，而且很大程度上取决于与评估相关联的整个绩效管理过程。绩效考核与绩效管理有着密切的关系，但不能简单地将绩效考核等同于绩效管理，两者还是有区别的，参见表 7-1。

表 7 - 1　绩效管理与绩效考核的区别

绩 效 管 理	绩 效 考 核
• 一个完整的管理过程	• 管理过程中的局部环节和手段
• 侧重于信息沟通与绩效提高	• 侧重于判断和评估
• 伴随管理活动的全过程	• 只出现在特定的时期
• 事先的沟通与承诺	• 事后的评价

因此，为改善企业的绩效而进行的管理活动都属于绩效管理的范围。绩效管理不仅作为一种管理手段或工具，更是作为一种管理思想和管理意识，贯穿在企业经营管理活动的整个过程中。企业运用绩效管理，不仅能够有效控制企业各个环节的活动，更重要的是通过持续不断地改进绩效，逐步提高企业的经营效益和市场的竞争能力。

2. 绩效管理的必要性

企业进行绩效管理，不论从企业的角度，还是从管理者或者员工的角度，都可以解决我们所需解决的一些问题，并给企业的运营和人力资源的管理带来益处。

从企业角度看，绩效目标的设定与绩效计划的过程，使企业目标被分解到各个业务单元以及个人。其次，通过团队和个人的绩效目标的监控过程以及对绩效结果的评估，可以有效了解各个环节上的工作产出，及时发现问题并予以解决。最后，绩效考核的结果可以为人员调配和培训发展提供信息。

从人力资源的角度来看，对于管理人员而言，绩效管理提供给管理者一个将目标分解给员工的机会，并且使管理者能够向员工说明自己对工作的期望和工作的衡量标准。绩效管理也使管理者能够对绩效计划的实施情况进行监控。就员工而言，绩效管理也是他们成长过程中所必需的。根据马斯洛的需要层次理论，员工在生理需要得到满足之后，更多的高级需要有待于满足。每个员工都希望了解自己的绩效和在别人心中的评价，因为首先员工出于对安全和稳定的需要，来避免不了解自己的绩效而带来的焦虑；其次，员工希望自己的成绩得到他人的认可与尊重；最后，员工需要了解自己目前有待于提高的地方，使自己的能力得到提高，技能更加完善。

3. 绩效管理系统模型

从系统的角度出发，我们可以把绩效管理看作是一个系统，即由多个相互影响的要素和各个环节构成，其系统模型见图 7 - 1。

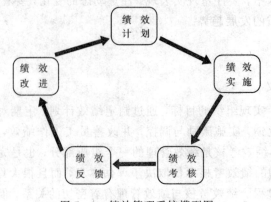

图 7 - 1　绩效管理系统模型图

从绩效管理系统模型可以看出，一个良好的绩效管理系统主要环节由以下五个部分组成：

（1）绩效计划。绩效计划的制定，就是在企业内建立起员工认同的绩效目标，也就是让各层的员工都明白自己努力的目标。这是进行绩效考核的基础，也是绩效管理的关键。绩效计划要以企业战略目标和企业管理文化为指导方针，依据工作说明书为员工的工作绩效设计明确的可行的指标体系，使员工努力的行为和方式不仅符合绩效管理，而且与企业战略和企业文化相一致。

（2）绩效实施。绩效的实施就是管理员工的绩效，其主要功能就是确保员工能够按照绩效计划中所设定的目标，在规定的时期内顺利完成工作任务。管理员工的绩效可采用的形式有辅导、咨询和监控。辅导是要通过让员工学习来改善员工的知识、行为和技能；咨询是要帮助员工克服工作中的障碍，达到预期的绩效标准；监控是通过管理者和自我审视以及回顾绩效进展，并做绩效判断，不断地调整和修正计划或行为。

（3）绩效考核。绩效考核是绩效管理的主体部分，在制定绩效计划的基础上再制定出一个健全合理的考核方案并有效实施绩效考评。考核方案主要包括考核内容、考核方法、考核程序、考核组织者、考核人与被考核人以及考核结果的统计处理等。

（4）绩效反馈。在绩效管理系统中进行绩效反馈，不仅可以让员工了解自己的工作情况，还能够根据考核结果说明员工达到组织期望的标准程度，而不足之处经过分析，即可成为有针对性的培训需求。绩效反馈另一个重要的作用在于员工考评结果可以使上级了解该员工的优缺点和个人特点等。最后，管理者根据考核结果中获得的信息，可以对员工进行适当、明确的指导，可以使员工的个人发展与实现组织目标结合起来，达到提高绩效的目的。另外，一个企业的文化对反馈绩效的方式、重视程度都有很大影响。

（5）绩效改进。绩效考核的结果不仅可以用于管理决策，如薪酬管理、晋升管理等，还可以用于绩效改进。绩效改进是经过绩效考核、绩效反馈及环境条件的变化，制定绩效改进计划、修订绩效标准、发掘员工潜力、促进员工发展。进行绩效改进工作，促进企业绩效的不断提高，才能实现企业整体的持续发展目标。

综上所述，绩效管理系统使绩效考评的内涵更丰富，实施过程更全面、更系统，从而使绩效考评在企业中发挥出更强大的功能。

7.2　绩效考核指标体系的设计

绩效考核是绩效管理的重要环节，也是最主要的管理内容，如何做好绩效管理工作，设计科学、合理、有效的考核指标体系是关键，也是一项复杂的工作。

7.2.1　绩效考核的内容和指标体系设计

1. 绩效考核的内容

绩效考核的内容是进行绩效考核的基础，也是设计绩效考核指标的依据，只有确定了绩效考核的内容才能在此基础上对企业员工进行绩效考核。尽管不同的工作岗位的工作性质、方式、任务、责任等不同，但从一般意义上来讲，绩效考核的内容包括员工工作成果、工作能力和工作态度的考核。

（1）工作成果。考核工作成果是以员工的工作岗位为出发点的，是对员工在工作岗位上履行工作职责产生工作结果的评价，可以从工作的数量、质量、速度、成本、准确性等方面衡量员工完成工作任务的状态。

（2）工作能力。工作能力是指员工担当工作应具备的知识、技能、经验、个性特征等，这是完成工作任务、履行工作职责必备的素质，与工作业绩有着密切的关系。对工作能力的考核主要是考核能力发挥的状态，是否能达到标准和要求，对能力强弱做出判断。

（3）工作态度。工作态度是在整个工作过程环节中表现出来的心理倾向性。工作态度的好坏影响工作能力的发挥，进而影响工作任务的完成，工作态度是工作能力转化为工作结果的"转换器"。所以，绩效考核的内容必须包括对工作态度的考核。

2. 绩效考核指标体系的设计

（1）绩效考核中指标体系设计的维度。

在确定了绩效考核的内容后，就必须将内容具体化，设计出反映考核内容的指标项目，使考核工作具有更强的操作性。任何一项工作都是由一系列活动环节或任务组成的，其中有某些活动环节或任务对于员工完成工作业绩是非常重要的。一个有效的绩效考核指标体系应是多层面和多角度的，也就是说，绩效考核的指标体系应能体现出对员工业绩评价的主要维度。而且，绩效考核指标体系设计得越具体，绩效考核体系就越有效。通过研究，人们发现对各类工作的绩效考核均包括六个主要维度，见表7-2。其中个人特性不能作为绩效考核的维度，否则容易导致考核者的成见，从而遮盖了员工工作的业绩。

表7-2　绩效考核中的六个主要维度

① 质　量	完成某项活动的过程或结果的水平，是否采用了理想的方式进行工作，是否达到了该项活动的目的
② 数　量	即生产数量，可以用货币价值、生产产品的数量或完成生产活动周期的次数来表示
③ 及时性	对合作双方而言，一项活动是否在可能的最早时间内完成或产出结果，以便为其他人继续下一阶段对活动提供充足的时间
④ 成本节约	对组织内部资源(如人力资源、资本、技术和原料)的有效运用，从而达到收益最大化或损失最小化的目的
⑤ 监督的需要	被考核者在其工作的过程中，是否需要上级主管的帮助和指导，是否需要上级主管介入来减少负面结果的发生
⑥人际影响	被考核者在其工作过程中，是否在其同事间、下属间激发出自尊、友善、合作的气氛

（2）绩效考核指标项目的设计。

① 绩效考核指标项目的划分。

对于绩效考核指标项目的划分，国内外学者与企业的管理者有不同的看法，可从不同角度进行划分。

·从绩效构成要素的角度来划分指标项目。绩效构成要素主要包括工作效率和工作效果两个方面，这两个方面具体化为企业员工绩效考核指标项目时，可归纳为德、能、勤、绩四个方面。

德，即对员工思想和道德品质表现的考核。古今中外，对品德的考核始终是绩效考核的首要内容。企业在创业阶段，只求其才，不求其德，只是权宜之计；守业阶段，要靠德来巩固业绩。所以，员工的行为如是否尊重别人、是否与他人合作、是否实事求是、是否遵纪守法、是否保守公司的商业秘密等等都应成为绩效考核的项目。

能，即员工的业务知识和能力，也就是从事本职工作所具备的基本能力和应用能力。能力是决定工作业绩的重要方面。能力具体可划分常识和专业知识、技能和技巧、工作经验和体力四个方面。

勤，即员工在工作中的态度和勤奋敬业精神的表现。员工的工作态度是工作能力向工作业绩转换的"中介"。

绩，即员工工作数量、质量、效益和贡献大小。从"绩效考核"一词的字面上，可以看出对企业和人员的考核是以实际成效为中心的，是注重人们劳动成果的。因此，"绩"是绩效考核的核心。员工的工作数量、质量、效益和贡献等"绩"的指标也是唯一可以量化的考核指标。

• 从绩效考核的重点划分指标项目。绩效考核指标项目虽然可包括员工工作行为和员工工作结果，但在实际运用中，可根据不同时期企业管理的目标来确定考核的重点是放在行为上还是放在结果上。如对裁缝的考核重点可能放在他每小时正确缝制衣服的数量上或放在他生产产品所必要的行为（如裁剪、缝纫、绞边等）上，而对部门经理的考核既可以基于这一部门的生产率（结果），也可以以这一部门的管理能力（行为）为依据。

从行为的角度去考核要比从结果去考核容易得多，这是因为员工行为受外部因素的干扰较少，而结果受到他们自身无法控制的因素影响如经济状况、政策法规等。从结果去考核员工有许多优点，其中主要的优点是它有助于将注意力集中到生产特定产出上来。但也存在两个问题，一是许多行为很好的员工仍然无法达到较好的结果；二是产出可以通过不道德或不希望使用的手段来达到。因此，绩效考核应根据考核的目的来确定考核的重点。如果考核是用于薪酬管理则可以以结果为重点，考核是为了规范员工行为、创造好的工作氛围则可以以行为作为考核的重点。

• 从实践的角度来划分指标项目。从实践方面来看，绩效考核中考虑较多的项目主要有：第一，与工作有关的能力、知识和技能；第二，从热情、责任感和动机等方面表现出的工作态度；第三，工作质量及其关注意识；第四，工作数量；第五，在与团队中其他成员相互交流中反映出的互动性。

绩效考核中使用频率较低的指标项目有：处理问题和工作方式的灵活性，独立处理问题的能力和开创性；在缺少外界指示的情况下，采取相应措施的能力，管理他人的技能；对岗位需要的熟悉程度、出勤和守时情况、确定和实现优先目标的能力；对安全卫生规定的认识等。

② 绩效考核指标项目的设置。

进行绩效考核仅有几大方面显然是不够的，为了使绩效考核具有操作性，还必须对考核的内容做进一步的细化。

• 指标项目的设计。在对员工职务分析的基础上，根据绩效考核和企业管理工作的需要，把要考核的要素分解为体现工作性质及相关方面具体内容的项目，设置实际用于考核的各项详细指标，进而形成考核的指标体系。

• 各指标项目的分值。在列出考核的具体的各个指标项目后，考核管理部门就根据考核的重点，对每个指标分别给予赋分。这一过程体现了某一指标在整个考核体系中的位置与重要性。赋分的过程是相当关键的，对某一因素的分值权重不同，将会导致员工考核结果的完全不同。同时，考核分值的设置具有政策导向的作用，必然会引导员工的行为。

• 各指标项目的打分标准。在每一个考核项目分别给予赋分以后，要对每一项目的得分给出打分依据。例如，评定时，每项应得分数以10分计，各分数均为相对值，2表示差；4表示较差；6表示一般；8表示较好；10表示优秀。

• 考核指标项目设置应注意的问题。为了能够实现企业的经营管理目标，使绩效考核具有可操作性，在绩效考核指标项目的设置中应注意以下几个问题：

第一，考核项目要具体。无论是对员工品行、态度、成绩还是能力的考核，所建立的指标项目都必须是具体的、便于操作的。

第二，考核项目要与组织目标一致。考核项目不仅指明了员工努力的方向，也应成为实现组织目标的手段，要将考核项目的确定与组织目标结合起来。实现员工行为、组织目标、组织绩效三者的统一。

第三，考核项目的定量要准确。定量要准确，包括三个方面：一是各项目要素的起止水平要合理；二是各项目要素相互间的差别要合理；三是选择的等级当差要合理。

第四，考核项目要切合实际。考核项目对于员工从事的工作绩效而言是必需的。在选择考核项目时，应注意避免以下几种情况：首先，要避免选择一些与工作绩效关系不大，纯属个人特点和行为的要素；其次，要注意避免选择一些与工作关系虽密切，但非员工本人所能控制的要素；再次，要与考核方式相结合，即一旦选择了某一考核项目，就应寻找精确地衡量这些项目的方式和方法；最后，要注意培养关注绩效考核的文化氛围，使绩效考核不仅限于薪酬制度设计，还能激励员工实现组织目标的积极性和创造性。

7.2.2　制定绩效考核标准

确定了绩效考核指标项目，还必须确定绩效考核标准。绩效考核标准在整个考核过程中是非常重要的环节，它能帮助考核者克服考核中的主观随意性。但在实践中，由于考核标准制定的复杂性和认识的模糊，而使人们常常忽略这一工作内容，从而给绩效考核工作的操作带来障碍。因此，在制定绩效考核的标准前，要有明确的绩效目标，并对目标隐含的意义有充分的了解和沟通，以免因不同的解释而误导，使绩效考核的工作效果大打折扣。因此，设定绩效考核的标准是一件很重要的工作。

1. 绩效考核标准的含义

所谓的绩效考核标准，也称绩效评判标准，就是在绩效考核过程中，对员工的业绩进行评价的标准和尺度，也就是说明在各个指标项目上分别应达到什么样的水平，给出数量标准和程度标准。标准应具有完整性、协调性和比例性等特点。

2. 绩效考核标准的类型

(1) 按绩效考核的手段可分为：定性标准、定量标准。

• 定性标准，可用评语或字符作为尺度的标准。

• 定量标准，可用分数作为尺度的标准。

(2) 按绩效考核标准的属性可分为：主观标准、客观标准、绝对标准、相对标准。

- 主观标准，是以考核者的个人价值观、看法为标准。
- 客观标准，是以客观事实描述和观察为标准。
- 绝对标准，是以一个统一的标准进行考核评价，不分对象、目的、条件、地点等。
- 相对标准，就是依据不同的对象、目的、条件、地点，采用不同的考核评价标准。

3. 制定绩效考核标准的要求

虽然每位绩效考核者对绩效标准的正确定义看法未必一致，但在选定绩效标准时，从合理的角度来看，应遵循绩效标准使员工能有很多机会超过标准并得到上级的赏识，而未达到此标准的绩效是不能令人满意的。在制定绩效考核标准时应满足以下要求：

（1）标准应具体精确。标准要具体精确，不能让人感到模棱两可，不易操作。表现为两个方面：一是标准要尽量用数据来表示；二是属于现象和态度的部分，不能因为抽象而不具体。如有不少企业在设计考核标准时，常常用"工作热情高"，"招募成本低"等语言来确定考核标准。这种标准显然不精确、不具体。如果将"工作热情高"变为"工作认真、不闲聊，在工作需要时，能主动加班，不计报酬"，将"招募成本低"变为"比通过职业介绍所寻找的费用低"就会具体精确得多。要做的标准的具体精确，首先就要统一、具体的定义标准，其次要以易于理解的方式对标准命名，最后标准之间不应重叠。

（2）标准应公正客观。标准应客观公正是指：标准应随客观条件的变化而改变，其次标准既不能定得过高也不能定得过低，应有助于对员工产生激励作用。再次，标准应基于工作而非工作者，不能掺杂个人好恶等感情因素。最后标准要平衡衔接。

（3）标准应统一有效。标准不应经常变动，应保证考核结果的横向和纵向可比性和可信度；绩效标准还应吸收员工参与讨论，增加透明度、提高考核的效度；绩效标准应与组织目标和文化一致。

（4）标准应独立全面。标准应从绝对标准和相对标准两方面设定；重要的行为和结果应包括在同一个标准中；不重要的行为和结果在标准设定时不能忽略。

7.2.3　绩效考核指标体系设计的方法

1. 关键绩效指标的设计

1）关键绩效指标的涵义

企业的关键绩效指标（Key Performance Index，KPI）是通过对企业内部流程的输入端和输出端的关键参数进行设置、取样、计算和分析，在职务分析的基础上，将工作岗位职责的关键环节以定量化或行为化的方式来设计的考核指标。这种指标设计方法的关键是建立合理的 KPI 指标，必须要研究企业内部各种工作流程情况，找出其中的关键参数，通过对这些参数的衡量，制定绩效考核最重要的业绩指标。实施 KPI 方法的思路是基于"抓主要矛盾"的"二八原理"，即在一个企业的价值创造中，20％的骨干员工创造 80％的价值，或是在每一个员工身上，80％的工作任务是由 20％的关键行为完成的。因此，应当抓住 20％的关键行为，对之进行分析和衡量，从而抓住绩效考核的重点。

关键绩效指标与企业战略目标有着密切的关系，它是对企业战略目标的分解，体现企业战略目标实现中最能增值的活动环节，它将员工工作绩效与组织绩效连接起来，是实现考核者与被考核者的沟通和评价被考核者工作业绩的标准体系成为企业进行绩效管理的基础。

2）关键绩效指标的设计

从企业运行的整体角度出发来设计关键绩效指标，通常有三个根据和来源：一是企业目标。这是企业必须要完成的目标。通常我们在明确了企业的战略和业务重点后，设计出企业级 KPI，运用目标管理法，将总目标分解到各个职能部门，并落实到每一个工作岗位上，设计出部门 KPI 和个人 KPI，这样，企业各层级目标紧密结合在一起，每一个部门、每一个人都有明确的关键绩效指标，明确了方向和要求。二是过程目标。为了实现企业的战略目标，必须要加强过程的控制，设计战术性的 KPI 就显得尤其重要。企业可依据职务说明书，找出最关键的可量化的工作，设计出员工个人 KPI。对于基层人员来讲，战术性 KPI 是主要的绩效考核指标。三是注意突发性的任务目标。企业在正常运营的过程中，也不可避免地遇到一些突发性的事情，而成为一定时期的关键事件或特殊任务。在关键绩效指标的设计中，不能忽视对这些事件或任务目标的描述，这些突发的事件或任务目标就会成为临时性的关键绩效指标。需要说明的是，不论是企业目标，还是过程目标和突发性的任务目标，都具有动态性，环境、时间、工作、事件的变化都会影响到关键绩效指标的改变。

依据上述的根据和来源，采用适当的方法设计出关键绩效指标。一些常用的方法有绩效指标图示法（也称鱼骨图法）、访谈法、问卷法、专家法等。常用的关键指标有：

· 数量。产品的数量、工作时数、销售额等，可从业绩记录和财务数据中获取；

· 质量。优质品率、劣质品率、准确性、独特性，可从生产记录、上级评价和客户评价中获得；

· 成本。单位产品的成本、投资回报率；

· 时限。及时性、周期长短；

· 行为。胜任素质，关键事件行为。

在关键绩效指标设计中，业务"硬"指标容易量化，如产量、成本、销售额、人员数等，但有一些反映人员特性、行为、态度的"软"指标难以量化，但对绩效管理又特别重要，因此可将"软"指标尽量转化为可测量的指标，通过数量、质量、时间、成本等要素来表示。

此外，关键绩效指标设计时，要突出重点，指标项目不要过于繁琐、设置重叠，更不要过于空洞、理想化。关键绩效指标重要项目数适中，3～7 项为宜。指标要有针对性，就是能针对企业的实际情况，通过对关键绩效指标的规范整理，赋予不同的权重，形成统一的格式文件，作为绩效管理的基础。

3）设计关键绩效指标的 SMART 法则

关键绩效指标是衡量企业战略目标实施效果的工具，也是企业通过建立一种机制，实施控制的工具。虽然企业的内外部环境是不断变化的，会引起 KPI 指标的变化，但无论如何变化，在设计 KPI 指标时必须遵守 SMART 法则，即：

（1）指标应是具体的（Specific）。指标必须是具体的，能够被理解的。应让员工知道具体做什么，完成什么任务。

（2）指标应是"可测量的"（Measurable）。指标尽量做到可测量，让员工知道衡量他们工作结果的尺度是多少。

（3）指标应是"可达到的"（Attainable）。指标不能脱离实际，既不能过高，也不能过低，是经过一定的努力就能实现的。

（4）指标应是"现实的"（Realistic）。指标不是抽象化的，也不是理想化的，让员工知道其工作结果是可以观察和验明的。

（5）指标应是"有时限的"（Time - bound）。指标应有具体的时间限制，要让员工知道任务目标应在什么时间实现。

2. 平衡计分卡

平衡计分卡是美国学者罗伯特·S·卡普兰和大卫·P·诺顿两人共同开发的。由于人们越来越认识到财务指标对于现代企业组织的绩效管理成效微弱，在 1990 年，卡普兰和诺顿带领一个研究小组对 10 多家公司进行研究，寻找一种新的绩效评价方法。1992 年在《哈佛商业评论》上发表文章，第一次提出这个概念："平衡计分卡——驱动绩效的评价指标体系。"此后，大量的企业组织采用了平衡计分法卡，并取得了立竿见影的效果。他们发现使用计分卡不仅使财务评价指标与未来绩效动因相配合，而且还为实现平衡计分卡各项指标实现了战略沟通，1996 年，卡普兰和诺顿出版了《平衡计分卡》一书，对此进行了总结。财富 1000 强企业中的近半数企业组织采用了平衡计分卡，随后在非盈利性组织和公共组织中也得到了运用。

1）平衡计分卡的内涵

所谓的平衡计分卡是根据企业组织的战略要求而精心设计的指标体系。平衡计分卡所设计的指标体系可以向员工、外部利益相关者传递各种结果，以及有助于企业组织实现其使命和战略目标的绩效动因。平衡计分卡以企业战略为基础，将各种衡量方法整合为一个有机整体，从四个维度，即财务指标、顾客满意度、内部流程、学习和成长来构建绩效评价系统考察企业，并将这四个方面相结合，建立有助于公司在产品、程序、顾客和市场开发等关键领域取得突破性进展的管理体系。图 7 - 2 描述了平衡计分法的四个方面及其相互关系。

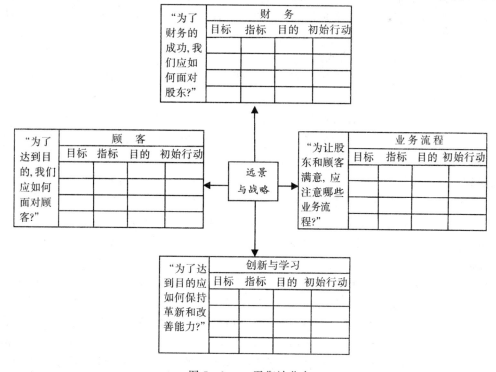

图 7 - 2　　平衡计分卡

在财务方面，目标是解决如何满足股东的要求。该部分通过设置一系列财务指标来显示公司的战略及其执行是否有助于公司利润的增加，公司财务目标的实现。其测评指标包括资本报酬率、现金流、每股报酬率、项目营利性、利润预测可靠性、销售储备等；

在顾客方面，目标是解决如何满足顾客的需要。从顾客的角度评价企业营运状况，其测评指标有：顾客满意度、市场份额、价格指数、顾客排名调查等；

在内部业务流程方面，目标是解决我们擅长什么才能满足顾客需要。该部分通过设置一系列内部测量指标，及时反馈影响顾客评价的程序、决策和行为是否有效。其测评指标有：投标成功率、与顾客讨论新工作的小时数、返工、安全事件指数、项目业绩指数等；

在创新与学习方面，目标是解决如何继续提高并创造价值。创新学习能力包括公司技术领先能力、产品成熟所需时间、开创新市场能力和对竞争对手新产品的灵敏程度。其测评指标有：可用新服务收入所占的比例、提高指数、雇员建议数、雇员人均收益等。

平衡计分卡的关键在于"平衡"，它体现了：

① 财务指标和非财务指标之间的平衡。通过加入未来绩效动因并平衡其与财务绩效评价指标之间的关系，平衡计分卡弥补了依赖财务绩效指标的局限，这是平衡计分卡的基本特点。

② 企业内部与外部群体的平衡。平衡计分卡认识到了在实施企业战略过程中外部群体(股东、顾客)与内部群体(员工、内部业务流程)之间平衡其矛盾的重要性。

③ 前置与滞后绩效指标的平衡。滞后指标是指过去的绩效，如顾客的满意度和收入，虽然这些指标容易获得，也很直观，但缺乏预测功能。前置指标是取得滞后指标的绩效动因，是指对业务流程和行动的评价，如，及时交货是顾客满意度这种滞后指标的前置指标。这两种指标具有密切的关系，一个平衡计分卡应该包括这两种指标的组合。如果没有前置指标，滞后指标无法反映如何实现目标；如果没有滞后指标，前置指标可能反映了短期改善而不能说明这些改善是否对顾客和股东有益。

2) 平衡计分卡的设计应用步骤

"良好"的平衡计分卡，要求管理者们必须要结合本企业的实际情况，遵循设计思路，掌握设计方法进行制定。

(1) 确定评估工程。设计者们必须要确定出适宜于实行最高级别综合计分卡的业务部门，并了解该部门同其他下属业务部门、上级主管部门和总公司之间的关系，明确下属业务部门的目标、运营中存在的问题、业务往来关系等，这些信息对指导制定平衡计分卡的过程起着重要的作用。

(2) 沟通。企业上下属业务部门就战略目标必须要达成共识。设计者要准备有关企业及下属业务部门的设想、任务和战略的内部文件，以及关于平衡计分卡的背景资料，交予业务部门高级主管审阅。之后，举行各方的座谈会、讨论会、总结会，听取建议，解决冲突，达成共识。

(3) 选择和设计评估手段。经过几次会议的召开，根据会议意向，修改战略目标的措辞；对每一个目标，寻找最佳实现和传达目标意图的评估手段；对每一种评估手段，开辟信息源和寻找为获得信息而需要采取的行动；对每一个重大方面，找出其内部各种评估手段之间和该方面与平衡计分卡其他方面之间的重要关系，并努力找出评估手段之间的相互影响关系。然后，举行第二轮讨论会，由高层管理者、直接下属和大量中层经理参加，讨论企业设想、战略声明、平衡计分卡暂定目标和评估手段。

（4）制定实施计划。组成一个制定小组，确定平衡计分卡的目标和制定实施计划，并在企业内进行宣传平衡计分卡，建立执行制度；然后，举行第三轮会议，再一次对企业设想、战略目标、评估手段达成共识；还要讨论实现这些目标而采取的初步行动计划，最终通过实施计划。为了有效实施计划，要建立数据库的信息支持系统，完成企业各个层次的评价标准。

（5）定期检查与改进。企业高层管理人员与下属部门经理就平衡计分卡的应用所显示的信息定期进行讨论，寻找缺陷，进行改进，并把它纳入到新的企业战略经营计划中。

平衡计分卡作为一种新型、简洁、科学、适用的评价体系，值得我国企业重点关注。当然，建立"平衡计分卡"是一个系统工程，需要企业集团内部专家及外部专家学者的协同配合，深入研究，探索适合本组织特色的绩效评价创新体系。

7.3　绩效考核的评价方法

7.3.1　定性评价法

1. 比较法

比较法，是指要求评估者将员工的绩效与同一群体中他人的比较得出绩效相对优劣的结果的一种方法。通常企业对员工的整体绩效的直接比较，也可以通过先对每一个已经赋予权重的绩效标准进行比较，再进行加权平均得出员工在这一工作群体中的相对顺序位置或是分布区域位置。比较法一般可分为排序法、配对比较法和强制分布法。

2. 排序法

排序法（Ranking Procedure）即被考评者按一定标准排出每人绩效的相对优劣程度，通过直接比较确定每人的相对等级或名次。排序方向可由最优排至最劣，也可反之由最劣排至最优。排序法的优点是简便易行，并具有一定的可信性；缺点是考核的人数不能过多，以 5～15 人为宜，只适用于考核同类职务的人员，考核结果是概括性的、不精确的，所评出的等级或名次只有相对意义，无法确定等级差。

3. 配对比较法

配对比较法也称成对比较法，是对许多考核者的同一考核内容采用"两两比较"的方法决定其优劣，即在被考核者之间进行比较，从每一对被考核者中比较出哪个优、哪个劣，记录每个人与别人相比胜出的次数。最后，根据某一被考核者与别人相比胜出的总次数来计算其得分和评定等级。

配对比较法，是一种系统比较程序，科学合理。另外，由于考核者在考核过程中很难判断每个被考核者的最终成绩，因而能克服考核者的主观影响，客观性和正确性较高。其缺点是，考核的手续繁琐，工作量比较大。

4. 强制分配法

强制分配法是将全体被评价者按预先规定的比例分配到各个绩效类别上的方法。这种方法是根据统计学的正态分布原理进行，其特点是两边的最高分、最低分者很少，处于中间者居多。例如，一个企业对员工划分为优、中、劣三等，各等的比例可根据需要设定，然后按照每个考评者绩效的相对优劣程度，强制列入其中一定等级。强制分配法较适合于人数较多情况下考评总体状况，简便易行，可以避免考评者过分偏宽、偏严或高度趋于中等偏差。另外，还可以防止滥评优秀人数或被评价者得分十分接近的结果。

7.3.2　定量评价法

1. 标尺定位法

标尺定位法是使用一定的衡量尺度，对被考核者的工作情况、业绩以及个人品质进行考察。所谓"表尺定位"是指它根据工作类别选定员工共有的品质或特性，在运用分为 5 个或 7 个点的等分尺度来对员工打分。标尺定位法的基本特点是，注重从事工作的员工本人情况，它主要用于非管理型工作，有时也用于中层管理职位。

2. 强制选择法

强制选择法（Forced-choice Procedures）即设计一份描述员工行为规范的工作表格，即行为对照表。其中的考核项目分组排列，每个项目都有四条表述，这些表述与被评价人的工作性质有关，但每个表述并不列出对应的分数。考核者从行为对照表中挑选出他认为最能够描述和最不能够描述员工的工作陈述，然后由人事部门根据不公开的评分标准计算员工的总分。

3. 关键事件法

关键事件法（Critical Incidents）是由美国学者弗拉赖根（Flanagar）和伯恩斯（Baras）共同创立的方法。其根本思想是，通过考核人在工作中极为成功或失败的事件来分析和评价被考核人的工作绩效。所谓关键事件首先是指较突出的、与工作绩效直接相关的事；其次，关键事件应是那些在有效工作与无效工作之间造成差别的事件或行为，不是对某种品质的评判；最后，关键事件记录本身不是评语，只是素材的积累，但有了这些具体事实，就可以归纳、整理得出可信的考评结论。在实施此法时，首先要对每一个考评的员工保持一本"考绩日记"或"绩效记录"，由负责考核的主管人员随时记载，形成一份书面报告，然后对员工的优点、缺点和潜在能力在进行评价的基础上提出改进工作绩效的意见。

4. 行为锚定法

行为锚定法（Behaviorally Anchored Ranting Scales）是量表评分法与关键事件法的结合。它使用的量表评分法对每一考核项目进行定义、设计出一定刻度（评分标准），同时使用关键事件法对不同水平的工作要求进行描述，并使之与量表上的一定刻度相对应和联系（即锚定），以此为依据，对员工工作中的实际行为进行测评给分。

5. 工作记录法

工作记录法一般用于对生产工人操作性工作的考核，也称为生产记录法。由于一般的企业对生产操作有明确的技术规范并下达劳动定额。工作结果有客观标准衡量，因此可以用生产记录法进行考核。这种方法是先设置考核指标，指标通常为产品数量、质量、时间进度、原材料消耗和工时利用状况等，然后制定生产记录考核表，由班组长每天在班后按工人的实际情况填写，经每个工人核对无误后签字，较基层统计人员按月统计，作为每月考核的主要依据。

6. 目标管理法

目标管理是一种以目标成果为依据的绩效考核方法，在企业的绩效管理中被广泛使用。目标管理主要在于它对目标结果的重视，通常很强调"利润、销售额、成本"这些能带来成果的结果指标，这与目标管理法对工作绩效定量测评的关注相一致。目标管理的特点在于上下级之间双向互动的过程，目标是由上下级双方共同讨论制定的，由下级通过自我控制来完成，上级按照目标的要求定期进行检查和监督，并通过各种组织形式对目标完成情况进行评价。这是一种民主参与式的绩效管理方法，这种方法有利于调动被考核者的积极性和发挥他们的首创精神，比较适合于科技人员、管理人员和其他脑力劳动者的绩效考核。

7. 360 度考核法

360 度考核法是一种从多角度进行的比较全面的绩效考核方法，就是让位于某一员工之上（上级）、之旁（同事以及外部客户）、之下（下级）和被考核者本人的每个人都参与对其绩效的考核，因此也称为全方位考核评价法。360 度考核法是对特征法和行为法的综合运用，它既可以考核员工的行为，也可以考核员工的特征。360 度法一般用于选拔管理人员的考核。它用量化考核表对被考核者进行考核，采用 5 分制将考核结果记录，最后用坐标图来表示，以供分析。

7.4　绩效考核的实施与管理

绩效考核的流程通常按照制定考核体系和机制、进行考评准备、选拔考核人员、收集资料信息、分析评价结果和考核结果的应用六个环节。

7.4.1　绩效考核实施的流程

1. 绩效考核的准备工作

为了保证绩效考核的顺利进行，在考核实施前应做好以下准备工作：

（1）要确定考核的目的和对象。不同的考核目的，其考核的对象是不同的。例如，企业为评定职称进行的考核，对象是专业技术人员；而评选先进、决定提薪奖励的考核，则往往在全体员工的范围内进行。

（2）要根据考核的目的和对象确定考核的时间。例如，人的思想品德及工作能力是不会迅速改变的，因此可以间隔长一些，一般一年一次；相反工作态度及工作业绩变化较快，间隔期可短些，如生产销售人员的勤、绩可每月考核，而专业技术人员和管理人员的工作能力短期内不易见效，一年一次较好。

（3）选择考核内容与方法。根据不同的考核目的和对象，考核的内容和方法也不同。如发放奖金，应以考核绩效为主，奖励员工提高绩效，着眼点是当前的行为；而提升职务，既要考核成绩，更要注意其品德及能力，着眼点是发展潜力。考核的方法是与考核内容相联系的，应根据不同的内容确定有效的考核方法。

（4）确定绩效考核的标准。在确定绩效考核的标准时可从绩效、行为及任职资格三个方面着手。

（5）制定考核制度。在完成考核内容选取、考核标准的确定、考核方法的选择及其他相关工作之后，就可以将这些工作成果汇总在一起，来制定企业的"绩效考评制度"。该制度是关于绩效考评的政策性文件，有了"绩效考评"制度，就代表着企业的绩效考评体系已经建立。绩效考核制度应包括考核的目的和用途、考核的原则、考核的一般程序等方面的内容。

2. 绩效考核的沟通

考核沟通是绩效考核非常重要的环节。但在实际工作中，很多企业都忽视了考核沟通，它的主要任务是让被考核人认可考核结果，客观地认识自己并改进工作，这也是进行绩效考核的根本目的。考核沟通使绩效考核公开化，让员工了解自己的考核得分和各方面意见，也使管理者了解下级工作中的问题及意见，总之考核沟通不仅使考核工作民主化，还促进了企业管理的科学化。

3. 选拔和培训考核人员

1）选拔考核人员

选拔考核人员就是解决由谁来考核的问题。在选拔时，应考虑以下几个方面的因素：一，能够全方位地对员工的工作表现进行观察；二，有助于消除或减少个人偏见；三，考评者有动力提供真实的员工绩效考评结果。一般而言，员工在企业中的关系是上有上司、下有下属，周围有同事，企业外有客户，考核的候选人就可以从这些人中产生。

（1）直接主管。员工的直接主管能够对员工每天的工作情况全面了解，因此他们是最好的考核人员。但他们也可能因为个人偏见、与员工的私交或矛盾等，影响评价的客观性。

（2）高层管理者。在考核中，由一名高级管理者对员工直接主管的考核进行检查和补充，可以抵消某些直接主管的偏见。

（3）相关部门管理者。组织中的员工有时也需要接受几个部门的管理，因此有时也需要由几个与员工联系密切的部门管理者组成一个考核小组，对员工进行考核。这种考核有消除个人考核偏见的优点。

（4）同事。同事的评价是对上级考核的补充。作为员工的同事，他们与被考核者朝夕相处，因此同事的评价具有较高的可信度。但也应认识到，同事之间的友情、敌意等也常影响到他们的评价，而在员工中造成利益冲突。

（5）下级人员。在考核过程中，可以组织被考核者的下属员工来评价他们的上级，考核其在信息沟通、工作任务委派、资源配置、信息传递、协调下属矛盾、公正处理与员工之间的关系等方面的能力。

（6）自我考核。自我考核可以使员工对自己的工作行为及时进行控制，找出存在的问题，并制定有针对性的措施，有助于将个人计划与组织目标结合起来。

（7）客户。与企业外部的客户和社会公众大量接触的服务性职务，进行客户评价是非常重要的。但客户对企业职务的性质及目标没有充分的了解和认识，因此评价的结果往往是不全面的，只是在某些方面有参考价值。

2）培训考核者

在正式的绩效考核实施之前，要对所有考评人进行一次业务培训。培训的目的是为了使考核人了解绩效考核的目的、作用和原则，了解各岗位的绩效考核的内容，掌握进行考核的操作方法和考评沟通技巧，识别和预防考评中的误差。培训的具体内容包括：

- 绩效考评的含义、用途和目的；
- 企业各岗位绩效考评的内容；
- 企业的绩效考评制度；
- 考核的具体操作方法；
- 考核评语的撰写方法；
- 考核沟通的方法和技巧；
- 考核的误差类型及其预防。

4. 收集绩效资料信息

绩效资料信息是考核的基础，必须做到真实、可靠、有效。用收集到的绩效资料信息建立一套与考核指标体系有关的制度，并采取各种有效的方法来达到考核的目的。以生产企业为例，成套的收集信息的方法有以下几种：

（1）生产记录法。对生产、加工、销售、运输、服务的数量、质量、成本等数据填写原始记录和统计。

（2）定期抽查法。定期抽查生产、服务、管理工作的数量、质量，以代表整个期间的情况。

（3）考勤记录法。对出勤、缺勤及原因进行记录。

（4）项目评定法。采用问卷调查形式对员工逐项评定。

（5）减分抽查法。按职务（岗位）要求规定应遵守的项目，制定违反规定和扣分的办法，并进行登记。

（6）限度事例法。抽查在通常线以上的优秀行动或在通常线以下的不良行动，对特别好和特别不好的事例进行记录。

（7）指导记录法。不仅记录员工的所有行动，而且将主管的意见及员工的反应也记录下来。

5. 实施考核

实施考核，这一阶段是对员工个人的各方面做出综合评价，是由定性到定量再到定性的过程。其过程为：

（1）确定等级。即对员工的每一个考评项目与工作质量、出勤、协作精神等按给定的尺度评定等级。等级划分的方法有很多，常用的有 10 等级、9 等级、7 等级、5 等级四种。例如，5 等级法可分为优、良、中、及格和不及格；7 等级法可分为非常优秀、优秀、比较优秀、合格、较差、差和非常差。在划分等级后，还要赋予不同等级以不同的数值，作为考核评价的数量依据。

（2）将统一项目的不同考核结果加以综合。通常，同一项目由若干人对某一员工进行考核，所得出的结果是不同的。为综合这些考核意见，可采用算数平均法或加权平均法。如假定上级评定为 5 分，下级评定为 2 分，一个相关部门评定为 3 分，用算术平均法综合，其得分为$(5+2+3)\div 3 = 3.3$ 分。若考虑上级意见更重要些，权数为 2.5，相关部门为 1.5，下级为 1，则用加权平均法综合为$(5\times 2.5+3\times 1.5+2\times 1)\div 5 = 3.8$ 分，结论就与之前的有所不同。

（3）对不同项目的考核结果加以综合，形成总体考评结果。评价一个人的综合能力时，要将其知识、学历、判断能力、人际交往能力等综合起来考虑，根据考核的主要目的确定各考核项目的权数值。

6．考核结果的分析

绩效考核完毕后，应该及时对绩效考核结果进行归档、整理，并进行统计和分析，这有助于管理者更科学地制定和实施各项管理政策。需要进行的统计和分析内容主要有：

- 各项结果占总人数的比例，以及优秀人数比例和不合格人数的比例。
- 不合格人员的主要不合格原因，尤其要辨别清是能力问题还是态度问题。
- 是否出现员工自评和企业考核差距过大的现象，如出现，找出原因。
- 是否有明显的考核误差，如出现，是什么误差，应如何预防。
- 能胜任工作岗位的员工比率占多少。

7．绩效考核的反馈与面谈

经过认真组织实施考核后，作为一个完整的绩效管理系统来说，绩效考核还未真正完成，在经过对考核结果进行细致分析之后，应将考核结果反馈给被考核者，并与之面谈，指出被考核者的优势和劣势，帮助被考核者制定绩效改进计划，提高绩效水平，这样才能保证绩效考核的系统性和完整性。同时，加强考核结果的反馈也是实施"人本管理"的要求。

1）绩效考核反馈的内容和方式

仅仅将考核反馈理解为告知被考核者的最终考核等级和考核得分是远远不够的。反馈的内容还包括以下几个方面：

（1）被考核者在考核周期内的工作绩效状况。反馈时要分考核项目进行具体说明，最好能举出实例，并听取被考核者对考核结果的看法。

（2）与被考核者探讨取得如此绩效的原因。对绩效优良者给予鼓励，对绩效不良者帮助分析原因，一起制定改进措施和相应的培训计划。

（3）告知奖罚情况。针对被考核者的绩效水平告诉他获得怎样的奖励以及其他人事决策。

（4）表明要求与期望。反馈时，要表明组织的要求和期望，了解被考核者在下一个考核周期内的打算和计划，并提供可能的帮助和建议。

在实际反馈中，许多内容都是混合进行的，而且不一定能面面俱到。这需要管理者灵活掌握，随机应变。

2）绩效考核的面谈

绩效考核反馈主要采取面谈的方式。这种面谈一般是由承担被考核者考核责任的上级管理者主动约见被考核者。在反馈面谈中，要解决好"关系建立"和"提供和接受反馈"两个方面的问题。

（1）建立考核面谈的关系。为了搞好考核面谈，要注意从以下几个方面建立和谐的关系：

- 建立和维护彼此之间的信任。
- 在考核沟通的开始阶段，致力于营造宽松的气氛。
- 适当把握谈话的节奏。

- 对考核面谈对象所讲的话做出反应，以显示谈话主持者在仔细地聆听。
- 谈话主持者在恰当的时机讲述自己的一些经验和兴趣。
- 观察被考核者的表情，听其言谈，确认其对谈话的反应。

（2）提供信息和接受信息。考核面谈的核心，是向被考核者提供信息和从被考核者处接受信息，其实质是面谈双方互相进行工作本身的信息和有关考核工作信息两方面的反馈。反馈方面的技巧有：

- 仔细聆听被考核者的陈述。
- 提供和接受反馈时，应当避免解释和辩解的问题，还要注意给人以思考的时间。
- 鼓励被考核者说明一些细节，或者说明取得成绩与出现问题的原因。
- 考核谈话要采取三段论的交流方法，即"现实－澄清－现实"。
- 避免对立和冲突，考核者应就不同见解的问题与被考核者沟通清楚，争取员工理解。
- 集中在绩效，而不是性格特征。
- 集中于未来而非过去，进行面谈的目的是从过去的事实中总结经验教训。
- 优点和缺点并重。
- 对被考核者提供的信息、反映的看法和对考核工作的配合表示感谢。

反馈面谈是一项既重要又有很大难度的工作，需要管理者具备相当的沟通能力和与人交往的技巧。在许多企业中，经常使用角色扮演的方式来培训管理者，促使其提高沟通能力，进而掌握反馈面谈的技巧乃至艺术。

8. 考核结果的应用

考核结果可以为企业提供各种有用的信息，如用于向员工提供反馈信息，帮助其改进工作绩效；作为任用、普级、提薪、奖励等的依据；用于检查企业的人员配置、培训等各项管理政策是否正确等。

7.4.2 处理绩效考核申诉

当发生下述情况时，有可能引发考核申诉：一是被考核员工对考核结果不满，或者认为考核者在评价标准的掌握上不公正；二是员工认为对考核结果的运用不当、有失公平。无论是哪种情况，组织都应对员工的考核申诉进行认真的了解分析，并给予正确合理的处理。在处理考核申诉中，应注意以下三点：

第一，尊重员工的申诉。在处理考核申诉的过程中，要尊重员工的个人意见，考核申诉机构要认真分析员工提出的问题，找出问题的原因。如果是员工方面的问题，应当"以事实为依据，以考核标准为准绳"，对员工进行说服和帮助；如果是组织方面的问题，则必须对员工所提出的问题加以改正，并将处理结果告知员工，对其有所交代。

第二，把处理考核申诉过程作为互动互进的过程。绩效考核是为了促进员工发展、完善企业人力资源政策和实现组织的经营目标，而不是企业用来管制员工的工具，即互动互进的过程。因此，当员工提出考核申诉时，组织应当把它当作一个完善绩效管理体系、促进员工提高绩效的机会，而不是简单地认为员工申诉是"一些小问题"，甚至认为员工在"闹意见"。

第三，注重处理结果。在考核申诉的问题上，应当把令申诉者信服的处理结果告诉员工。如果所申诉的问题属于考核体系的问题，应当完善考核体系；如果是考核者方面的问题，应当将有关问题反馈给考核者，以使其改进；如果确实是员工个人的问题，就应当拿出使员工信服的证据，并要注意处理结果的合理性。

7.4.3 绩效考核中应注意的问题

1. 考核结果的信度和效度

（1）考核的信度。所谓信度是指考核结果的一致性（不因所用考核方法及考核者的改变而导致不同结果）和稳定性（不久的时间内重复考核所获得结果应相同）。影响考核结果信度的因素既有个人的，如考核者对考核的重视程度和考核者的理解力、判断力以及情绪、疲劳程度等；也有情景的，如考核时间选择不当、考核环境不够安静等。针对可能影响考核结果信度的各类因素，需要采取如下有效的措施避免和改进：

- 多采用全方位的360度考核，对同一项目从不同角度进行考核。
- 如果时间允许，间隔一周左右进行重复考核。
- 保证考核形式和程序的标准化。

（2）考核的效度。所谓效度是指考核所获信息及结果与需要考核的真正工作绩效之间的相关程度。有效的绩效考核必须具备以下要求：

- 敏感性。敏感性是指绩效考核具有区分工作效率高的员工和工作效率低的员工的能力，否则就不利于企业管理决策，也不利于员工自身发展，而只能挫伤管理人员和员工的积极性。
- 可靠性。可靠性是指考核者判定评价的一致性。即不同的考核者对同一个员工所做的考核应基本相同。研究结果表明，只有来自组织中相同级别的考核者才能对同一名员工的工作绩效得出一致性的评价。
- 准确性。绩效考核的准确性指的是将工作标准和组织目标联系起来，把工作要素和考核内容联系起来，来明确一项工作成败界线时的误差大小。绩效考核的准确性要求对工作分析、工作标准和工作绩效考核系统进行周期性的调整和修改。
- 可接受性。绩效考核体系只有得到管理人员和员工的支持才能推行。所以，绩效考核体系需要有员工的参与。绩效考核中技术方法的正确性与员工对考核系统的态度密切相关。
- 实用性。实用性是指考核系统的设计、实施和信息利用都需要花费时间、精力和金钱，组织绩效考核系统的收益必须要大于其成本。

2. 绩效考核中的不良影响因素

在实施考核过程中，由于考核者心理原因经常会出现一些主观评价错误。这些错误可能是故意的也可能是无意的，但对考核结果的公正和客观都有不良影响。了解这些错误有助于在实际考核中避免和消除。

（1）宽严倾向。宽严倾向包括"宽松"和"严格"两个方面。宽松倾向指考核中所做的评价过高，严格倾向指考核中所做的评价过低。这两类考核误差的原因，主要是缺乏明确、严格、一致的判断标准，不同的考核者掌握评分标准各不相同，往往依据自己的经验。在评价标准主观性很强并要求评价者与员工讨论评价结果时，很容易出现宽松倾向，因为评价者不愿意因为给下属过低的评价而招致不满；当评价者采用的标准比组织制定的标准更加苛刻时，则会出现严格倾向。

（2）趋中倾向。趋中倾向是指大多数员工的考核得分都居于"平均水平"的同一档次，并往往是中等水平或良好水平。这也是考核结果具有"集中倾向"的体验。这种中庸的态度，很少能在员工中赢得好感，反而会起"奖懒罚勤"的副作用。

（3）晕轮效应。晕轮效应也称"光环效应"，是指在考核员工业绩时，由于在某一特定方面表现优异，就断定他在别的方面也一定很好，从而以偏概全，影响考评结果的正确性。此效应的反面是魔鬼效应，就是因被评者某一方面表现不佳而全盘否定。与此类似的还有第一印象效应。这些都属于个人偏见，经常在考评中不自觉地表现出来，影响考评结果的客观性。

（4）类己效应。考评者对与自己在某一方面(种族、籍贯、性别、学历、专业、母校、志趣、业余爱好等)相类似的被评者心存爱心，以至给予较有利的评价。

（5）近因效应。近因效应是考核者只看到考核期末一小段时间内的情况，而对整个评估期间的工作表现缺乏了解和记录，以"近"代"全"，是考核评估结果不能反映整个评估期间内员工绩效表现的结果。

（6）成见效应。成见效应也称为定型作用，是指考核者由于经验、教育、世界观、个人背景以及人际关系等因素而形成的固定思维，对考核评价结果产生偏见。成见效应是绩效考核中常见的问题，需要进行考核培训以及心理辅导，使考核人员纠正可能导致不正确结果的错误观念。

（7）个人好恶。凭个人好恶判断是非，是绝大多数人难以察觉的弱点，甚至是人的一种本能。在考核评价他人时，很多人都会受到个人好恶的影响。因此，考核者应努力反省自己的每一个判断是否因个人好恶而导致不公的结论。

思　考　题

1. 如何理解绩效、绩效考核与绩效管理？
2. 怎样确定绩效考核的标准？如何设计绩效考核指标？
3. 什么是关键绩效指标？如何操作？
4. 如何使用平衡记分卡？
5. 绩效考核的方法有哪些？
6. 为什么要进行绩效考核反馈面谈？如何进行绩效考核反馈面谈？
7. 怎样衡量绩效考核的信度与效度？
8. 绩效考核中应注意哪些问题？

➡ 案例

为什么实施绩效管理这么难？

记得从前读过这样一个故事：一个旅者来到一个城镇看到这样一个奇怪的现象，死囚行刑前有一次选择的机会，是选择被就地枪决，还是进入一个黑漆漆的山洞，生死由命。

奇怪的是没有一个囚犯选择后者。旅者问狱警山洞里是什么，狱警回答道，什么也没有，只不过是通往另一个城镇的通道罢了。而所有的死囚逡巡徘徊在那未知的山洞前，最后选择了结果一目了然的枪决。恐惧，源于未知。未知是恐惧的根源，通常，人们总会对未知的或者不确定的事情或领域充满了恐惧，踌躇不前。我们只有认识到一件事情是什么，认识到为什么你会害怕、会不安。因为让你所恐怖、所不安的事情是你所未知的，一旦所有的事情都明了，那么也就没有恐惧存在了。我想上面的故事是这样的，其实现实生活也是一样，你的恐惧，你的不安，完全是因为你的不确定、不明白。

什么是恐惧？从心理学的角度来讲，恐惧是一种人体企图摆脱、逃避某种情景而又无能为力的情绪体验。恐惧，它远比害怕深刻。害怕是现在的，恐惧则可以针对未来和未知的事而发生。害怕大多是对一个具象，当你的肉体遭受攻击（如一只野兽扑来）时你会害怕，而恐惧则是你不知道什么时候会碰到野兽、会不会碰到野兽。恐惧和焦虑的情绪，可能是没有具体对象，无边无际的。

我们为什么会时常对一件事充满恐惧呢？其根本原因就是：未知。对生死的未知，对成败的未知，对前途的未知，这个世界充满变数，而我们却未曾知晓明天究竟会发生什么。所以，我们总会从内心中时常发出一种无端的恐惧。很多公司经历的大规模转型，通常都要完成一个前所未有的任务：例如，进入一个全新的市场，获得史无前例的增长，重建管理模式，重构摇摇欲坠的组织架构，以及从产业剧变或是自身重大失误中重生。

企业刚刚准备开展绩效管理之前，员工中了解、熟悉甚至掌握绩效管理的理念、技术和方法的人在极少数，甚至没有，我们在咨询的过程中，发现有的客户中的高层对绩效也没有一个明确的认识。

在大家对绩效管理没有一个正确的认识的前提下，企业内部容易出现小道消息、谣言、传说等等。例如"绩效管理就是要抓几个坏人。绩效管理就是要排除异己。绩效管理会让我们的劳动强度增加好几倍。绩效管理会让我们好多人下岗。绩效管理就是要考核我们。"等等，这样的消息就是典型的对未知事物的恐惧的体现。类似于山洞中有毒蛇、猛兽等。基于这种认识，员工就会自觉不自觉地抵制绩效管理的开展，消极对待绩效管理的相关工作。在这种状态下，绩效管理工作想开展成功是非常困难的。

因此，要想成功地实施绩效管理的第一步就是要让大家认识绩效管理，确切地告诉员工绩效管理是什么？我们为什么要开展绩效管理，开展绩效管理对我们企业有什么好处，对员工自身有什么影响？可能存在的风险是什么？

如果员工能了解到，绩效管理能在组织内部为组织成员创造更多的展现自己的机会和发展自己的条件，从而最大限度地调动组织成员的积极性。组织不再威压成员接受组织的目标，员工担当起开发他自己的潜在能力的责任，员工规划自己并且学习如何把自己的计划付诸行动。员工通过运用自己的能力，同时达到了自己和组织的目的，所以会得到一种真正的满足感。绩效管理使绩效考核的内容和程序是公开的、透明的、双向的，而不是暗箱操作，这样员工就能够感知公平的氛围。将员工从被动的状态中解放出来，更多地对其进行引导，帮助员工实现其个人目标，最终实现组织目标等等这些问题。我相信大多数员工不会再去抵制绩效管理的开展。

我们可以通过"请进来，走出去"的方式让员工了解绩效管理。从绩效管理工作开展的比较好的公司里面邀请对绩效管理工作比较熟悉的相关人员为员工做绩效管理的讲座，与员工就绩效管理工作进行沟通。也可以安排员工到绩效管理工作开展得比较成功的企业去参观、考察和学习绩效管理的相关理念、知识及经验。通过参观、交流探讨和学习对绩效管理就会有一个大概的了解。

资料来源：为什么实施绩效管理这么难. 中国人力资源网. 2014 - 8 - 20.

问题讨论：

1. 企业为实施绩效管理一般会面临哪些阻碍，应如何解决？

2. 企业实施绩效管理有哪些益处？

3. 结合所学知识，试分析企业如何有效实施绩效管理？

第 8 章　薪酬管理

❖ **本章要点**

- 薪酬的构成、功能、权变因素
- 薪酬管理的原则
- 薪酬设计的原则、流程
- 职位评价及其方法
- 奖金、津贴、福利的设计
- 三种薪酬结构模式的选择
- 薪酬支付的种类
- 薪酬调整的类型
- 薪酬沟通
- 基层管理人员的薪酬体系
- 高级经理人员的薪酬体系
- 销售人员的薪酬体系
- 专业技术人员的薪酬体系

　　现代企业的竞争归根到底是人才的竞争，而人才的去留与薪酬有着直接关系，所以，薪酬是企业管理的一个重要工具。但薪酬又具有"双面刃"效应，只有对其进行科学合理的管理，才能使其发挥积极效应，激发起员工的积极性，并将员工的努力与组织的目标、理念和文化结合起来。从这个意义上来说，薪酬管理与企业的未来发展密切相关。

📖 **阅读资料**

揭秘万科事业合伙人制度

　　我们梦想有一天，这个公司会以新的样貌重生，真正实现其信条的真谛："让建筑赞美生命"。

　　我们梦想有一天，在梧桐山的凉亭里，深圳公司事业合伙人的儿子能够和新疆公司事业合伙人的儿子坐在一起，共叙兄弟情谊。

　　我们梦想有一天，甚至连那个路很堵、霾很大、风很干，侯门深似海的地方，也将变成自由市场经济的绿洲。

　　我们梦想有一天，公司市盈率飙升，离职率猛降，自我颠覆之路成坦途，而立之年，生如夏花。

一、什么是万科事业合伙人制度？——发展机制＋管理机制＋分享机制。

在郁亮看来，事业合伙人不仅是一个简单的制度，更是一种发展机制、一种管理机制、一种分享机制，要解决的是万科未来十年的问题。

"我们通过事业合伙人机制，能够在未来十年里把万科的舞台越做越大，它将彻底改变我们的管理方式，而不仅仅是奖励制度，我们希望通过事业合伙人机制，更好地解决投资者和员工之间的利益分享。"郁亮表示。

在具体做法上，万科设计了两个制度：

一是跟投制度，对于今后所有新项目，除旧城改造及部分特殊项目外，原则上要求项目所在一线公司管理层和该项目管理人员，必须跟随公司一起投资。员工初始跟投份额不超过项目峰值的 5％。

二是股票机制，将建立一个合伙人持股计划，也就是200多人的EP(经济利润)奖金获得者将成为万科集团的合伙人，共同持有万科的股票，未来的EP奖金将转化为股票。

二、为什么要做事业合伙人制度？——保持危机感＋拥有前瞻性。

2014年3月15日，万科春季例会的讲台上摆着两本书，一本是布赖恩·伯勒的《门口的野蛮人》，另一本是埃米·斯通的《资本之王》。

这两本书有一个共通性，都是讲全球私募大佬的并购投资故事。前者讲的是1988年KKR250亿美元创纪录收购RJR纳贝斯克公司，争夺公司控制权的前因后果；后者讲的是黑石如何爬上全球资本市场食物链顶端的故事。

郁亮把这两本书推荐给了万科员工，同时在演讲中重提20年前关于万科控制权争夺的著名的"君万之争"。1994年3月30日，君安证券联合深圳新一代、海南证券、俊山投资和创意投资四家万科大股东发出了《告万科企业股份有限公司全体股东书》，对万科经营和管理中存在的问题进行分析，点明万科的产业结构分散了公司的资源和管理层的经营重心，并提出了对万科业务结构和管理层进行重组的建议。

当时股权高度分散的万科，任何决策都面临很高的成本。一番博弈之后，万科的国有股成了关键的一票。而争取到了国有股大股东支持的王石，最终击退了竞争对手控制万科管理权的企图。

"那份'告股东书'的本质就是恶意收购、恶意改组董事会。如果不是因为我们找到了君安的一个破绽，我们几乎没有胜算的可能，万科可能就被这些'野蛮人'拆分了。"郁亮希望通过重提旧事，让每一个万科管理层的领导都牢记，在公司发展顺利的时候，不能忘记危机感，股权高度分散的万科，依然时刻面临着"门口的野蛮人"。

"我们必须更加重视股东、重视股东关系，更加坚决地做变革，更加深刻地认识到要掌握自己的命运。"郁亮在演讲中表示。

郁亮推荐那两本书，其目的一是表明面对已经上门的"野蛮人"，必须要拿出勇气和力量，掌握自己的命运，二是黑石、KKR能够成为全球顶尖的投资机构，靠的是合伙人机制，这也是郁亮希望万科未来能够采取的制度。

三、合伙人文化机制是什么？——信任文化＋协同文化＋去金字塔。

在合伙人制度下，合伙人和股东的利益是一致的，该制度将真正提升和完善公司的运营效率。相反，损害股东的利益就是损害自己的利益，损害集体的利益，在这样的文化氛围下，相信那些钻空子、只顾眼前利益的做法将很难存在。

事业合伙人彻底改变万科原来的公司文化，郁亮说："万科过去是一家精英化的公司，但是我们正准备去精英化。刚开始建立合伙人制度，他们居然说要分高级合伙人低级合伙人，被我骂了回去。合伙人还要分高级低级吗？这完全是金字塔结构，而不是互联网的去中心化结构、扁平化管理。"

事业合伙人几乎将万科过去的公司文化完全颠覆，郁亮说，这几天一直琢磨与事业合伙人匹配的公司文化建设。

第一个是信任文化，郁亮说，"首先是信任文化，合伙人制度要有'背靠背的信任'。

第二是建立协同性，基于利益的一致才有互相支持配合的协同性。有了这些，万科才可以超越短期绩效，向成为健康组织的方向靠拢。"于是，对于万科这家全球最大的房地产公司来说，保持一种"失控"式的机敏和开放，是郁亮推动"事业合伙人"重大改革的全部理由以及热情。

四、合伙人升级方向——内部事业合伙人到生态链上合伙人

沿着事业合伙人的思想，郁亮提出"事业合伙人2.0或者3.0版本"，比如未来能否将项目跟投扩大化，将产业链上下游也变成合作伙伴，建立新型房地产生态系统。

在他的设想中，如果施工单位也成为事业合伙人，偷工减料的问题是否就能从根源上得到杜绝，工程质量得以保证。房地产本身是个资金密集型行业，如果买地时资金方面引入合伙人制度，成本也能大大减轻。

这相当于将产业链的利益相关者也发展为事业合伙人，从一家公司出发，作为平台进行内部创新，创新最终结局是重构一个生态体系。

8.1　薪酬与薪酬管理

8.1.1　薪酬的构成

薪酬(Compensation)是工资和薪金的统称，它是指员工从事企业所需要的劳动而得到的以货币形式和非货币形式表现的补偿，是企业支付给员工的劳动报酬，包括工资、奖金、福利、股票期权等。薪酬本质上是一种公平的交易或交换关系，它是与商品货币关系相联系的一个范畴。

薪酬大致可以分为经济性报酬和非经济性报酬两类。经济性报酬是员工获得的各种形式的收入，包括工资、奖金、福利、津贴、股票期权等。它又能再细分为直接薪酬(主要指以货币或现金形式支付的薪酬)和间接薪酬(主要指不以货币或现金形式支付的各种福利)。非经济性报酬是指员工由于努力工作而得到的晋升、表扬或受到重视等，它产生和强化员工的工作荣誉感、成就感以及责任感等。非经济性的薪酬包括工作本身、工作环境和组织特征带来的心理效用三个部分。薪酬的构成如图8-1所示。

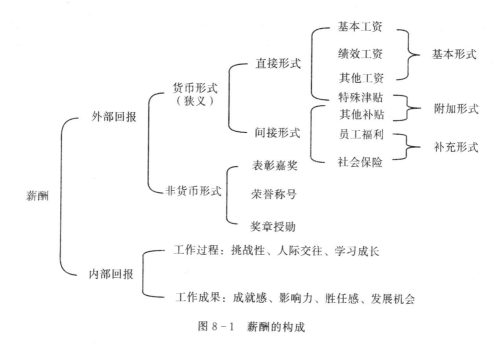

图 8-1　薪酬的构成

8.1.2　薪酬的功能

薪酬对于员工个人、企业、社会具有不同意义，其功能发挥的效用也不尽相同。

1. 薪酬对于员工的功能

（1）维持和保障功能。劳动是员工脑力和体力的支出，员工通过劳动和经营行为，换取薪酬，以满足个人及家庭的吃、穿、住、用等基本生活需求，从而实现劳动力的再生产。

（2）价值实现功能。高薪酬是员工优良工作业绩的反映，是对员工工作能力和水平的承认，也是对个人价值实现的回报，是晋升和成功的信号，它反映了员工在企业中的相对地位和作用，能使员工产生满足感和成就感，进而激发出更大的工作热情。

2. 薪酬对于企业的功能

（1）增值功能。薪酬是用来购买劳动力所支付的特定资本，薪酬的投入可以为投资者带来预期大于成本的收益。

（2）协调功能。薪酬通过其水平的变动，将组织和管理者意图传递给员工，促使员工个人行为与组织行为融合，协调员工与组织之间的关系；此外，还通过合理的薪酬差别和结构，化解员工之间的矛盾，协调人际关系。

（3）激励功能。薪酬是对劳动者和经营者工作绩效的一种评价，反映着其工作的数量和质量情况，因此，薪酬可以激励员工的劳动效率和积极性。

3. 薪酬对于社会的功能

薪酬对社会具有劳动力资源的再配置功能。薪酬作为劳动力价格信号，调节着劳动力的供求和劳动力的流向。当某一区域、部门或职业及工种的劳动力供不应求时，薪酬就会上升，从而促使劳动力从其他地区、部门、工种向紧缺的区域流动，使流入区域劳动力供给增加，逐步趋向平衡；反之也一样。通过薪酬的调节，实现劳动力资源的优化配置。另外，薪酬也影响着人们对职业和工种的评价，调节着人们择业的愿望和就业的流向。

8.1.3 薪酬管理的原则

薪酬管理，是经营管理者在组织战略的指导下，对员工报酬的支付原则、支付标准、发放水平、要素结构进行设计、分配、支付和调整的过程。

在薪酬管理过程中，要遵循以下原则。

1. 公平原则

根据亚当斯的公平理论，人们总是不断地以自己为组织付出的代价、从组织得到的报酬来与他人相比较，如果他得到的报酬(包括物质方面的工资、津贴、奖金、福利等以及精神方面的社会地位、受人尊敬的程度等)与他自己付出的代价(包括他支出的体力、脑力、过去为学习、成长付出的费用)相比，低于他人相应比例，就会产生一系列消极行为，如怠工、辞职、攻击他人等。因此，薪酬分配一定要全面考虑员工的绩效、能力及劳动强度、责任等因素，考虑外部竞争性、内部一致性要求。

2. 激励性原则

有效的薪酬管理应该能够刺激员工努力工作、多作贡献。薪酬管理系统的重点就在于创立这样一种系统，即将企业支出的大批费用变为高度激励员工取得良好绩效的诱因。企业激励员工的手段有物质奖励和精神奖励、货币奖励和实物奖励等多种方式，企业要善于采用各种有效的方式来达到激励员工的效果。

3. 竞争性原则

企业的薪酬水平如果缺乏吸引力，就只能留住平庸的员工，素质较高、能力出众的优秀员工则难以留住。

4. 经济性原则

薪酬是产品成本的一个组成部分，薪酬标准设计过高，虽然具有竞争性和激励性，但也会不可避免地带来人工成本的上升，因此，设计薪酬方案时，应进行薪酬成本核算，尽可能用一定的薪酬资金投入带来更大的产出。

5. 合法性原则

薪酬制度必须符合政府的有关政策和法律法规。如关于薪酬水平最低标准的法规、反薪酬歧视的法规、薪酬保障法规等，这些在薪酬管理时必须予以充分考虑。

8.1.4 薪酬管理的流程

薪酬管理的流程如图 8-2 所示，它由七个步骤构成。图中的实线框表示了各步骤的名称，虚线框则说明各步骤对应的主要职责，箭头指出了各步骤依次进行的顺序。

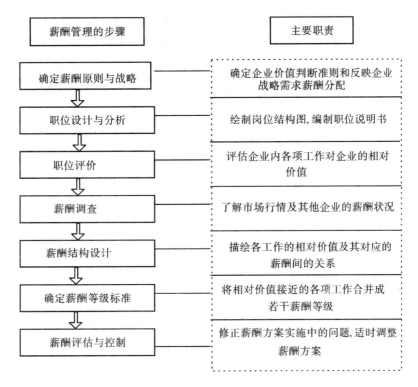

图 8－2　薪酬管理的流程

8.1.5　薪酬管理的权变因素

影响薪酬管理的因素很多，这些因素大致可以分为三类：一类是企业员工个人因素；一类是企业内部因素；另有一类是企业外部的社会因素。

1. 个人因素的影响

（1）工作表现。在同等条件下，工作绩效越好薪酬越高。

（2）资历水平。通常资历高的员工比资历低的员工的薪酬要高。

（3）工作技能。企业竞争激烈，使得企业愿意支付高薪给两种人：第一种是掌握关键技术的专才，第二种是阅历丰富的通才。

（4）工作年限。工龄长的员工薪酬通常要高一些。

（5）工作量。通常工作量较大时，薪酬水平也较高。

（6）岗位及职务差别。通常情况下职务高的人权力大，责任也较重，因此支付给他的薪酬也较多。

2. 企业自身因素的影响

（1）企业经营状况。经营得越好的企业，其员工的薪酬水平高且稳定；而经营业绩较差的企业，员工的薪酬相对较低且没有保障。

（2）薪酬政策。薪酬政策是企业分配机制的直接表现，薪酬政策影响着企业利润积累与薪酬分配之间的关系。无论是注重高利润积累的企业，还是注重二者平衡的企业，都会导致薪酬水平的不同。

（3）企业文化。企业文化的核心是企业管理哲学和价值观，它们往往会对薪酬的设计产生非常重要的影响。比如，在崇尚个人主义的企业文化环境下，员工的薪酬差别很大；在崇尚集体主义的企业文化中，员工薪酬差别很小；在崇尚安全性的企业文化中，员工的工资较低，但福利较好；在崇尚物质刺激的企业文化中，则倾向设计出以较高的货币收入来刺激员工积极性的薪酬制度。

（4）工会。工会力量的强弱、薪酬谈判的策略也能影响到薪酬水平的高低。

3. 社会因素的影响

（1）地区及行业差异。一般来说，经济发达地区的薪酬要高于经济落后地区的薪酬，处于行业成长期和成熟期企业的薪酬要高于处于衰退期的企业。

（2）地区生活指数。生活指数高的地区，员工的薪酬水平也较高。

（3）劳动力市场的供求情况。当市场上某类人才供大于求时，企业中该类人员的薪酬会相应降低；当市场上某类人才供小于求时，企业的薪酬会相应提高。

（4）经济发展水平。国家和地区的经济发展状况良好，企业的薪酬水平才可能较高。

（5）与薪酬相关的法律法规。

📖 **相关资料**

上市国企董事长薪酬最高差 600 倍

央企、国企改革中，上市公司高管的薪酬、激励机制改革也是投资者关注的焦点。据同花顺数据统计，在央企、国企分类中，有 112 家上市公司公布了董事长的年薪。24 家上市公司董事长的年薪超过了百万元。这也和公司所在的行业有着密不可分的联系，例如方正证券董事长何其聪的年薪超过 700 万元，中信证券董事长王东明的年薪约为 531 万元，而新华保险董事长康典的年薪也超过了 500 万元。

也有一些上市公司的董事长从上市公司获得的年薪较少。数据显示，有 21 家上市公司董事长获得的年薪低于 30 万元。例如美尔雅属于纺织服装行业，公司董事长杨闻孙从上市公司获得的年薪仅为 1.2 万元，＊ST 中鲁属于农林牧渔行业，其公司董事长郝建从上市公司获得的年薪仅为 3.5 万元。王春城担任华润双鹤、东阿阿胶、华润三九三家上市公司的董事长，分别从这三家上市公司获得的年薪为 6 万元。

在公布总经理年薪的上市公司中，有 55 家公司总经理的年薪超过百万元，方正证券、中信证券总经理的年薪依然位列前两名，此外中集集团、深科技、招商银行等上市公司总经理的年薪也较高。

值得一提的是，虽然同属于央企国企，但在属于同一行业，不同企业的老总年薪也差别较大。例如在电子行业，深天马 A 总经理刘静瑜的年薪为 260 万元，而利达光电的总经理付勇年薪仅为 12.63 万元；在非银金融领域，方正证券总经理何亚刚获得年薪超过 600 万元，而中国人寿总经理林岱仁获得的年薪仅为 77 万元。

资料来源：证券日报-资本证券网．2015 - 9 - 28．

8.2　薪 酬 设 计

8.2.1　薪酬设计的原则

1. 战略导向原则

战略导向原则强调企业设计薪酬时必须从企业战略的角度进行分析，制定的薪酬政策和制度必须体现企业发展战略的要求。合理的薪酬制度驱动和鞭策那些有利于实现企业发展战略的因素成长和提高，同时使那些不利于实现企业发展战略的因素得到有效遏制和消退。因此，企业设计薪酬制度时，必须从战略的角度分析各种因素的重要性，并通过一定的价值标准，给予这些因素一定的权重，同时确定它们的价值分配即薪酬标准。

2. 公平原则

公平原则包括内在公平和外在公平两个方面的含义：

（1）内在公平。内在公平是指企业内部员工的一种心理感受。企业的薪酬制度制定以后，首先要让企业内部员工对其表示认可，让他们觉得与企业内部其他员工相比，其所得薪酬是公平的。为了做到这一点，薪酬管理者必须经常了解员工对企业薪酬体系的意见，采用一种透明、竞争、公平的薪酬体系，这对于激发员工的积极性具有重要的作用。

（2）外在公平。这是企业在人才市场加强竞争力的需要，它是指与同行业内其他企业特别是带有竞争性质的企业相比，本企业所提供的薪酬是具有竞争力的，只有这样，才能保证在人才市场上招聘到优秀的人才，才能留住现有的优秀员工。为了达到外部公平，管理者往往要进行各种形式的薪酬调查。

3. 竞争原则

企业要想获得有真正竞争力的优秀人才，必须要制订出一套对人才具有吸引力并在行业中具有竞争力的薪酬系统。如果企业制订的薪资水平太低，那么必然在与其他企业的人才竞争中处于劣势地位，甚至连本企业的优秀人才也会流失。

4. 激励原则

对一般企业来说，通过薪酬系统来激励员工的责任心和工作积极性是最常见和最常运用的方法。一个科学合理的薪酬系统对员工的激励是最持久也是最根本的，因为科学合理的薪酬系统解决了人力资源所有问题中最根本的分配问题。

5. 经济原则

薪酬设计的经济原则强调企业设计薪酬时必须充分考虑企业自身发展的特点和支付能力。这包括两个方面的含义：从短期来看，企业的销售收入扣除各项非人工费用和成本后，应当能够支付企业所有员工的薪酬；从长期来看，企业在支付所有员工的薪酬以及补偿所有非人工费用和成本后，应当有盈余，以追加和扩大投资，实现企业的可持续发展。

6. 合法原则

薪酬设计当然要遵守国家法律和政策。这是最起码的要求，特别是国家有关的强制性规定，企业在薪酬设计中是不能违反的。比如国家有关最低工资的规定、有关职工加班加点的工资支付问题等，企业都必须遵守。

8.2.2 薪酬设计的步骤

薪酬方案的设计是一个系统工程，它以职位分析与评价、定员定额和考核为设计前提，主要包括工资制度类型、工资等级、工资标准等设计内容。薪酬设计的主要步骤如图8-3所示。

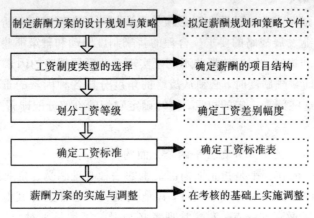

图8-3 薪酬的设计步骤

8.2.3 职位评价

职位评价也称为岗位评价、职务评价或工作评价，它是指采用一定的方法对组织中各种职位或工作岗位的相对价值做出评定，以作为员工等级评定和薪酬分配的依据。职位评价是一个为组织制定职位结构而系统地确定各职位相对价值的过程。这种相对价值的确定主要是要找出组织内各种职位的共同付酬因素，用一定的评价方法，根据每个职位对组织贡献的大小而加以确定，继而以之为基础来建立薪酬结构，进行经济分配。职位评价是以基本职位内容和职位价值来评价具体职位在组织中的相对价值的。

职位评价是确保薪酬系统达成公平性的重要手段，它通过比较企业内部各个职位的相对重要性，得出职位等级序列，同时又为外部薪酬调查建立统一的职位评估标准。

职位评价的方法主要有四种，分别为排序法、分类法、要素计点法和因素比较法。

1. 排序法

排序法是由负责职位评价的人员对企业中各个职位的重要性做出判断，并根据各职位相对价值的大小按升值或降值顺序来确定职位等级的一种评价方法。该方法通常包括四个步骤，如图8-4所示。

图8-4 排序法实施流程

（1）获取工作信息。通过工作分析获取每个职位的工作描述和工作规范，是进行排序的基础。但由于工作排序法是根据"职位总体情况"排序，职位说明书并非排序的前提。

（2）选择等级参照物并对职位分等。在实际操作中，不可能对组织内的全部职位按单一标准排序。更常见的是按部门或职族（如生产工人、行政人员）进行排序。这样避免了不同部门和工作性质岗位的直接比较。

（3）选择报酬要素，并对职位进行排序。排序法采用"交替排序法"，按职位价值的高低进行排序；也可以使用成对比较分析法实现排序，成对比较工作排序见表 8-1。

表 8-1　成对比较工作排序表

	高级行政秘书	数据录入员	数据处理主任	档案员	系统分析员	程序员	总分
高级行政秘书	——	×		×		×	3
数据录入员		——		×			1
数据处理主任	×	×	——	×	×	×	5
档案员				——			0
系统分析员	×	×		×	——	×	4
程序员		×		×			2

说明：若行工作的价值高于列工作的价值，则在对应的栏内划"×"。

（4）给排列起来的职位确定等级。排序法是最简单和最容易操作的工作评价方法，且操作所花费的时间也最少。

排序法的优点体现在：快速简单，容易操作，省时省事，能够获得更多人的认可，对于职务层次较少的企业一般比较适合。

其缺点在于：评价者的主观思想可能会影响评价结果；不容易找到熟悉全部工作的人员。由于很多企业工作种类较多，排序法带来的工作量很大。

总之，排序法虽然不很精确，但是较易使用，因此可以根据企业实际来进行操作。

2. 分类法

分类法是事先建立一连串的等级并给出等级定义，然后根据工作等级类别比较工作，把职位确定到各等级中去，直到安排在最合逻辑之处。分类法不同于排列法，职位等级标准是预先决定并建立的，然后参考工作的内容对其进行分级。分类法的步骤如图 8-5 所示。

图 8-5　分类法的实施流程

分类法的主要优点：容易操作，执行速度快，不需要特定技术要求。

其缺点是：不容易清楚地定义等级，很难说明不同等级的职位之间的价值差距。

综上所述，对一个规模小、工作不太复杂或种类不多的组织而言，适宜采用分类法进行职位评价。

3. 要素计点法

要素计点法是一种比较复杂的量化职位评价方法，直到目前依然使用得非常普遍。要素计点法包含三大因素：一是报酬因素；二是反映每一个报酬因素相对重要程度的权重；三是数量化的报酬因素衡量尺度。

要素计点法的操作程序是这样的：首先确定影响所有职位的共有因素，并将这些因素分级、定义和配点，以建立起评价标准，然后依据这些标准对所有职位进行评价，最后将职位评价点数转换为货币数量，即职位工资率或工资标准。要素计点法的实施步骤，见图8-6。

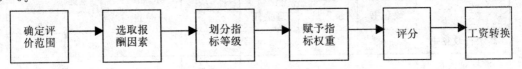

图8-6 要素计点法的实施流程

（1）确定评价范围。确定影响所有职位的共有因素。

（2）选择报酬要素。可供选择的薪酬要素有教育、身体需求或技术等。

（3）划分指标等级。在确定每个要素等级后，才可以评定每个岗位的要素等级。因此，对于"复杂性"要素，可以从"重复性操作"到"创造性操作"这几个等级，每个要素包括的等级不超过5个到6个，实际等级取决于评价的需要。每个要素的等级数可以不同，但等级数可以清楚区分岗位的水平。

（4）赋予指标权重。对于不同岗位序列，各要素的重要性是不同的。因此在研究各要素及等级的含义之后，决定每个岗位序列中各要素的权重。下面是确定权重的一种常用方法。

第一、对权重最高的要素赋值100%，然后根据相对第一和要素重要性的百分百确定序列高要素的赋值，例如：

决策：100%　　　解决问题：85%　　　知识：60%

第二，将各赋值加总，然后转化为100%值：

决策　　　　　　$100 \div 245 = 0.4082 \times 100\% = 40.8\%$

解决问题　　　　$85 \div 245 = 0.3469 \times 100\% = 34.7\%$

知识：　　　　　$60 \div 245 = 0.2449 \times 100\% = 24.5\%$

总值　　　　　　100.0%

（5）评分。假设计划的总点值为500，而决策要素的权重为40.8%，因此它的点值为$40.8\% \times 500 = 204$，接下来把204点在"决策"要素内部分配。

（6）工资转化。

要素计点法的优点：

· 与非量化的职位评价方法相比，评价更为精确；

· 允许对职位之间的差异进行微调；

· 可以运用可比性的点数对不相似的职位进行比较。

其缺点为：

· 耗费的人力、物力和财力较多，耗时较长；

· 在等级界定、权重确定等方面还存在一定程度的主观性。

4. 因素比较法

因素比较法与排序法有一定相似之处，两者的主要区别表现在两方面：一是排序法仅仅从一个综合的角度比较职位之间的差异，而因素比较法是选择多种报酬因素进行比较排列；二是因素比较法是根据各种报酬因素得到的评价结果设置一个具体的报酬金额，然后汇总得到职位的报酬总额。

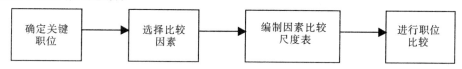

图 8 - 7　因素比较法实施流程

在要素比较法中，一个基本假设是每份工作可以用 5 个普遍的工作因素来衡量：

(1) 精神要求：它反映了精神特征，如智慧、推理和想象力；

(2) 技能：它适用于训练肌肉协调和解释感觉印象方面的技巧；

(3) 体能要求：包括坐、站、行、举等；

(4) 责任：包括如对原材料、资金、数据以及监督范围等的责任；

(5) 工作条件：它反映了噪音、照明、通风、危险和工作时间对环境的影响。

根据 5 个要素中每一个要素中的相对难度，排序所挑选出每个基准工作的顺序。然后按照工作报酬因素的重要性将每项工作的整体工资率分配给每一个要素，并形成工作比较尺度表。工作比较尺度反映了工作顺序和按要素分配的工资率的关系，见表 8 - 2。

在工作比较尺度表中，所有列出的工作中除了程序分析员以外，都是原有的基准工作，使用尺度来评价被评价组中其他非基准工作的级别。将每一项工作按照每个要素与出现在工作比较尺度表中的那些工作进行比较，并将这一工作放在表中合适的位置。假设要评价程序分析员的工作，这项工作比系统分析员工作的精神要求低，比单笔程序设计人员的要求高。则这项工作被置于表中那两项工作之间企业同意的位置上。在这个例子中评价程序分析员的"精神要求"为 3.8 元（处于系统分析员和程序分析员这两种基准工作的 4 元和 3.4 元之间）。针对另外 4 个要素，对所有被评价的工作重复着这一分析过程。以程序设计员为例，该岗位的"精神要求"工资率为 3.4 元，"技能"为 2.5 元，"体能要求"为 0.8 元，"责任"为 3 元，"工作条件"为 1.3 元，则程序设计员对应的工资率应为 3.4＋2.5＋0.8＋3＋1.3＝11 元。

表 8 - 2　工作比较尺度表

工资水平 （元/小时）	精神要求	技能	体能	责任	工作条件
4.0	系统分析员			系统分析员	
3.8	（程序分析员）				
3.5					
3.4	程序设计员				

工资水平 （元/小时）	精神要求	技能	体能	责任	工作条件
3.0				程序设计员	
2.8		数据录入员			
2.7		控制台操作员			
2.5		程序设计员			
2.2	控制台操作员				
2.0		系统分析员			
1.8				控制台操作员	
1.6					数据录入员
1.5	数据录入员				控制台操作员
1.4				数据录入员	系统分析员
1.3					程序设计员
1.0			数据录入员		
0.9			系统分析员		
0.8			程序设计员		
0.7			控制台操作员		
0.5		控制台操作员			

因素比较法的优点是：评价标准明确，组织中所有职位都能运用统一的评价要素或标准进行比较；直接把等级转化为货币价值。

其缺点是：因素定义比较含糊，选用范围广泛，且不够精确；这种方法直接把等级转化为货币价值，其分配到每一因素的货币价值缺乏一个客观的依据，而只能依赖人为的评判；职位比较尺度的建立步骤复杂，难以向员工说明。

8.2.4 薪酬体系的设计

薪酬体系主要由基本工资、奖金、津贴、福利等薪酬要素构成。下面分别介绍这些薪酬要素的设计操作。

1. 基本工资的设计

基本工资的具体设计可分为推导工资结构线、划分工资等级和确定工资幅度等三个主要环节。

1）工资结构线的确定

通过职位评价这一步骤，不论采取何种评价方法，总可以得到每一职位对企业的相对价值的顺序、等级、分数或象征性工资额。这只是得出了企业内每一职位的理论价值，还须进一步将其转换为实际工资额。利用工资结构线可以实现这两者的转换。

　　将企业内各个职位的相对价值与其对应的实付工资之间的关系用二维直角坐标系（横坐标表示通过职位评价所获得的企业内各项工作的相对价值的点数；纵坐标表示对应的付给该工作的工资值）直观地表现出来，就形成了工资结构线，工资结构线可以是线性的，也可以是非线性的，见图 8-8。

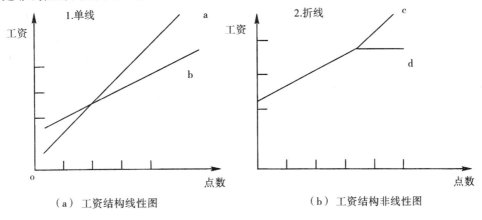

图 8-8　工资结构线图

　　图中的 a，b 线是直线，说明采用此线的企业所有职务都按某个统一的原则定薪；而 c，d 两侧都是折线，c 可能就是基于对某一级别以上的管理者均属骨干与精英，对企业的影响较大，d 则是相反。企业还可能处于不同的考虑，因而会设计出有独特性的工资结构线。

　　工资结构线通过如下步骤确定出来：

　　第一，选用一种职位评价法，对企业内各职务进行评价获得其相对价值点数；

　　第二，做出现有职务工资散布点图（评价点数为横轴，现有工资值为纵轴作图）；

　　第三，根据散布点状况，绘出反映其散布规律的工资结构线来；

　　第四，对绘出的工资结构线进行调整，以使工资结构线既符合内部一致性的原则又满足外部竞争性的原则。

　　2）工资等级的划分

　　工资结构线绘制出来以后，企业内相对价值不同（点数不同）的所有职位就都有了一个对应的工资值。这在理论上合理，在实践中却不胜其烦，过多的工资值会给工资的管理带来很大的困难，所以须给工资划分等级。把众多水平的工资归并组合成若干等级，就形成了一个工资等级系列。

　　工资等级的划分，简单地说，就是把经职位评价获得的相对价值相近的一组职务，编入同一等级。至于职级划分的区间宽窄及职级数多少的确定，则主要根据工资结构线的斜率、职务总数的多少及企业和工资管理政策和晋升政策等确定。总的原则是，职级的数目不能少到相对价值相差甚大的职务都处于同一职级而尢区别，也不能多到价值稍有不同便处于不同职级而需做区分的程度。此外，级数太少，难以晋升，不利于调动士气；职级太多则晋升过频而刺激不强。实践中，企业工资等级系列平均在 10～15 级之间。

　　3）薪幅的确定

　　薪幅即每一工资等级的变化范围。企业在实践中往往为每一工资等级规定一个工资变化的幅度——薪幅，薪幅的下限为工资等级的起薪点，上限为工资等级的顶薪点。划定的薪幅既可以同样大又可以有差别，企业工资制度中更常见的是工资范围随等级上升而呈累进式的扩大。

薪幅的确定不仅与工资等级的多少相关联，也与相邻等级工资范围的重叠程度有关。实际工作中，这种重叠是必要的。相邻职级重叠程度与工资结构线的斜率有关（越平缓则重叠越多），但更取决于职级的薪幅，即变化范围的大小。当职级所包含的相对价值范围较广，职务较多，而工作绩效又主要取决于员工的个人能力与干劲而非客观条件，企业的政策又提薪较频时，职级的工资变化幅度宜大，这才是那些因主客观条件未能升级但有能力且经验丰富的员工，能有较多的提薪机会。当然，职级薪幅增大，也会带来一些消极影响。因此，职级数目与宽度、工资结构线斜率及各职级的变化幅度等因素有关时，必须统筹兼顾，恰当平衡。

2. 奖金和津贴的设计

奖金是企业对员工超额劳动部分或劳动绩效突出部分所支付的奖励性报酬，是企业为了鼓励员工提高劳动效率和工作质量付给员工的货币奖励。奖金作为薪酬的一种辅助形式，不但可以灵活地反映员工的实际劳动差别，弥补计时、计件薪酬的不足，而且可以鼓励员工在生产过程中提高质量、节约材料、经费、革新技术等。

奖金具有以下四个特点：

（1）单一性，奖金在报酬上只反映员工某方面的实际劳动效果的差别。

（2）灵活性，奖金的形式灵活多样，奖励的对象、数额、获奖人数均可随生产的变化而变化。

（3）及时性，奖金一般在员工提供了超额劳动或者取得了突出业绩以后立即予以兑现，它体现的是即时激励的作用。

（4）荣誉性，奖金不仅是对员工的物质奖励，还有精神鼓励的作用。

根据不同的标准，奖金可分为不同的类别。

（1）根据奖金的周期划分，可划分为月度奖、季度奖和年度奖。

（2）根据在一定时期内（一般指一个经济核算年度）发奖次数划分，可区分出经常性奖金（如超产奖、节约奖等）和一次性奖金（如见义勇为奖）。

（3）根据奖金的来源划分，可分为由工资基金中支付的奖金和非工资基金中支付的奖金。例如，节约奖就是从节约的原材料、燃料等价值中提取一部分作为奖金支付。

（4）根据奖励范围来划分，有个人奖和集体奖。

（5）按奖励的条件区分，有综合奖和单项奖之分。

对于各种不同类别的奖金项目，企业可以根据实际情况加以设立。

津贴主要是为了补偿员工特殊或额外的劳动消耗而支付的劳动报酬。津贴的种类、发放范围和标准等，一般由国家统一规定。对国家没有统一规定的，企业可以根据生产工作需要，在政策允许的范围内，自行设立一些津贴项目。

津贴作为薪酬的补充形式之一，具有如下特点：

（1）津贴是一种补偿性的劳动报酬，即津贴所体现的不是劳动本身，而是劳动所处的环境和条件的差别。

（2）具有单一性，多数津贴是根据某一特定条件，为某一特定目的而制定的，往往一事一贴。

（3）有较大的灵活性，可以随工作环境、劳动条件的变化而变化，可增可减，可减可免。

我国的津贴制度项目繁多，按其补偿性质和目的不同，主要可分为以下几种类型：

（1）具有补偿职工在特殊劳动条件下的劳动消耗性质的津贴，如矿山井下津贴、高温临时补贴等。

（2）兼具补偿职工的特殊劳动消耗和额外生活支出双重性质的津贴，如野外工作津贴、林区津贴、流动施工津贴、艰苦气象台站津贴等。

（3）具有维护职工在有毒有害作业中身体健康的保健性津贴，如保健津贴、医疗卫生津贴等。

（4）属于补偿职工在本职工作以外承担较多任务所付出的劳动消耗的津贴。

（5）具有补偿职工因物价的差异或变动而增加生活费支出性质的津贴，如生活费补贴、副食品价格补贴。

（6）属于鼓励职工提高科学技术水平和奖励优秀工作者的津贴，如科研津贴、优秀运动员运动技术补贴、体育津贴等。

（7）具有生活福利性质的津贴，如职工上下班交通费补贴、小单位伙食补贴、企业少数民族职工伙食补助等。

3. 员工福利的设计

1）福利的功能

福利是指企业按照法律规定、惯例以及实际情况以非货币的形式支付给员工的各种报酬。相对于企业提供给员工的工资、奖金等直接报酬而言，福利属于间接报酬，它在薪酬体系中发挥着与直接报酬不同的功能，主要体现在：

• 传递企业的文化和价值观。现代企业越来越重视员工对企业的文化和价值观的认同，福利恰恰是体现企业的管理特色，传递企业对员工的关怀，创造一个大家庭式的工作氛围和组织环境的重要手段。完善的福利制度能够充分证明企业管理"以人为本"的理念。

• 吸引和保留人才。员工对福利具有内在需求，因此，越来越多的求职者在进行工作选择时，将福利也作为十分重要的因素来进行考虑。那么，对于企业来说，是否能够向员工提供有吸引力的、能够切实给员工带来效用的福利计划，就成为企业吸引人才和保留人才的十分重要的因素。

• 税收减免。福利作为企业提供给员工的各种保障计划、服务和实物等，是免税的。如果把这些福利完全折算成现金计入工资中，将会使员工为这些福利支付一笔高额的所得税。

2）福利的主要形式

企业的福利可以区分为两个组成部分，一部分称为法定福利，它是国家以法律形式强制规定任何组织都必须向劳动者提供的福利，包括失业保险、医疗保险、养老保险、伤残保险等社会保险计划以及其他福利项目；另一部分称为非法定福利，它是指除法定福利以外的由组织自主决定提供的种种福利项目，包括各种服务、实物、带薪休假等。

企业提供给员工的福利，具体有以下一些形式：

• 住房福利：如免费单身宿舍、夜班宿舍、廉价公房出租或廉价出售给本企业员工、提供购房低息或无息贷款、发放购房补贴等。

• 交通福利：企业接送员工上下班的班车服务、市内公交费补贴或报销、个人交通工具（自行车、摩托车或汽车）购买的低息（或无息）贷款以及补贴、交通工具的保养费、燃料补助等。

• 饮食福利：免费或低价的工作餐、工间休息的免费饮料、餐费报销、免费发放食品、集体折扣代购食品等。

• 教育培训福利：企业内部的在职或短期的脱产培训、企业外公费进修、报刊订阅补贴、专业书刊购买补贴、为本企业员工向大学进行捐助等。

• 医疗保健福利：免费定期体检、免费防疫注射、药费或滋补营养品报销或补贴、职业病免费防护、免费或优惠疗养等。

• 意外补偿金：意外工伤补偿费、伤残生活补助、死亡抚恤金等。

• 带薪休假：除每周末及法定节假日和病假、产假外，每月或每年向员工提供若干带薪休假日，其长短按照年资工龄的不同而进行区别对待。

• 文体旅游福利：有组织的集体文体活动（晚会、舞会、郊游、野餐、体育竞赛等）、企业自建文体设施（运动场、游泳池、健身房、阅览室、书法、棋、牌、台球等活动室）、免费或折扣电影、戏曲、表演、球赛票券、旅游津贴、免费提供的车、船、机票的订票服务等。

• 金融福利：信用储金、存款户头特惠利率、低息贷款、预支薪金、额外困难补助金等。

• 其他生活福利：洗澡、理发津贴、降温、取暖津贴、优惠价提供本企业产品或服务等。

• 社会保险项目：企业出资为员工购买法定的社会保险，如养老保险、医疗保险、工伤保险、生育保险等。

📖 **相关资料**

别玩虚的 员工福利就要像这些公司一样新奇而实诚

你以为长达 20 周的带薪产假、吃不完的免费零食、各色健身器材、超棒的公司食堂等"高大上"员工福利只有谷歌、微软、Facebook 这样的巨头公司才能提供？

现在越来越多的创业公司开始在员工福利上动脑筋了。在收集了 19 家科技类创业公司的员工福利案例后，美国一家提供相关咨询服务的公司 Luminary Labs 发现，丰厚的员工福利并非只有稳定期的企业有能力提供，即使是处于上升期的创业公司，也能在提供人性化工作环境的同时实现高速发展。我们从中挑选了几个最有启发性的例子，向你展示那些既充满创意又能促进公司发展进步的招数。

DigitalOcean：投资员工教育就是投资公司未来

公司概述：DigitalOcean 是一家创立于 2012 年的网络云服务公司，拥有 170 名员工。

福利政策：DigitalOcean 为每一位员工发放一台 Kindle，里面预置了影响创始人的电子书。公司还会根据员工的职业发展路径及个人规划资助员工每年参加至少一次培训会议。所有管理层员工都要参加为期 6 周的互动学习训练营。

如何做：DigitalOcean 相信，作为一家快速成长的公司的一分子，每一名员工都应获得成长机会。他们发现，鼓励支持团队成员的个人成长能够促进公司的创新，而这正是

DigitalOcean 在开发最佳、最简单的云服务基础设施的过程中急需的。

他们的宗旨："因为我们的目标是为开发者提供绝佳体验，我们同样希望为自己的员工提供绝佳体验。"

Birchbox：褒奖工作 3 年的老员工

公司概述：Birchbox 成立于 2010 年，是一家每月为付费订购用户寄送化妆品小样礼盒的电子商务公司。目前拥有 400 名员工。

福利政策：在入职三周年纪念日上，BirchBox 员工将获得增加的公司股票、连续 3 周的假期（带旅行补贴）、与 CEO 共进晚餐的邀请和经理的"3 年以上老员工访谈"。

如何做：Birchbox 使用绩效管理工具 Namely 来执行访谈计划。通过搜索员工访谈数据库，他们设计出符合 Birchbox 企业文化和价值观的采访问题。发展机会（Development Opportunity）是让 Birchbox 员工投入工作的最重要因素之一，Birchbox 通过一系列项目来积极培养一种持续的学习成长氛围。

他们的宗旨："我们希望告诉老员工们我们真心珍视他们对公司的付出，并会为他们的下一步职场发展考虑。"

General Assembly：为员工支付医疗保险和电话账单

公司概述：General Assembly 是一家成立于 2011 年的编程教育公司。目前拥有 400 名员工。

福利政策：General Assembly 为每一位美国员工承担 90％ 的医疗保险费用。

如何做：General Assembly 从很早开始就启用了一个叫做 Sherpaa 的医疗管理服务系统，它不仅担任保险经纪人的角色，还能让员工一目了然地预约医生、查看保险信息。Sherpaa 既帮助 GA 获得更划算的保费（并且降低员工的医疗投入），还为员工提供了即时医疗建议与资源。

他们的宗旨："乒乓桌和免费啤酒是很有趣，但我们发现和这些东西相比，求职者和正式员工更关心那些实际的好处，比如说负担得起的每月医疗支出、降低每月的电话费用或者上免费课程。"

Change.org：无论员工性别，都可享受 18 周带薪育婴假

公司概述：Change.org 成立于 2007 年，是一家让用户发起网上请愿活动的网站。目前拥有 300 名员工。

福利政策：Change.org 向全球所有刚刚成为父母的员工提供 18 周的带薪育婴假。无论性别，无论孩子是亲生的还是领养的，员工都可享受这一福利。员工还可以选择在孩子到来的 1 年时间内分数次请假。

如何做：Change.org 做过一个成本效益分析。他们相信，通过提供人性化的福利吸引、留住人才，其收益是大大超出成本的。

他们的宗旨："有丰厚补助的育婴假降低新晋父母的经济困难，保证所有家庭都能和他们的新生儿读过一段人生中的重要时光。结果是，员工们的压力减轻，返回工作岗位时投入产出的比值更高。"

资料来源：中国人资源开发网. 2015 - 11 - 13.

3）弹性福利制

员工在以往对福利项目并无选择权利，这种刚性化的福利制度，无论对提供福利的企

业来说，还是对消费福利的员工来说，都偏离了福利效用最大化的经济学原则。弹性福利制度由此应运而生。

弹性福利制又称为"自助餐式的福利"，即员工可以从企业所提供的一份列有各种福利项目的"菜单"中自由选择其所需要的福利。由于企业经营环境的多样化和企业内部的特殊性，弹性福利制在实际的操作过程中逐渐演化为以下几种有代表性的类型，企业可以根据自己的不同需要加以选择和比较。

· "附加型"弹性福利制。这是最普遍的弹性福利制，就是在现有的福利计划之外，再提供其他不同的福利措施或提高原有福利项目的水准，让员工去选择。

· "套餐型"弹性福利制。这是指由企业同时推出不同的"福利组合"，每一个组合所包含的福利项目或优惠水准都不一样，员工只能选择其中一个，而不能要求更换里面的内容。在规定此种弹性福利制时，企业可依据员工群体的背景，如婚姻状况、年龄、有无眷属、住宅需求等来设计。

"选高择低型"弹性福利制。这种弹性福利制一般会提供几种项目不等、程度不一的福利组合给员工做选择，以组织现有的固定福利计划为基础，再据以规划数种不同的福利组合。这些组合的价值和原有的固定福利相比，有的高有的低。如果员工看中了一个价值较原有福利措施更高的福利组合，那么他就需要从薪水中扣除一定的金额来支付其间的差价。如果他挑选了一个价值较低的福利组合，他就可以要求雇主发给其之间的差额。

总之，弹性福利制度恰当地提供了员工所需要的福利，使员工的需要得到满足，从而使福利的总效用达到最大化，因此，它作为一种新兴的、具备很强灵活性的福利模式正受到越来越多企业的青睐。

8.2.5 薪酬模式的设计与选择

企业总体薪酬由固定部分薪酬（主要指基本工资）和浮动部分薪酬（主要指奖金和绩效薪酬）共同构成。基本工资、津贴、奖金、福利、保险等薪酬要素在分配的刚性及差异性方面表现出明显的差别，如图 8-9 所示。图中的横坐标代表刚性，即不可变性；纵坐标代表差异性，即薪酬各部分在不同员工之间的差别程度。将整个坐标平面分为五个部分，形成五个区域。

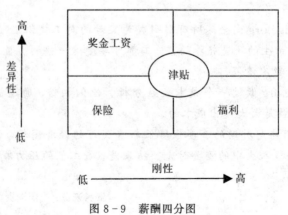

图 8-9　薪酬四分图

由图 8-9 中可以看出：工资具有高差异性、高刚性的特点；而奖金的发放可随时根据企业效益及员工绩效调整，所以奖金具有高差异性、低刚性的特点；保险的刚性和差异性情况较复杂（如医疗保险具有低差异、高刚性特点；养老保险则差异较大刚性也较大）；福利是人人均能享受的利益，因此具有低差异性，若既有的集体福利予以取消会引起员工不满，这表明它又具有高刚性；津贴的种类较多，有的是低差异、高刚性的（如独生子女津贴），有的则是高差异、低刚性的（如地区津贴）。

将工资、资金、津贴、福利等要素有机地组织起来就形成了薪酬模式。可供企业选择的薪酬结构模式主要有三种——高弹性薪酬模式、高稳定薪酬模式和折中型薪酬模式。

（1）高弹性薪酬模式。这是一种激励性很强的薪酬模型，即薪酬中固定部分比例比较低，而浮动部分比例比较高。高弹性薪酬模式主要适用条件为：本组织人员流动率高，工作变动性大，员工工作积极性低，以及产品研发、营销等业绩伸缩性较大的岗位或职务等。

（2）高稳定薪酬模式。这是一种稳定性很强的薪酬模型，即薪酬中固定部分比例比较多，而浮动部分比较少。该模式的主要适用条件为：本组织人员流动率低，工作稳定性高，员工工作绩效的伸缩性较小，以及工作积极性、自觉性较高等情况。

（3）折中型薪酬模式。这是一种既具有激励性又具有稳定性的薪酬模型，绩效薪酬和基本薪酬各占一定的比例。当两者比例不断调和与变化时，这种薪酬模型既可以演变为以激励为主的薪酬模式，也可以演变为以稳定为主的薪酬模式。

薪酬结构模式的选择与企业的发展阶段有关。一般而言，企业初创时期适宜采用高稳定薪酬模式和基本工资策略；企业在发展阶段适宜采用高弹性薪酬模式和高奖金策略；当企业进入成熟阶段时，应选用折中型薪酬模式并采用有弹性的奖金、津贴和福利策略；当企业进入衰退期或重新创业阶段，应当再次采用高稳定模式和高基本工资策略。

表 8 - 3　三种薪酬模式的比较

	高弹性薪酬模式	折中型薪酬模式	高稳定性薪酬模式
特点	绩效薪酬所占比例很高，基本薪酬等所占比例很低	绩效薪酬与基本薪酬等各占一定的合理比例	基本薪酬所占比例很高，绩效薪酬等所占比例很低
优点	激励性很强，与员工业绩密切联系	对员工有激励性，也有安全感	员工收入波动很小，员工安全感很强
缺点	员工收入波动很大，员工缺乏安全感及保障	须设科学合理的薪酬系统	缺乏激励功能，容易导致员工懒惰

8.2.6　宽带薪酬

宽带薪酬是一种新型的薪酬管理模式。它是压减薪酬等级，拉大等级内薪酬浮动范围，由此而形成的薪酬管理体系。宽带薪酬的具体操作模式是：将原来很多的岗位等级压缩成少数的几个等级，将等级内的薪酬差距拉大，同时赋予主管相应的自由裁量权，以便主管据此依据特定职位员工的技能提升及业绩表现相应提升员工薪酬。

1. 宽带薪酬的设计步骤

第一步：确定宽带的数量。企业根据自身的特点、行业特点、员工的特点和岗位分布的特点来确定宽带的数量。加入一个以食品生产为主的 A 企业，可以将其薪酬宽带划分为普通员工级、主管级、部门经理级和总经理级。

第二步：不同等级的宽带定价。在岗位分析和职位评价的基础上，结合外部市场薪酬调研，为 A 企业 4 个等级的宽带进行定价，确定每一宽带的浮动范围以及级差，如图 8-10，A 企业的 4 个宽带等级的定价分别为：普通员工 1000～4000(元/月)，主管 2000～5500(元/月)，部门经理 3500～7500(元/月)，总经理 6500～10 000(元/月)。

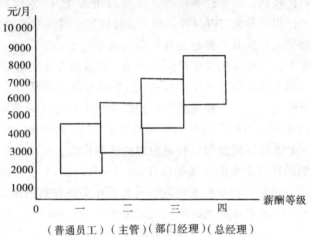

图 8-10　A 企业不同等级的宽带定价

第三步：同一宽带内部定价。在同一等级宽带中，每个职能部门根据市场薪酬情况和职位评价结果确定不同的薪酬等级和水平。以普通员工这一等级为例，它包括生产、采购、财务、技术支持和营销等职能部门。对这些职位族的薪酬分别定价，定价方法如图 8-11所示。

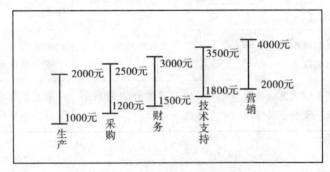

图 8-11　统一薪酬宽带内部的差异定价

第三步：同一宽带内部定价。在同一等级宽带中，每个职能部门根据市场薪酬情况和职位评价结果确定不同的薪酬等级和水平。以普通员工这一等级为例，它包括生产、采购、财务、技术支持和营销等职能部门。对这些职位族的薪酬分别定价，定价方法如图8-10。

第四步：将员工放入薪酬宽带的特定位置。在完成薪酬宽带的设计之后，便可根据员工的工作绩效、掌握的知识和技能将他们在薪酬宽带中进行定位。

第五步：跨级别的薪酬调整以及宽带内部的薪酬调整。这一步骤主要是在员工需要在不同等级宽带之间进行流动时实施，关键是要根据员工的技能或能力评价体系以及绩效考核体系，确定公平合理的员工薪酬变动标准。

2. 宽带薪酬的优劣

宽带薪酬与传统薪酬相比，具有鲜明的优势：① 更适应企业战略动态调整的需要；② 支持组织扁平化设计；③ 关注员工技能和能力的提高，促进绩效的改进；④ 有利于职位轮换与员工职业生涯发展；⑤ 灵活应对劳动力市场的变化。

3. 宽带薪酬的特征

宽带薪酬具有以下几个特征：

（1）层级淡化。较之于传统的薪酬体系，宽带薪酬所划分出来的薪酬层级在数量上要减少许多。一般来讲，施行宽带薪酬的大型企业会划分出十几个薪酬层级，中小企业只有几个层级。

（2）宽幅化。层级淡化表明层级总量减少了，宽幅化则表明每一层级内部的薪酬差距增大，即同一层级内最高与最低薪酬标准之差增大，从而使得薪酬表中某一层级的薪酬呈现一条很宽的带状，这是宽带薪酬最直观的表现形式。

（3）自由裁量性。在实施宽带薪酬的企业中，主管被赋予较大的权限来确定某一员工薪酬的具体数额。但这一权限受到一定限制，即所确定的该员工的薪酬最高不能超出该层级的最高档，最低不能低于该层级的最低档。

（4）能绩薪酬制。这是指处于某一层级内的员工薪酬水平的高低、增减取决于员工的能力和业绩两个方面。当员工能力提升并取得突出业绩时，员工的薪酬就可以得到提升，这样实现了员工薪酬与能绩的有机结合。可见，宽带薪酬更多地强调能（力）绩（效）因素，而传统薪酬更强调职位因素，正是由于这一点，将两者从本质上区分开来。

宽带薪酬和传统薪酬的区别如表 8－4 所示。

表 8－4　传统薪酬与宽带薪酬的区别

传统薪酬模式	宽带薪酬模式
特点： 总额控制容易； 单一、明确的发展过程和晋升机会； 摆正了内部的一致性	特点： 总额控制难度加大； 便于灵活管理； 更多地关注个人贡献和价值
不足： 限制了薪酬调整的灵活性； 限制了管理者激励确定下属薪酬分配和调整的权限； 将员工限制在相对固定的岗位和薪酬水平上，不利于激发员工活力； 不利于岗位轮换； 不易于提高员工能力	不足： 需要一定的管理和企业文化氛围； 扁平化设计，行政级别晋升机会减少，且影响力减弱； 对系统管理能力要求较高

传统薪酬模式	宽带薪酬模式
图例：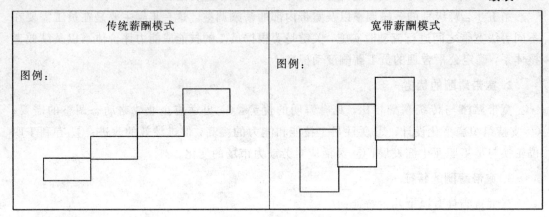	图例：

8.3　薪酬的支付与调整

8.3.1　薪酬支付的依据

薪酬的支付只有以员工为企业所创造价值的大小为依据才是公平、公正的，这样才能确保"多劳多得，少劳少得"。要衡量员工为企业所创价值的大小，一般有四种不同的衡量方式，由此产生了四种不同的支付基础。

第一种是通过对员工的职位进行价值评价，即员工所承担的职责和承担职责所需要的任职资格等因素，来确定其为企业创造的价值，这便形成以职位为基础的薪酬体系；第二种是通过对员工的能力进行评价，即员工所具备与工作相关的知识、技能、经验和胜任能力等因素，来确定其为企业创造的价值，这便形成了以能力为基础的薪酬体系；第三种是通过对员工的绩效进行评价，即员工的关键业绩指标和关键行为、态度指标的完成情况，来确定其为企业创造的价值，相应地形成了以业绩为基础的薪酬体系；第四种是借助于外部劳动力市场来对员工的价值进行评价，从而形成了以市场为基础的薪酬体系。

企业可以在实际操作中针对不同的职位类型和员工类型，综合运用基于不同支付依据基础上的薪酬体系。表8-5给出了不同的薪酬体系的适用对象。

表8-5　四种支付依据的比较

薪酬支付依据	以职位为基础	以能力为基础	以业绩为基础	以市场为基础
主要适用对象	·职能人员 ·管理人员 ·一般操作人员	·研发人员 ·技术人员 ·各种知识员工	·销售人员 ·其他业绩容易直接衡量的人员	·企业的特殊人才 ·低层的可替代性很强的操作人员
表现形式	·基础工资（职位、职务工资）	·基础工资（知识工资、技能工资和能力工资）	·佣金制 ·绩效工资 ·奖金	·市场工资 ·谈判工资

8.3.2 薪酬的支付方式

1. 计时薪酬

计时薪酬是指报酬与实际工作时间直接相关的薪酬支付方式。根据计算时所使用的时间单位不同，计时薪酬主要有四种形式：小时薪酬、日薪酬、周薪酬、月薪酬。

1）计时薪酬的特点

（1）薪酬额的大小主要取决于员工的技能水平或岗位（职务）的薪酬标准，基本不受劳动对象和劳动条件差异的影响。

（2）它以既定的薪酬标准和工作时间来计付薪酬，容易被广大员工理解和接受。

（3）薪酬标准的多少主要是由劳动复杂程度、技术等级要求等因素所决定。所以计时薪酬能促进员工钻研技术业务，提高劳动素质，从而有助于提高工作质量和劳动效率。

（4）时间是劳动的天然尺度，各种劳动都可能直接用时间来计量，并且计算简便，所以计时薪酬适应性强、应用范围广。

正因为计时薪酬有以上优点，因此它是目前我国企业中普遍采用的薪酬形式，比如实习员工的实习工资、管理人员的职务工资、生产操作人员的岗位技能工资、专业技术人员的专业技术职务工资、艺术专业职务工资等都是计时薪酬。

但是，计时薪酬在实现按劳分配方面存在着明显的局限性：一是计时薪酬侧重以劳动的外延量（工作时间）来计算薪酬，至于劳动的内含量（劳动强度）则不能准确反映；二是就员工本人来说，计时薪酬难以准确地反映其实际提供的劳动数量和质量，薪酬与劳动量之间往往存在着不相当的矛盾；三是计时薪酬不能反映劳动质量上的差别，容易出现干多干少、干好干坏一个样的现象。因此，对激励员工的积极性不利。

2）计时薪酬的适用范围

计时薪酬比较适宜在具备以下性质和特点的生产条件下实施：

（1）劳动成果无法准确计算的工作，例如国家机关、事业单位的脑力劳动员工、企业的行政管理人员、专业技术人员以及为生产一线服务的工作人员。

（2）任务完成周期长，不便于计件的工作，如基础理论的研究、实验性生产、超大型设备的制造等。

（3）质量比数量更为重要的工作，例如教学、科研、生产高精尖产品等。

（4）机械化和自动化程度较高的工作，如大型的生产流水线作业。

（5）规模较小易于严密监督的单位，如生产场地集中、规模较小的中小型企业。

（6）产供销不正常的生产部门。

2. 计效薪酬

计效薪酬是将薪酬与员工个人的产出量直接关联，它的前身是计件薪酬。

计效薪酬的优点表现在这些方面：

（1）能够从劳动成果上准确反映出劳动者实际付出的劳动量，按劳动成果计酬更为公平。

（2）更能促使劳动者关心自己的劳动成果，激发劳动积极性，促进劳动生产率的提高。

（3）能够促进职工经常改进工作方法，提高技术水平和劳动熟练程度，提高工时利用率，增加产品数量。

（4）易于计算单位产品直接人工成本，并可减少管理人员及其工资支出。

（5）促进企业改善管理制度，提高管理水平。

但是计效薪酬也有其不可克服的局限性：

（1）容易出现片面追求产品数量，忽视产品质量、消耗定额、不注意爱护机器设备的现象。

（2）因管理或技术改进而使生产效率增加时，提高定额会遇到困难。若不提高定额，会增加产品成本；若提高定额，会引起职工不满。

（3）因追求收入会使职工工作过度紧张，有碍健康。

3. 业绩挂钩薪酬

业绩挂钩薪酬不只考虑工作结果或产出，还关注实际工作效果。员工个人的业绩是依照预先设定的目标，或是对比岗位描述中所列的各项任务，利用业绩评估手段进行测量，然后根据评估结果支付薪酬。其优点是：

（1）将激励机制与实现目标和主管认可的业绩质量相联系，薪酬与可量化的业绩挂钩，更具公平性。

（2）当员工业绩可量化，而相应的业绩报酬也足以激发进一步的努力时，企业向业绩优秀者做报酬倾斜，此举会因目标集中而节省薪酬支出。

（3）突出一种关注绩效的企业文化，使员工将个人努力投入到企业活动中去。

业绩挂钩薪酬的缺点：

（1）可能影响到经理与下属之间的公开交流，下属往往不愿意透露有关个人缺点的信息，因为这类信息会使他们丧失优势。

（2）对自我中心的个人努力进行奖励，会影响到团队合作。

（3）业绩不良者受到处罚，负激励不利于调动他们的积极性。

4. 利润挂钩薪酬

这种薪酬方式将员工薪酬与企业所获利润密切结合在一起，企业所获利润越多，员工薪酬相应增加；反之，员工薪酬减少。员工与公司共享收获，共担风险。

这种支付方式的优点有：

（1）员工明确自身利益与企业成功密切相关，从而增加责任感，提高业绩水平。

（2）有利于消除员工中"他们"与"我们"的心理屏障。

（3）有利于员工为了共同利益而进行合作。

利润挂钩薪酬不是对任何公司都有效。对那些员工收入水平较低、纳税较少的公司，或是利润变化很大、无法预测的公司都不太适合。

8.3.3　薪酬的动态调整

1. 工龄调整

在结构工资制中，工龄工资是组成部分之一。员工工龄的增加意味着工作经验的积累与丰富，代表着能力或绩效潜能的提高。因此，随着员工工龄的增加，其工龄工资也随之增加。

2. 效益调整

这是企业根据自身的效益情况对薪酬进行的调整。当企业的经营效益较好、盈利较多时，为回报员工对企业所做的贡献，对全体员工的薪酬普遍上调，但在经营效益欠佳时可能会再调回。因此，这种调薪随企业经营效益的变化而改变，是暂时性的。

3. 生活指数调整

这是为了补偿员工因通货膨胀而导致的实际收入无形减少的损失，使他们的生活水平不致降低，企业常根据物价指数的变动情况对薪酬进行调整。

4. 奖励性调整

奖励性调整是为了奖励员工做出的优良的工作绩效，鼓励他们保持优点、再接再厉而进行的调薪。它不是面向全体员工的，只是奖励绩效突出的员工，因而调薪的范围相对小一些。

8.3.4　薪酬沟通

薪酬沟通是薪酬管理的重要职能和技术。薪酬沟通贯穿于薪酬方案的制定、实施、控制、调整的全过程，是整个薪酬管理流程中不可或缺的环节之一。企业薪酬制度传递了正确的薪酬信息，会影响到员工的态度和行为。但只有借助薪酬沟通才能有力地传递正确的薪酬信息，让经理和员工们真正理解薪酬传递的信息什么是重要的，什么不重要，才能有效地获得人们对薪酬方案的理解和认可，促进积极的行为来执行或配合方案的执行。企业薪酬沟通的过程步骤可以参考图 8-12 所示的美国薪酬协会所推荐的薪酬沟通要点。

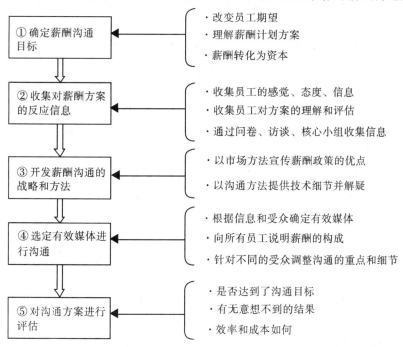

图 8-12　薪酬沟通的步骤和要点

世界著名的 IBM 公司不仅为员工建立福利制度，还为员工的薪酬福利待遇问题提供了多种双向沟通的途径：

（1）高层管理人员面谈。员工可以借助"与高层管理人员面谈"制度，与高层经理进行正式的谈话。这种面谈是保密的，员工可以选择任何个人感兴趣的事情来讨论。所面谈的问题将会由有关部门集中处理。

（2）员工意见调查。IBM 通过对员工进行征询，可以了解到员工对公司管理阶层、工资福利等方面有价值的意见，使之协助公司营造一个更加完美的工作环境。

（3）直言不讳。在 IBM，一个普通员工的意见完全有可能被送到总裁郭士纳的信箱中。"Speakup"就是一条直通通道，可以使员工在毫不牵涉其直属经理的情况下获得高层领导对你关心的问题的答复。

（4）申诉。员工如果有关于工作或公司方面的意见，应首先与自己的直属经理恳谈，这是解决问题的捷径。如果有解决不了的问题，或者你认为你的工资涨幅问题不便于和直属经理讨论，你可以向各事业单位主管、公司的人事经理、总经理或任何总部代表申诉，你的申诉会得到上级的调查和执行。

8.4　专门人员的薪酬管理

8.4.1　基层管理人员的薪酬管理

1. 基层管理人员工作的特点

企业的管理人员按职位高低可以划分为三类，即高层管理者、中层管理者、基层管理者（通常也称为一般管理人员）。对于这三类管理人员薪酬管理的侧重点有所不同，比如对高层管理人员和部分中层管理人员，薪酬管理的重点主要是探讨长期激励措施的实施问题；而对于基层管理人员薪酬管理的重点则要放在如何通过薪酬管理，改善其工作绩效，提高其管理效能上。为什么对基层管理人员薪酬管理的重点如此定位？这是由基层管理人员工作的特点所决定的：

（1）基层管理人员是公司战略的最终落实者，公司的战略只有通过基层管理人员的管理活动才能真正落到实处。

（2）基层管理人员是公司政策和高层管理决定转变为员工行动的底层传达者，公司政策能否得到执行，高层决定能否得到贯彻，首先取决于基层管理人员贯彻政策、决定的态度和能力。

（3）基层管理人员是公司业务的主要执行者，公司业务能否顺利开展，业务范围能否不断扩大，效益能否提高，很大程度上取决于基层管理人员的努力程度和能否有效地调动下属的积极性，他们的稳定和高效对公司业绩的好坏起着十分重要的作用。

（4）基层管理人员是员工的直接主管，其管理活动和管理行为不仅是员工行为的示范，而且直接影响员工的工作效率和工作业绩。

2. 基层管理人员的薪酬模式

基层管理人员的上述特点决定了其薪酬模式：基本薪金＋奖金＋福利。三者在整体薪酬中所占的比例没有统一的标准，而是随地区、行业、企业经济性质的不同会有所差别。据调查，在基层管理人员整体薪酬中，基薪占 60％左右，奖金占 20％左右，福利占 20％左右，可能是一个较为合理的比例结构。

（1）基薪。基层管理人员的基本薪金的确定可以采取职位等级工资制，针对不同等级的职位给予不同的薪金水平。

（2）奖金。基层管理人员的奖金设计要充分体现其业绩水平，以更好地发挥奖金的激励作用，同时又要有利于改善他们与普通员工的关系，拉近基层管理人员与普通员工之间的距离。

（3）福利。适合基层管理人员的福利计划包括：

① 技术业务方面的培训计划，帮助他们提高技术技能；

② 服务性福利项目，如提供子女入托、家务料理服务等；

③ 保障性福利，如人身伤害保险等；

④ 实物性福利项目。

当然在福利项目设置上也可以为基层管理人员提供"自助式福利套餐"，任他们选择适合自己的福利项目组合。

8.4.2　高级经理人员的薪酬管理

对高级经理人的薪酬管理必须着眼于以下两点：

·使高级经理人员具有长期的投资式的战略眼光；

·保证高级管理层的稳定性。

为此，高级经理人员的薪酬体系可以采取年薪制、股票激励或股票期权激励等方式。

1. 年薪制

年薪制是指企业以年度为单位确定高层管理者的报酬，并视其经营成果发放风险收入的工资制度。它由以下五方面构成：

（1）薪水，这是固定收入，主要是根据市场工资率、经营规模等因素而定。

（2）激励工资，是工资中随高层管理者工作努力程度和经营成果的变化而变化的部分。

（3）成就工资，是对高层管理者过去经营成就的追认，是加入固定收入中的长久性收入。

（4）福利，高级经理人除了享有一般员工所具有的福利外，还有特殊福利。

（5）津贴，主要支付方式是提供良好的工作生活条件等。

年薪制的操作模式大概有四种：

（1）一元模式，即规定一个固定的年薪数量，与年度经营目标挂钩。

（2）二元模式，薪酬由基本工资和风险收入两部分构成。

（3）三元模式，薪酬由基本工资、风险收入、养老金计划三部分构成。

（4）四元模式，薪酬由基薪、风险收入、股权期权收入、养老金计划四部分构成。

2. 股权激励

股权激励就是让企业高管持有股票或股票期权，使之成为企业股东，将他的个人利益与企业利益联系起来，以激发高管通过提升企业长期价值来增加自己的财富。

股权激励作为高级经理人员的一种长期激励方式，发挥着重要作用：一方面，股权激励有利于减少高级经理人的短期化行为，提高企业长期效益；另一方面，它还有利于缓解公司运营资金的压力，减少企业的运营成本；此外，它还有利于高层管理者负担必要的风险，激励他们提高经营决策水平。

高级经理人员的股权激励的方式有五种类型：

（1）股票购买。由企业根据一定的条件为高级经理人提供各种优惠贷款，由高级经理人用于购买一定数量的公司股票。

（2）股票奖励。高层管理者无须支付股票款项，公司将股票无偿奖励给高级经理人。

（3）后配股激励。在期初高级经理人一次性按很优惠的价格购买一定数量的公司后配股，在期末，如果完成了预定业绩目标，后配股按1∶1的比例转为普通股；如果没有完成预定业绩目标，后配股将失去价值。

（4）虚拟股票。高级经理人员在名义上享有股票，而实际上仅享有其相当于持有这些股票的一些收益。

（5）业绩单位。它是公司授予高级经理人员的股票或成功奖金，以公司能够实现某些特定的经营目标为条件。

3. 股票期权激励

股票期权就是给予高级经理人员在未来一段时间内按预定的价格（行权价）购买一定数量本公司股票的权利。

股票期权并不是股票，其特征为：① 股票期权是一种权利而非义务；② 股票期权只有在行权价低于本公司股票的市场价时才有价值；③ 股票期权是公司无偿赠予高级经理人的。高级经理人获得股票期权是免费的，但实施股票期权时，必须按行权价购买股票。

企业在进行股票期权激励计划方案的制定时，一是要遵循国家的各项法律规定，二是要依据企业的经营发展战略以及战略目标的实现程度来制定。

8.4.3　销售人员的薪酬管理

销售人员是公司获取利润的直接工作者，然而，其流动性很大，因此建立一个行之有效的薪酬制度是非常必要的。这样的薪酬制度既要不断激励销售员工创造业绩，又要满足其工作成就感。

目前市场流行的销售人员的薪酬模式大概有以下几种：

1. 纯薪金模式

纯薪金模式指的是对销售人员实行固定的工资制度，而不管当期销售完成与否，其计算公式为：

$$个人收入 = 固定工资$$

这一模式的优点在于：易于管理；收入有保障，有安全感。其缺点表现在：不能形成有效的竞争机制，容易产生平均主义倾向，销售人员缺乏上进心。

纯薪金模式适用于以下情形：

（1）当销售员对荣誉、地位、能力提升等非金钱因素产生强烈需求时，该模式比单纯采取提成刺激的薪酬方式会有更好的激励效果；

（2）销售业绩的取得需要众多人集体努力时，它可以起到促进团队合作的作用；

（3）知识型销售人员在队伍中占较大比重时，它可以满足这部分人员多方面的需求；

（4）实行终身雇佣制的企业。

2. 纯佣金模式

纯佣金模式是指销售员的工资收入全部来自于销售额提成。提成比例是企业预先规定的，销售人员的收入是完全变动式的。其计算公式为：

$$个人收入 ＝ 销售额（或毛利、利润）×提成率$$

这一模式的优点是：销售目的明确，报酬的透明度高，能充分调动积极性；将风险完全转移到销售员身上，降低了公司运营成本的压力。但它的缺点也是不容忽视的：销售员的目标过于单一，只热衷于有利可图的交易；销售人员要承担巨大的风险和压力，减弱了销售队伍的稳定性。

纯佣金模式适用于单价很低但获利颇丰的产品。

3. 薪金佣金模式

这是指销售人员的收入包括基本薪金和销售提成两部分。在这种模式下，销售员一般有一定的销售定额，当月不管是否完成定额，均可得到基本薪金即底薪；如果销售员当月完成的销售额超过销售定额，则超过部分按比例提成。它的计算公式如下：

$$个人收入 ＝ 基本薪金＋（当期销售额－销售定额）×提成率$$

薪金佣金模式实质上是纯佣金模式和纯薪金模式的混合模式，它兼有两者的优点，使销售人员收入既有固定薪金作保障，又有销售提成的刺激，因而成为当前最通行的销售人员薪酬模式。

4. 薪金佣金奖金混合模式

按照这一模式，销售人员的收入由薪金、佣金、奖金三部分组合而成。在这种模式下，企业一般给销售部门一个总的销售定额，销售部门将这个总定额按比例分解给每个销售员作为个人的定额。销售员不论是否完成定额，都可获得基本薪金；销售员若超额完成定额，则超额部分可按比例提取佣金；销售部门超额完成总销售额可提取部门奖金总额，销售部门将奖金总额按个人完成销售额占部门总销售额的比例分解给每人。其计算公式如下：

$$个人收入 ＝ 基本薪金＋（当期销售额－销售定额）×提成率 ＋ 部门奖总额×个人提奖系数$$

$$部门奖总额 ＝（销售部门当期整体销售额－总销售定额）×提奖率$$

$$个人提奖系数 ＝ 个人当期销售额/销售部门当期整体销售额$$

薪金佣金奖金模式的最大优点就是它兼顾了薪金、佣金、奖金这三种报酬的特点，充分发挥出了薪酬在调动销售人员积极性方面的激励作用，因此它作为薪金佣金模式的补充在国内外企业被广泛接受。但它也有不足：它加大了公司的销售成本，并且使成本变得不可控制；操作难度较大，销售定额、提成率、提奖率的核定需要经过复杂的测算，加大了销售管理的工作量。

5. 总额分解模式

这是指事先确定销售部门销售人员工资收入总额，然后在本月结束后，按每个人完成的销售额所占销售部门总销售额的比例来确定个人工资收入的模式。其计算公式为：

个人工资 ＝ 销售部门工资总额×（个人月销售额/销售部门月总销售额）

销售部门工资总额 ＝ 单人核定工资×人数

总额分解模式的优点在于：管理简单，易于操作；成本固定，便于核算；鼓励竞争，有效地避免了纯薪金模式容易导致平均主义倾向的问题。它的弊端在于容易引发内部矛盾，不利于团队建设和整体战斗力的提升。

8.4.4 专业技术人员的薪酬管理

专业技术人员是指具有中专以上学历或者持有有关部门颁发的专业技术职务资格证书，在专业技术岗位上从事专业技术工作的人员。在企业中常指在相关岗位上从事产品研发、产品研究、市场研究、财务分析、经济活动分析、人力资源开发、法律咨询等工作的专门人员，其工作属于脑力劳动的范围，其产品属于智力产品。

越来越多的企业认识到，吸引和留住拥有智力资本的专业技术人员是企业培育核心竞争力、获取竞争优势的关键环节。给专业技术人员定薪有以下两种做法：

第一种是以职称高低为主要依据的"职称评定法"，第二种是以内部层级为主要依据的"评聘分离法"。这两种方法在大多数企业中都存在，但"职称评定法"的缺陷较多，因为职称与工作成果之间没有直接必然联系，因此越来越多的企业正在按照第二种方法建立专业技术人员的薪酬体系。

实行"评聘分离法"要具备两个前提：一是打破职称等级制度；二是建立技术人员层级关系并实行聘用制度。

专业技术人员的薪酬体系一般由基本薪酬、奖金、福利等部分构成：

基本薪酬主要取决于员工受教育的程度、专业技术水平以及科研能力等，而不是他们所具体从事的工作岗位的重要性；

奖金的设计则应着眼于延揽人才和奖励创新，可以采取利润分享、企业股票认购、收益提成的办法鼓励他们为企业多做贡献；

鉴于专业技术人员的工作特点和个人需求，他们的福利计划除了应包含常规性的福利项目外，还要着重给予继续接受教育和进一步培训等福利项目。因此企业可以为他们多提供一些国内外进修深造、参加学术会议的机会。

总之，要充分发挥薪酬对专业技术人员的激励作用，需要做好以下工作：

（1）营造一个"尊重科技，尊重人才"的良好的企业文化氛围，使企业技术人员树立安全感、归属感、自尊感、满足感和社会荣誉感。

（2）将专业技术人员的职业管理与薪酬管理有机结合起来，满足专业技术人员职业期望需求，促进员工与企业共同成长。

（3）完善专业技术人员的福利体系。专业技术人员由于工作的特殊性，在福利上有更多的需求，包括家庭护理、心理测试、身体保健、进修培训、旅游休假等。在福利支付方式上应着重强调个性化福利，给予其选择福利的自由。

（4）将专业技术人员纳入企业长期激励体系。在产权清晰、公司治理结构建立健全的情况下，可以通过设计和实施适当的股票期权计划，将专业技术人员纳入企业的长期激励体系，使其与企业结成命运共同体，从而达到长期激励的目标。

思　考　题

1. 薪酬管理要遵循哪些原则?
2. 薪酬的高低受哪些因素影响?
3. 职位评价的方法有哪四种? 试分析每种方法的优缺点。
4. 薪酬设计的原则有哪些?
5. 宽带薪酬较之传统薪酬有何特点?
6. 可供企业选择的薪酬结构模式有哪三种? 每种模式有何特点, 适用于何种情境?
7. 薪酬调整有哪四种方式?

➡ **案例 8 - 1**

华为有疾在"股"里?

变味的"股权激励"

"虚拟受限股", 是华为公司独创的股权制度体系。目前已内部运行 13 年的虚拟股, 一直颇受争议。有人认为华为的虚拟股权体系, 形迹近于"非法集资", 更有甚者认为它是又一种骗局。

在特殊的背景下, 虚拟受限股作为华为投资控股有限公司工会授予员工的一种特殊股票, 被国内专家称之为"影子股权"。拥有虚拟股的员工, 可以获得一定比例的分红, 以及虚拟股对应的公司净资产增值部分, 但没有所有权、表决权, 也不能转让和出售。在员工离开企业时, 股票只能由华为控股工会回购。

对于华为公司而言, 这套体系通过多达 7 万名员工持股, 实现了资金的自有滚动。经过十年的连续增发, 华为虚拟股的总规模已达到惊人的 98.61 亿股, 在 2012 年前, 员工以银行贷款购股, 融资成本低廉, 七年时间内部融资超过 270 亿元。

这套支撑了华为 12 年高速成长的体系, 自 2012 年因虚拟股涉及银行信贷被监管部门叫停。在现行的法规框架之下, 华为员工以"个人助业"的名义获得的银行信贷用于支持庞大的虚拟股体系, 与"三个办法一个指引"相抵触, 且蕴藏风险。

在通信行业高速增长的 2010 年前, 华为虚拟受限股收益非常丰厚。2010 年, 股票购买价格为 5.42 元, 每股分红 2.98 元, 收益率超过 50%。2011 年, 对比前一年大幅下滑, 分红为每股 1.46 元, 此后再没有超过 2.98 元。

目前, 华为仍然讳言分红的问题, 与往年不同的是, 这一数字不再主动公布。"根据公司股本增值, 今年股价估计是 5.66 元。"一位华为员工透露。

"这些年买了华为内部股票的很多人现在后悔得要命, 他们错过了买房的最佳时机。我身边的例子比比皆是。很多同事家庭经济条件一般, 前几年房价飞涨的时候没意识到, 房子没买, 把钱拿去买公司的股票了。现在成了心病。"王明说, 如果实施 TUP 计划时原价回购股票, 一定会伤了很多员工的心。

对于虚拟受限股的激励作用正在丧失, 任正非也明确承认这一点。任正非在 2013 年

12月19日出席的企业业务座谈会上说："有员工在公司心声社区贴了一篇外面评论家的文章，主要说若华为不能持续盈利，虚拟受限股就是泡沫，终会破灭。这篇文章讲的是一个真理。因此，华为要加强改进自己，聚焦战略、简化管理、去除冗员、淘汰落后，才能不断地激活自己。不过上市公司不盈利，也要垮掉的，不上市的公司不盈利也是不能发展的，我们没有不同于别人的命运，唯有多努力。"

备受争议的独创制度

"这些由工会代持的股票没有持股证明，员工手上既没有合同，也不能进行转让与流通。你有多少股，就是领导告诉你一句话。通常要离职，才能套现。"来自上海的华为前资深员工徐兵（化名）告诉记者，买不买虚拟受限股，在华为是考量一名员工"是否忠诚"的标准。

这些因素，也是徐兵选择离职的重要原因。"每年到了年终考核时候，领导通知你说，你今年表现很不错，公司决定奖励你20万元的配股资格——你还得感恩戴德才行。"

然而，充满戏剧性的是，很多员工在认购到股票指标后，不仅没有得到真正的实惠，反而要将自己的年终奖全部投进去。徐兵举例说："比如，给一名基层员工搞个年终奖10万元，那就给20万元的配股你，你还得倒贴10万元来给公司。员工通常须向银行贷款或者找亲戚借款认购。每年初，就在公告栏说今年的分红是多少，股份是多少，什么东西都没有解释。"

他进一步补充，前些年的分红特别多，虚拟受限股就很受到员工欢迎，然而到现在分红一少就不行了——在高速增长期设计的制度，如今在行业的衰落期就不一定适用了。

而另一方面，这种虚拟股融资方式还存在一些权利真空，比如，员工离职之后，公司就回购其股份，但都是按照之前的价格回购。"而具体股价是多少就是领导说了算，比如今年说有50亿利润，那利润就按照股份算出来。华为从来不提供这种股份的算法细节。"

"当年最高时候分红2.98元，100多亿元被直接分了。以前很多员工分了钱，因此大家说华为很好，但是现在我们看到的股价是5.42元，一直都是这个价。分红再没有高过当年。"徐兵说，2013年120亿元分红，后来拖延了很久才发放到位。

立信会计事务所一位不愿意具名的会计师告诉记者，华为在其公开的财务报告中对总股份仍然是语焉不详，从这个角度看，尽管华为已经发布三年的财务报告，但透明度仍然显得不够。这可能也是为什么华为不上市的重要原因。

他进一步分析称，按华为的财务报告计算，其2007年至2011年的股东权益回报率分别为43.98%、21.18%、41.93%、40.47%、17.17%，维持这么高的回报率，公司需要每年大量融资。公开资料也显示2011年华为的股东权益比上一年下降了32亿元，也就是说，华为这一年并没有从员工募资，反而是一些员工股东从华为撤资了。

资料来源：人力资源开发与管理，2014.07

问题讨论：

1. 华为的股权激励"变味"在哪？
2. 股权激励与传统激励方式相比有什么好处，又有哪些弊端？
3. 你认为在实施股权激励过程中应注意哪些问题？

第 9 章 劳动关系

❖ **本章要点**

- 劳动关系的概念和类型
- 影响劳动关系的因素
- 劳动法律关系
- 劳动关系管理
- 劳动合同管理
- 集体协商

劳动关系，又称员工关系、劳资关系、雇佣关系、劳使关系等，是劳动力使用者与劳动者在实现劳动过程中所结成的一种社会经济利益关系。企业的劳动关系状况，直接关系着人力资源效能的发挥，关系到企业的形象和成本，关系到员工的劳动态度和行为，从而直接或间接地影响到企业的劳动成本、生产率和利润率，最终会影响企业的市场竞争地位。企业劳动关系最经常最普遍的表现形式是企业内部员工与管理者之间的关系。现代企业管理最重要的一项任务之一就是调整好人际关系，发挥人力资源的效用，而这其中，最重要最核心的人与人之间的关系就是劳动关系。加强和改善企业劳动关系管理乃是现代企业的立身之本，发展之基。

📖 **阅读资料**

建设和谐员工关系的九大原则

和谐的员工关系是企业持久成功的必要条件。遵循以下九个原则是建立和谐员工关系的必由之路。

一、信任——让人人都努力奋斗，放手拼搏，发挥才能

真正能够留得住员工、让员工充分发挥聪明才智的方法就是信任。和谐的企业文化建设，都是建立在企业内外部的信任关系之上的。企业领导、主管充分信任下属、员工，对他们委以重任，给予充分的权力，放手让他们去完成工作任务，在这样的环境下，每一个被信任的员工都会为企业、为自己努力地工作，努力地奋斗拼搏。

二、激发——让人人都产生工作兴趣与积极性

美国一位管理专家说："最伟大的管理原则是激励。"工资水平是满足员工生存需要的重要手段，也是社会地位、角色扮演和个人成就的象征，具有很大的激励作用。工作成就激励，可以使员工的潜能得到更大的发挥。关怀激励是从人的精神需要出发进行激励。企业领导对全体员工应关怀备至，创造一个和睦、友爱、温馨的环境。员工生活在团结友爱的集体里，相互关心、理解、尊重，会产生满足、愉快的情感，有利于开展工作。

三、尊重——让人人都获得支持与认同

每个人首先是一个追求自我发展的个体人，然后才是一个从事工作有着职业分工的职业人。每个人有不同的特质、优点和缺陷，但都有作为一个人的尊严，都应受其他人的尊重。尊重每一位员工，就要首先了解员工的想法：他们不但需要感兴趣的工作和合理的报酬，而且还需要明确的方向和共同的关注点，他们期望在团队中受到尊重与器重，还需要得到支持、自我实现和自由。

四、协调——让人人都获得友谊与帮助

让员工在一个充满关爱的环境中发挥才能，避免不必要的冲突发生，减少内耗，就要协调好各级员工之间的关系，让他们学会帮助，在帮助与友谊的环境中工作。

五、放松——让人人都感到安全与舒畅

人类需要正面的"良性压力"，需要有价值的任务、挑战和目标。但企业员工通常都超出"良性压力"的范围，承受着诸如时间、经济、人际关系、健康状况、家庭等等各方面的压力，这就需要企业来帮助员工减压，放松每一位员工。放松员工可以通过关心员工日常生活，美化工作环境，改善劳动条件，减轻员工心理压力，增进员工热爱工作的情感等方面来体现。

六、"职业化"——让人人都成为职业人

职业化员工，就是要员工在教育培训中提高水平，实现规则化、职业化。其关键是帮助员工找到自己的职业理想，为企业、为个人主动做出成就。要使员工把自己的职业当作理想职业来做，那就需要教育员工根据工作需要与自身能力，去设定自己的职业理想并充分发挥个人才能，把职业理想当成理想职业。因此职业化员工，使他们最终做到把自己的职业当作最理想的职业，这才是企业职业化员工的真正目的。职业化员工要使员工不断认识自己，改变自己，提高自己，最终达到掌握自己的人生，最大限度地为企业为社会做出贡献。

七、规范——让人人都做到规范化

订立适应的管理制度、规范的工作标准来规范员工的行为，对每个企业都是必要的。建立了合理的规范，员工就会在其规范内行事，就会规矩、认真。规范化就要规范到每个岗位，无论是高层领导，还是基层工人，都要规范，万万不可因人而异，因岗而设，这其中规范高中层管理者更为重要。让员工生活工作在一个有规则的环境中，这样员工就会在企业规则的影响下，规范自己的人生，规范自己的工作，规范自己的生活，为企业和员工的发展带来利益。

八、宽容——让人人都能得到"升华"

宽容是一种美德，是一种修养，也是生活艺术和生存智慧。作为企业，当员工犯错误的时候，应给他改过的机会，并积极教育引导他们去更正，使他们从阴影中走出来，成为更有能力的人才。不要因为员工失败就处罚他们，应该更多地强调积极的方面，鼓励他们继续努力。同时，帮助他们学会寻找失败的原因，探讨解决的办法，在有益的尝试中得到升华。如此一来，员工队伍总体水平就会不断提高，企业也会不断受益。

九、教化——让人人共享企业价值观

教化就是教育感化之意。企业通过工作实践、教育培训、案例启导甚至是日常生活细节影响，将企业文化理念中的板式口号、语言变成活生生的现实，对员工进行长期不断的

熏陶、教育，让每个员工都融入到企业文化中来，自觉遵循企业的理念，形成一种思想与行为习惯，成为企业发展的推动力。

资料来源：建设和谐员工关系的九大原则. 中国人力资源开发网. 2013-02-27.

9.1 劳动关系概述

9.1.1 劳动关系的概念

劳动关系是指劳动力使用者与劳动者在实现劳动过程中所结成的一种社会经济利益关系。作为一种具体的劳动关系，企业劳动关系主要是指在企业组织中由于雇佣行为，企业劳动力使用者(雇主)与企业劳动者(雇员)之间，在实现劳动的过程中所结成社会经济利益关系。企业劳动关系中的劳动力使用者又称"用人单位"、"雇主"、"资方"等，是指企业的所有者以及所有者所任用的管理者，企业劳动者又称"雇员"、"员工"、"职工"、"职员"、"打工者"等，是指事实上已成为企业的成员，并为其提供有偿劳动的正式或非正式员工以及他们的团体。两者之间在企业生产经营活动中表现出来的关系的总和，就构成了企业劳动关系——与企业劳动相关的、复杂而重要的社会经济利益关系。人们在使用中常常不加说明地把企业劳动关系简称为劳动关系。

不同的国家对于劳动关系有不同的称谓。如雇佣关系——强调由雇主与雇员双方构成劳动关系；劳资关系——资本与劳动的关系或企业所有者与劳动者的关系；劳工关系(雇员关系)——强调作为劳动关系中人数占优势的劳动者一方；劳使关系——强调说明劳动关系是劳动者与劳动力使用者之间的关系；产业关系——"产业中劳动力和资本之间关系"的缩略语，亦称劳动—管理关系，其内容涉及与雇佣关系相关的个人、企业、社会等各个方面。

9.1.2 劳动关系的类型

劳动关系的类型相当复杂，可以根据不同的标准划分为不同的类型。

按照劳动关系主体中各方力量的对比，可以将劳动关系划分成均衡型劳动关系、不均衡型劳动关系和政府主导型劳动关系。所谓均衡型劳动关系就是指劳动关系双方的力量相差不大，能够互相制衡。在这种劳动关系中，劳动者和工会在相关法律和制度的保障下，有权了解用人单位的相关内部信息，而组织的经营决策是由管理方和员工共同协商的。不均衡型劳动关系是指劳动关系中的双方力量相差悬殊，一方在用人单位中居于主导地位。一般的不均衡型劳动关系都表现为管理方占上风，只有在少数经济体系中才可能存在员工占主导地位的情况。政府主导型劳动关系是指政府是控制劳动关系的主要力量，并且决定劳动关系的具体事务，这种劳动关系在新加坡这种政府主导式经济的国家里比较普遍。

按照管理方与员工之间在利益方面的相互关系划分，可以将劳动关系划分成利益一致型劳动关系，利益协调型劳动关系以及利益冲突型劳动关系。这种劳动关系的划分是同企业内部的管理思想相关的。利益一致型劳动关系是以管理方为中心建立起来的，强调企业目标和组织机构的单一性原则，赋予管理方权威性，主张对员工实行激励办法，通过企业内部的管理制度和激励机制来协调双方的利益关系。日本企业的劳动关系多属此类。利益协调型劳动关系是以劳资双方权利对等和地位平等为基础建立起来的,管理方和员工在人格和法律上是平等的,双方相互享有权利和义务,在处理双方利益关系的时候,遵循对等协商的原则。西方发达国家企业的劳动关系大多数就属此类。利益冲突型劳动关系强调主体双方都有自己的利益,是彼此冲突、充满不协调的。在这种关系中工会的力量一般比较大。

按照用人单位的所有制性质划分,我国的劳动关系主要表现为全民所有制单位的劳动关系、集体所有制单位的劳动关系、民营单位的劳动关系、混合经济的劳动关系和涉外投资单位的劳动关系等。在我国转轨时期,这几类劳动关系因为所有制的不同,其成立、内容、变更、解除、终止等均有不同的法律规则及单位内部规则。随着社会主义市场经济的深入,法律制度的修订完善及各种所有制单位之间的借鉴与融合,他们之间的差异在不断缩小。

根据劳动者是否在编,可以划分成正式工的劳动关系和临时工的劳动关系等。是否有编制,是区分正式工与临时工的标准。编制是计划经济体制下劳动人事管理的重要制度。与有编制的正式工相比,往往无编制的临时工的权利要少得多,并且其权利还得不到保障。随着社会主义市场经济的发展,编制的意义越来越不重要,用人单位更为重视的是劳动者的素质、能力。法律上二者的权利和义务的差距也在缩小。

9.1.3 建立与维持和谐劳动关系的意义

劳动关系的和谐与否对于劳动者、劳动力使用者和整个社会都有着深刻的影响。对于劳动者而言,劳动关系状况会影响其岗位任务、工作条件、劳动强度、劳动报酬、劳动安全、劳动保障与生活保障等利益攸关的重要事项,决定着个人的就业机会、职业发展机会、生活水平、个人尊严、社会地位以及身心健康。对于企业等用人单位而言,劳动关系状况会影响企业内部的人际关系和工作秩序,影响不同人群或群体的冲突与合作关系,影响人们对企业的承诺和工作的积极性,影响到人们的工资福利水平、工作绩效和工作的满意度,从而直接和间接地影响到企业的劳动力成本、生产效率和产品质量,最终影响到企业的生存。对于企业用人单位以外的社会大系统而言,劳动关系状况会通过劳动者与劳动力使用者之间的冲突、合作、谈判、罢工、裁员、停产、关厂等相互作用的矛盾运动形式,通过双方的亲友、家庭和各种利益相关者影响以及波及社会,影响政府的立法、干预和监督、影响社会的秩序与安定团结,影响社会的经济政治环境和投资,进而直接或间接地影响到社会的经济增长、失业率、通货膨胀率、社会收入的总量与分配等,最终影响到社会成员的整体生活质量。

劳动关系的状况还会直接或间接地影响企业的市场竞争地位。和谐的劳动关系能够使企业多方受益并取得优势:有利于提升企业形象而促进人才招聘和产品销售,有利于影响员工的态度和行为而改进工作绩效,有利于防止或减少劳资纠纷和法律诉讼而减少诉讼成本,有利于在管理层与员工之间建立合作关系、降低流动率、提高工作满意度而提高企业的生产率与利润率,有利于有组织地增进员工的安全与健康,降低事故发生率、医疗保险费用、赔偿金、生产延误而降低成本,提高生产率。

9.1.4 影响劳动关系的因素

影响劳动关系的因素很多，包括外在的社会环境和单位内部的因素（见图 9-1）。

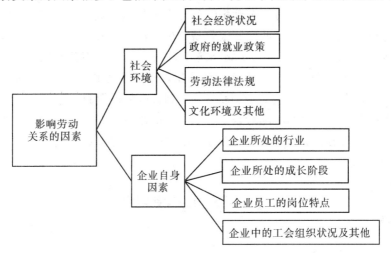

图 9-1 影响劳动关系的因素

1. 社会环境对劳动关系的影响

社会的经济状况是影响企业劳动关系的首要因素。经济环境能够改变劳动关系主体各方力量的对比，并通过对员工的工资水平、就业、工作转换，以及工人运动和工会发展的影响，作用于企业产品的生产、工作岗位的设计和工作程序等。如经济繁荣期，同行业工资普遍提高的情况下，企业会面临更大的员工要求增加工资的压力。经济萧条期，失业率很高的情况下，就会减弱劳动者凭其技术和能力获得岗位的力量，从而影响其对工作的预期。

政府的就业政策对劳动力市场和劳动关系的影响最为直接。如我国对雇佣残疾人和下岗工人的企业给予税收优惠等，从而使部分弱势群体在就业中增强了竞争力。

劳动法律规定了劳动关系双方的权利和义务，具有相对的稳定性。比如，法律要求雇主承认工会，并同工会进行集体谈判，这一规定提高了工会有效代表其会员的能力，进而影响了工会会员的工资和工作条件。

文化环境由各国、各地区甚至各种工种的主流传统习惯、价值观、信仰等组成。其对劳动关系的影响是潜在的，不易察觉的，它不具有强制性但却无处不在，通过社会舆论和媒体产生影响。比如，择业自由、个人发展在美国是天经地义和理直气壮的。但在日本过分跳槽是不忠于组织，不道德的行为，是不良的记录。

2. 企业自身因素对劳动关系的影响

首先，企业所处行业自身的特殊性对劳动关系影响很大。资本、技术密集型的企业（如 IT 行业）相对于劳动密集型的企业（传统的制造业和建筑业）来说其劳动关系有很大的不同。具体来说，前者对员工的知识和技能要求高同时员工也有能力与雇主讨价还价；而在后者，员工维护自身权益的能力则相当有限。

其次，企业所处的成长阶段对劳动关系的状况也有一定的影响。一般说来，在企业刚建立时企业和员工要建立长期稳定的合作关系是不可能的。当一个企业进入衰退期时，劳动关系往往会变得很复杂，裁员、岗位调整、安置和劳资冲突等就在所难免。

第三，企业员工的岗位特点与劳动关系的状况也有某种内在的联系。有些工作岗位，如机械操作工，劳动关系的双方对劳动报酬的标准容易达成共识。相反，有些高级复杂的工作岗位，劳动关系的双方就这些问题很容易产生纠纷。另外，有些工作岗位更取决于个人的技术和人际关系，如销售工作。一般来说，高级复杂工作岗位和取决于个人技术、人际关系的员工往往容易夸大自己在工作中的作用，容易对雇主产生不满并找借口跳槽；类似机械操作岗位的员工则较难与企业讨价还价，利益容易被侵犯。

第四，企业中工会组织的状况对企业劳动关系的影响是不容忽视的，企业中有没有工会，工会是否真正代表员工的利益，工会与企业的谈判能力如何，这些都将直接影响劳资双方力量的对比。

9.2 劳动法律关系

9.2.1 劳动法律关系的概念

劳动关系及与其密切联系的其他社会关系经劳动法调整，就形成了法律上的权利义务关系。它包括两大类：一是劳动法调整劳动关系所形成的法律关系，称为劳动法律关系；二是劳动法调整与劳动关系密切联系的其他社会关系所形成的法律关系，称为附随劳动法律关系。

劳动法律关系是指劳动法律规范在调整劳动关系过程中形成的法律上的劳动权利和劳动义务关系。它是劳动关系在法律上的表现，是劳动关系被劳动法调整的结果。

劳动法律关系与劳动关系是既有联系又有区别的不同范畴的概念。其联系表现为：

（1）劳动关系是劳动法律关系产生的基础，劳动法律关系是劳动关系在法律上的表现形式。

（2）劳动法律关系不仅反映劳动关系，而且当其形成后，便给劳动关系以积极的影响，即现实的劳动关系唯有取得劳动法律关系的形式，其运行过程才有法律保障。

其区别表现为：

（1）劳动关系是一种社会物质关系，属于经济基础的范畴。劳动法律关系则是思想意志关系的组成部分，属于上层建筑的范畴。它是根据国家制定的劳动法律规范而形成，体现了国家意志。

（2）劳动关系的形成以劳动为前提，即以劳动者提供劳动力为前提，发生在现实社会劳动过程中；劳动法律关系的形成则以劳动法律规范的存在为前提，发生在劳动法律规范调整劳动关系的范围之内。

（3）劳动关系的内容是劳动；劳动法律关系的内容则是法定的权利和义务，双方当事人必须依法享有权利并承担义务。

（4）范围不同。劳动关系的范围广于劳动法律关系的范围。现实的劳动关系并非都是劳动法律关系，只有纳入劳动法调整范围，并且符合法定条件的劳动关系，才能表现为劳动法律关系，其他劳动关系都不能成为劳动法律关系。因此，劳动法律规范是劳动关系成为劳动法律关系的前提。

9.2.2 劳动法律关系的种类

劳动法律关系可根据不同标准进行不同分类,主要可以分为以下几种不同类型:

(1)按照用人单位所有制形式不同,我国劳动法律关系可分为:国有单位劳动法律关系;集体单位劳动法律关系;劳动者个体经营单位劳动法律关系;私营企业劳动法律关系;中外合资经营企业、中外合作经营企业劳动法律关系;外商独资经营企业劳动法律关系;港、澳、台投资企业劳动法律关系;混合所有制企业劳动法律关系等。

(2)根据劳动法律关系当事人是否具有涉外因素,可将劳动法律关系分为:国内劳动法律关系和涉外劳动法律关系。在我国这两类劳动法律关系从确立到履行,乃至发生劳动争议后的处理等,法律、法规均有不同的规定和要求。

(3)根据劳动者的人数来划分,可将劳动法律关系分为:个别劳动法律关系和集体劳动法律关系。劳动者个人与用人单位签订劳动合同所确立的劳动法律关系为个别劳动法律关系,劳动者集体通过单位工会或职工代表与用人单位或用人单位集体签订集体合同所形成的劳动法律关系为集体劳动法律关系。集体劳动法律关系一般是在个别劳动法律关系确立之后形成的,但集体劳动法律关系又为提高个别劳动法律关系中职工的劳动条件和劳动待遇奠定了基础。

9.2.3 劳动法律关系的要素

任何一种劳动法律关系都是由三要素即劳动法律关系的主体、劳动法律关系的内容和劳动法律关系的客体构成,三者缺一不可。

1. 劳动法律关系的主体

法律关系的主体,就是依法享有权利与承担义务的法律关系的参与者。劳动法律关系的主体是指依照劳动法律规范参与劳动法律关系,并享有权利和承担义务的当事人,包括劳动者和用人单位。劳动者,是指达到法定年龄、具有劳动能力,以从事某种社会劳动获取收入为主要生活来源的自然人,包括我国公民、外国人、无国籍人。用人单位,是指依法招用和管理劳动者,并按法律规定或合同约定向劳动者提供劳动条件、劳动保护和支付劳动报酬的单位。我国现阶段的用人单位包括企业、个体经济组织、民办非企业单位、国家机关、事业单位、社会团体。

劳动法律关系主体参与劳动法律关系,必须具备劳动权利能力和劳动行为能力。劳动者的劳动权利能力,是指自然人能够依法享有劳动权利和承担劳动义务的法律资格,它是自然人参与劳动法律关系成为主体的前提条件。劳动者的劳动行为能力,是指自然人能够以自己的行为参与劳动法律关系,依法实际享有劳动权利和履行劳动义务的能力。它是自然人作为劳动法律关系主体的基本条件。不具备劳动行为能力的人,就不能够实际参与劳动法律关系并享有劳动权利和承担劳动义务。

我国劳动法赋予自然人劳动权利能力与劳动行为能力是基于以下两个条件:

(1)达到法定年龄。我国劳动法将公民的就业年龄规定为 16 周岁,禁止用人单位招用未满 16 周岁的未成年人;某些特殊职业如文艺、体育和特种工艺单位确需招用未满 16 周岁的人时,必须依照国家有关规定,履行审批手续,并保障其接受义务教育的权利。

（2）具有劳动能力。根据自然人的生理状况，其劳动能力一般表现为三种情况，即有完全劳动能力、有部分劳动能力和无劳动能力。具体地说，因身体有残疾根本不能劳动的，视为无劳动能力的人；因身体有残疾不能提供正常劳动，但又没有完全丧失劳动能力的，视为有部分劳动能力的人；而身体健康、智力健全的人则是有完全劳动能力的人。只有达到法定年龄，具有完全劳动能力或部分劳动能力的公民，法律才赋予其劳动权利能力和劳动行为能力，才能参与劳动法律关系而成为主体。反之，未达到法定年龄，即使具有劳动能力，也不能参与劳动法律关系。同时，无劳动能力的人，无论是生来就没有，还是后来因丧失劳动能力而离开劳动岗位，都不具备主体资格。

用人单位的用人权利能力，是指用人单位依法享有用人权利和承担用人义务的法律资格。它是用人单位参与劳动关系成为合法主体的前提条件。用人单位不同，其用人权利能力的范围也不同。这种制约因素通常表现为国家允许用人单位使用劳动力的限度和要求用人单位提供劳动条件和劳动待遇的标准。如：可能受职工编制定员、职工录用基本条件、最低工资标准、劳动条件和劳动保护、社会保险、社会责任等条件制约。

用人单位的用人行为能力，是指用人单位依法能够以自己的行为实际行使用人权利和履行用人义务的资格。它是用人单位依法参与劳动法律关系，享受用人权利和承担用人义务的基本条件。用人单位的用人行为能力，主要表现为职工提供劳动条件和劳动待遇的能力。因此，用人单位必须要有独立支配的财产，主要是生产资料，这是吸引劳动力的先决条件；用人单位还要有一定的工作场所和组织机构，使劳动力在一定的分工和协作条件下与生产资料相结合，并遵守统一的劳动规则，顺利进行劳动过程。

2. 劳动法律关系的内容

劳动法律关系的内容，是指依照劳动法规定，劳动法律关系主体双方享有的劳动权利和承担的劳动义务。它是劳动法律关系的基础和核心。劳动法律关系主体的权利与义务具有统一性和对应性。所谓统一性，是指劳动法律关系主体双方既享有一定的权利，又承担一定的义务。如：劳动者有依劳动合同约定完成劳动任务的义务，同时享有取得劳动报酬的权利。所谓对应性，是指劳动法律关系主体一方的权利就是对方应履行义务，一方履行的义务就是对方享有的权利。如：劳动者有领取劳动报酬的权利，而用人单位有支付劳动者劳动报酬的义务。

依《劳动法》及有关法律、法规的规定，劳动者的基本劳动权利有：① 平等就业和选择职业的权利；② 取得劳动报酬的权利；③ 享有休息休假的权利；④ 获得劳动安全卫生保护的权利；⑤ 接受职业技能培训的权利；⑥ 享有社会保险和福利的权利；⑦ 享有提请劳动争议处理的权利；⑧ 享有法律规定的其他劳动权利，如民主管理企业的权利、与用人单位进行平等协商的权利、依法参加工会和组织工会的权利、与企业签订集体合同的权利等。劳动者的基本劳动义务有：① 按时、保质、保量地完成劳动任务；② 不断接受新的业务知识，提高业务能力和操作技能；③ 认真执行劳动安全卫生规程，防止和消除生产过程中的伤亡事故和职业危害；④ 严格遵守劳动纪律和职业道德。用人单位的基本权利可概括为：① 要求劳动者按时、按质、按量完成劳动任务的权利；② 要求劳动者努力提高职业技能，以适应生产需要的权利；③ 要求劳动者认真执行劳动安全卫生规程的权利；④ 要求劳动者严格遵守劳动纪律和职业道德的权利。用人单位应承担的义务可概括为：① 平等和择优录用职工的义务；② 支付劳动者劳动报酬的义务；③ 保证劳动者休息休假的义务；

④ 为劳动者提供安全卫生和劳动保护的义务；⑤ 为劳动者提供职业培训的义务；⑥ 为劳动者提供社会保险和福利的义务；⑦ 配合解决劳动争议的义务；⑧ 保证劳动者实现法律规定的其他权利的义务。

3. 劳动法律关系的客体

劳动法律关系的客体，是指劳动法律关系主体双方的劳动权利和劳动义务所共同指向的对象。劳动法律关系的客体在实践中的具体表现形态是复杂多样的，根据其在劳动法律关系中的地位和作用不同，可分为基本客体和辅助客体两大类。

劳动法律关系的基本客体是劳动行为，或者称劳动活动。即劳动者和用人单位在实现劳动过程中所实施的行为。它包括劳动者与用人单位生产资料结合直接从事生产活动的行为，职工完成单位所交付的工作任务的行为，以及用人单位对全部劳动过程实行劳动管理的行为。在劳动法律关系中，劳动行为的形式、质量和数量都具有重要的法律意义，直接关系到用人单位提供什么样的劳动条件、劳动保护以及支付劳动报酬等。如：在劳动法中，赋予用人单位为劳动者提供劳动条件的具体义务，往往要同劳动行为的具体表现形式相适应；要求劳动者遵守劳动规则，应符合劳动行为的具体表现形式的特点；对劳动者职业技能、劳动报酬分配标准等方面所提出的要求，往往因劳动行为的质量等级不同而有所差别；劳动行为的数量，不仅是确定劳动报酬数额的一个主要的法定依据，而且也是表明劳动任务完成情况的一项重要的法定指标。

劳动法律关系的辅助客体是劳动待遇和劳动条件。即劳动者因实施劳动行为而有权获得的、用人单位因支配劳动行为而有义务提供的各种待遇和条件。劳动待遇是对劳动者提供劳动力的物质补偿，如各种形式的劳动报酬、各种项目的劳动保险和福利等。劳动条件是劳动者完成劳动任务和保护劳动者安全健康所必需的物质技术条件和工作环境，如劳动工具、技术资料、安全卫生的工作环境等。这类客体，有的表现为行为，有的表现为物，有的表现为技术，有的是行为、物、技术的结合。其从属和受制于劳动行为，即从属于劳动行为而存在，并在种类、数量、环境等方面受劳动行为的制约，或者是实施劳动行为的必要条件，或者是实施劳动行为的必然结果，主要体现劳动者的利益。

📖**相关链接** 9－1

杨某某诉重庆市某某建设有限公司确认劳动关系纠纷案

案情摘要：重庆市某某建设有限公司承建了重庆市太乙堂药业有限公司物流配送中心工程。该工程经预验收后，某某建设公司聘请田某某到其承建的太乙堂公司物流配送中心工地清理杂物和建筑垃圾、擦窗户、玻璃等，报酬为 100 元/天或 120 元/天不等。2013 年 6 月 27 日，田某某在收工回家途中发生交通事故受伤，后经抢救无效死亡。杨某某系田某某之夫。杨某某现起诉要求确认田某某与某某建设公司之间存在劳动关系。

法院审判：根据《劳动和社会保障部关于确立劳动关系有关事项的通知》的规定，用人单位招用劳动者未订立书面劳动合同，但同时具备下列情形的，劳动关系成立：（一）用人单位和劳动者符合法律、法规规定的主体资格；（二）用人单位依法制定的各项劳动规章制度适用于劳动者，劳动者受用人单位的劳动管理，从事用人单位安排的有报酬的劳动；

（三）劳动者提供的劳动是用人单位业务的组成部分。本案中，某某建设公司承建的太乙堂公司物流配送中心工程经预验收后，某某建设公司招用田某某到工地清理杂物和建筑垃圾、擦窗户、玻璃等，此项工作具有临时性、短期性的特征，某某建设公司按工作天数向田某某支付报酬，且某某建设公司并不需要对田超时的工作过程进行监督、管理，只需对工作成果进行验收，故不应认定某某建设公司和田某某构成劳动关系。

资料来源：重庆高院公布劳动争议十大典型案例. 中国法院网. 2015 - 5 - 25.

9.2.4　劳动法律关系的产生、变更和消灭

1. 劳动法律关系产生、变更和消灭的概念

劳动法律关系的产生，是指劳动法律关系主体双方依法确立劳动法律关系，从而在双方之间产生相互的劳动权利和劳动义务关系。如某公民参加某单位录用考试合格后，双方依法签订劳动合同，从而在相互之间产生了法律上的劳动权利和劳动义务。

劳动法律关系的变更，是指劳动法律关系主体之间已形成的劳动法律关系，由于一定的客观情况的出现而引起法律关系中某些要素的变化。如用人单位与其职工经过协商，变更了职工的工作岗位、工作地点。

劳动法律关系的消灭，是指劳动法律关系主体之间原先设立的劳动法律关系依法解除或终止的情况。亦即劳动权利和劳动义务关系的消灭。如经双方协商或单方依法解除劳动合同，以及劳动合同期限届满、职工死亡等，均可引起劳动权利和劳动义务关系的消灭。

2. 劳动法律事实

劳动法律事实，是指劳动法规定的能够引起劳动法律关系产生、变更或消灭的一切客观情况。如：在劳动法律关系的产生上，劳动者和用人单位所具有的劳动权利能力和劳动行为能力仅仅是可以依法参与劳动法律关系的资格，它只是一种可能性，要使这种可能变为现实，即在劳动者和用人单位之间建立一定的劳动法律关系，就必须经双方协商达成一致意见并签订劳动合同。这种协商一致并签订劳动合同的行为就是法律事实，它是引起具体劳动法律关系产生的原因。同样，劳动法律关系的变更或消灭，也都通过一定的法律事实才能引起。例如：用人单位的职工因工负伤，不能从事原来的工作而被调换工作岗位而引起劳动法律关系的变更。劳动合同期限届满、劳动者在劳动法律关系存续期间死亡而引起劳动法律关系消灭。

劳动法律事实按照其发生是否以行为人的意志为转移来划分，可将其分为行为和事件两大类。

劳动法律行为，是指劳动法规定的，能够引起劳动法律关系产生、变更和消灭的人的有意志的活动。它可分为合法行为和违法行为。合法行为是指符合法律、法规规定的行为，通常能产生当事人预期的法律后果。合法行为有：主体双方依法签订、履行、变更、解除劳动合同的行为；劳动者完成生产任务、工作任务的行为；用人单位实施的劳动管理的行为等。违法行为是指违反法律、法规规定的行为，通常产生被追究法律责任的后果。违法行为如职工的严重违纪行为，失职、营私舞弊行为，用人单位侵犯职工合法权益的行为等。合法行为和违法行为，都能引起一定的法律后果，因而都是法律事实。

劳动法律事件，是指不以行为人的意志为转移的客观现象。包括外界自然现象，如地

震、洪水、飓风等自然灾害；人身自然现象，如人身伤残、疾病、死亡等；社会现象，如战争、动乱等。如自然灾害引起用人单位的生产资料毁损灭失，用人单位丧失了用工的权利能力和行为能力，导致劳动者和该用人单位劳动关系的消灭。事件虽不以人的意志为转移，但其在一定条件下，能够引起劳动法律关系的变更或消灭，因而是法律事实。

9.2.5 附随劳动法律关系

附随劳动法律关系，是指劳动法在调整与劳动关系密切联系的其他社会关系时所形成的权利义务关系。劳动法除调整劳动关系而形成劳动法律关系之外，还调整与劳动关系密切联系的其他社会关系，从而形成附随劳动法律关系。与劳动关系相联系的其他社会关系，其本身并非劳动关系，但它与劳动关系密切联系。它的目的是实现劳动关系，即它是为实现劳动关系而发生的社会关系。有的是发生劳动关系的必要前提，有的是劳动关系的直接后果，有的是随劳动关系而附带产生的关系；它的当事人一般有一方是劳动者或者用人单位，另一方则是与实现劳动过程有关的部门，如劳动与社会保障部门、用人单位主管部门、工会、职业介绍机构、职业培训机构、社会保险经办机构等。正因为这些社会关系与劳动关系有着密切联系，所以，我国的法律体系将其列入劳动法的调整范畴。

9.3 劳动关系管理

9.3.1 劳动合同管理

劳动合同管理是指根据国家法律、法规和政策的要求，运用组织、指挥、协调、实施职能对合同的订立、履行、变更和解除、终止等全过程的行为所进行的一系列管理工作的总称。劳动合同管理是人力资源管理中重要的一个环节。加强劳动合同管理，提高劳动合同的履约率，对于提高劳动者的绩效，激发劳动者的积极性，维护和谐的劳动关系，促进企业的健康发展来说具有十分重要的意义。本节仅从用人单位的角度对劳动合同管理进行介绍。

1. 劳动合同管理概述

劳动合同亦称劳动契约、劳动协议，是指劳动者与用人单位之间为确立劳动关系，依法协商就双方权利和义务达成的协议，是劳动关系设立、变更和终止的一种法律形式。根据这种协议，劳动者加入企业、个体经济组织、事业组织、国家机关、社会团体等用人单位，成为该单位的一员，承担一定的工种、岗位或职务工作，并遵守所在单位的内部劳动规则和其他规章制度；用人单位则应及时安排被录用的劳动者工作，按照劳动者劳动的数量和质量支付劳动报酬，并且根据劳动法律、法规规定和劳动合同的约定提供必要的劳动条件，保证劳动者享有劳动保护及社会保险、福利等权利和待遇。

劳动合同的用人单位内部管理，即用人单位依据法律和本单位的规章制度对劳动合同的订立、履行、变更、解除和终止等运用组织、指挥、协调、实施职能进行管理的行为。它是单位组织微观劳动管理的基本组成部分和组织劳动过程的必要手段。其内容主要包括：制定劳动合同制度的实施方案；组织和指导劳动合同的签订；监督劳动者和单位相关部门对劳动合同的履行；结合劳动合同履行情况与劳动者进行相应的劳动合同变更、解除或终止等；劳动争议的处理；总结劳动合同管理的经验和存在的问题等。

用人单位劳动合同管理的主要方式有：① 完善劳动合同内容；② 建立和运用切实有效的管理手段，促进劳动合同的履行；③ 建立职工名册，实现对劳动者的精细管理；④ 建立和完善与劳动合同制度相关的规章制度，包括薪酬、工时、休息休假、劳动保护、保险福利制度等；⑤ 实行劳动合同管理工作责任制，落实到岗位和责任人；⑥ 加强劳动合同管理制度的监督工作，如工会和劳动者的监督等。

2. 劳动合同的种类

劳动合同按照不同的标准，可以分为不同的种类。常见的种类有：

（1）按照劳动合同期限的不同，劳动合同可分为固定期限劳动合同、无固定期限劳动合同和以完成一定工作任务为期限的劳动合同。

固定期限劳动合同是指用人单位与劳动者约定合同终止时间的劳动合同。期限可长可短，由当事人在订立劳动合同时商定。劳动合同期限届满，劳动关系终止。

无固定期限劳动合同，是指用人单位与劳动者约定无确定终止时间的劳动合同。用人单位与劳动者协商一致，可以订立无固定期限劳动合同。有下列情形之一，劳动者提出或者同意续订、订立劳动合同的，除劳动者提出订立固定期限劳动合同外，应当订立无固定期限劳动合同：① 劳动者在该用人单位连续工作满十年的；② 用人单位初次实行劳动合同制度或者国有企业改制重新订立劳动合同时，劳动者在该用人单位连续工作满 10 年且距法定退休年龄不足十年的；③ 连续订立 2 次固定期限劳动合同，且劳动者没有《劳动合同法》第 39 条和第 40 条第 1 项、第 2 项规定的情形，续订劳动合同的。另外，用人单位自用工之日起满 1 年不与劳动者订立书面劳动合同的，被视为用人单位与劳动者已订立无固定期限劳动合同。

以完成一定工作任务为期限的劳动合同，是指用人单位与劳动者约定以某项工作的完成为合同期限的劳动合同。

（2）以用工方式为标准，广义的劳动合同可分为全日制劳动合同、非全日制劳动合同、劳务派遣劳动合同。

全日制劳动合同是劳动合同的一般形式，非全日制劳动合同与劳务派遣合同是劳动合同的特殊形式。

在我国，非全日制用工，是指以小时计酬为主，劳动者在同一用人单位一般平均每日工作时间不超过四小时，每周工作时间累计不超过二十四小时的用工形式。非全日制劳动合同就是非全日制的劳动者与用人单位订立的有关劳动权利和劳动义务的协议。非全日制用工在劳动合同的形式、订立、终止、经济补偿等方面与劳动合同的法律规定不同，主要有：双方当事人可以订立口头协议；从事非全日制用工的劳动者可以与一个或者一个以上用人单位订立劳动合同，但是，后订立的劳动合同不得影响先订立的劳动合同的履行；不得约定试用期；当事人任何一方都可以随时通知对方终止用工，且用人单位不向劳动者支付经济补偿；小时计酬标准不得低于用人单位所在地人民政府规定的最低小时工资标准；非全日制用工劳动报酬结算支付周期最长不得超过十五日。

劳务派遣劳动合同是指劳务派遣单位（即用人单位）与劳动者订立的旨在将劳动者派遣至用工单位劳动的有关劳动权利和劳动义务的协议。在劳务派遣制度下，劳务派遣单位并不直接使用该劳动者，而是将劳动者派遣到用工单位（即接受以劳务派遣形式用工的单位）

的工作场所,在用工单位的指挥监督下从事劳动,劳动关系已经从传统的劳动者与用人单位之间的两方关系,演变成劳动者、劳务派遣机构(用人单位)以及用工单位之间的三角关系(见图 9-2)。该劳动合同除应当载明一般劳动合同的内容外,还应当载明被派遣劳动者的用工单位以及派遣期限、工作岗位等情况。劳务派遣单位应当与被派遣劳动者订立二年以上的固定期限劳动合同,按月支付劳动报酬;被派遣劳动者在无工作期间,劳务派遣单位应当按照所在地人民政府规定的最低工资标准,向其按月支付报酬。劳务派遣单位派遣劳动者应当与接受以劳务派遣形式用工的单位(即用工单位)订立劳务派遣协议。劳务派遣协议应当约定派遣岗位和人员数量、派遣期限、劳动报酬和社会保险费的数额与支付方式以及违反协议后应承担的责任。

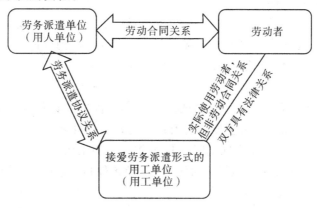

图 9-2 劳务派遣的法律关系

(3) 以劳动者一方人数的多少,劳动合同可分为个体劳动合同和集体合同。

一般的劳动合同指的是个体劳动合同,即劳动者个人与用人单位达成的有关劳动权利和劳动义务的协议。

集体合同是指劳动者集体或者工会与用人单位或者用人单位代表就有关劳动报酬、工作时间、休息休假、劳动安全卫生、保险福利等事项达成的协议。根据集体合同调整的层次不同,可以分为全国性集体合同、区域性集体合同、行业性集体合同及企业集体合同。

(4) 以劳动合同是否典型,劳动合同可以分为典型劳动合同与非典型劳动合同。随着市场经济的全球扩张、社会经济的发展及技术发展等因素的影响,出现了各种非典型劳动合同。如劳务派遣、非全日制工作(part - time work)、临时工作(temporary work)、家内劳动(home work)以及远程工作(telecommunication work)等。我国《劳动合同法》首次以法律的形式规定了劳务派遣与非全日制工作这两种非典型劳动合同。

相关链接 9-2

劳务派遣工遭车祸 两东家均被裁赔偿

常某是某劳务派遣公司派遣至某食品公司的员工,在 2013 年 1 月下班途中遭遇车祸,经工伤部门鉴定,其所受伤害已经达到了职工工伤与职业病致残等级标准七级。常某要求劳务派遣公司、食品公司向其支付工伤待遇。劳务派遣公司以社会保险应由食品公司缴纳、《劳务派遣协议》约定由该公司支付工伤待遇为由拒绝了常某的要求。食品公司则认为常某是劳务派遣员工，是与劳务派遣公司存在劳动关系，也拒绝了常某的要求。常某于是申请劳动仲裁。

仲裁委经审理后认为，按照法律规定劳务派遣公司属于用人单位，而食品公司则属于用工单位，《劳动合同法》规定，用工单位应当履行支付加班工资、绩效奖金以及与工作岗位相关福利待遇的义务。常某的社会保险本应由用人单位也就是劳务派遣公司为其缴纳，因未缴纳社会保险造成的工伤待遇损失应由劳务派遣公司承担，同时按法律规定，食品公司作为用工单位，承担工伤保险待遇的连带赔偿责任。

资料来源：2014 年本市十大劳动争议典型案例. 北京市劳动人事争议仲裁委员会，2014.

3. 劳动合同的内容和形式

劳动合同的内容是指劳动者与用人单位双方通过平等协商所达成的关于劳动权利和劳动义务的具体条款，是劳动合同的核心部分，具体表现为劳动合同的条款。依据《劳动合同法》的规定，劳动合同的条款分为以下三类条款：

一是法定必备条款。法定必备条款是指劳动合同法规定的劳动合同中必须具备的条款。依据《劳动合同法》第 17 条第 1 款的规定，劳动合同应当具备以下条款：① 用人单位的名称、住所和法定代表人或者主要负责人；② 劳动者的姓名、住址和居民身份证或者其他有效身份证件号码；③ 劳动合同期限；④ 工作内容和工作地点；⑤ 工作时间和休息休假；⑥ 劳动报酬；⑦ 社会保险；⑧ 劳动保护、劳动条件和职业危害防护；⑨ 法律、法规规定应当纳入劳动合同的其他事项。

二是协商约定条款。协商约定条款是指在必备条款之外，劳动者和用人单位经过协商认为需要约定的条款。协商约定条款依据是否为法律所规定，又可以分为：

（1）法定协商约定条款，即《劳动合同法》第 17 条第 2 款规定的条款：试用期、培训、保守秘密、补充保险和福利待遇等其他事项。

（2）任意协商约定条款。任意协商约定条款是指完全由劳动者与用人单位协商的法律未作任何规定的条款，如商业保险、为职工提供住房、班车、托儿所、子女入学等。

三是法定禁止约定条款。法定禁止约定条款是指法律规定的禁止在劳动合同中约定的条款。依据《劳动合同法》第 25 条规定，除该法第 22 条和第 23 条规定的服务期协议和保密协议可以约定的情形外，用人单位不得与劳动者约定由劳动者承担违约金。

劳动合同的形式是指劳动合同当事人双方所达成协议的表现形式，是劳动合同内容的外部表现和载体。我国《劳动法》和《劳动合同法》均规定，劳动合同应以书面形式订立，排除了口头或其他形式。已建立劳动关系，未同时订立书面劳动合同的，应当自用工之日起 1 个月内订立书面劳动合同。用人单位自用工之日起满 1 年不与劳动者订立书面劳动合同的，视为用人单位与劳动者已订立无固定期限劳动合同。如未订立书面劳动合同，用人单位自用工之日起超过 1 个月不满 1 年未与劳动者订立书面劳动合同的，应当向劳动者每月支付 2 倍的工资。

4. 劳动合同的订立

劳动合同的订立是指劳动者与用人单位为建立劳动关系，依法就双方的劳动权利义务协商一致，达成协议的法律行为。订立劳动合同，应当遵循合法、公平、平等自愿、协商一致、诚实信用的原则。

用人单位招用劳动者时，应当如实告知劳动者工作内容、工作条件、工作地点、职业危害、安全生产状况、劳动报酬，以及劳动者要求了解的其他情况；用人单位有权了解劳动者与劳动合同直接相关的基本情况，劳动者应当如实说明。用人单位招用劳动者，不得扣押劳动者的居民身份证和其他证件，不得要求劳动者提供担保或者以其他名义向劳动者收取财物。

劳动合同订立的程序见图9-3。

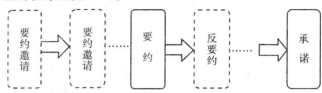

注：实线方框内的程序为法定必经程序；
虚线方框内的程序为实践中常见的程序，但非法定必经程序。

图9-3　劳动合同订立的程序

劳动合同的订立经过要约与承诺两个阶段。所谓要约，是指劳动者或用人单位向对方提出的、希望订立劳动合同的表示。发出要约的一方称为要约人；接受要约的一方称为受要约人。要约人可以是劳动者，也可以是用人单位。要约的内容应具体确定，表明经受要约人承诺，要约人即受该意思表示约束，并应向受要约人发出。一般来说，受要约人应该是特定的人。实践中常见的劳动合同订立程序，往往是先由用人单位公布招工（招聘）简章，其中载明录用（聘用）条件、录用（聘用）后的权利义务、报名办法等内容。然后由劳动者按照招工（招聘）简章的要求报名应招（应聘）。用人单位公布招工（招聘）简章的行为是针对不特定的多数人发出的，因而不是要约，而是希望他人向自己发出要约的表示，其性质为要约邀请。劳动者应招（应聘）的行为符合要约的条件，应为要约。

用人单位与劳动者进行反复协商、谈判的行为，则为反要约，或称之为新要约。直到任何一方同意了对方提出的条件，即构成承诺。

所谓承诺，是指受要约人同意要约的表示。承诺必须由受要约人在要约有效期限内向要约人发出，其内容应当与要约的内容一致。在实践中，用人单位对经过考核合格的应招（应聘）的劳动者决定录用（聘用），并向本人发出书面通知的行为即为承诺，该通知到达劳动者，劳动合同即告成立。下一步，双方签订书面合同，劳动合同的订立过程即告完成。

5. 无效劳动合同

无效劳动合同是指由于欠缺生效要件而全部或部分不具有法律效力的劳动合同。依据《劳动合同法》第26条规定，下列劳动合同无效或者部分无效：① 以欺诈、胁迫的手段或者乘人之危，使对方在违背真实意思的情况下订立或者变更劳动合同的；② 用人单位免除自己的法定责任、排除劳动者权利的；③ 违反法律、行政法规强制性规定的。对劳动合同的无效或者部分无效有争议的，由劳动争议仲裁机构或者人民法院确认。劳动合同部分无效，不影响其他部分效力的，其他部分仍然有效。劳动合同被确认无效，劳动者已付出劳动的，用人单位应当向劳动者支付劳动报酬。劳动报酬的数额，参照本单位相同或者相近岗位劳动者的劳动报酬确定。

📖 相关链接 9 - 3

总监违规被炒索赔 160 万败诉

可口可乐饮料公司营运单位资能总监万先生，因违反操作规程和有关规定，造成公司重大损失后被除名。其申请仲裁未获支持后诉至法院，要求公司支付违法解约赔偿金等160 万余元。闵行区法院认为，万先生为避开上报集团公司审批环节而采取隐瞒、歪曲合同真实意思的行为，违反了可口可乐公司商业操守等规定，驳回其诉讼请求。

被开除后起诉索赔

万先生自 2008 年 3 月起，签约在可口可乐公司担任四川绩效财务部门的营运单位资能总监一职。2008 年 4 月 17 日，公司与其解除劳动合同。同年 6 月 3 日，万先生申请仲裁，要求支付解除劳动合同的经济补偿金、替代通知期工资和违法解除劳动合同的赔偿金等损失，但未获支持。

万先生不服仲裁，起诉至法院，称公司在未提供任何充分事实及法律依据的情况下，以违反公司商业操守守则、严重违反规章制度及严重失职为由，单方面通知立即解除劳动合同，要求判令支付违法解除劳动合同的赔偿金，和因违法解除劳动合同所致工资损失等共计 160 万余元。

可口可乐公司辩称，万先生严重违反公司规章制度，给公司带来极大的经济损失。按照劳动合同及相关规定解除双方间的劳动合同，有事实及法律依据，请求法院依法驳回全部诉讼请求。

总监被指违规操作

可口可乐公司称，按相关规定，标的超过 12 万元的合同必须报集团审批。万先生所在的四川营运单位先向集团上报了为期一年、金额为 350 万元的合同，但未获集团批准通过。后万先生等人采取通过签订 3 个月的短期合同、且每份合同标的均低于 12 万元的手段，故意避开应由集团审批的流程规定，歪曲了上述交易本质。而且万先生在签订合同时未进行比价，在签订合同前也已明知所谓的 3 家物流公司实为同一自然人所有。公司认为，万先生行为违反操作规程和有关规定，造成公司重大损失。

万先生对公司提供的有关证据真实性均无异议，但认为采购政策补充规定尚未生效，且员工纪律行动标准政策系公司于 2007 年 12 月 26 日方才发布。而公司所述的"违规"行为，均发生于当年 2 月至 9 月期间，故不应适用于上述规定。

除名符合公司规定

法院认为，万先生于 2008 年 3 月 28 日的谈话笔录中陈述，按规定应先进行比价，但此次并未进行比价，其本人亦认为配送单价报价过高。

在被问及"签 3 个月，是否为避开集团审批"时，其回答"有这方面考虑"。尽管万先生辩称签订为期 3 个月的短期、低额合同并非其本人个人决定，而是经四川营运单位开会商议以及总经理最终确定的，但他确实参与了上述活动，且在明知未进行比价、配送单价报价过高、同样报价的合同未获集团公司审批通过、相关物流公司实为同一人开办等情形下，仍未提出反对意见。

综上，万先生的行为应属于歪曲交易的真实本质，以及隐瞒、歪曲合同真实意思的行为，其行为违反了可口可乐公司商业操守守则、《员工纪律行动标准政策》等的相关规定，公司据此与其解除劳动合同并无不妥。

资料来源：谢磊，杨克元.新闻晨报，2010-4-1

6. 劳动合同的履行、变更和终止

劳动合同的履行是指劳动者和用人单位按照劳动合同的约定，履行其所承担的义务的行为。只有双方当事人按照合同约定全面、正确地履行其所承担的义务，劳动过程才能顺利实现。劳动合同的履行应遵循亲自履行原则、全面履行原则和协作履行原则。具体包括：① 用人单位与劳动者应当按照劳动合同的约定，全面履行各自的义务；② 用人单位应当按照劳动合同约定和国家规定，向劳动者及时足额支付劳动报酬；③ 用人单位应当严格执行劳动定额标准，不得强迫或者变相强迫劳动者加班。用人单位安排加班的，应当按照国家有关规定向劳动者支付加班费；④ 劳动者拒绝用人单位管理人员违章指挥、强令冒险作业的，不视为违反劳动合同，劳动者对危害生命安全和身体健康的劳动条件，有权对用人单位提出批评、检举和控告；⑤ 用人单位变更名称、法定代表人、主要负责人或者投资人等事项，不影响劳动合同的履行；⑥ 用人单位发生合并或者分立等情况，原劳动合同继续有效，劳动合同由承继其权利和义务的用人单位继续履行。

劳动合同的变更是指在劳动合同依法成立后，尚未履行或尚未履行完毕之前，当事人就合同的内容达成修改或补充的协议。劳动合同订立后，用人单位与劳动者协商一致，可以变更劳动合同约定的内容。变更劳动合同，应当采用书面形式。变更后的劳动合同文本由用人单位和劳动者各执一份。

劳动合同的终止是指劳动合同关系在客观上已不复存在，劳动合同当事人的权利义务归于消灭。劳动合同终止后，合同效力消灭，当事人不再受合同约束。依据《劳动合同法》第44条规定有下列情形之一的，劳动合同终止：① 劳动合同期满的；② 劳动者开始依法享受基本养老保险待遇的；③ 劳动者死亡，或者被人民法院宣告死亡或者宣告失踪的；④ 用人单位被依法宣告破产的；⑤ 用人单位被吊销营业执照、责令关闭、撤销或者用人单位决定提前解散的；⑥ 法律、行政法规规定的其他情形。有些情形下终止劳动合同，用人单位还应当向劳动者支付经济补偿。

■ 相关链接 9－4

办公场所迁至外地，单方解约未输官司

刘某于2012年8月13日到某模型公司上班。双方签订三年期劳动合同，合同中未约定工作地点，实际履行地为北京市昌平区某村。2014年7月30日，模型公司厂房的租赁合同到期，未能继续签订租赁合同，也未在原址附近找到合适的办公场所，最终决定将厂址迁至河北。模型公司将上述情况提前告知刘某，并承诺提供班车住宿等条件，但刘某不同意到新地点继续履行劳动合同。于是模型公司解除了双方的劳动合同，并依法支付刘某解除劳动合同经济补偿金和未提前通知解除劳动合同的代通知金。

刘某对此仍然不满意，向仲裁委提出仲裁申请，要求模型公司支付违法解除劳动合同赔偿金。庭审中，模型公司主张，变更地址的背景是公司经营地址的租赁合同到期，并不是主观上故意迁址，且作为变更地址的补救措施，公司给员工提供了班车、住宿等条件，让员工继续履行合同实质上不存在障碍，但是刘某不同意变更劳动合同的履行地，公司不得已和他解除劳动合同，且已依法支付解除劳动合同经济补偿金和代通知金，不同意支付违法解除劳动合同赔偿金。

仲裁委审理后认为，模型公司因厂房租赁合同到期将办公地点从北京昌平迁至河北，与刘某解除劳动合同属于订立劳动合同时所依据的客观情况发生重大变化，致使劳动合同无法继续履行，经用人单位与劳动者协商，未能就变更劳动合同内容达成一致的情形。模型公司已经支付刘某解除劳动合同经济补偿金和代通知金，刘某的仲裁请求没有事实依据，于是驳回了他的仲裁请求。

资料来源：2014年本市十大劳动争议典型案例.北京市劳动人事争议仲裁委员会，2014.

7. 劳动合同的解除

劳动合同的解除是指在劳动合同依法成立后，尚未履行或尚未履行完毕之前，当事人协商一致或者依法终止合同的行为。合同解除后，双方当事人不再受合同内容的约束。为了平衡劳动者与用人单位的利益，建立和发展和谐稳定的劳动关系，法律对劳动合同的解除做了严格的限制。

劳动合同的解除依法可以分类两类：协商解除和法定解除（见图9-4）。协商解除是指用人单位与劳动者任何一方提出解除合同的请求，经协商另一方最终同意的解除劳动合同的行为。法定解除是指用人单位与劳动者无需对方同意，依据法律规定直接解除劳动合同的行为。

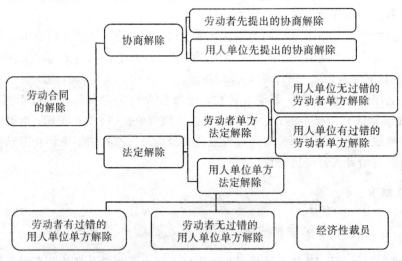

图9-4　劳动合同解除的分类

劳动者单方解除劳动合同的情形包括：

（1）劳动者提前30日以书面形式通知用人单位，可以解除劳动合同。劳动者在试用期内提前3日通知用人单位，可以解除劳动合同。该条规定赋予了劳动者无条件地单方预告解除劳动合同的权利，其目的主要是维护劳动者的职业选择权，充分发挥劳动者的积极性、主动性和创造性，有利于劳动力的合理流动，优化劳动力资源配置。

（2）用人单位有过错，即有下列情形之一的，劳动者可以解除劳动合同：①未按照劳动合同约定提供劳动保护或者劳动条件的；② 未及时足额支付劳动报酬的；③ 未依法为劳动者缴纳社会保险的；④ 用人单位的规章制度违反法律、法规的规定，损害劳动者权益的；⑤ 劳动合同有以下三种情况之一使劳动合同无效的：存在以欺诈、胁迫的手段或者乘人之危，使对方在违背真实意思的情况下订立或者变更劳动合同的；用人单位免除自己的法定责任、排除劳动者权利的；违反法律、行政法规强制性规定的；⑥ 法律、行政法规规定劳动者可以解除劳动合同的其他情形。用人单位以暴力、威胁或者非法限制人身自由的手段强迫劳动者劳动的，或者用人单位违章指挥、强令冒险作业危及劳动者人身安全的，劳动者可以立即解除劳动合同，不需事先告知用人单位。

用人单位单方解除劳动合同的情形包括：

（1）劳动者有过错，即劳动者有下列情形之一的，用人单位可以解除劳动合同：① 在试用期间被证明不符合录用条件的；② 严重违反用人单位的规章制度的；③ 严重失职，营私舞弊，给用人单位造成重大损害的；④ 劳动者同时与其他用人单位建立劳动关系，对完成本单位的工作任务造成严重影响，或者经用人单位提出，拒不改正的；⑤ 因《劳动合同法》第 26 条第 1 款第一项规定的情形致使劳动合同无效的；⑥ 被依法追究刑事责任的。

（2）劳动者无过错，但有下列情形之一的，用人单位提前 30 日以书面形式通知劳动者本人或者额外支付劳动者 1 个月工资后，可以解除劳动合同：① 劳动者患病或者非因工负伤，在规定的医疗期满后不能从事原工作，也不能从事由用人单位另行安排的工作的；② 劳动者不能胜任工作，经过培训或者调整工作岗位，仍不能胜任工作的；③ 劳动合同订立时所依据的客观情况发生重大变化，致使劳动合同无法履行，经用人单位与劳动者协商，未能就变更劳动合同内容达成协议的。

（3）经济性裁员。有下列情形之一，需要裁减人员 20 人以上或者裁减不足 20 人但占企业职工总数 10％以上的，用人单位提前 30 日向工会或者全体职工说明情况，听取工会或者职工的意见后，裁减人员方案经向劳动行政部门报告，可以裁减人员：① 依照企业破产法规定进行重整的；② 生产经营发生严重困难的；③ 企业转产、重大技术革新或者经营方式调整，经变更劳动合同后，仍需裁减人员的；④ 其他因劳动合同订立时所依据的客观经济情况发生重大变化，致使劳动合同无法履行的。裁减人员时，应当优先留用下列人员：① 与本单位订立较长期限的固定期限劳动合同的；② 与本单位订立无固定期限劳动合同的；③ 家庭无其他就业人员，有需要扶养的老人或者未成年人的。用人单位依照上述规定裁减人员，在 6 个月内重新招用人员的，应当通知被裁减的人员，并在同等条件下优先招用被裁减的人员。

劳动者有下列情形之一的，用人单位不得依照上述（2）、（3）项的规定解除劳动合同：① 从事接触职业病危害作业的劳动者未进行离岗前职业健康检查，或者疑似职业病病人在诊断或者医学观察期间的；② 在本单位患职业病或者因工负伤并被确认丧失或者部分丧失劳动能力的；③ 患病或者非因工负伤，在规定的医疗期内的；④ 女职工在孕期、产期、哺乳期的；⑤ 在本单位连续工作满 15 年，且距法定退休年龄不足 5 年的；⑥ 法律、行政法规规定的其他情形。

用人单位单方解除劳动合同，应当事先将理由通知工会。用人单位违反法律、行政法规规定或者劳动合同约定的，工会有权要求用人单位纠正。用人单位应当研究工会的意见，并将处理结果书面通知工会。

8. 解除和终止劳动合同时的经济补偿

解除和终止劳动合同，有可能给劳动者造成一定的损失，因此《劳动合同法》规定有下列情形之一的，用人单位应当向劳动者支付经济补偿：① 用人单位有过错，劳动者依照《劳动合同法》第 38 条规定单方解除劳动合同的；② 用人单位依照《劳动合同法》第 36 条规定向劳动者提出解除劳动合同并与劳动者协商一致解除劳动合同的；③ 劳动者无过错，用人单位依照《劳动合同法》第 40 条规定单方解除劳动合同的；④ 出现经济性裁员情形时，用人单位依照《劳动合同法》第 41 条第 1 款规定解除劳动合同的；⑤ 除用人单位维持或者提高劳动合同约定条件续订劳动合同，劳动者不同意续订的情形外，终止固定期限劳动合同的；⑥ 用人单位被依法宣告破产的或者用人单位被吊销营业执照、责令关闭、撤销或者用人单位决定提前解散的；⑦ 法律、行政法规规定的其他情形。

经济补偿按劳动者在本单位工作的年限，每满 1 年支付 1 个月工资的标准向劳动者支付。6 个月以上不满 1 年的，按 1 年计算；不满 6 个月的，向劳动者支付半个月工资的经济补偿。劳动者月工资高于用人单位所在直辖市、设区的市级人民政府公布的本地区上年度职工月平均工资 3 倍的，向其支付经济补偿的标准按职工月平均工资 3 倍的数额支付，向其支付经济补偿的年限最高不超过 12 年。此处所称月工资是指劳动者在劳动合同解除或者终止前 12 个月的平均工资。

9. 违反劳动合同的法律责任

违反劳动合同的法律责任，是指劳动者或用人单位不履行劳动合同义务，或者履行劳动合同义务不符合约定时，所应承担的法律后果。违反劳动合同的法律责任，可以由当事人协商约定，但不得违反《劳动合同法》的强制性法律规定，否则为无效条款。同时，《劳动合同法》也规定了用人单位和劳动者在违反劳动合同时所应该承担的法律责任。

依据《劳动合同法》的规定，用人单位违反劳动合同的法律责任有：

(1) 用人单位有下列情形之一的，由劳动行政部门责令限期支付劳动报酬、加班费或者经济补偿；劳动报酬低于当地最低工资标准的，应当支付其差额部分；逾期不支付的，责令用人单位按应付金额百分之 50% 以上 100% 以下的标准向劳动者加付赔偿金：① 未按照劳动合同的约定或者国家规定及时足额支付劳动者劳动报酬的；② 低于当地最低工资标准支付劳动者工资的；③ 安排加班不支付加班费的；④ 解除或者终止劳动合同，未依法规定向劳动者支付经济补偿的；

(2) 用人单位违反《劳动合同法》规定解除或者终止劳动合同的，应当依照《劳动合同法》第 47 条规定的经济补偿标准的 2 倍向劳动者支付赔偿金；

(3) 用人单位有下列情形之一的，依法给予行政处罚；构成犯罪的，依法追究刑事责任；给劳动者造成损害的，应当承担赔偿责任：① 以暴力、威胁或者非法限制人身自由的手段强迫劳动的；② 违章指挥或者强令冒险作业危及劳动者人身安全的；③ 侮辱、体罚、殴打、非法搜查或者拘禁劳动者的；④ 劳动条件恶劣、环境污染严重，给劳动者身心健康造成严重损害的；

(4) 用人单位违反《劳动合同法》规定未向劳动者出具解除或者终止劳动合同的书面证明，由劳动行政部门责令改正；给劳动者造成损害的，应当承担赔偿责任；

(5) 用人单位招用与其他用人单位尚未解除或者终止劳动合同的劳动者，给其他用人单位造成损失的，应当承担连带赔偿责任等。

依据《劳动合同法》的规定，劳动者违反《劳动合同法》规定解除劳动合同，或者违反劳动合同中约定的保密义务或者竞业限制，给用人单位造成损失的，应当承担赔偿责任。

另外，劳动合同依照《劳动合同法》被确认无效，给对方造成损害的，有过错的一方应当承担赔偿责任。

📖 相关链接 9－5

四类 23 种情形劳动争议案败诉的法律分析

一、劳动关系建立阶段

（一）用人单位方面的典型败诉情形

（1）用人单位恶意规避法律不签订劳动合同而否认事实劳动关系，加大了法院查证事实的难度，但需要强调的是，人民法院通过工资支付记录、社会保险缴纳记录、考勤记录甚至工作成果等多种凭证，依然可以综合进行判断，确认劳动关系，用人单位不可能以此逃避法律的制裁。

（2）雇佣停薪留职、内退、下岗待岗，以及因经营性停产放长假待岗等情形的四类人员，误以为建立的是劳务关系而非劳动关系，导致在诉讼中败诉。

（3）应订立无固定期限劳动合同而未予签订，从而导致支付未签订无固定期限劳动合同二倍工资差额的赔偿。

（二）劳动者方面的典型败诉情形

（1）对建立劳动关系的主体资格认识错误，一些人员诸如全日制在校大学生、达到法定退休年龄的劳动者、未取得就业证的外国人等均不具备建立劳动关系的主体资格，因此也得不到劳动法的保护。

（2）一些公司高管、人力资源经理未与公司签订劳动合同的，如果用人单位能够证明订立劳动合同属于该高管的工作职责，则即使劳动者向用人单位主张未签订劳动合同的二倍工资差额，也不会获得法院的支持。

（3）劳动者提供虚假信息订立劳动合同，最终被法院判定劳动合同无效或部分无效。

二、劳动合同履行阶段

（一）用人单位方面的典型败诉情形

（1）用人单位的规章制度未向劳动者履行合法公示或者送达，从而导致该规章制度对劳动者不具有合法约束力。

（2）用人单位在劳动关系存续期间以未安排劳动者工作为由拒付工资，如果是非因劳动者本人原因造成用人单位停工、停业的，那么用人单位依然有义务向劳动者支付生活费，否则即为违反法律规定，存在败诉风险。

（3）用人单位违法规避工龄连续计算，例如在劳动者工作岗位、工作地点不发生变化的情况下，重新安排劳动者与新用人单位订立劳动合同，或者干脆"逆向派遣"，迫使劳动者"工作年限清零"，但此种手段被法律所禁止，从而带来败诉隐患。

（二）劳动者方面的典型败诉情形

（1）用人单位变更劳动合同尽管未采取书面形式，但已实际履行超过一个月的，劳动者又主张变更无效的，依据司法解释四的规定，法院不能予以支持。

（2）劳动者主张加班工资，根据劳动争议司法解释三的规定，加班事实的基础举证责任由劳动者一方负担，但许多劳动者在工作中不注意留存、搜集证据，导致诉讼中因为证据不足而主张难获支持。

（3）劳动者未经用人单位同意，擅自请他人代为履行劳动合同，因此给单位造成损失的，将承担相应赔偿责任。

三、劳动合同解除与终止阶段

（一）用人单位方面的典型败诉情形

（1）用人单位存在违反法律规定、法定义务的情形而迫使劳动者提出辞职，在此情形下，不能免除向劳动者支付解除劳动合同的经济补偿金的义务。

（2）用人单位未举证证明辞退劳动者解除事实充分、解聘程序合法，导致败诉。

（3）用人单位在劳动合同期满时未能依法履行终止劳动合同手续，导致付出败诉代价，有的是支付违法终止的赔偿金，有的甚至付出继续履行劳动合同的代价。

（二）劳动者方面的典型败诉情形

（1）因严重违反规章制度而被用人单位开除或者辞退。

（2）尽管用人单位存在拖欠工资等违反法律规定的情形迫使劳动者辞职，但劳动者辞职信未能写明上述单位违法的情形，从而丧失向用人单位捍卫经济补偿金的权利。

（3）劳动者未经权衡而草率在纠纷一次性了结的协议上签字，此后反悔的很难得到法院支持。

四、竞业限制及服务期方面

（一）用人单位方面的典型败诉情形

（1）用人单位未约定竞业限制补偿金而单方要求劳动者履行义务，司法解释（四）第6条的规定，此种情况下，劳动者履行了竞业限制义务，要求用人单位支付补偿金的，人民法院应予支持，补偿金的标准按照劳动者在劳动合同解除或者终止前十二个月平均工资的30%按月支付。

（2）用人单位单方解除竞业限制协议而未履行告知义务导致劳动者以不知情为由主张竞业限制补偿金的，用人单位因此败诉。特别值得指出的是，因为竞业限制协议具备独立性，用人单位违法解除劳动合同并不必然导致双方竞业限制协议失效，所以，在上述情形发生时，用人单位仍需履行告知义务。

（二）劳动者方面的典型败诉情形

（1）用人单位与劳动者的竞业限制协议未约定补偿金，但这并不代表该协议未生效或者无效，故劳动者以此为由径行到竞争企业工作的，可能面临用人单位起诉其承担违约责任的法律风险。

（2）劳动者在协议有效且领取竞业限制补偿金后仍到相关企业从事竞争性业务，那么必然导致支付违约金的败诉后果。

（3）劳动者接受专项培训并约定服务期后仍违反服务期约定提前辞职，根据《劳动合同法》第22条的规定，劳动者应当按照约定向用人单位支付违约金。

资料来源：海淀区劳动争议审判情况白皮书：劳资双方败诉情形分析暨十大
典型案例. 北京市海淀区法院，2014.

9.3.2 集体协商和集体合同

集体协商，亦称集体谈判，是指用人单位工会或职工代表与相应的用人单位或用人单位集体，就劳动标准和劳动条件进行商谈，并签订集体合同的行为。作为现代工业社会和经济结构的社会现象，集体协商在20世纪60～80年代得到普及和发展。在多数西方市场经济国家，集体协商是确定劳动者劳动条件的主要方式，是稳定劳动关系的主要手段之一。

集体合同是集体协商的结果，又称团体协约或集体协议。根据集体合同调整的层次不同，我国集体合同可以分为全国性集体合同、区域性集体合同、行业性集体合同及企业集体合同（见图9-5）。企业集体合同是最常见的一类集体合同，是指用人单位和本单位劳动者依法就劳动报酬、工作时间、休息休假、劳动安全卫生、职业培训、保险福利等事项，通过集体协商签订的书面协议。企业集体合同草案应当提交职工代表大会或者全体职工讨论通过。企业职工一方与用人单位还可以订立劳动安全卫生、女职工权益保护、工资调整机制等专项集体合同。集体合同作为调整劳动关系的一种有效手段，为世界各国广泛采用。

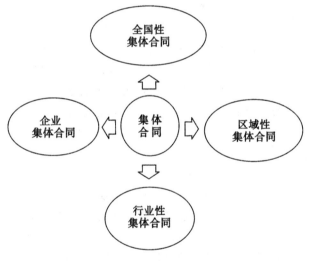

图9-5　集体合同的类型

我国在《劳动法》、《劳动合同法》、《集体合同规定》、《工资集体协商试行办法》等法律法规中确定了集体协商和集体合同制度，规定了集体协商代表的确定、程序、集体合同的订立、集体合同的效力等内容。但是，集体协商和集体合同在我国由于体制、劳动者权利意识差、劳动力市场供大于求等原因，在保护劳动者权益，维护劳动关系的稳定等方面还远远没有发挥出应有的作用。随着经济全球化以及我国经济发展水平不断提高、劳动力市场供求状况的改变、新生代劳动者的权利意识的增强，劳资矛盾呈多发态势，全国总工会自2010年开始全力推进以工资集体协商为核心的集体谈判，希望通过这一制度来缓解劳资矛盾、增加劳动者收入。全国总工会明确要求，各级工会要进一步加大推进工资集体协商工作力度，力争到2012年基本在各类已建工会的企业实行集体合同制度，全面扎实推进工资集体协商。我国部分发达地区已经开始了工资集体协商的探索。如广东率先推选出集体协商路线图——"工资集体协商三年行动计划"，分别从完善工会主席和工会委员民主选举、推行工资协商制度等方面对政府、企业、工会和职工提出要求以求构建新型劳动关系。

📖 **相关链接 9 - 6**

绍兴柯桥区家具行业首次集体协商职工工资

柯桥区家具行业工会第一次会员代表大会（职代会）暨行业工资集体协议签约仪式，2015年12月11日下午在平水镇举行，职企双方代表签署了本区域家具行业第一份工资集体协商协议书。

当天，来自40多家会员企业的50名工会代表，选举产生柯桥区家具行业工会第一届委员会，同时由职代会推荐5名职工代表，与行业协会方代表进行面对面协商工资。双方签署的协议书，从维护职工合法权益的角度，对工资标准、分配制度、增长幅度、发薪时间等作了详细明确的规定。其中，关于月工资部分，木工、油漆工不低于2500元，开料工不低于2000元，未约定工种的工价应高于本地最低工资标准。

据了解，目前全区有家具生产加工企业及经销商40多家，其中大部分集聚在平水镇，从业人员超过3000人。今年4月，该行业协会成立，并举行了第一届会员代表大会。

柯桥区总工会主席喻光耀介绍，新形势下，工资问题已经成为职工、企业和政府关注的热点，加强工资集体协商，是维护职工合法权益、促进企业健康发展的有效途径。近年来，区总工会积极推动行业性工资集体协商工作，相继在漓渚镇印染行业、柯桥区经编行业等建立了工会组织，积极探索建立以"谈标准"为主要内容的行业性工资集体协商体系，以实现职工和企业利益的双维护，促进经济社会和谐发展。

资料来源：钟伟，胡金兔. 绍兴县报. 2015 - 12 - 12

9.3.3 劳动争议管理

劳动争议又称劳动纠纷，在国外也称劳资纠纷或劳资争议，是指劳动关系双方当事人之间因劳动权利和劳动义务发生的纠纷和争议。在我国，劳动争议主要包括下列情形：① 因确认劳动关系发生的争议；② 因订立、履行、变更、解除和终止劳动合同发生的争议；③ 因除名、辞退和辞职、离职发生的争议；④ 因工作时间、休息休假、社会保险、福利、培训以及劳动保护发生的争议；⑤ 因劳动报酬、工伤医疗费、经济补偿或者赔偿金等发生的争议；⑥ 法律、法规规定的其他劳动争议。

劳动争议管理包括劳动争议的预防和处理。在劳动争议发生之前，"防患于未然"，将其消灭在萌芽状态，这应该是企业人力资源管理中劳动争议管理的主要内容。现代化企业应本着"建立以事前预防为主，以事中控制及事后补救为辅的企业风险控制体系"的原则，建立有效的劳动争议内部应对机制，这样一方面可以及时防范、化解因劳动争议可能导致的劳动关系的激化或群体性事件，保障生产经营活动的正常顺利开展，另一方面，在仲裁诉讼程序中可以最大限度地维护企业的利益。

劳动争议预防制度包括以下几个方面：① 员工参与或影响决策的管理机制。增强员工对企业工作环境的认识，减少和克服因不了解企业管理者意图和措施而引起的不满心理，加强彼此的沟通和信任；② 在企业内部创造有利的群体环境和交往气氛。企业要提出本企业组织全体员工的共同价值观、理想、信念和作风，用于统帅企业内部员工的思想和行为，创造出一种团结共事的和睦气氛；③ 创造良好的工作条件。良好的工作环境虽以精神环境为核心。然而，良好的物质环境是精神环境的前提和保证，是良好工作环境的外显特征。不好的工作条件既会降低工作效率，也会导致员工对企业产生不满和抵触情绪等。

　　劳动争议处理是在劳动争议发生之后，当事人通过协商、调解、仲裁、民事诉讼等方式依法解决劳动争议的行为(见图 9 - 6)。解决劳动争议，应当根据事实，遵循合法、公正、及时、着重调解的原则，依法保护当事人的合法权益。发生劳动争议，员工可以与用人单位协商，也可以请工会或者第三方共同与用人单位协商，达成和解协议。如当事人(包括员工和用人单位)不愿协商、协商不成或者达成和解协议后不履行的，可以向调解组织申请调解；不愿调解、调解不成或者达成调解协议后不履行的，可以向劳动争议仲裁委员会申请仲裁；对仲裁裁决不服的，除《劳动争议调解仲裁法》第 47 条规定的情形外，可以向人民法院提起诉讼。

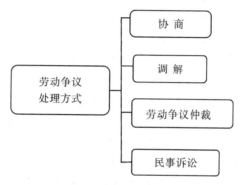

图 9 - 6　劳动争议处理方式

　　劳动争议申请仲裁的时效期为 1 年。仲裁时效期从当事人知道或者应当知道其权利被侵害之日起计算。仲裁时效因当事人一方向对方当事人主张权利，或者向有关部门请求权利救济，或者对方当事人同意履行义务而中断。从中断时起，仲裁时效期重新计算。因不可抗力或者有其他正当理由，当事人不能在上述仲裁时效期间申请仲裁的，仲裁时效中止。从中止时效的原因消除之日起，仲裁时效期间继续计算。劳动关系存续期间因拖欠劳动报酬发生争议的，员工申请仲裁不受上述仲裁时效期间的限制；但是，劳动关系终止的，应当自劳动关系终止之日起 1 年内提出。

　　发生劳动争议，当事人对自己提出的主张，有责任提供证据。与争议事项有关的证据属于用人单位掌握管理的，用人单位应当提供；用人单位不提供的，应当承担后果。县级以上人民政府劳动行政部门会同工会和企业方面代表建立协调劳动关系三方机制，共同研究解决劳动争议的重大问题。用人单位违反国家规定，拖欠或者未足额支付劳动报酬，或者拖欠工伤医疗费、经济补偿或者赔偿金的，员工可以向劳动行政部门投诉，劳动行政部门应当依法处理。

相关链接 9 - 7

雅士利：响应国家要求，积极推动劳动者权益保障

　　2010 年 4 月 27 日，胡锦涛总书记在全国劳模和先进工作者表彰大会上说，"要切实发

展和谐劳动关系，建立健全劳动关系协调机制，完善劳动保护机制，让广大劳动群众实现体面劳动。"而在去年两会上，温家宝总理在作政府工作报告时说，"我们所做的一切都是要让人民生活得更加幸福、更有尊严，让社会更加公正、更加和谐。"

从"体面劳动"到"活得有尊严"，显示出中央高层更加关注人的本身。全国人大代表、全国劳动奖章获得者、雅士利集团总裁张利钿先生对此深有感触，他说："劳动者是财富的真正主人，'体面劳动'和'活得更有尊严'是劳动者应有的待遇。27年来，为员工创造理想的生活方式，让他们有归属感、安全感，以企业为家，以企业为荣，是我们一贯的追求。"这时，刚刚参加完员工生日会的张总裁显得兴致勃勃，无疑是受到生日会气氛的感染。

说起雅士利的员工生日会，充分地体现了一种人文关怀和亲密的劳资关系。在雅士利集团，每月生日的员工都会收到生日贺卡并被邀请参加生日会，集团决策层亲自出席，与员工一起唱生日歌、切蛋糕，相互祝福，亲密无间。其实，为员工举办生日会只是员工福利中的一项，实际工作中，集团采取多种手段保障员工的利益，通过提高工资收入、为员工缴纳社会养老、医疗保险、改善工作环境、优化生活设施、丰富业余生活等让员工感受家一般的温暖、分享成长的喜悦，切实践行"体面劳动"与"活得有尊严"这一人本理念。

什么是尊严，尊严是受人尊敬的身份和地位；什么是体面，体面是荣耀的身份和面子。把劳动者的社会地位提高到体面、尊严的高度，是对劳动者的精神福利、经济福利和综合权益的关心和充分尊重，更是一种划时代举措。"让企业发展，让员工快乐"是雅士利集团的核心价值观，也是爱心文化、家园文化的重要指导思想。雅士利集团的员工来自四面八方，如何从工作、生活的角度为员工创造一个有归属感的家园，成为了管理者的工作重心。

2008年的汶川强地震发生后，雅士利集团先后向灾区捐赠300万元，并积极筹集一大批赈灾物资发往灾区。同时，集团各部门、营业部也迅速展开对受灾员工的调查工作，随后向四川籍受灾员工发放了总额达80余万元的慰问金，帮助他们重建家园。天灾无情，人间有爱。关键时刻，企业成为了广大员工信心的保障、坚强的后盾。

企业的人文关怀还体现在人与人之间的关系上。"田大姐"是集团行政部一名保洁员，至今已在企业工作了十年，与公司同事建立了深厚的感情，公司同事——上到公司决策层，下到普通工人都亲切地称她为"田大姐"。清洁工作离不开脏和累，往往不为人所理解和尊重，许多人怕被人看不起而不愿意干。而在雅士利，只有分工不同，没有贵贱之分，普通员工一样受到平等的礼遇，保洁员更被冠以"企业美容师"称号而备受尊重。田大姐说，在雅士利我得到更多的是领导信任、同事的认同，在这里打工有一种被尊重、受欢迎的优越感，我把企业当成家庭，把职业当成事业。

今天的雅士利，让员工实现"体面劳动"、"活得有尊严"，已不仅仅是一句口号，而是一项实实在在的行动，进而上升为发展战略。今天的雅士利，共同的价值观念形成了共同的目标和理想，员工把企业看成是一个命运共同体，把本职工作看成是实现共同目标的重要组成部分，用感恩的心为实现企业价值最大化而努力工作。

资料来源：新华报业网，2011-1-17

9.3.4 职业安全卫生管理

职业安全卫生管理制度。《劳动法》第52条规定，用人单位必须建立、健全劳动安全卫生制度，严格执行国家劳动安全卫生规程和标准，对劳动者进行劳动安全卫生教育，防止劳动过程中的事故，减少职业危害。劳动安全卫生制度包括安全生产责任制度、安全教育制度、安全检查制度、伤亡事故和职业病调查处理制度。其中，最主要的是建立劳动安全卫生责任制度。具体来说用人单位必须建立的职业安全卫生管理制度内容可以包括安全生产责任制度、劳动安全卫生技术措施计划制度、劳动安全卫生技术措施经费制度、劳动安全卫生教育制度、劳动安全卫生检查制度、劳动防护用品发放管理制度、职业危害作业劳动者的健康检查制度、伤亡事故与职业病统计报告调查处理制度、职业安全卫生监察制度、三同时制度。

9.3.5　员工沟通

沟通是劳动关系的一个基本要素，它不仅在劳资双方共同协商、集体谈判的过程中发挥重要作用，而且劳资双方自身、各自内部同样需要就制定政策、战略和决策进行沟通。在现代企业绩效管理过程中，沟通的作用越来越突显出来。企业制定关于有效沟通制度的规定，使沟通的双方相互理解、相互信任、相互认同，通过建立有效的双向沟通制度来协调劳动关系，并实现员工个人与团体绩效的改进与提高。

建立有效沟通制度的途径有：第一，建立有效的信息披露制度。信息披露是指向员工代表传递产生在计划、控制和决策这些传统上属于管理者管理权范围内的信息。信息披露内容应真实、准确、完整而没有虚假、严重误导性陈述或重大遗漏；用人单位应就应该披露的信息制定经常性的信息披露制度、定期信息报告制度和临时信息披露制度；信息披露应本着对劳动关系当事人双方有价值的原则进行；信息披露应侧重于保护劳动者人身安全、劳动者基本权益。第二，建立信息协定制度。信息协定是指劳动关系双方主要就有关企业政策变化和企业运营状况变化的信息以及集体谈判所达成的协议。第三，建立快捷有效的信息传播制度。

实施沟通制度的具体方式如下：

（1）员工协调会议制度。管理人员和员工共聚一堂，商讨一些彼此关心的问题，从地方到中央，逐层反映上去，公司总部的协调会议是标准的双向意见沟通系统。另外也有很多企业设立意见箱，员工可以随时将自己的问题或意见投到意见箱里，为配合这一计划实行，许多企业还特别制定了一些奖励规定，凡是员工意见经采纳后，产生了显著效果的，公司将给予优厚的奖励。

（2）主管汇报制度。对员工来说，公司主管汇报、员工大会的性质，和每年的股东财务报告、股东大会相类似。公司员工每人可以接到一份详细的公司年终报告。这份主管汇报包括公司发展情况、财务报表分析、员工福利改善、公司面临的挑战以及对协调会议所提出的主要问题的解答等。公司各部门接到主管汇报后，就开始召开员工大会。

（3）员工大会制度。员工大会大多在规模比较大的部门里召开，由总公司委派代表主持会议，各部门负责人参加，可以以报告公司的财务状况和员工的薪金、福利、分红等与员工有切身关系的问题为主，然后开始问答式的讨论。三角洲航空公司在员工沟通方面的做法堪称典范。

思 考 题

1. 劳动关系是否一定属于劳动法律关系，为什么？

2. 劳动合同的内容有哪些？

3. 用人单位在何种情形下可以单方解除劳动合同？

4. 劳动争议的处理方式主要有哪些？

5. 结合我国现阶段劳动关系的转型与变化，分析影响劳动关系的因素以及其对劳动关系的具体影响。

➡ **案例 1**

就业性别歧视第一案和解结案

2012 年 6 月，曹某作为北京某大学的应届毕业生，在毕业找工作之际，她在某招聘网站看到了某知名教育机构（简称"公司"）发布的行政助理职位招聘启事，各项职位描述都与曹某的情况比较吻合，喜欢从事教育工作的曹某于是给招聘网站和公司的官方网站都投递了简历。

6 月 25 日，曹某再一次登录招聘网站查看投递简历消息时，发现该公司的行政助理招聘启事中有一条"仅限男性"的条件。自己会因为性别原因被拒吗？随后，曹某致电该公司进行询问，公司 HR 答复称该职位只招男性，即使曹某各项条件都符合，也不会考虑。被拒录后，曹某感到非常郁闷。

在看到招聘启事上标注的"仅限男性"要求时，更多人选择放弃或改投其他公司，而曹某却以"平等就业权受到侵害"为由打起了官司，聘请公益律师和知名教授代理此案，要求公司赔礼道歉、赔偿精神损害抚慰金 5 万元，并承担诉讼费用。曹某向北京某法院提出立案申请，法院收下起诉材料，表示审查后通知是否立案。

在向北京某法院提出立案、等待立案结果的同时，曹某也向劳动监察部门投诉，监察大队介入调查，公司一开始不承认发布过这个广告，后曹某提供一份这个招聘网页的公证书，公司辩称因为工作疏忽，现在已经改正了，监察部门认为公司已经改正，撤销立案，并未进行处罚。曹某对此又提起行政复议和行政诉讼，法院经审理，一审判曹某败诉，法庭认为劳动行政部门的处理是合适的。

一年多过去了，曹某还是没有接到北京某法院是否立案的最终决定，经过律师甚至社会各界的艰苦推动和努力，法院最终立案。正常的立案法院审查一般只需要 7 天，但曹某诉公司就业歧视的立案却历时 1 年多……据悉，该案已成为我国自《就业促进法》生效后的第一起就业性别歧视案。

案件结果

2013 年 12 月 18 日，曹某诉某公司就业性别歧视案在北京某法院开庭审理，引发媒体的广泛关注和报道。

被告公司当庭表示，出于对女性平等权益的维护与尊重、对依法反对就业性别歧视的行为表示赞赏与支持，放弃答辩权，同意调解结案。该公司负责人就宣读了致歉信。"因为企业女性过多,所以招聘岗位以男性为主……这是我们工作的疏忽……"。公司负责人表示不该忽视、漠视就业者的任何权益,并就公司给曹某造成的伤害致以道歉。公司还拿出 3 万元交给曹某,表示作为"关爱女性、平等就业"的专项资金。

最终,双方当事人当庭和解结案。

资料来源:就业性别歧视第一案和解结案.人力资源管理,2014.(7).

案例讨论:

1. 查阅相关法律知识,了解就业歧视方面的规定。

2. 作为就业歧视第一案,你认为它都会带来哪些影响。

3. 我国就业市场上的就业歧视现状如何?怎样才能更好地维护求职者的平等权?

➡ **案例 2**

员工仅参加面试,是否认定劳动关系?

B 公司为某建筑公司,常年招聘卡车司机。刘先生有卡车驾龄 15 年,符合 B 公司的招聘条件,通过别人介绍,到 B 公司应聘。

B 公司准备的面试题目是车辆驾驶,其中包括城市路面驾驶和乡村路面驾驶,驾驶过程中均有 B 公司的司机班长作为面试官监控。为考察候选人的综合驾驶和路况处理能力,B 公司安排的路面驾驶面试环节长达一周。

2012 年 5 月 3 日起,刘先生接到 B 公司的面试通知,驾驶大卡车,考试路段为建筑材料购买地至公司工地,其驾驶的卡车上装有 B 公司购买的建筑材料,B 公司司机班长张某坐在副驾驶位置上作为面试官。

2012 年 5 月 7 日,刘先生在驾驶途中发生交通事故受伤,经警方认定,对方负全责。刘先生花费治疗费近万元,刘先生认为其应当属工伤,医疗费应由 B 公司报销,并享受工伤待遇。B 公司则以双方不存在劳动关系为由拒绝为刘先生报销医疗费及其他款项。刘先生无奈之下将 B 公司提请劳动争议仲裁。

资料来源:劳资关系四案例详解.HR 经理人.2014(4).

案例讨论:

1. 你认为对刘先生与该建筑公司是否存在劳动关系?

2. 该建筑公司这样的招聘考试方式是否合理,有哪些优点或缺点?

第 10 章　人力资源战略管理

❖ **本章要点**

- 企业战略
- 人力资源战略
- 人力资源战略管理的涵义与特性
- 人力资源战略管理系统
- 人力资源外包分析
- 人力资源外包的内容及方式选择
- 人力资源外包的影响因素与潜在风险
- 人力资源外包的发展趋势

20 世纪 80 年代开始，人力资源管理的研究领域有非常大的方向性转变，这个转变使得人力资源管理的研究由完全的微观导向转为宏观的或者战略的导向，也就是通常所说的"人力资源战略管理"（Strategic Human Resource Management，SHRM）。人力资源战略管理，是基于人力资源作为企业战略性资源、竞争优势的源泉而提出的，是人力资源管理发展的新阶段、新探索、新趋势。

📖 **阅读资料**

戴尔：配合低成本战略的人力资源管理措施

低成本＋高效率＋好服务是戴尔发明的商业模式，凭借着这个神奇的模式，成立于1984 年的戴尔公司在 20 多年的时间中成长为全球领先的 IT 产品及服务提供商，年营业额高达近 500 亿美元。

戴尔公司于 1993 年 5 月进入中国市场，1998 年 8 月在中国九大城市开展直销业务，如今，戴尔已成为中国人家喻户晓的国际品牌。中国市场已成为戴尔公司海外仅次于英国的第二大市场。

21 世纪初的几年对整个电脑行业的打击很大，为了维持刚刚获得全球头号个人电脑制造商地位，戴尔公司在 2001 年第一季度把每台电脑的平均价格降低了 300 美元左右，公司的利润也随之从 21％降至 18％。戴尔公司的毛利率虽然低于他的主要竞争对手 IBM 和惠普，但净利润却大大高于二者，最主要的原因是直接面对客户的戴尔模式节约了大量成本。

电脑行业失去了往日欣欣向荣的景象，电脑价格大幅下跌。对于一贯凭借低成本取得成功的戴尔来说，要想继续保持领先，只能尽可能地再压缩成本。为了配合低成本领先战略，所有部门都应该为之做点什么，人力资源部门也不例外。

与其他公司一样，戴尔公司压缩人力成本的第一个举措就是裁员。2001 年上半年，公司决定要裁掉 4000 名工人。但辞退雇员是一件非常麻烦的事情，涉及诸多细节，这几乎是每个人力资源部门都感到头疼的事儿。戴尔公司人力资源部专门制定了一套确定哪些人应该离开公司的制度，并有效地处理了这次解雇过程中层出不穷的细节问题。被解雇的工人较早地拿到了两个月的薪资、年度奖金以及离职金，生活得到了保障。并且这些被辞退的工人还得到了重新谋职咨询和相应福利，有助于他们尽早找到新工作。通过妥善安排，戴尔公司顺利地精简人员，节约了一大笔人力成本。

作为一家 IT 企业，戴尔公司充分利用内联网，用先进的手段管理大多数人力资源工作。在公司的内联网上有一个管理者工具箱，其中包含了 30 种自动网络应用程序，这些工具帮助管理者能够方便而有效地承担部分人力资源管理工作，而这些工作过去必须由人力资源部门承担，并且成本相当高。雇员也可以利用内联网查询人力资源信息、管理自己的 401(K) 计划、监控各类明细单，过去要到人力资源部才能办到的事，现在只需轻轻一点鼠标即可完成。有效地利用公司内联网，用电子技术管理人力资源，简化了人力资源部门大量繁杂的工作，大大降低了管理成本。

传统的人力资源部门根据工作内容划分成几块，如招聘、培训、薪酬、考核等，每块都有相应人员负责，不但要处理具体的工作，还要根据公司战略做出相应决策。戴尔公司摒弃旧的组织结构，将人力资源管理部门划分成人力资源"运营"部门和人力资源"管理"部门。人力资源"运营"部门主要负责福利、薪酬、劳资关系等具体工作，直接与雇员接触，很少与其他部门的负责人打交道。这些工作虽然繁多琐碎，但属于日常事务性工作，可以借助例行程序、制度、方法完成，戴尔是通过集中的呼叫中心来协调这类人力资源管理职能。人力资源"管理"部门主要负责招聘、培训等工作，从事这些工作的专员要向事业部的副总裁和人力资源副总裁汇报，并且要以顾问的身份参加事业部的会议，为事业部制定专门的人力资源战略，并且从人力资源角度来帮助事业部实现战略。这种划分方式，可以让人力资源"运营"部门有效地处理大量日常事务，又可以让人力资源"管理"部门为事业部提供有效的专业支持。重新划分工作，不但效率得到提高，而且精简了专门从事人力资源工作的人员。

人力资源战略作为公司战略的重要组成部分，必须以低成本战略为导向，配合整个公司的发展。如何把这样一个战略思想转变成现实可操作的措施，是解决问题的关键，也正是戴尔努力的方向。

资料来源：http://www.chinavalue.net/Article/Archive/2009/7/24/186943.html.

随着知识经济的推进及近年来人力资源管理中非核心业务外包的不断扩大，人力资源管理由事务操作型转向战略规划型。通过阅读戴尔公司的案例，我们不难发现人力资源战略管理在企业经营中的作用越来越大，没有战略性人力资源管理措施，企业很难获得实现其经营理念的战略。

10.1　企业战略与人力资源管理

20 世纪 90 年代以来，人力资源管理研究领域的一个重要变化就是把人力资源管理看成是企业战略的贡献者，人力资源管理正逐步向人力资源战略管理过渡。正如美国哈佛大学教授迈克尔·波特所认为的：人力资源管理可以通过降低成本，增加产品和服务的差别为企业获得竞争优势，因此，通过人力资源管理获得竞争优势必须以战略的眼光进行。人力资源战略管理的提出和发展，标志着人力资源管理正走向成熟。

10.1.1 企业战略的基本类型

1. 企业竞争战略

在众多的企业战略研究中，影响最大的莫过于哈佛大学的迈克尔·波特教授，他在《竞争战略》(1980)一书中提出，一个企业在严酷的市场竞争中能否生存和发展的关键在于其产品的"独特性"和"顾客价值"，若二者缺一，企业就很难在竞争中取得优势。他提出了可供企业选择的三种基本战略：成本领先战略、差异化战略和集中化战略。

（1）成本领先战略(Cost - leadership Strategy)。企业在采取这种战略时，力求在生产经营中降低成本、扩大规模、减少费用，从而可以用低价格和高市场占有率保持竞争优势。

（2）差异化战略(Differentiation Strategy)。所谓差异化战略，就是在本行业或市场细分内，提供客户喜欢的独一无二的商品。这种差异地位的取得通常是由于产品的高质量、成功的营销和分销或优良的服务。

（3）集中战略(Focus Strategy)。集中战略，是将目标集中在特定的消费者或者特定的地理区域上，即在行业内很小的竞争范围内建立独特的竞争优势。前两种战略是在广泛的产业细分市场上寻求竞争优势，而集中战略则是集中在较小的细分市场中寻求成本领先或差异化，即成本集中化或差别集中化。

2. 企业发展战略

企业的发展战略主要有以下四类：成长战略、维持战略、收缩战略和组合战略。

（1）成长战略。企业在市场中不断扩大、业务不断成长时通常采取成长战略，以抓住发展机会。企业在采取成长战略时，可以根据具体情况而选择三种不同的成长战略。

① 集中式成长战略，即在原有产品的基础上，集中发展成为系列产品，或开发与原产品相关联的产品系列。典型范例是国内长虹电器股份公司，在公司的开创阶段，长虹选择了"独生子女"政策，即集中全部精力和资源生产经营电视机。当公司的产品形成规模、创出了名牌后，又改为"多子女"政策，在电视机的基础上，开始全面出击，开发相关联的其他家电产品，如空调、VCD、数字移动通讯电话等。

② 纵向一体化成长战略，即向原企业产品的上游产业或下游产业发展。如饲料生产厂家可以发展养殖、食品加工和销售，正大集团就是成功运用了这种成长战略。

③ 多元化成长战略，即企业在原产品或产业的基础上，向其他不相关或不密切相关的产品或产业发展，形成通常所说的"多角化经营"的格局。三九集团的迅速发展就在于采用了多元化战略，从 30 万元起家，仅仅生产一种胃药的企业，发展成了今天拥有数十亿资产，跨医药、工程、建筑、啤酒、饭店、旅游等产业的企业集团。

（2）维持战略。当市场相对稳定，且被几家竞争企业分割经营时，处于其间的企业通常采取维持性战略，即坚守自己的市场份额、客户和经营区域，防止企业利益被竞争对手蚕食，同时保持警惕，防止新的对手进入市场。

（3）收缩战略。当企业的产品进入衰退期或因经营环境变化而陷入危机时，企业可以采取收缩战略以扭转颓势，克服危机，争取柳暗花明，走出困境。现在许多知名的企业也在实行收缩战略，最著名的案例就是百事放弃肯德基。

（4）组合战略。组合战略是同时实行两种或多种上述的战略。对于一个组织而言，它可以对某项业务实行成长战略，而对另一项业务进行收缩。例如通用汽车公司就曾在 1992 年迅速扩大它的电子数据系统分公司，同时大幅度削减它在美国国内的汽车制造业务。

3. 企业战略与人力资源战略的联系

人力资源战略是企业战略的一项重要职能战略，是以企业战略为依据，同时又影响企业战略的制定和执行。人力资源战略对于企业的赢利和效率非常重要，同时也是一个组织追求的终极目标（Boxall，1996）。

根据现有研究，企业战略与人力资源战略的联系可由五个模型来表述，主要介绍如下：

在"分离模型"中，如果组织战略和人力资源战略并没有在组织中体现为书面形式的话，它们两者之间完全没有联系。这一现象仍然存在于一些小型组织中。

"匹配模型"表示人们逐渐认识到在实现组织战略过程中雇员的重要性。雇员被看作是实现组织战略的关键要素，人力资源战略也旨在达到上述目标。在匹配模型中，组织战略与人力资源战略的关系是以组织作为例证的，这些组织将他们的目标从高层管理团队向职能、部门、团队等进行贯彻。例如，各职能系统需要提出职能战略，以确保实现组织战略。部门也需要提出战略，以确保职能战略能够得以实现。从这个角度看，人力资源职能（其他职能也一样）需要按照组织战略来定义出自身的战略，以满足组织的需要。

"对话模型"使上述关系深入了一步，它认为需要双向交流和一些有益的冲突。

"整体模型"表示组织中的人被认为是竞争优势的关键，而不仅仅是实现组织战略的方式。也就是说，人力资源战略不只是实现组织战略的手段，也是其自身的结果。Boxall（1996）将这种思想引申到以资源为基础的公司，他们认为组织战略可以被解释得更为宽泛，而不仅仅是竞争战略（或者是市场定位战略），企业战略包含了一系列的战略，其中有人力资源管理战略，Boxall 将这些战略描述为一把锯的锯齿。这代表了战略的共同发展以及一些形式上的整合，而不是仅仅根据预先确定的战略作出反应。

"人力资源驱动模型"提供了一个更为极端的形式，它将人力资源战略置于最重要的位置。这个观点认为，如果人是竞争优势的关键，那么我们需要建立起在人员方面的优势。Butler（1988，1989）将这个模型视做一个重要的转变，即从人力资源是战略实现手段的观点转变到人力资源是战略形成中驱动因素的观点，并且这个模型反映了以资源为基础的战略性人力资源管理的观点，恰好也是在人们日益重视"人力资本"的背景下，强调组织中人员整体的素质和能力，也是公司未来竞争优势的重要条件。

10.1.2 人力资源管理在企业战略实现中的地位

人力资源管理在成就企业竞争优势，推动企业战略目标实现方面的意义重大，地位不容忽视，其作用主要体现在：

1. 人力资源管理通过为企业获得竞争优势实现企业战略目标

企业的生存和发展离不开企业的竞争优势和核心能力。战略学家迈克尔·波特提出，人力资源管理是获取竞争优势的一个关键。获取竞争优势是企业战略的最终目标,人力资源管理对企业竞争优势的取得具有重要意义。优秀的人力资源管理能在防止产生冗员的同时为企业发展提供充足的人力资源储备,以最低成本和最短时间选用最佳员工,培养稀缺性人力资源,调动员工积极性,提高企业业绩和竞争实力。由于人力资源管理必须符合企业员工在知识、素质、能力等方面的具体状况,企业人力资源管理活动也难以被竞争者深入接触,所以通过人力资源管理实践获得的竞争优势难以模仿,比通过其他手段获得的竞争优势更为持久。

2. 人力资源管理通过提高企业经营绩效实现企业战略目标

人力资源管理的一个重要目标就是要提高员工工作绩效,提高人的活动对企业绩效的促进力。过去,人力资源管理是以活动为宗旨,主要考虑做什么,较少考虑投入成本和人力资源开发生产的收益,人力资源管理人员通过计算员工的工作和任务来体现自身的存在。现在作为企业的战略贡献者,人力资源管理必须把他们的活动所产生的回报作为企业的经营成果,尤其是人力资源投资的回报。高绩效工作实现的人力资源管理是与企业良好的财务状况相联系的。人力资源管理的其他一些活动也为企业经营绩效的提高带来帮助,例如培训必然带来员工能力的提高,而员工能力的提高必然带来企业绩效的提高。因此,人力资源管理对企业战略实现程度存在正相关的关系。

3. 人力资源管理通过为企业扩展人力资本实现企业战略目标

人力资本是企业人力资源的全部价值,它由企业中的人,以及他们所拥有的并能用之于工作中的能力所构成。对于人力资本而言,如果企业出现技能短缺,除非增加人力资本投资,否则这种短缺将会影响企业的市场竞争力。人力资源管理的战略目标就是要不断地增加人力资本。人力资源管理能够通过对人力资源的培训与开发,有效地增强企业的人力资本,并使人力资本的使用效率最大化。

4. 人力资源管理能为企业增添战略伙伴

人力资源和人力资源管理能够在组织的总体战略中扮演重要角色,尤其是在人力资源被视为提供某种主要的竞争优势时。人力资源管理可以在企业中扮演战略伙伴、专家顾问、员工服务者和变革推动者四种角色,每一种角色都有其行为和成就的要求。人力资源管理通过战略伙伴等角色定位,必然能够有效地支撑企业的核心能力,帮助企业在激烈的竞争中实现战略目标。

5. 人力资源管理通过为企业缩减代理及交易成本实现企业战略目标

交易成本是团体间因为协商、监督、评估及强迫交换所需要的成本,交易成本会使团体将该交易成本内部化。代理问题是发生在一个团体需要另一个团体在不稳定的情境下进行服务,而两者又都是自利的时候,代理成本就是确使两者建立有效合约关系所需的成本,而代理成本可能会发生在人力资源投入、人员行为及绩效产出上。由于机会主义,组织在雇用员工时,应征者往往会夸大自己的才能,造成雇主在甄选时必须花费较多的成本;透过员工的一些技能进行与资产相关的投资时,代理成本也会增加;由于监督及评估员工不易,为确保员工的绩效,成本也会增加。

为了解决这些弊端,需要制定一些正式与非正式的契约与条款,而人力资源管理等各项活动可以有效管理雇主与员工的关系,也可以使员工个人的贡献能清楚地定义出来,并适当地给予薪酬，否则员工将不会有诱因去提升绩效，而人力资源实务还可以作为衡量员工绩效的方法，透过这些方法，可以使员工行为及组织目标趋于一致。因此，人力资源管理可发挥效用，使交易成本与代理成本降低，促进企业的效益提升。

10.1.3　企业战略类型与人力资源管理

人力资源管理应该与企业战略类型相适应。不同的企业战略对人力资源管理工作提出了各不相同的挑战。就人力资源管理而言，目的是选择企业的人力资源管理活动，以使这些选择能导致企业采取不断加强实现企业战略目标所需的各种确定的行动。

1. 企业竞争战略与人力资源管理

企业竞争战略有三种：成本领先战略、差异化战略与集中化战略。适用于不同企业竞争战略的人力资源管理活动见表 10 - 1。

表 10 - 1　适用于不同竞争战略的企业人力资源管理活动

	成本领先战略	重点战略	差异化战略
人力资源管理活动	低参与	高参与	高参与
	明确的工作标准	明确的工作标准	不明确的工作标准
	主要是内部招聘	部分外部招聘	外部招聘
	较窄的职业路径	较窄的职业路径	较宽的职业路径
	以结果为基础的考评标准	主要以结果为基础的考评标准	过程与结果并用的考评标准
	短期的考评标准	主要是短期的考评标准	长期的考评标准
	以个人考评为主	部分群体工作绩效考评	部分群体工作绩效考评标准
	个人工作安全感差	个人有一定的工作安全感	个人有一定的工作安全感
	不对研发人员进行激励	适当激励研发人员	多种方式激励研发人员
	等级工资制	相同工资制	相同工资制
	不培训研发人员	对研发人员进行多种培训	对研发人员进行多种培训
	传统的劳动关系/管理关系	集体劳动关系/管理关系	集体劳动关系/管理关系

（1）采用成本领先战略时，企业将积极追求生产效率并严格控制成本，以便超过竞争对手。成本领先战略要求企业人力资源具有的特质是：员工技能的应用范围较窄，强调重复性的行为。注重行为的结果和对变革的适应性要求不高。

① 在人员招聘上，为了节约成本，稳定员工队伍，调动员工的积极性，为企业内部员工提供发展的机会，企业往往采取从内部招募的办法，即当企业中出现职位空缺时，人力资源管理部门将采取积极的态度，首先从组织内部寻找、挑选合适的人员填补空缺。即使有时从外部招聘员工，也必须是低成本的。如美国的德克萨斯仪器公司在过去几年的计算机业务中取得极大成功的一个关键因素就是努力通过大批量、低成本的生产过程来大幅度降低成本。根据企业的这一经营战略，德克萨斯仪器公司在雇用员工方面，就注重挑选那些在降低成本方面受过训练的技术人员。

② 为了配合低成本的企业战略，人力资源管理应突出强调在人力资源取得、使用、调整等环节的有效性、低成本性和极小化的不确定性。企业对员工的培训也只限于与工作有关的特定训练，培训投入相对较少。

③ 在薪酬管理方面，应强调以工作为基础的薪资。即根据劳动者所担任工作(职务、岗位)对任职人员在文化、技术(业务)、智力、体力等方面的要求，以及劳动环境对劳动者的影响等因素所确定的各工作的顺序(等级)来确定薪酬。劳动者干什么工作，就领取什么样的薪酬，而不考虑他具有的超出本职要求的工作能力。这种薪酬制度主要包括以下两种具体形式：职务等级制和岗位等级制。前者是按照劳动者所担任的工作职务来规定薪酬标准的一种薪酬等级制度；后者则是按照劳动者在工作中的不同岗位，来确定薪酬标准的一种等级制度。

(2) 差异化战略是企业力图使自己的新产品或者服务区别于其竞争对手的战略。实施差异化战略时，企业员工应具备的特质是：创造性、灵活性、团队参与意识和对模糊状态的容忍度。实施差异化战略所需的人力资源管理活动：员工高参与，外部招聘员工，激励员工和关心员工的行为结果。

① 在招聘时可采用外部招聘的办法，这样选择的范围广、层次丰富，选择的余地大。在工作内容上应较模糊，无常规做法，具有非重复性并且具有一定的风险，工作类别广，工作规划松散，强调创新和弹性。

② 为了激发创造力，必须注重开发和培训，注意培育良好的劳动关系。

③ 在薪酬管理方面，强调以个人为基础的薪资，即根据劳动者的实际工作能力(不限于本职工作能力)确定薪酬标准。这种制度一般先要通过考核确定劳动者的工作能力大小并对其提高程度进行评价，然后再确定薪酬等级和薪酬标准或增薪幅度。与以工作为基础的薪酬制度不同，它不是按"事"规定薪酬，而是按"人"规定薪酬，并用绩效评估作为发展的工具。

(3) 集中化战略是把企业的中心工作放在一种特殊的市场或者特殊的顾客群体。对这一特殊市场或顾客群体，采用集中战略的企业可以按差异战略或成本领先战略的标准进行竞争。它所需要员工的特质既有差异化战略的又有成本领先战略的，而其中特别重要的是，高度重视员工的行为过程和员工参与。

2. 企业发展战略与人力资源管理

根据冯布龙·迪维纳的研究(1984)，企业发展战略对人力资源管理有很大影响，尤其是在人员招聘、绩效考评、薪酬政策和员工发展等方面。所以，人力资源管理应与企业的发展战略相契合，这样才能实现企业的发展目标。企业发展战略与人力资源管理的契合分析如下：

(1) 集中式单一产品发展战略。企业采取这种发展战略时，往往具有规范的职能型组织结构和运作机制，高度集权的控制和严密的层级指挥系统，各个部门和人员都有严格的分工。

① 在员工招聘和绩效考评上，较多地从职能作用上评判，且较多依靠各级主管。

② 在薪酬管理上，多采用自上而下的家长式分配方式，即上司说了算。

③ 在员工培训和发展方面，以单一的职能技术为主，较少考虑整个系统。

采取集中生产单一产品或服务的最典型的企业是麦当劳公司。麦当劳公司根据自身的企业发展战略，制定了一套健全和公平的晋升机制和工资政策。

（2）纵向整合式发展战略

采取这种发展战略的企业在组织结构上仍较多实行规范性职能型的运作机制，控制和指挥同样较集中，但这种企业更注重各部门实际效率和效益。

① 在人员的挑选招聘时，较多依靠客观标准，并同时进行企业内部和外部的招聘。

② 在绩效考评时也是较多依靠客观标准，立足于事实和具体数据。奖酬的依据主要是工作业绩和效率，并且注重物质奖励。

③ 员工在培训时注重开展正规的技能培训，员工的发展仍以专业人才培养为主，少数通才主要通过工作轮换来培养和发展。

（3）多元化发展战略

采取这种发展战略的企业因为经营不同产业的产品系列，其组织结构较多采用战略事业单位（SBU）或事业部制。这些事业单位都保持着相对独立的经营权。这类企业的发展变化较为频繁。

① 在人员招聘和选择上较多运用系统化标准，并尽量从内部招募。

② 对员工的考核主要是看员工对企业的贡献和企业的投资效益，运用"内在激励"多于"外在激励"。

③ 员工的培训和发展往往是跨职能、跨部门甚至是跨事业单位的系统化开发，即员工的发展和培训计划是大规模的。

10.2　人力资源战略管理

10.2.1　人力资源战略管理的含义与特性

1. 人力资源战略管理的含义

所谓人力资源战略管理（Strategic Human Resource Management，SHRM），就是系统地把企业人力资源管理同企业战略目标联系起来，其核心在于通过有计划的人力资源开发与管理活动，增强企业战略目标的实现。人力资源战略管理有别于传统人力资源管理所扮演的职能性角色，而以总体导向的战略性方式，探讨人力资源管理与企业的互动关系，审视企业外在的各项活动与内在的优缺点，确认可能的机会与威胁，将人力资源管理的各项活动与企业战略相结合，因此，它与传统的人力资源管理相比，最大的区别就在于人力资源管理部门能够直接参与企业的战略决策，在明确的企业战略前提下，与其他部门协调合作，共同实现企业的战略目标。

人力资源战略管理的提出，证明了企业的人力资源管理已由传统的人力资源管理，即只注重员工个体工作绩效和满意程度等微观问题，帮助企业获取持续竞争优势，实现员工贡献最大化这样一种全新角色的转变。它将企业的注意力集中于：改变结构和文化，组织效率和业绩，特殊能力的开发，以及管理变革，目的是：通过确保组企业获取具有良好技能和良好激励的员工，使企业获得持续的竞争优势，从而形成企业的战略能力，依靠人们实现战略目标和依靠核心人力资源去建立竞争优势。

2. 人力资源战略管理的特性

企业人力资源战略管理与人力资源管理有联系又有着区别，表现出如下特性：

（1）战略性。人力资源战略和企业战略紧密结合是人力资源战略管理的核心特征，其战略性也是企业人力资源管理的本质所在，主要体现在四个方面：

① 在战略指导思想上，现代人力资源管理是"以人为本"的人本管理。

② 在战略目标上，现代人力资源管理是为了"获得竞争优势"的目标管理。

③ 在战略范围上，现代人力资源管理是"全员参与"的民主管理。

④ 在战略措施上，现代人力资源管理是运用"系统化科学和人文艺术"的权变管理。

（2）匹配性。战略匹配或契合（fit）是人力资源战略管理的关键，企业要通过战略整合来保持企业战略和人力资源战略的一致性。一致性理论指出，环境与组织各部分间的契合程度越高，组织行为的效率也越高。因此，对企业来说，最中心的问题不是如何识别哪些是最佳的人力资源政策，而是去寻找企业外部环境、总体战略与人力资源管理政策和执行间的最佳匹配处。具体而言，匹配性包括纵向匹配和横向匹配：

① 纵向匹配，即人力资源管理必须与企业的战略类型匹配，其中包括人力资源整合计划与战略的匹配、组织结构及组织文化等与战略的匹配；人力资源具体实践活动与人力资源整合计划的匹配；个体目标与组织目标的匹配。

② 横向匹配，即整个人力资源管理系统各组成部分或要素相互之间的匹配。另外，匹配性还意味着动态性。因为要保证人力资源实践活动的纵向匹配和横向匹配，必然关注组织内各要素的变化。

（3）捆绑性（协同性）。捆绑性即指组织内部人力资源管理各项实践活动协同发挥作用，共同服务于某一特定目标的组合模式。人力资源管理实践的捆绑性特征基于匹配性特征。正是由于各项人力资源实践间的匹配能够使人力资源管理获取协同效应，所以才能促使运作中人力资源实践间的捆绑。"捆绑"性就是寻求互补的人力资源实践之间的捆绑或结合，力图找到最有效果的发挥协同作用的模式。

一般而言，实践活动的捆绑模式又可分为两类：一是所有人力资源管理的具体实践活动组合在一起，没有核心实践活动，这种模式强调了所有实践活动的系统性和均衡性。二是在所有实践活动中，以一项或某几项为核心而捆绑在一起，这种模式往往是根据组织自身特征和要求强调某一项或某几项事件活动的作用，并使其他实践活动支持核心活动。

（4）目标性。人力资源战略管理的目的是通过确保组织获取具有良好技能和良好激励的员工，使组织获得持续的竞争优势，从而形成组织的战略能力，依靠人们实现战略目标和依靠核心人力资源去建立竞争优势。简而言之，其根本目的就是实现组织战略目标，提高绩效，为组织赢得竞争优势。

其目标性具有两个显著特点：其一是人力资源战略管理范式下的目标更强调员工的个人目标与企业战略结合在一起，不仅注重组织的绩效，也注重个人的绩效与目标。人力资源战略管理的一个重要原则是双层双元原则，"双元"一是指企业发展，二是指员工发展；"双层"一是指企业层次，二是指员工层次，即在企业和员工层次都要既考虑个人发展，又要想到企业发展。也就是说，要通过合理的人力资源战略管理使企业目标和员工个人发展目标尽可能相匹配。其二是人力资源战略管理的目标更在于长期性、整体性。人力资源管理虽然也强调其目标性，但人力资源战略管理更关注决定企业命运的与人有关的战略性因素，其目标体现战略性。

（5）灵活性。人力资源战略管理的灵活性，是指企业人力资源管理帮助企业有效地、及时地适应由外部和内部环境所提出的需要的能力。西方学者提出了需要重视的三个方面的灵活性：开发一个能够很快适应变化的人力资源管理系统；开发一个具有高适应性的人力资本水池；在雇员中促进行为的灵活性。桑切茨认为存在两种基本的灵活性：一是资源灵活性，二是协调灵活性。当然，不同的学者在研究人力资源战略管理所强调的灵活性方面是不同的。如斯诺和斯奈尔强调通过招聘具有创造价值潜力的雇员来建立这种灵活性，而麦克杜菲则强调人力资源的灵活性应该从培训雇员具有广泛的才能入手。但有一点是共同的，他们都强调灵活性与雇员的技能以及雇员行为的联系。

人力资源战略管理是基于人力资源重要性的提升，是基于人力资源作为企业战略性资源、竞争优势的源泉而提出的。它的本质集中体现在战略性上。而人力资源战略管理的几大特性是一个相互联系、密不可分的体系。战略性与灵活性是其主要的两个核心，而战略性又是其本质与基础。匹配性是人力资源战略管理的关键，是战略性的保障。因为只有人力资源管理系统与战略目标相匹配，才能体现出其战略性。只要人力资源管理系统与战略相匹配，就可以发挥其协同性亦即捆绑性，共同服务于提高组织绩效和获取竞争优势的目标，即体现其目标性。

10.2.2　人力资源战略管理系统

人力资源战略管理系统的设计，是现代企业为获取竞争优势、实现可持续发展的重要举措。我们将人力资源战略管理系统分为六个子系统：人力资源战略规划、获取与配置人力资源的战略管理、人力资源培训与开发的战略管理、战略性绩效考核与薪酬管理、职业生涯的战略设计与管理和企业核心文化的战略性整合。通过这六个子系统的有机结合，充分发挥人力资源战略管理功能，实现企业战略目标。

1. 人力资源战略规划

人力资源战略规划，是指企业根据内部的战略目标和经营方向，以及企业外部的社会和法律环境对人力资源的影响，制定出的一套符合企业长远发展的二年以上计划，该计划保持战略规划的稳定性和灵活性相统一。人力资源战略规划具有：动态性、系统性、超前性、跨文化性、扁平化、个性化。

人力资源战略规划主要包含人力资源数量规划、人力资源结构规划和人力资源素质规划这三项内容，企业人力资源战略管理的指导方针和政策即来源于此。

（1）人力资源数量规划。人力资源数量规划是依据未来企业业务类型和组织结构等变量，确定未来企业各职各类人员的配比关系或比例，并在此基础上制定人力资源需求和供给计划。换言之，就是确定企业目前多少人，以及企业未来需要多少人。

这一规划主要解决企业人力资源配置标准的问题，它为企业未来的人力资源配置和人力资源的整体发展提供了依据、指明了方向。

（2）人力资源结构规划。人力资源结构规划是依据企业规模、战略业务类型及行业特点，对企业人力资源进行分层分类，对企业各层各级功能、职责及职权进行设计和定义，从而理顺各职各类人员在企业发展、战略目标实现中的地位、作用和相互关系。目的是要打破组织壁垒（如部门）对人力资源管理造成的障碍，为人力资源开发与管理的顺利进行提供保障，同时也为企业人力资源战略管理系统的设计和运行打下基础。

这一规划与其他两项规划是同步进行的，其他两项规划是根据这一规划所确定的结构进行的，因此，人力资源结构规划是人力资源战略规划的核心内容。

（3）人力资源素质规划。人力资源素质规划是在企业战略、业务类型及组织对员工行为要求的基础上，来设计各职各类人员的任职资格要求，包括素质模型、行为能力及行为标准等。它是企业开展选人、用人、育人和留人活动的基础和前提条件。

人力资源战略规划明确了企业人力资源管理长期的远景、使命、价值观及企业的核心竞争因素，根据核心竞争因素推导出企业的战略目标，只有在企业发展战略、经营目标明确后，才能制定与之相应的人力资源战略。人力资源战略规划是关系企业和员工长期的、战略性的计划决策，是企业人力资源战略指导思想和企业战略发展方向的具体体现，为企业的竞争计划和发展提供了坚实的基础。

2. 获取与配置人力资源的战略管理

人力资源的获取与配置作为整个人力资源战略管理的重要组成部分，有其独立的运行过程，并与企业战略目标和人力资源战略管理其他子系统互为支持、相辅相成。换言之，获取与配置人力资源的战略管理工作，将人力资源的获取与配置纳入到企业战略目标的实现框架中，表10-2说明了不同的战略目标是如何影响企业采取不同的招聘和保留员工的方法的。

表10-2　战略选择如何影响招聘和保留员工工作的举例

战略目标	招聘和保留员工的战略管理
通过低成本的服务来扩大市场份额	· 随着公司的增长，保留住目前人才的重要性。 · 需要预测增长率，并且将市场份额的变化转化为需要增加的劳动力。 · 不断地提高招聘工作的效率来保持低成本。 · 低成本战略对工资、福利成本施加了压力，所以，在寻找低成本的招聘和保留人才的方法方面需要有创造性。
通过提供创新的产品和保持高边际利润来提高投资回报率	· 招聘工作的重点要放在吸引那些在他们的领域中处于前沿的高素质申请人。 · 最好的人才大多不会找工作，所以必须接触他们（不要坐等他们找上门来）。 · 需要具备保留优秀人才的战略，因为这些人正是其他公司猎取的对象。对知识的保留也是一项战略问题。
通过多样化而进入新业务领域来回应正在衰落的行业趋势	· 可能需要制定和实施解雇计划，这对如何吸引新的人才，同时又保留住最好的人才提出了挑战。 · 为新的业务领域招聘新员工应当包括制定从衰落行业中调动人员的计划，这样可以使解雇的人最少。 · 对于新的业务来说，人力资源部需要制定招聘这些行业中最优秀人才的战略。

　　获取与配置人力资源的战略管理的主要内容如下：

　　(1) 战略性的员工招募。战略性的员工招募是指组织根据人力资源战略规划所确定的人员要求，通过多种渠道，利用多种工具，广泛吸引具备相应资格的人员(候选人)向本组织求职的过程。它的目的是形成一个工作候选人的蓄水池，即，"以最小的代价选择最合适的员工"。主要内容为：

　　① 根据企业未来业务类型和成长规模，预测未来的人员需求。

　　② 集中注意力只吸引具备相应资格的人员。

　　③ 确保员工招募和甄选活动的合法性。

　　④ 确保吸引候选人的过程公开、透明。

　　⑤ 力求员工招募能够支持实现企业的战略目标。

　　(2) 战略性的员工甄选。战略性的员工甄选是指组织通过一定的工具和渠道，对应聘行区分、评估，并最终挑选出满足组织要求，符合组织战略需要的人员。研究表明，责员工的绩效能达到平均水平的 129％(Boyatzes，1999)，因此，能够挑选出合适人员战略性员工甄选环节，成为了人力资源战略管理过程中极为重要的一环。主要内容为：

　　① 对工作岗位的分析和衡量。

　　② 对候选人资源条件和个人能力的衡量。

　　③ 甄选的客观标准和依据。

　　④ 甄选工具和渠道的选择及使用。

　　值得注意的是，在战略性的员工甄选活动中，应考虑候选人的价值观是否与本组织文化相融。

　　(3) 战略性的员工调配。战略性员工调配是指组织根据战略需要和实际情况，结合员工与职位匹配程度，以及员工的个人因素，对员工重新评价、配置的过程。这一过程关系到工作绩效和员工个人利益，应遵循因事设人、用人所长、照顾差异、人尽其才的原则，审慎进行。战略性的员工调配在确保企业战略目标、实施人力资源战略规划、激励员工、改善企业组织气氛等方面起着很好的作用。主要内容为：

　　① 晋升、降职、辞退。

　　② 工作轮换。

　　③ 竞聘上岗。

　　员工调配的方式方法的选择，应视企业的战略目标、岗位需要、员工个人需要等因素进行有效选择(见表 10－3)。

表 10－3　战略性员工调配的三项内容及其适用范围

三项内容	适 用 范 围
晋升、降职、辞退	根据绩效考核或任职资格考核，发现人事不匹配的时候
工作轮换	为满足员工职业生涯发展的需要
竞聘上岗	当出现职位空缺，要从组织内部招聘的时候

3. 人力资源培训与开发的战略管理

人力资源对企业核心能力和竞争优势的支撑，根本上取决于员工为客户创造价值的核心专长与技能。而企业以战略和核心能力为导向的人力资源培训与开发的战略管理，将对培养和提升员工的核心专长与技能提供重要的支持。因此，从支撑企业核心竞争力、实现企业战略目标的角度构建的企业人力资源培训与开发战略管理子系统，是人力资源战略管理系统中一个投入大、产出高、极具增长潜力的部分。

我们把人力资源培训与开发战略管理的工作内容分成四个阶段来展开：

第一阶段：必要性评价，即分析确认某个岗位、人员和部门是否需要培训。岗位分析和绩效评估是实现这一目的的有效方法。

第二阶段：设计培训和开发方案。在必要性评价的基础上，确立培训和开发的目的和内容。企业在设计培训开发项目时既要考虑企业战略与经营目标对人力资源的要求，又要切实考虑员工的职业生涯发展需求，这样才能既赢得员工的认可，支持与参与，又不偏离组织发展的目标，才能真正发挥培训开发在企业人力资源管理以及企业其他经营活动中的作用。

第三阶段：决定采用的培训和开发方法。选择培训和开发方法最基本的考虑是在岗培训还是脱产培训。具体方法有报告、角色扮演、项目学习、案例讨论、业务模拟等。

第四阶段：培训效果评估。根据员工的反应、学习情况和工作的变化对培训和开发的有效性进行评估。

4. 战略性的绩效考核与薪酬管理

开展战略性的绩效考核，是强化人力资源战略管理的根基。作为人力资源战略管理重要职能之一的绩效考核，是指根据一定的目的、程序，并采取一定的方法对员工的工作绩效给予评定，是组织对其战略目标、战略体系的实现过程进行控制的一种重要职能。绩效考核的战略管理具有识别和挖掘人才、调整人事安排、调整报酬待遇、决定奖惩以及留住人才等功能，是合理推行人力资源战略性开发与管理、有效实施激励制度的基础和依据。

人力资源管理支撑企业战略目标的实现，从根本上讲，在于通过 KPI 指标体系的分解来实现对战略的传递，同时借助战略性的绩效考核来促进个体、团队和整个企业的绩效持续改进、提升企业的核心能力和竞争优势。建立战略导向的企业 KPI 指标体系对于企业绩效管理有着十分重要的意义：它不仅能成为企业员工行为的约束机制，还能发挥战略导向的牵引作用；通过将员工的个人行为、目标与企业的战略相契合，能有效地阐释与传播企业的战略，是企业的战略实施工具；对传统绩效考核方法的创新，它尤为强调战略在绩效考核过程中的核心作用。

以 KPI 指标为核心的战略性绩效管理系统，主要包括绩效计划、绩效辅导、绩效考核、绩效反馈与面谈四个环节，它们构成一个完整的循环，从而实现对企业战略目标的支撑。

企业在构建战略性薪酬管理的基本框架时，首先要从战略层面展开分析和思考，这样才能保证在企业战略指导下设计出来的薪酬管理体系适合本企业。其次还应在制度层面中考虑薪酬管理系统中各个子系统的独特作用和相互关系。最后从方法层面上来有效设计各个薪酬管理子系统，使它们能有效运行。图 10-1 给出了战略性薪酬管理的框架体系。

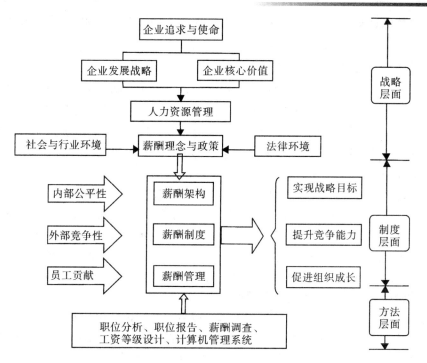

图 10-1　战略性薪酬管理框架体系

（1）战略层面。企业战略定义了企业的核心竞争力，使企业明确自身需要搭建什么样的架构，如何去吸引和培养人才。在明确了企业的战略之后，从而也就有了事业部战略，这样也就确立了与企业战略相匹配的人力资源战略，最后也就有了与企业战略相匹配的薪酬战略。战略性薪酬管理作为人力资源战略管理的多个子系统之一，也必须与企业的战略类型和价值导向匹配，在构建战略性薪酬管理的基本框架时也必须以之为依据，这样才能达到战略性薪酬管理的根本目的，从而才能激励员工的行为朝公司所倡导的方向转变。

（2）制度层面。即薪酬管理制度。制度是战略与理念得以落实的载体。在战略指引下，制度设计的方向才会更加明确，制度的存在才有了意义。在薪酬系统设计时要避免孤立地去考虑单个制度，要考虑与其他制度的关联性。因为企业处于不同的发展阶段，遇到的问题不同，所以薪酬制度设计的出发点也不同。如果缺乏对薪酬管理制度进行的系统化思考，可能就会造成各种制度都强调一种导向，致使各项制度的整体效用不能达到最大。因此，各项薪酬管理制度的设计不仅要个性化，而且还要使各项薪酬管理制度的组合能够发挥整体效能。

（3）方法层面。战略性薪酬管理的方法是操作层面的事情，它是将战略性薪酬管理设计转换为实践的一种有用的技术。但许多人力资源专业人员经常陷入技术误区，采用各种所谓先进的科学方法来设计制度，而没有从战略层面来思考制度设计。方法和工具是薪酬制度设计时运用的手段而不是出发点。如果没有适当地运用方法和工具，也很难设计出运作效度高、执行性强的制度，从而会给制度的落实和执行带来困难。

战略性薪酬管理作为人力资源战略管理系统中一个极为复杂的子系统，除了要与企业战略相匹配外，在一定程度上还要受到其与其他人力资源子系统怎样匹配的影响。这种匹配的重要性可以通过招聘、录用、绩效考评和晋升的关系来说明。因此，战略性的薪酬管理往往难为其他企业所模仿，从而有助于提升企业的持续性竞争优势，帮助企业实现其战略目标。

5. 战略性职业生涯设计与管理

职业生涯是一个人一生经历的与工作相关的经验方式。随着员工的职业生涯发展阶段和生理年龄的改变，其职业需求也有所变化。企业应把员工的个人发展目标与企业的战略目标结合起来，在为每一个员工设计职业生涯时，考虑到员工的个人成长和发展能够支持企业的发展，使员工发展成为企业发展的组成部分，员工职业生涯的规划与设计成为企业战略的组成部分。

因此，战略性的职业生涯设计与管理活动不仅能够有效地满足组织的人力资源需求计划，增强组织培训与开发经费使用的针对性，而且能够充分调动员工的工作积极性，实现组织与员工的双赢。因此，无论是对企业来说，还是对员工而言，职业生涯的战略设计与管理都至关重要。事实上，许多优秀的企业一直将这项工作视为人力资源战略管理的核心工作，并专门设置职业生涯管理人员和相应的组织部门，战略性的职业生涯设计与管理业已成为企业吸引和保留优秀人才的重要举措之一。

战略性职业生涯的战略设计与管理工作是以战略的职位分析为基础，从企业的战略性招聘开始，经过战略性的绩效考核，发掘员工的潜在能力，进行战略性的培训与开发，以战略性的薪酬为激励手段，开辟战略性的职业生涯发展路径，促进员工可持续能力的提升，实现员工和企业共同发展的战略目标。

6. 企业核心文化的战略性整合

企业文化与人力资源战略管理之间存在着密切的联系。人力资源管理学者夏里逊提出，企业文化是一个绝对不能忽略的因素，人力资源战略要有成效，一定要得到企业文化的支持，亦要同时支持企业文化的延续。在人力资源战略管理活动中，企业文化的影响无所不在。

企业若要获取和维持竞争优势、实现战略目标，必须培育、发展并整合四个核心文化，它们是：顾客服务文化、创新驱动文化、运营卓越文化、精神驱动文化。

顾客服务文化。其根本目的是创造顾客服务解决方案。通过同顾客接近来获得竞争优势，这些公司努力了解顾客想要做什么，预测顾客需求，为顾客创造价值。

创新驱动文化。其根本目的是创造企业的未来。竞争优势来自释放技术能力创造新产品、新市场。对员工的智力开发应站在技术前沿，与创新文化相匹配。

营运卓越文化。其根本目的是创造一个营运过程，使得成本最小化和生产率、效率的最大化。竞争优势通过产品和服务的生产及递送的程序来获得。这一文化的基础是持续地改进系统、程序以及产品和服务质量。

精神驱动文化。其根本目的是创造一个激励员工的环境。竞争优势通过释放员工的无限能量、创造力和热情来实现。精神驱动文化常常包括一个高规格的集团目标，通过它使人们做得更好。

在人力资源战略管理系统中，企业要根据自身企业文化的实际情况，将以上四个核心文化整合到吸引、培育、发展和留住优秀人才的人力资源管理实践中去，用文化凝聚人才，是人力资源战略管理系统内的一个重要环节。整合的实践可概括为以下几个方面：

（1）深入灵魂。企业应极力寻找深入员工心灵和灵魂的途径，因为优秀的员工不会将他们自己的心灵和灵魂奉献给只提供存货报告和年度计划的公司和组织。

（2）薪酬引导。绩优公司将他们的报酬同核心文化联系起来。他们认为核心文化同报酬系统联系越强，雇员的效率也就越高。

（3）远非金钱。经验表明，对大多数员工而言，金钱不是基本的驱动器，而是一些深层次的东西在激励着员工。无数调查表明，金钱很少被列为是员工加入、离开公司或对企业做最大贡献的主要原因。

（4）学习驱动收益。在新经济下，每一个人都是知识工作者，脑力作为基本的生产手段已取代体力。智力资本取代财务资本作为公司的关键竞争优势。学习型组织作为关键的战略举措已取代组织再造。员工也认识到他们的生计取决于学习能力，他们认识到为了生存必须快速提升他们的智力资本。

（5）享受生活。公司整合雇员组织外部的个人生活和组织内部的工作，他们将战略性留人不仅仅看成是使雇员的工作可接受，不仅仅是平衡员工的工作计划。通过将员工的个人生活同组织的文化整合起来，提高优秀员工对组织的忠诚度。

（6）归属感。有归属感的雇员感到同公司有一种强烈的纽带联系。这些雇员会主动参加主要项目，自由地发表他们的意见。他们乐于承担分外的工作。成功留人的关键是将沟通同核心文化联系起来。沟通必定会增强公司雇员的核心文化观，从而使雇员产生认同感和归属感。

（7）轻松的氛围。优秀的雇员肯定会乐于留在工作氛围轻松的公司。公司要极力去创造给人轻松、舒适的环境，从而对员工产生强大的吸引力。

（8）自由。在当今的市场中，限制员工的自由只会削弱组织快速、灵活的反应能力。

7. 建立战略性劳资关系

战略性劳资关系是指劳动者和用人单位（包括各类企业、个体工商户、事业单位等）在实现劳动过程中建立的战略性经济伙伴关系。这一关系直接影响到用人单位的产出和劳动者的利益。因此，战略性劳资关系是人力资源战略管理系统内一个不可或缺的内容。战略性劳资关系包括以下三个层次的内容：

（1）劳资双方的关系。例如，劳动者接受或者辞去工作的选择和企业招用或者解聘员工的选择；企业同意或者拒绝提高工资、提供福利的选择和员工接受或者拒绝某种劳动条件的选择；双方对解决争议方式的选择等等。

（2）劳资双方各自组织之间的关系。例如，工会和企业组织的组建与发展；集体谈判与签订集体协议；为达到各自的目的而从事的各种经济行为以及组织之间的相互影响等等。

（3）外部环境对劳资关系的影响。例如，政府对劳资关系的法律调整（颁布与就业有关的最低工资法、最低劳动标准法、职业安全等）；政府对劳资双方组织活动的规范（颁布有关集体谈判的法律、争议处理程序等）；经济环境对劳资关系的影响；社会公众对双方组织与活动的影响等。

可见，战略性劳资关系的主体要素包括员工、企业、政府，并且战略性劳资关系会受到经济、政治和社会文化因素的影响。

战略性劳资关系作为企业重要的社会经济关系，从本质上来说，是一种经济利益关系或财产关系。这一关系的主体要素是处在复杂多变的战略环境下的，企业要求员工与其建立一种以企业战略为纽带的劳动关系，即在企业整体战略目标和员工个人发展战略之间建立某种联系。通过实现企业战略目标，来为员工个人目标的实现提供保障。

建立战略性劳资关系可通过以下基本途径：

（1）健全法律体系。法律体系在企业对待员工可采用的潜在和实际的方式上设定了限制。有了相关法律，一旦出现劳动纠纷也有个客观依据予以圆满解决。例如《公平就业机会法案》确保公司在招聘和培训方面不歧视。《平等劳动标准法案》和《公平工资法案》保证员工可以根据其对公司的贡献得到公平的补偿。《职业安全和健康法案》对工作环境的安全和健康提供保护。《劳动法》则寻求对劳资双方的保护，以便使劳资关系能够改善。

（2）发挥工会的作用。美国学者舒乐（Randall Schuler）认为"成立工会对雇主、雇员都很重要。对雇主来说，工会对雇主管理生机勃勃的人力资源的能力有很大影响；对雇员来说，工会能帮助他们从雇主那里获得必要的东西（例如高工资及职业保障）"。因此，从积极的方面看，工会可以成为建立战略性劳资关系的一支重要力量。

（3）培训管理人员。企业劳资关系的紧张或者劳动纠纷的产生，很大程度上是由于不合理的报酬、不正当的处罚和解职、侵犯隐私和自尊、不公正的评价提升、不安全的工作环境等等。这些都与管理人员的思想作风、法律意识有关。因此，建立战略性劳资关系的重要途径之一就是对管理人员进行培训，使他们强化员工与企业间存在战略关系的意识，掌握处理劳资关系的原则和技巧。

（4）提高员工职业生活质量。开展员工援助，实行相互合作。在沟通方面，应全面开通各种正式或非正式渠道，经常互相对话，开讨论会；印发宣传企业战略、目标的员工手册，使所有员工熟悉企业实现战略目标的关键信息；回答员工有关福利方面的问题，保证管理人员处事的公正、客观及一致性；还可广泛开展合理化运动，定期进行员工态度调整。

10.2.3　人力资源战略管理的运作

1. 明确企业战略目标与任务

人力资源战略决策者必须了解组织的战略目标，即企业要走向哪里，它计划从事的业务是什么，发展前景如何等等，以便掌握可获得的人员的数量和类型。人力资源战略管理，必须建立在由企业管理层共同确定的、符合企业内外各方面利益且得到企业全体员工一致认同的企业战略目标的基础之上，各项人力资源管理活动要为实现企业的战略目标服务。因此，明确企业战略目标与任务，清晰地描绘企业将竭尽全力所要进入的事业，是人力资源战略管理运作的首要步骤。

2. 分析企业内外环境

成功的人力资源战略管理是以准确全面的环境评价为基础的。对企业外部环境的分析主要包括：行业和市场分析、竞争者分析、政治和监管分析、社会分析、人力资源分析、宏观经济分析和技术分析等等。进行外部分析的同时，还要对其内部主要的职能部门的优势和劣势进行评价。人力资源战略决策者应对企业的技术储备、资源储备、人力资源现状和职能部门的运营水平有全面的了解。在对企业外部环境和内部资源进行分析后，战略决策者便获得了有关人力资源管理战略形成所需要的信息。

3. 优化企业组织结构

不论人力资源战略管理制定得多么完善，除非其所关联的组织结构是适合的，否则人力资源战略管理的运作就会失败。实质上，没有单一的"最好"结构，成功的人力资源战略管理趋向于寻求结构与运作偶然性之间最合适的匹配——为企业特定的内外环境寻找最适合的组织结构形式，以配备合适的人力资源。

4. 制定人力资源管理战略

在企业内外环境得到详细分析的基础上，结合企业的战略目标，并以优化的组织结构作保障，人力资源战略的决策者就能够制定出相应的战略管理内容。包括制定人力资源战略计划、战略性地招聘与使用人力资源、形成战略性的人力资源培训体系、提供战略性的职业生涯设计、设计战略性的薪酬管理体系，以及建立战略性的劳资关系等等。

5. 人力资源战略管理实施

管理者必须在人力资源管理各个职能环节中实施新战略。战略在得到合理的组织结构、技术、人力资源、奖酬体系、信息系统、企业文化和领导风格等方面支持的情况下，将人力资源战略管理的各项计划落实到具体的管理活动中，各个层次的管理者都应参与到战略的识别和实施之中。

6. 反馈与评估人力资源战略

反馈可以显示人力资源战略管理的实施是否按照战略决策运行以及在组织中的哪个部分运行。对人力资源战略管理运作的各项活动进行评估，看它们是否对组织的战略目标的实现产生了应达到的效果。如果存在差异，就要采取相关的更正行动。图 10 - 2 显示了人力资源战略管理运作的六个步骤。

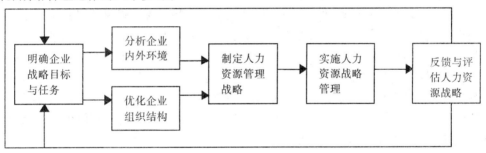

图 10 - 2　人力资源战略管理的运作

10.3　人力资源战略性外包

新技术的出现使得企业所必需的一些人力资源服务可以越来越多地通过外包的形式提供出去，交给外包专业化程度更高的公司或者机构来管理，企业内部的人力资源管理者得以将更多的精力集中在对企业价值更大的管理实践开发以及战略经营伙伴的形成等功能上。

10.3.1　人力资源外包分析

1. 人力资源外包的涵义、程序和战略意义

人力资源外包（Human Resource Outsourcing，HRO）是企业业务外包的一种形式，指将原来由企业内部人力资源部承担的工作职能，包括员工招聘、员工培训与开发、保险福利和薪酬管理等，通过招标的方式，签约付费委托给专业化外包服务商的做法。专业化的外包服务商有：管理咨询公司、人力资源服务机构、猎头公司、高级会计事务所等等。

人力资源外包的基本程序是：外包提出方提供外包项目需求说明，外包承接方给出相应的外包项目计划书，双方沟通、协商，达成正式协议或合同，外包承接方根据协议或合同规定的绩效标准和工作方式完成所承接的活动，外包提出方按规定付费，外包提出方若对承接方的工作不满意，并能出具相关证明，可以中止外包关系，任何一方在未得到另一方接受、允许的情况下违反协议或合同规定，外包关系即可终止。

若干战略和运营因素推动了人力资源外包趋势的形成。从战略角度讲，一些人力资源管理部门试图运用外包管理这一方法来使其精力和资源放在更具有战略意义的角色上。

（1）降低人力资源管理的运营成本。人力资源外包能够运用比企业内部管理还低的运营成本来提供比其更有效的人力资源管理工作。对企业而言，外包通过法律确认使企业和外包服务机构之间建立起符合双方利益的风险共担机制，最大限度地降低了企业的连带责任成本。外包为企业提供了一种获取和维护最新人力资源管理技术的途径，为企业节省了大量的技术性投资资金。在外包服务机构一方，因其专门承接大批量的人力资源工作而形成规模经济的低成本运作格局，避免了企业因不熟练专业性业务和不了解外部人力资源市场的运行规律而可能造成的重大损失。因此，人力资源外包是以减低企业的运营成本来提升企业核心竞争力的一种新型人力资源战略管理模式。

（2）聚焦人力资源管理的战略性职能。目前，企业的竞争优势来源于企业控制的战略性资源，企业纷纷在聚焦战略性工作以获取持续竞争优势。人力资源部门如果过多地关注琐碎繁杂的、非核心的作业性管理事务，势必会影响企业对具有战略意义的核心工作的专注，因此人力资源部门开始从过去的"以一般性、事务性、作业性的工作为主"向"以前瞻性、核心性、战略性工作为主"转变。人力资源外包有助于把人力资源部门从日常管理事务中解脱出来，越来越多地参与到制定企业发展战略、组织企业业务活动、构建学习型组织、倡导企业变革、管理员工发展等战略性事务中去，企业人力资源部门也随之从过去的行政总务转变成为高层主管的战略业务伙伴。

（3）提高人力资源管理的工作效率。人力资源战略性外包在保留企业自身的优势业务的基础上，将不具备竞争优势的业务外包给更具竞争优势的组织机构，使企业与外包机构形成了"资源共享、优势互补、双方共赢"的战略联盟与策略伙伴的合作关系，双方共同整合了人力资源管理专家队伍，形成了人才合效力量，共同组合了人力资源管理的最新运作程序、操作技术和信息平台，为企业构建了更广泛、更先进的人力资源管理支撑体系和运作平台，因此，战略性外包模式在人力资源管理中所表现出的高工作效率是企业内部人力资源管理所无法比拟的。

2. 人力资源外包的影响因素

（1）人力资源实践的独特性。这一因素是指人力资源实践是否与企业背景及运作模式具有较强的契合性，人力资源管理问题的解决是否基于对组织历史、文化和战略目标的深入理解。若企业绝大部分人力资源管理活动建立在隐性知识的基础上，其人力资源外包则将面临难以找到服务隐秘性较高的外包服务商，甚至很有可能因服务商工作不合要求而导致企业人力资源外包风险加大、成本上升。

（2）人力资源战略参与度。这是指企业人力资源部门是否参与到重大的企业战略决策中去，是否享有广泛的决策权。若企业人力资源部门扮演的是战略伙伴角色，那么他们将更多地关注与企业战略、文化和绩效高度相关的人力资源活动，而较少关注薪资发放、培训等常规性工作。人力资源部门更多的战略参与性将导致其对人力资源管理各项活动的重视程度不同，并促进人力资源外包趋势的产生。

（3）人力资源管理的积极成果。通过内部人力资源管理活动，掌握企业隐性知识的高层管理者可以通过具体的指导将其知识进行传导和内化，而外包则很难保证基于隐性知识的人力资源管理方法和流程的有效性。那些认为积极的人力资源管理成果取决于组织隐性知识的组织将倾向于人力资源管理活动的内化。

（4）人力资源管理者的晋升机会。该因素是指公司是否重视对人力资源管理者的培训，并为其提供较多的晋升机会。强调内部晋升为员工职业生涯发展打通了道路，使其持续贡献以晋升的方式得到了鼓励，相应的人力资源管理成本也将降低。因此，强调内部晋升的组织缺乏将人力资源外包的动力。

（5）人力资源需求的不确定性。这种不确定性是指由组织环境、绩效和产品、服务需求的变动所引起企业员工结构及数量需求的变化性。当企业人力资源需求发生变动，需要对员工的数量和岗位进行调整时，内部人力资源管理活动需要花费较高的成本：如招聘、解雇或培训费用等。而在人力资源外包条件下，服务商可以以低成本在客户群中进行调配。面临较高不确定性的组织更倾向于人力资源外包活动。

（6）薪酬水平。不同的薪酬政策会影响其内部人力资源管理活动的成本，如果企业采取的是薪酬领先战略，那么人力资源外包会降低组织成本。但"薪酬领先"的目的是吸引和保留优秀员工，将涉及核心员工的人力资源外包会影响高薪企业的组织绩效。因此，薪酬、培训等常规性人力资源管理活动才是高薪企业人力资源外包的主要对象。

（7）组织规模。由于存在规模经济效应，小规模公司中某些人力资源活动发生的频率较小，致使其单位人力资源管理活动成本较高。而大公司的人力资源管理活动具有成本上的相对经济性。所以，小企业较高的人力资源成本促使其进行人力资源外包。

（8）竞争对手的人力资源外包状况。人力资源外包决策是在有限理性下做出的，组织外包选择会受到行业行为的影响，同类企业的人力资源外包状况成为组织人力资源外包的重要参照。

3. 人力资源外包的潜在风险

（1）依赖性风险。在调整或改变运作流程以适应合作需求时，人力资源外包双方之间会产生依赖。企业需要重视人力资源外包时管理流程间的相互关系，尤其在与服务商进行关于管理对象、手段的协同定位，或外包的培训阶段。如果服务商没有有效履行相关的外包职能，企业流程间的传递性和相互作用必然会影响组织的其他管理活动。

（2）溢出性风险。人力资源外包中会产生组织机密信息泄露的风险。如果外包职能与其他组织内部活动之间的界面模糊，则溢出性风险会加大。因此，组织在进行人力资源外包时，要把握好私有信息保护和适当信息沟通的平衡，重视外包业务与内部职能间的界面管理。

（3）信任风险。人力资源外包合同的签订是一个耗费精力的谈判过程，并且合同的遵守也充满着各种不确定性。由于可能存在的利益分歧，相互独立的主体间的信任在本质上是有条件的。组织在选择人力资源外包商时，需要对相关候选者的可信任程度进行权衡。

（4）相对精通程度。人力资源外包商可以集聚多个客户的外包活动来取得规模经济，许多大型企业内部的人力资源管理活动因其具备足够的管理规模也可取得高效率。企业在进行人力资源外包决策时，应将内部管理效率、精通程度与外包商的能力作一比较。即使是大公司，包揽全部人力资源管理活动，有时在战略意义上也是低效的。

（5）战略能力风险。公司不能将对其战略产生贡献的任何管理活动外包出去，并且对那些不能直接产生竞争优势，但与竞争优势存在密切相关关系的管理活动外包也要三思而行。如果企业在某项业务上能够保持持续的领先优势，那么这种职能的外包应当控制。此外，组织还需考量是否有足够的精力和资源来对外包服务商进行管理。

组织在外包人力资源管理业务时，特别是在外包涉及组织关键的创新性技术或能力时，要充分估计其潜在风险，同时也要保持其外包战略的灵活性。对公司人力资源职能进行精确的定位，以确定哪些职能需要外包，哪些要保留，并时刻关注外包带来的负面影响，以确保人力资源外包整体上对企业带来正面效益。

在综合考虑人力资源外包的影响因素和潜在风险的基础上，可以设计出一个战略性人力资源外包的决策模型，见图 10－3。

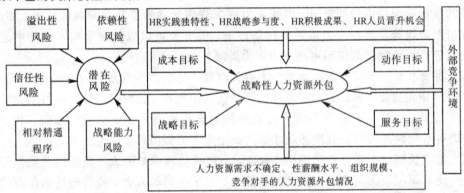

图 10－3 战略性人力资源外包决策模型

10.3.2 人力资源外包的内容及方式选择

1. 人力资源外包的目标和内容

Gartner(2003)指出：组织流程外包的主要原因集中于内部管理成本太高、难以雇用和保留专业人员、日常行政事务耗时太多等方面。2003 年 Accenture 的战略人力资源管理外包调查显示：过去五年人力资源外包市场增长了 11%，外包的主要目的及所占比率为：节省成本：26%，战略集中：23%，增强适应性：22%，增强准确度：18%，利用新技术：18%，缺乏相关经验：18%，获得从其他途径难以获得的服务：17%，集中于核心业务：15%，其他：5%。此外，人力资源外包使管理者增强了对组织流程的控制力。Accenture2004 年的相关调查表明：在实施人力资源外包的一年以内，86% 的受访者——企业高层经理认为他们对企业的管控能力显著增强了。除成本控制外，被认为增强了控制力的环节及占被调查者比例为：计划能力：47%，商业信息可靠性：39%，削减开支：39%，成本灵活性：38%，掌握经营收入：37%，贯彻管理理念：37%。由此可见，现代人力资源外包的主要驱动因素体现在为企业的成本、战略、服务、运作方面创造价值。

美国国内事务管理局（BNA）2004 年的研究（HR Department Benchmarks and Analysis Survey）指出：五项最普遍的人力资源外包工作为：雇员援助/咨询、（薪酬）支付和账目管理、退休前咨询、离职服务、养老金及养老计划。美国人力资源管理协会（SHRM）2004～2005 年度人力资源外包调查报告显示：后台核算、雇员援助/咨询、支付和账目管理在人力资源完全外包职能中占前三位；医疗福利、养老金管理和薪酬管理在人力资源部分外包职能中居前三甲。Brian（1999）认为人力资源外包包括多项内容，从常规的薪酬支付、人员培训到复杂的人力资源计划。前者涉及一些事务性的人力资源管理活动，后者则包括重要的人力资源系统设计问题，它将对组织绩效和文化产生直接的影响。

具体地，企业可根据战略目标及实际情况，选择下列人力资源外包内容的一种或几种：

（1）组织发展方面：新员工岗前培训、管理人员继任计划设计、向外安置人员等；

（2）人员配置方面：发布招聘广告、招聘面试、调查候选人、员工租赁等；

（3）人员培训方面：管理人员培训、技能培训、安全培训等；

（4）薪酬管理方面：职位评价、薪资调查、薪酬方案设计、薪资发放等；

（5）人力资源信息系统方面：建立计算机信息系统、开发合适的人力资源管理软件等。

2. 人力资源外包的方式选择

不同的企业由于具体情况的差异，在人力资源外包方式选择上会有所不同，对人力资源外包方式实践经验的总结，可提供以下几种方式参考：

（1）全面人力资源职能外包。全面外包是指将企业的绝大部分人力资源职能委托给外包服务商完成的外包方式。这种方式具有较大的风险性，因此，中型和大型企业实行全面外包还应慎重考虑。而小型企业因其人力资源职能相对简单，实行全面人力资源职能外包就比较容易。事实上，目前实行全面人力资源外包的主力军是小型企业。

（2）部分人力资源职能外包。这是大部分企业普遍采用的方式。企业可根据实际情况，将特定的人力资源管理活动（如员工培训、薪资发放等）外包出去，同时在内部保留一部分人力资源职能。如果该方法采用得当，将会获得很好的效益。

（3）人力资源职能人员外包。这种外包方式是指，企业保留其所有的人力资源职能，但由外包服务商提供维持企业内部人力资源职能运作的人员，是一种员工租赁的方法。企业通常采用这种方法要求外包服务商雇用他们现有的人力资源工作人员。

（4）分时外包。在某些情况下，由企业计划相关系统和设备的使用时间，由外包服务商提供技术人员，集中处理企业人力资源管理活动，是企业分时间段引入外包服务的一种方式。

10.3.3　人力资源外包的运作

图 10 - 4 所示为企业人力资源外包运作流程图。

1. 人力资源外包的运作流程分析

（1）分析人力资源外包的可行性。为了使人力资源外包能够快速开展并有效实施起来，企业必须进行可行性论证。对于社会而言，当社会上已经存在着规范运作的成熟外包市场，已经广泛开展网络化、系统化的流程管理，规范经营和专业操作的人力资源外包机构很多且能够在近距离获得的时候，就说明社会上存在着能够满足本企业外包现实要求的可能性；对于企业而言，当企业已经具有先进的人事管理观念和规范的成本控制机制，已经开始培育核心性战略资源优势，已经开始接受外包理念且外包只能在较短时间内给企业造成较轻微的混乱状态，外包确实能够带来比企业内部操作更大的投资回报率，就说明人力资源外包的时机已经成熟了。

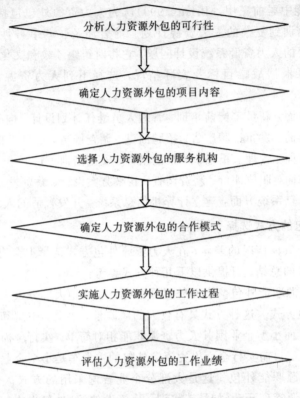

图 10 - 4　企业人力资源外包运作流程图

（2）确定人力资源外包的项目内容。企业需要结合自身的发展战略和实际需要来确定人力资源战略性外包的内容。一般说来，员工招聘、工作分析、雇员沟通、培训发展、代发工资、福利待遇、社会保险、档案管理、人才租赁、考勤记录、信息管理、外派人员等基础性日常事务工作，都可以考虑实施外包策略。而企业文化建设、协调内部关系、绩效考核管理、员工职业发展管理、人力资源规划决策等战略性工作，需要企业进行内部化处理。

（3）选择人力资源外包的服务机构。企业实施人力资源外包之后，外包服务机构与企业之间已不是传统的委托与代理关系，取而代之是一种新型的战略伙伴关系，外包服务机构的服务水准直接决定着企业人力资源管理的现实状况。确定外包服务机构时，企业要考虑以下几个问题：

① 通过对外包服务机构的经营规模和业务现状的全面考察，确定其能否提供与本企业外包要求相吻合的业务范围。

② 通过对外包服务机构的人员素质、硬件设施、软件技术的综合性评估，确定其能否提供与本企业外包要求相匹配的专业能力。

③ 通过对外包服务机构以往的工作业绩和公众评价的调查，确定其能否做到"重信誉、守承诺"。

④ 通过对外包机构的收费标准与其自身的专业水平、服务质量、信誉程度的同价比较，确定外包服务机构能否以更低的运营成本提供更有效的人力资源管理方面的服务。

（4）确定人力资源外包的合作模式。目前，有三种合作模式在人力资源管理外包中被广泛运用：第一种是全部外包，即企业把全部的人力资源管理业务外包给专业机构实施，小型的企业比较适合这种方式；第二种是部分合作方式，即企业把某一项具体性人力资源工作项目或某一种持续性人力资源工作业务外包给专业机构实施；第三种是企业工作人员外包，企业保留了所有的人力资源管理职能，雇佣外包服务机构来维持人力资源管理活动的正常运转，企业内部员工直接对人力资源外包服务机构负责，企业将内部员工甚至是组织外包给了服务机构。国内个别进军国际市场的企业将员工和组织外包给外企服务总公司，就属于这种类型。

（5）实施人力资源外包的工作过程。在实施人力资源外包工作的过程中，企业与外包机构需要通过不断的互动来建立积极的合作关系，双方共同配置管理资源和操作技术，确定各自的角色定位和职能分工。外包服务机构要全面了解企业未来愿景目标、战略主题思想、核心价值理念、文化底蕴积淀等，在此基础上开展的外包业务就可以规避因不了解企业内部情况或无法进行文化融合而带来的各种风险。企业的人力资源部门应该对外包实施全过程的动态管理，依据人力资源外包的执行时间表的分阶段目标来进行阶段性控制，对外包行动与企业目标之间的偏差实施纠错和调整。

（6）评估人力资源外包的工作业绩。人力资源外包评估，是指采取科学的绩效评价方法并运用合理的绩效考核指标对人力资源管理外包的工作实绩进行价值判断的过程。评估之后，企业必须依据合同书的责任约定及时对外包机构进行奖惩兑现，同时对达标的及未达标的外包工作都进行深层次的原因探讨，并以此为切入点寻找到提高外包效果的关键性行动措施，通过这种良性循环上升运作系统使人力资源外包工作不断地向纵深层次发展。

2. 人力资源外包的管理策略

（1）构筑人力资源战略性外包的思想保障。企业实施人力资源战略性外包旨在提升核心能力，是在保证企业核心价值观不变的前提下，充分利用外部资源更好地服务于全体员工的战略选择。作为一种对传统人力资源管理模式的深刻变革，战略性外包必将导致各种利益的再分配，会遭受多方面的阻力。为此，高层管理者应高度关注，积极沟通协调，赢得企业内部员工的支持，为顺利引进外包做好充分的思想准备。

① 首先要做好人力资源部门员工的思想工作。克服他们的惧怕情绪，一方面，加快人力资源部门角色转变，使其角色定位于推动组织变革、规划员工职业生涯方面。另一方面，加快人力资源管理者的角色转变，使其角色转化为企业战略决策伙伴、企业变革的推动者、员工的代言人等角色。

② 还要做好企业内部各层面的沟通工作。通过沟通获得企业执行层的全力支持，这是人力资源战略性外包得以顺利实施的基础。

（2）构造人力资源战略性外包的文化保障。实施人力资源战略性外包必须加强文化管理，增强文化协同管理意识。具体而言，应注意以下三个方面：

① 构建明确性、连续性与一致性强的企业文化，树立共同的经营观，加强员工对于企业文化的认同，特别要培育目标一致性的团队文化。

② 营造信任与合作的文化氛围。相互信任有助于加强信息的有效沟通，增进理解与支持，从而更有效地实现企业内外部资源的整合。

③ 利用信息沟通工具，积极主动地消除沟通障碍，缩小信息时滞。

（3）提供人力资源战略性外包的效益保障。为了确保战略性外包在控制经营成本方面的潜在优势，突破成本壁垒，企业应组成一个由高层管理者参加的专家委员会，研究战略性外包的相关成本风险因素，评估可能的成本风险，并将成本作为选择外包商的考量因素。此外，企业还要做好外包的预算、决算工作，运用成本—效益分析方法，对外包的显性与隐性成本进行仔细分析，对外包活动进行过程控制，以便及时根据成本等与效益紧密关联的因素调整外包策略。

（4）构建人力资源战略性外包的信用保障。企业在选择外包服务商时，要调查外包商的专业水平和工作经验，分析其以往外包业务的成功案例，判断其是否能为企业提供有效的服务。

① 对外包商的评估。企业可以运用多种工具，通过多种渠道对外包商进行评估。评估的方面有：

• 业务能力和专业技能：评估外包商提供必要服务和未来支持的能力；评估外包商在提供服务时所涉及的合作伙伴；评估外包商风险预测与防范能力；获取外包商的客户、信誉度和服务水平等信息；考察外包商提供服务的相关人员的业务能力、道德水平等。

• 运作过程：考察外包商的政策、程序和标准是否满足人力资源外包项目运行和控制的要求；评估企业能否完整而准确地访问外包商运行维护的信息等。

• 财务状况：分析外包商的财务报告、年度报告等反映绩效的报告；考察外包商从业时间、市场份额、投资水平、费用支出、波动因素等。

② 对外包商服务质量的管理。

企业除了对外包商进行全面、综合的评估外，还要通过详细周密的外包协议或合同来对外包商服务质量进行管理。

• 建立严格的外包服务管理体系。要求外包商将提供的服务内容量化、明朗化，以便企业科学评估其服务质量。

• 加强外包过程中质量的监控。企业可根据实际情况自行组织或委托专业机构对外包业务进行监测和评估。

• 评价外包商的服务质量。根据相关指标和规定内容对外包商的服务质量进行合理的评价，以便及时做出策略调整。

（5）构筑人力资源战略性外包的安全保障。

① 向员工强调信息数据对企业竞争发展及员工切实利益的重要性，强化员工的信息安全意识。

② 建立企业内部的人力资源信息系统。通过系统将与企业有关的知识、信息整理记录下来，转化成企业自己的知识，防止企业知识因外包商的变动而流失的风险。

③ 加强企业内部计算机网络的安全防护，防止网络泄密。

需要注意的是，企业实施人力资源战略性外包后，人力资源执行官或经理的角色就会从负责监管实施这些职能员工转变为卖主关系（即与外包服务商的关系）的管理者。管理这种关系所需的技巧不同于那些直接的监管，而是要参与合同的谈判，具有对更富战略性的问题的敏感度，如了解避免依赖某一个卖方（即外包服务商，下同）的重要性，明确通过契约性的关系来保持服务水平的重要性。表 10-4 提供了管理这种关系的一组指南或建议。

表 10-4　人力资源外包指南

人力资源外包决策
- 不允许墨守成规。除了核心能力以外，所有其他的人力资源活动都应该作为资源外包的候选者
- 确定外包某种活动的愿望来自核心能力的低贡献，来自外部环境的影响或是对该活动的不良管理的某种结果
- 承认人力资源部门的绩效要比该部门人手少与成本低来得重要
- 要谨防承担外包的卖方提供那些照本宣科而不适合公司需要的解决方案
- 避免过度依赖卖方
- 决定对各种人力资源活动需加多少控制以及是否用资源外取保持控制
- 识别资源外取的关键个人利益

人力资源外包卖方的选拔与识别
- 赋予卖方的行业知识以较高的权重
- 对潜在卖方的推荐资料加以审核
- 了解更换外包服务卖方所支付的成本

人力资源外包管理过渡
- 期望内部的人力资源团队抵制资源外取并开发出管理这种抵制的方法
- 以一种支持与卖方之间关系的方式预测冲突以及开发一个解决它的计划
- 预测人力资源文化与职业生涯的变化

管理卖方关系
- 与外包卖方建立长期的关系，连续性在这种关系中十分重要
- 把员工开发成卖方关系的有效管理者
- 维持那些负责监管卖方关系及了解原来谈判的绩效预测的内部员工的稳定性
- 要定期为每种外包服务招标

监督与评估卖方
- 为人力资源外包各方建立期望、测量方法以及当面报告关系
- 坚持对人力资源外包卖方的高质量业绩的要求
- 坚持让人力资源外包卖方做经常的、准确的情况汇报，而且一旦有问题要及时通知
- 如果需要，可以在外部顾问的协助下为卖方建立绩效目标
- 通过使用绩效标准来提高卖方的绩效
- 考虑通过对内部顾客的调查来对卖方以及对绩效做出评估

资料来源：Greer C，R，Youngblood S，A，Gray D，A. Human resource management outsourcing：The make or buy decision[J]. The Academy of Management Executive（1993-2005），1999，13(3)：85-96.

3. 与人力资源外包运作相关的配套机制分析

（1）组织管理机制。在外包的过程中要强化企业人力资源部门的组织管理职能，人力资源部门与外包服务机构的权利关系是授权而非弃权，在人力资源管理外包的考察调研、制定规划、实施运转、效果评估的全过程中，人力资源部门扮演着政策的制定者、计划的规划者、过程的监督者、外包的顾问者、质量的评估者等角色，人力资源部从原先的人事行政机构转化为专业的人力资源管理机构，更好地发挥了它在管理方面的作用。

（2）有效畅通的沟通协调机制是人力资源外包快速实施并有效运转的不可或缺的重要工具。

首先，要建立内部员工沟通协调机制。人力资源外包要求有严谨的运行流程、共享的信息资源平台、和谐的人事氛围与之相配套。但是，外包作为一种新型的管理模式必然会带来种种变革，员工对职责分配、人事关系、职业发展定位的改变会焦灼不安，管理者对外包业务转移过程中陌生的业务和可能失败的风险会心存疑虑，企业必须选择适应个体差异的最佳沟通模式向各级员工传达和解释外包的战略意义，消除对变革的恐惧与抵制，形成企业上下齐心合力地支持外包工作的良好氛围。

其次，要建立与外包服务机构的沟通协调机制。人力资源外包之后，企业与外包服务机构之间关于代理行为存在着严重的信息不对称性，这就要求企业和服务机构之间建立信息沟通机制，要定期或在遇到特殊情况时互通信息。

（3）风险预警机制。人力资源外包作为不受企业直接控制的、程序复杂的行为，作为一种方兴未艾、不尽完善的管理模式，作为外包运作市场不够成熟的产物，不可避免地存在着各种各样的风险，企业建立人力资源外包风险预警机制是规避各种风险的重要举措。

首先，企业要与外包机构就相应的外包项目签订书面合同，明确外包工作的绩效考核指标和违约赔偿标准等一系列问题，并建议多采取"短期合作"或"临时契约"的方式来规避因未来环境的不确定性而带来的风险。

其次，从合约的签订到解除的全过程中，企业要进行风险的监控、预防和管理工作。企业应时刻估测出外包风险源的发生概率，提前作出预防措施；企业要保持对外包业务的随时监测和定期评估，将可能产生的危机事件杜绝在萌芽状态里；一旦风险引发了危机事件，企业要冷静沉着应对，及时采取补救措施来妥善化解矛盾、处理危机，力争将外包风险的损失降到最低临界点。

（4）有效激励机制。企业与外包服务机构商之间所形成的代理行为存在着严重的信息不对称性，这就产生了外包服务商可以运用欺瞒委托人的办法来满足个人效用的可能性。针对这种可能出现的逆向选择，企业除了采取有效的实施监督措施外，还要采取显性激励措施。建议鼓励外包商通过持股、期股和期权等形式持有本企业的股份，由于股票增值与外包商的切身效益密切相关，外包商势必会从自身利益最大化的角度出发来努力提高企业人力资源管理效率，从而避免外包商由于利己动机和信息不对称性而可能产生的道德沦丧和逆向选择的风险。

（5）法律法规机制。人力资源外包作为一种新兴事物，与其配套的法律法规建设存在着严重的滞后性。例如企业进行人力资源外包之后，外包商必然掌握企业一定程度的核心知识，如果一旦泄密必然会对企业的经营管理造成不可估量的损失，目前我国尚无相应的、完善的法律法规来规范这种行为。因此，建立和完善与人力资源外包相配套的法律法规机制是人力资源战略性外包顺利进行的不可或缺的条件。

10.3.4 人力资源外包管理的发展与展望

人力资源外包是企业探索如何进行战略创新、发挥核心能力、获取竞争优势的创新产物之一。它的发展呈现出以下四个不同于其他管理活动创新趋势的特点：

1. 内容丰富化

随着企业通过实施人力资源战略性外包能够获取经营绩效的提升，以及外包服务商的业务能力增强，促使人力资源外包从简单的人员培训、薪资发放等内容扩展到员工招募、薪酬规划、员工职业生涯战略性设计等方面，增添了人力资源业务职能和战略规划等更多丰富的内容。由传统的人力资源管理实施方"一枝独秀"（企业内部人力资源部）或"无花开放"（未设置专门的人力资源管理机构）的局面，发展到"百花齐放"（人力资源管理活动外包一个或多个外包服务商）的壮丽景观。

2. 卖方(外包服务商)联盟化

人力资源外包服务商正在不断地走向联合，大型外包服务商近几年努力并购小型服务商，或与其他服务商结成联盟，力求形成服务的规模效应，拓宽业务领域，增加客户数量。同时，卖方的联盟化，可以使一些同类的外包人力资源职能活动结合起来，在同一时间同一地点进行，如：对 A、B 两个企业的销售人员进行营销道德的培训活动，可以安排两个企业员工的时间交集，在同一场所开展。这样，外包服务的成本大为降低，不同企业的员工还获得了沟通交流的机会，外包服务的质量得到提升。

3. "外包"外包化

"外包"是一种新型的管理模式，而人力资源管理活动的"外包"又因涉及企业、员工个人的利益，是一项对管理人员活动的外部管理，更显示出其复杂多变性，不易为众多企业所接受、认可和应用。当外部同类企业因实施人力资源外包而取得显著效益，人力资源外包成为一种管理潮流和时尚时，企业需要有专门的对外包服务商进行分析、评估和监测管理的机构的支持，即将其什么样的人力资源管理活动外包出去，交给什么样的外包服务商，以及怎样对外包服务商进行管理，如何对外包服务商的服务水平、业务质量、绩效额度进行评价等涉及与外包服务商发生直接或间接关系的活动"外包"出去，亦称为"外包的外包化"。企业的这类需求，催生了人力资源外包专家和对人力资源外包服务商进行接触和管理的机构。

4. 范围全球化

大型外包服务商在市场份额扩张的基础上，制定了全球的人力资源解决方案，将人力资源规划和企业、产业、国家的战略目标相结合，推行人力资源外包管理业务的全球化扩展。眼光之长远、视野之开阔，远非中小型外包服务商所及。也因此，人力资源外包服务商的业务领域、管理规模正逐步走向纵深化、全球化。

思 考 题

1. 什么是人力资源战略管理，人力资源战略管理具有哪些特性？

2. 简述如何实施人力资源战略管理。

3. 如何根据企业不同的战略类型，展开企业的人力资源管理活动？

4. 与传统的人力资源规划相比，人力资源战略规划有哪些显著特征？

5. 人力资源培训与开放的战略管理实践如何展开？

6. 谈谈你对战略性薪酬管理的理解。

7. 什么是人力资源外包？它的具体内容有哪些？

8. 简述人力资源外包的运作流程及其配套机制。

➡案例 10 - 1

W 公司的人力资源外包风险及其规避

W 公司成立于 1995 年，是中国较早成立的专业人才公司。经过 10 年的时间，W 公司不断发展创新，迄今为止举办各种大型招聘会 800 多届。近年来，W 公司通过资本收购不断扩大市场规模，目前旗下已拥有四家人才市场，为数百万人提供人才服务，已经成为"中国最大的民营人才市场"之一。

随着公司业务与规模的不断扩大，公司人力资源管理面临的挑战与压力也越来越大。各业务部门总是抱怨人手不够，同时部分员工又抱怨工作饱和度不够，薪资偏低，年终奖金分配不合理，随意性太大，而管理层没有办法确切了解到人均产值，也很难考察到每个人是否尽力工作。

各业务部门经常大规模招聘，但是看不到业绩的大幅上升。与公司一起成长"打江山"的大量老员工，常常以功臣自居，人浮于事、效率低下。公司管理层经过认真分析，认为这种现象源于长期以来公司没有一套合理的绩效考核体系，薪资不能很好地与绩效挂钩。而 W 公司的核心优势在于整合"网络＋传统招聘会＋移动通信＋平面媒体"等多种媒介资源，全力打造求职招聘互动的交流平台，为企业招聘与人才求职提供更多的解决之道。管理层经过分析认为，设计绩效考核体系不是自己的优势。同时，经调查发现：在美国，80％的企业将原来由企业人力资源部门承担的许多工作职能外包给专门从事相关服务的外部机构；在加拿大，95％的企业至少有一项人力资源职能外包，而 55％的企业计划在 5 年内将更多的人力资源职能外包。为了集中精力于自己的核心业务，公司决定实行人力资源外包策略，将设计绩效考核体系的工作人力资源外包出去。之后，公司迅速采取了以下措施：

（1）选择人力资源部外包服务商。为了使公司尽快摆脱困境，W 公司迅速找到本地一家从事人力资源咨询的公司。在谈判过程中，W 公司一味压低外包服务成本，而对咨询公司的其他状况未作详细考察，双方很快签订了外包服务协议。

（2）设计新的绩效考核体系。协议签订后，咨询人员进驻 W 公司，针对各类岗位有代表性地进行信息收集。一个月后，通过实地观察、访谈等手段，咨询公司制定出 W 公司各岗位职位说明书，并在此基础上设计 W 公司的绩效考核体系。按照 W 公司管理层的计划，新的考核体系的出台，将意味着员工的薪资、奖励以及年终奖等将与考核结果挂钩。

（3）实施新的绩效考核体系。新的绩效考核体系完成后，咨询人员认为他们对此体系最为熟悉，因此建议 W 公司将绩效考核的实施工作由他们来完成，这一建议得到了 W 公司的同意，并签订了新的人力资源外包服务协议。

新的绩效考核体系运行半年后，公司的绩效水平没有明显提升，而且在实施过程中不断遭到许多员工的反对，尤其是老员工极为不满。不满主要来自两个方面：一是他们不认可咨询公司收集到的岗位信息的真实性、准确性和全面性；二是新的考核体系是对公司许多原有制度的彻底性破坏与否定，他们难以接受。一部分员工为此相继离开公司。更令公司没有想到的是：咨询人员在绩效考核的过程中，接触到了关于 W 公司的许多商业信息与个人业绩的数据，借助有用的商业信息为自己赚取外快，同时向其他公司透漏了 W 公司的员工绩效信息，造成大量优秀人才流向竞争对手，公司再度陷入困境。

资料来源：清华大学领导力培训项目网，2010 - 1 - 7，http://www.thldl.org.cn/news/1001/30414.html

问题讨论：

1. 请分析 W 公司人力资源外包活动的风险。

2. 为了有效解决 W 公司在人力资源外包中存在的问题，请你结合本章内容，提出对策。

➡ **案例 10 - 2**

解析联想的人力资源战略

联想之所以有今天的成功，是有深层次原因的。在别人生病的时候，联想没事儿，这与联想一直十分注重完善的管理体制建设是密不可分的。

提到联想的管理，柳传志曾不无自豪地说："尽管我和集团其他创始人是中关村研究人员出身，但在 1984 年下海以后，我们把最大的力量投入到了企业管理及其规律的研究上，经过不懈的努力，实践证明我们的管理十分成功。"

联想从创业至今实践确立了联想管理的核心理念就是联想管理的三要素：搭班子、定战略、带队伍。联想管理三要素中两要素"搭班子、带队伍"深刻阐述了其人力资源战略的内容。

战略领导核心：搭班子

所谓"搭班子"是指联想建立以总裁为首的战略领导核心，最高层领导班子及各级领导班子。这个班子有集体的智慧和德才兼备的员工，能分工协作，快速实施，办成个人能力所做不到的事；能带队伍，培养出各级干部梯队，使联想的事业后继有人，保持事业的稳定和可持续发展，形成团结向上的管理文化；能不断地相互学习交流，取长补短，完善提高自我；有统一的意志和规范，有共同的行为准则，是联想发展的中坚力量。战略要靠班子来制定，队伍靠班子来带，所以搭班子是三要素中的第一位，班子不和，什么事都做不成。

搭班子的主要内容

包括："一把手是有战斗力的班子的核心，第一把手应该具备什么条件，应该如何提高自身修养？第一把手应该如何选择班子的其他成员，其他成员不符合标准怎么办？班子成员如何进行考核？没有一个意志统一的、有战斗力的班子，什么定战略、带队伍都做不出来。宗派是形成团结班子的绝症，要杜绝一切可能产生宗派的因素。"

搭班子事实上就是要建立一套集体领导的机制来克服由于个人领导可能带来的弊端。因为柳传志明白"自己再怎么能干，也比不上李勤、杨元庆、郭为大家在一起能干。集体的智慧绝对是重要的"。柳传志把班子看成"一种制约"。"第一把手要能够知道建这个班子就是为了制约自己的。重要的事情，要人人都知道。小的民营公司一把手将财务控制在自己一个人手里，什么事都不对别人说，这很容易造成相互的猜忌与不团结。"

为了避免这种情况，联想规定：第一，公司的大事必须经过讨论，执委会的每一个人都要知道；第二，所有的话都摆在桌面上，为了贯彻这一点，认定之前说的话完全不算话；第三，坚决不允许宗派的出现，为了杜绝宗派，联想实行高层干部相互调换，避免拥兵自重、不知道老板是谁、不知道公司大的目标只知道小部门的利益等情况的出现。另外，一旦发现宗派，不惜经济利益一定要把毒瘤砍掉。联想认为及早处理的只是一小块，若不忍痛切除，大了以后损失会更大，联想是要办成一个长久发展的企业，而不是企业家自己的企业。

对于联想班子的特点，柳传志认为联想这个中国企业的班子成员与美国的职业经理人是不同的。美国的职业经理人做了高层，就有这样的认知："我能够从一个企业跳到另一个企业，到哪里都是这样的身价。"联想要求员工有"三心"：基层的普通员工要有责任心；中层员工要有上进心，去追求良好的工资待遇，广阔的个人发展空间；到了公司的高层领导，就应该具有事业心。柳传志说，杨元庆、郭为、朱立南这些人就等于卖给了联想，他们的认识是："联想的事业就是我的事业，联想的成功就是我的成功"，是因为有了这样的感情，他们才能抵御得住其他公司来挖人的诱惑。这是中国一种特殊的情况，也是与其他企业，甚至是国外大企业不同之处。

联想认为，在管理三要素中，排在首位的是搭班子。不论在什么情况下，班子的团结永远是企业发展的首要条件。而宗派是形成团结班子得一个障碍。为杜绝一切可能产生宗派的因素，联想确定第一把手是一个有战斗力的班子的核心，对一把手应该具备的条件、自身修养，如何选择成员的考核标准等问题举办过高级干部研讨班进行过培训。有了一个意志统一、有战斗力的班子，才能定战略、带队伍。

联想的"带队伍"

所谓"带队伍"是指塑造联想独具特色的企业文化，加强员工的凝聚力，形成爱岗敬业的氛围，培养领军人物，为未来发展奠定基础。有很多公司，能够制定战略，但就是实现不了。带队伍与定战略好比是知与行的关系。在中国有句古语叫做"知易行难"，能指定战略就相当于"知"，知道应该怎么做，但为什么做不到呢？这主要是因为"带队伍"没做好。

在联想，带队伍有五项实际内容。

包括：建立合适的组织架构；落实岗位责任制；制定令行禁止的严格的规章制度；采用充分调动积极性发挥创造力的激励方式；加强企业文化建设，增强公司凝聚力；加强内部培训，培养骨干队伍和领军人物。

带队伍需要做好三件事：

一是如何充分调动员工的积极性，让你的兵爱打仗；二是如何提高员工能力，让你的兵会打仗；三是如何使组织有序、协调、效率高，让你的兵组织有序，有一个最好的队伍，作战最有效率。这些都是组织、架构和规章制度要解决的事。

联想在带队伍方面是做得非常好的。联想对员工有很好的激励方式，激励的核心就是把员工的发展方向和追求与企业的目标融合在一起，这是联想最高的愿望。如果员工没有一个共同的利益，每个人都以己为本，就不成一个企业了。这一点联想叫"人模子"，不管是什么样的人进入到联想，都要熔化在这个模子里。你可以改造这个模子，比如说联想有些地方做得不好，大家提了以后联想可以修改，但进来了以后就要按这个做。

人模子的意思是说联想要形成一个良好的规范，进入联想的职工必须进到联想的"模子"里来，凝成联想的理想、目标、精神、情操、行为的特定要求。

对于联想的一般员工，人模子的基本要求就是按照联想的行为规范做事。联想的行为规范主要是指以岗位责任制为核心的一系列规章制度，包括财务制度，人事制度等。执行制度是对一个联想人的最基本要求。

培养很重要

最后就是领军人物和骨干队伍的培养，就是最重要的。第一把手像阿拉伯数字的"1"，后面跟一个 0 就是 10，跟两个 0 就是 100，三个 0 就是 1000。这些"0"虽然也很重要，但是没有前面的"1"就什么都没有。联想对领军人物有"德""才"两点要求，"德"就是要把企业的利益放在最高地位，"才"就是一定是个学习型的人，要善于学习，善于把理论的东西拿去实践，善于把实践加以总结。联想的成果很大一部分归功于联想的管理的成功，联想管理的成功关键在于其人力资源战略得以成功实施，在于"搭班子、带队伍"得以全面落实。

资料来源:时代光华管理培训网.http://www.hztbc.com.

➡ **案例 10 - 3**

招聘外包——HR 另一片艳阳天

陈瑞最近遇到同行就讲人力资源外包的好处，用他的话说就是："外包的天是艳阳天，外包的 HR 好喜欢。"

其实陈瑞也是初尝外包这只"螃蟹"，去年 10 月开始筹划，直到年前才签好约，正式引入外包。

美丽"陷阱"

对陈瑞来说，引入外包完全是"被逼"的。之前陈瑞在公司贵州总部做 HR 主管。2012年公司在合肥设立了分公司，他的顶头上司被派往分公司。作为上司的得力下属，他受到上司近半个月的狂轰滥炸："去分公司多好啊，给你升一级，工资也涨不少"、"合肥好啊，美女多，你人生大事说不定就解决了。"别说，这些理由对陈瑞还真有诱惑力，尤其第二条，对他这个大龄未婚青年来说，很有可能是一次难得机会。毕竟在总公司，女孩们已经对他审美疲劳或者芳心别许了。

就这样，陈瑞跟着上司，满怀壮志和浪漫期许，来到合肥分公司。工作了一周，陈瑞就有了上当受骗的感觉：分公司人少事多，整天忙得团团转。上司在这里是老大，已经不管具体事务，他虽然官升一级，实际是光杆司令，大小事务都是他管。本来想着，职位升了一级，可以做些更"高级"的工作，从大局上统筹人力资源部的工作。可事实是，统筹工作需要做，但没时间做。每天就是被各个业务部门追着屁股赶：人手不够啊，快招人！招的什么人啊，什么都不会！……陈瑞心里也清楚，总公司只给分公司配了两个工程师，其他技工都要现招，需要培训和磨合，不符合领导要求的情况肯定存在。几百人的新厂，愣让他这个从几千人大厂走出来的 HR 晕头转向，顾此失彼。

领导们的抱怨还算客气，员工可就不管你忙不忙了：今天怀疑社保弄错了，明天投诉宿舍管理烂，后天又跟同事吵架罢工了……每一样都让陈瑞头疼不已。

陈瑞招架不住，不得不向上司申请再招一名 HR。结果上司以新公司刚成立还没有盈利的理由回绝了他。很失望，但陈瑞知道这个问题必须要解决，只是要另想办法。

广发英雄帖

受困的陈瑞开始在自己加的人力资源群发帖"诉苦"，让同行们帮忙支招。一位自己一直比较钦佩的同行建议他把部分业务外包，比如办理社保、发放工资等"杂事儿"交给外包公司去做，自己做核心业务。这启发了陈瑞，以前也听说过外包，但从没想过要外包，一方面是觉得不需要，另一方面觉得外包对自己有威胁：都外包出去了，还要我干啥？

心思一动，陈瑞就开始咨询外包的讯息。从几个比较有口碑的外包服务商那里详细了解后，陈瑞又有了新想法：不仅事务性工作可以外包，工人也可以用派遣。有了一套比较完善的想法之后，他又跟上司谈了一次，上司正怕陈瑞闹情绪，听到他的想法也很赞成。毕竟派遣员工的管理会节省很多成本，很多技术工种社会招聘很难，但外包公司恰恰可以提供这样的专业工人，有大企业的工作经验，技术也成熟，减少了培训成本。这对刚接手新公司，一心想少花钱多办事，一切以节省成本为考量的上司来讲，也是一件好事。

说干就干。陈瑞选了一家口碑不错的外包公司，把基础的事务性工作外包，并接收 100 名派遣员工。只简单进行了基础的培训，派遣员工就上手了。这让陈瑞惊喜不已。他感觉派遣员工好像一台台设定好程序的机器，运行良好，有外包公司负责维护，自己可以高枕无忧。

手心手背都是肉，可是，不久这台机器就出了篓子。

邻近年关，公司领导要看望慰问一线员工。几位大领导竟然只去慰问了在编员工，而没有去看派遣员工。派遣员工们有情绪，工作积极性明显下降很多。

陈瑞看到派遣员工的工作状态立刻感觉到事情的严重性，都怪自己，兴奋过头，太大意了。他马上去找上司，希望能够补救。上司也意识到这样做不妥，因此又与领导沟通，再组织一次专门看望派遣员工的慰问活动。危机总算过去。松了一口气的陈瑞不由得感慨：手心手背都是肉啊，一碗水得端平才行！

年底请假的员工特别多，为了不影响大家的工作积极性，公司基本上是"一请必允"。员工们好过了，主管生产的管理者们却犯了难——生产线不能停啊！陈瑞对此倒是没有担心，他联系外包公司，增加派遣员工数量，问题迎刃而解！

到了放年假的时候，陈瑞特意申请给派遣员工买了礼物，帮他们订火车票，安排公司车辆送他们去火车站。从员工感激的眼神中，他知道，来年，他们会成为更亲的一家人。

更深的外包

年后返工，陈瑞没有操心员工返回率的问题，有派遣员工在，一切都在掌握中。但意外总是发生在没有准备的地方。刚一上班，陈瑞就接到通知，从总公司派来的一位高级工程师因不愿意与家人两地分居，申请调回了总公司。

这下陈瑞又犯了难，这可不是派遣员工可以解决的。他想起找猎头，也算是招聘外包吧！陈瑞突然觉得有点开窍了，一有难题就想"外包"！不知道这是好事还是坏事？

这次的"外包"没有那么顺利，猎头找的几个人选，都被公司给"吓跑"了。领导们比较看重实际效果，要求人才上岗后有实际工作成绩后才发约定的薪酬。这显然违背市场规则。一边用人部门催得紧，领导又把候选人否定了一个又一个。陈瑞很头疼，他现在才发现：外包不是让 HR 什么都不用做了，而是要更强地发挥沟通协调和监管的功能……

猎头还在将候选人不断地推荐过来，陈瑞也在构思如何与领导沟通，用合理的薪酬招到合适的人才。他的"外包"之路才刚刚开始……

资料来源：中国人力资源开发网. http://www.chinahrd.net.

案例讨论：

1. 陈瑞在调职之后是如何使自己摆脱"受困"的局面的？这样做有什么好处？

2. 从案例中可以看出人力资源的外包存在着哪些潜在的风险？作为企业的 HR 应该如何去规避这些风险？

后　记

　　人力资源是组织中资源配置的重要资源，在组织中的战略地位日益凸显。人力资源的管理方式与方法随着科技的发展、经济社会的变化逐渐走向科学化、规范化、柔性化、多元化。社会对人力资源管理专业人才的需求日趋旺盛，同时也培育和造就了一大批具有国际化、科学化、专业化和本土化的高素质人力资源研究者、教育者和实践工作者。人力资源研究与实践是不断提高我国人力资源管理水平和竞争力的一项基础性、战略性的工程。

　　《论语·为政》中记载，子曰："学而不思则罔，思而不学则殆。"西方著名哲学家康德也说："感性无知性则盲，知性无感性则空。"可见，中外思想家对于不断学习、不断思考、学习与思考相结合方能学有所用持有同样的观点。本书是在团队成员长期教学、研究与实践的基础上不断修改、完善编写而成的，力求体现理论与实践相结合。

　　本书的框架结构由王林雪提出，由团队成员共同讨论确定，分工编写。编写分工如下：王林雪编写第1、7章；张卫莉编写第2、3章；尚娟、张卫莉编写第5章；田朝晖编写第4、8章；宁艳丽编写第9章；张霞编写第6章；方雯编写第10章。研究生熊静、郭璐、张娜参与了本书的资料收集与整理工作。全书最终由王林雪统稿、定稿。

　　在本书的编写过程中，我们参阅了大量的国内外相关文献资料，也借鉴了人力资源管理领域研究的新成果，在此对这些文献资料和研究成果的作者表示感谢。杜跃平教授对本书十分关心，提出了许多建设性的意见，在此表示诚挚的谢意。

编　者

2016 年 4 月